Sébastien Hovart

ANIMONS!

AVEC JOIE ET AMBITION

Un manuel pour les éducateurices populaires,
leurs collègues et leurs allié·es

Edité à la main

Animons ! Avec joie et ambition

Édition : BoD • Books on Demand GmbH, In de Tarpen 42,
22848 Norderstedt (Allemagne)

Impression : Libri Plureos GmbH, Friedensallee 273, 22763 Hamburg (Allemagne)

ISBN : 978-2-3224-7783-8
Dépôt légal : Septembre 2024

Illustration de couverture : Lucille Payen

Si vous lisez la version papier, une version pdf
est librement disponible par ce lien :
Si vous lisez la version pdf, une version papier
est commandable en libraire ou par ce lien :
https://sebformation.fr/animons-avec-joie-et-ambition/

SOMMAIRE

À ceux qui doivent
conquérir de haute
lutte le respect que
n'importe qui d'autre
obtient d'affice.
N.K. Jemisin

UN MANUEL 0

Ce qui vient au monde pour ne rien troubler ne mérite ni égards ni patience.
René Char

Ceci est un manuel. C'est-à-dire un ouvrage dans lequel piocher, revenir, dans l'ordre ou dans le désordre. Avec plein de morceaux mis bout à bout. Plein de morceaux qui sont des idées, des valeurs, des méthodes, des astuces et des éclairages.
Bref, tout ce que j'aurais bien aimé qu'on me transmette et qu'on m'explique pour construire mon métier d'animateur. Au même endroit, accessible. Ce qui m'aurait évité de découvrir tout ça par petits morceaux, parfois dans des endroits pas très accessibles, parfois si.
Ces éléments ont été pour moi des déclics puis sont devenus des pierres sur lesquelles construire ma pratique professionnelle actuelle, j'espère qu'ils vous seront utiles.

ÉCRIT COMME UN PUZZLE 01

Lisez, mais lisez au hasard, lisez sans nul programme.
C'est le seul moyen de féconder l'esprit.
Alexandre Vialatte

Je n'ai pas écrit un livre : j'ai écrit des textes, en petits morceaux, façon puzzle, un par un.
Parce que :

- Je n'ai pas une grande théorie sur l'animation : j'ai une expérience et tout un tas de choses qui ont été des déclics dans ma pratique, dans mon parcours.
- Je trouve ça bien plus cohérent de montrer le côté puzzle. En me disant que ça peut être plus facile à lire par morceaux. Et peut-être plus susceptible de faire un déclic.
- Je trouve ça plus facile à écrire, aussi.
- Sentez-vous donc très libre de lire dans le désordre, ou seulement un texte au hasard de temps en temps, la plupart ont été écrits pour fonctionner seuls.

Comme je suis joueur, je vous encourage même à tenter de le lire complètement dans le désordre : comme un livre dont vous êtes le·la héro·ïne. Le principe est de lire dans le désordre, mais avec une vraie logique. Chaque partie du texte a un numéro et il y a dans les marges des renvois vers le numéro d'autres textes (d'autres chapitres), qui ressemblent à ça : ↝ avec le chiffre du texte qui correspond.
Ces parties sont des suites logiques au texte en question, si vous voulez une autre option que l'ordre linéaire.
À vous de les suivre et d'errer en fonction de ce qui accroche votre curiosité (en pied de page, vous avez les intervalles de numéros des textes, et en fin d'ouvrage une table des matières détaillée).

↝ 50.2

EN PARLANT SIMPLEMENT 02

- Tu écris gros.
- Ben écrire avec des sabots, c'est pas évident ...
F'Murrr. Les intondables.

Je préfère écrire de manière simple, quasi parlée. Parce que ça correspond à ma pratique, à la manière dont je raconte les choses, en formation notamment.
Je crois que ça fait partie des enjeux de l'éducation populaire : ne pas renforcer les inégalités en survalorisant les codes sociaux dominants, mais montrer qu'on peut dire des choses tout aussi élaborées et intelligentes avec des codes sociaux moins élitistes .

Je fais le pari que ce sera plus facile et agréable à lire pour celles et ceux que j'imagine concerné·es par ce livre. Pour celles et ceux que ça choque de lire une écriture de ce type, prenez le temps de vous demander pourquoi, et de vous demander ce que vous défendez réellement en défendant des formulations plus élaborées et plus formelles. Voire : qui vous défendez... Ça peut être intéressant. № 72.4

EN LANGAGE INCLUSIF 03

Je ne suis ni une fille ni un garçon, je suis un omnivore,
ça veut dire que je mange de tout.
Olympe Peccadille Lilith.

Parce que les enjeux de représentation sont importants pour rendre visible et faire évoluer les rapports sociaux inégalitaires. № 73.23
Parce que je crois que c'est plus qu'anecdotique.
Parce que ça met de mauvaise humeur des personnes que je suis content

de mettre de mauvaise humeur.
Et parce que je trouve ça agréable et satisfaisant : j'écris en langage inclusif, en essayant d'appliquer au mieux la version intelligente et pratique proposée par Éliane Viennot.

№ 97

ÉCRIT PAR UNE PERSONNE 04

- Tu viens d'où ?
- Je viens d'où ? Je viens d'où ?
Je suis des fruits et légumes pour que tu saches d'où je viens ?
Waly Dia

Je suis animateur. Aujourd'hui, j'anime surtout des formations et des instances (projets associatifs, AG, journées associatives; etc.) Il m'a fallu des années et tout un parcours pour en arriver là, à revendiquer ce métier, et à le pratiquer en l'ayant suffisamment pensé pour en parler en détail.
Rien ne m'y destinait au départ.

№ 72.3 J'ai fait des études d'ingénieur, CSP+ oblige (et c'est un privilège qui m'a servi). J'ai décidé que les métiers correspondant à ce diplôme ne m'intéressaient pas : je suis parti étudier un peu la didactique et les sciences de l'éducation.
Avec ce bagage, j'ai commencé à travailler en médiation culturelle en musée. En parallèle, j'ai animé avec et sur le jeu dans des associations. Puis j'ai commencé à mélanger les deux : à utiliser des jeux pour faire de la médiation et transmettre des contenus. Ce qui se faisait peu et m'a donné l'occasion de rencontrer l'Éducation Populaire.

Je suis tombé amoureux : de l'Education Populaire.
J'ai eu de la chance : on m'a ouvert la porte et permis de tester. Je me suis construit un métier d'animateur, en me posant beaucoup de questions.

Puis j'ai fait de la formation, et je me suis posé encore plus de questions. J'aime lire, je me suis documenté. J'aime creuser les questionnements : j'ai profité des apports de collègues, et de modèles. La plupart de ce que je raconte ici est hérité d'autres, trouvé ailleurs. De celles et ceux qui, en le sachant ou pas, m'ont nourri.
Beaucoup de ces contenus ont été des prises de conscience qui m'ont permis de sortir de l'intuition et de mettre des mots sur ce que je faisais. Ce qui est une des raisons qui me donne envie de transmettre : permettre à chacun·e de sortir d'une pratique intuitive pour aller plus loin. Pas avec une grande théorie, mais avec plein de petites graines, sans savoir quelle graine touchera chaque personne.

Je ne prétend pas à l'universalité de ce que je raconte, et c'est pour ça que j'écris en je. Parce que j'écris depuis une expérience et un point de vue qui ne sont pas neutres. Et qui n'ont de légitimité que du fait de mon parcours. Pas plus.

... QUI SE PLANTE RÉGULIÈREMENT, COMME VOUS. 05

Quand on veut être sûr de son coup, Seigneur Dagonet... on plante des navets. On ne pratique pas le putsch.
Roi Loth, Kaamelott, écrit par Alexandre Astier.

En racontant ce que je fais en animation, et surtout en racontant toutes les finesses auxquelles j'ai réfléchi, toutes les astuces, je risque de donner l'impression que je pense à tout à chaque fois, que je fais tout ce que je raconte ici à chaque animation.
En vrai : non.
En vrai, j'en oublie à chaque fois, j'en rate, je me trompe. De moins en moins parce que j'y réfléchis. Parce que je comprends de mieux en mieux comment et pourquoi je me plante.

Bref : je ne réussis pas tout.
Vous ne réussirez pas tout non plus, après avoir lu ce que je raconte. C'est très bien comme ça, pas d'inquiétude. L'important, c'est de continuer à se questionner et à progresser, à petits pas, et à apprendre à faire des erreurs de moins en moins graves, puisque de toute façon on en fera toujours.

Avec un peu de chance, tout ceci vous aidera à désacraliser un peu le propos et le format livre.
Je vous y encourage :

- Vous avez le droit de ne pas lire ce livre en entier.
- Vous avez le droit de ne pas être d'accord avec ce que j'écris.
- Vous avez le droit de lire dans le désordre, en commençant où ça vous chante.
- Vous avez le droit de vous saisir de ce livre à votre manière, librement.

Vous trouverez, parsemées, des citations variées, parfois rigolotes, toujours en lien (même de loin) avec ce que je raconte. Elles ne servent qu'à s'amuser, mais elles sont pleines de références de trucs que j'aime bien. Ces références, vous en retrouverez une sélection courte à la fin de chaque partie, avec des petits commentaires parce que sinon les bibliographies, c'est un peu aride. Vous en retrouverez une liste complète en fin d'ouvrage. № 9

Le site où je mets à disposition librement tous les outils que je fabrique pour animer de l'éducation populaire : piochez, bricolez et adaptez. Vous y trouverez aussi une présentation de ce que je propose en animation et en formation, si vous voulez mieux voir ce sur quoi j'interviens. https://sebformation.fr/

Ce qui manque à l'ouvrier, c'est la science de son malheur
Fernand Pelloutier
premier secrétaire de la fédération des
BOURSE DU TRAVAIL
INSTRUIRE pour RÉVOLTER

EDUCATION POPULAIRE 1

Pablo Neruda, c'est une entreprise qui construit des maisons de la culture, tu dois connaître.
Jean-Marie Gourio – Brèves de comptoir

C'EST QUOI L'ÉDUCATION POPULAIRE ? 11

Il nous faut redonner au mot éducation le beau sens qu'il n'aurait pas dû quitter. L'éducation n'est ni gavage ni dressage ; elle est élévation maximum de l'individu, et ne peut être déterminée ni imposée du dehors quelle que soit la perfection des procédés employés.
Célestin Freinet

Éducation populaire, l'impossible définition ? C'est le titre du chapitre dans Wikipedia.

Oui : il y a une difficulté à définir de manière claire et définitive l'Educ Pop. Parce qu'elle a une histoire longue et faite de mouvements et de courants qui ont tous exploré des priorités différentes et avec des valeurs en partie communes et en partie différentes. Alors c'est difficile de tout faire rentrer dans une seule petite case bien propre.
Et tant mieux.

Tant mieux parce que c'est une liberté, une opportunité de continuer à débattre et à expérimenter, de s'en bricoler sa version adoptée à chacun et chacune, pour ici et maintenant.
Pour autant, il y a un fond commun de positionnement et d'intention. Un cœur qui est a minima ce que je défends comme point de départ pour expérimenter. Ce fond commun tourne autour de l'idée de produire, par un travail éducatif, une égalité de fait, pour reprendre Condorcet. Ce qui en fait, en ses mots, un devoir de justice.

Pour produire cette égalité, il faut se donner les moyens de voir et de
№ 7 comprendre ce qui l'empêche, ce qui fait que ce n'est pas gagné. De voir
en particulier les rapports de domination et les rapports sociaux. Ce n'est pas par hasard si la sociologie a longtemps irrigué et construit la pensée et les méthodes de l'Educ Pop. Voir ces rapports de pouvoir, les comprendre et agir dessus pour plus d'égalité, c'est un parcours d'émancipation.

Produire de l'émancipation par l'éducation, c'est le cœur de ma définition de l'Educ Pop.

UN TRUC D'OPTIMISTE 12

Si l'on veut fortifier la bonne volonté de l'enfant, si l'on veut qu'il envisage l'avenir avec confiance, il faut lui fournir fréquemment l'occasion d'être actif et de sentir qu'en lui quelque chose de bon se développe. Les éducateurs de la jeunesse devraient être des professeurs d'optimisme.

Le roseau pensotant. Henri Roorda

L'éducation populaire, c'est un truc d'optimiste.
C'est fondamentalement optimiste parce que ça se base quand même sur deux idées incontournables :
Les gens peuvent s'améliorer et se libérer de leurs contraintes et de leurs dominations : ils peuvent être mieux.

Le monde peut changer, et nous pouvons le changer.
En résumé, on fait de l'éducation populaire avec l'idée que ça peut devenir mieux. Ce qui est optimiste.

Cet optimisme, ce n'est pas seulement une base, c'est un moteur. C'est en se le rappelant qu'on continue à trouver du sens dans ce qu'on fait. Le jour où on n'arrive plus à croire à ces idées, on ne peut plus faire de l'éducation populaire (ce qui est différent d'être payé pour en faire, par ailleurs, parce que ça on peut continuer longtemps après avoir cessé d'y croire).
Du coup, cet optimisme, il mérite d'être entretenu, et partagé.
Ce qui suppose de l'assumer. Dans un monde qui ne fait pas forcément une place à l'optimisme. Qui a tendance à y voir de la naïveté, et à faire la promotion d'un réalisme froid sous-tendu d'un grand pessimisme sur l'humanité et ses tendances "naturelles".
Il faut donc un peu de courage, et parfois de folie, pour continuer à afficher cet optimisme fondamental. Mais ça fait du bien. À soi comme aux autres d'ailleurs.
À soi parce que ça redonne de l'énergie et de l'envie, ça nous évite d'ou-

blier pourquoi on est là.
Aux autres parce que ça aide à faire déclic en termes d'émancipation, et
↝ 43.3 que c'est donc en cohérence avec nos intentions éducatives.

Pour alimenter cet optimisme, et sa transmission, je vois plusieurs pistes pratiques :

- Relire des militant·es, penseurs et penseuses, politiques d'il y a quelques décennies, aux époques où les idéaux et les valeurs étaient encore affichées ouvertement et défendues sans faire de détours. C'est enthousiasmant de relire celles et ceux qui y croient et qui osent le dire avec force, et souvent avec talent. En plus, ça fait prendre la mesure du bien que ça fait pour ceux et celles qui lisent, ceux et celles qui écoutent, donc pour notre public quand on le fait
↝ 14 nous-mêmes.
- Se raconter des expériences réussies, notamment en éducation populaire, mais plus largement dans les luttes pour l'égalité. Se faire (puis développer) une culture des victoires politiques et sociales de notre tendance. Se rappeler que ça marche, que ça avance, qu'on ne croit pas que c'est possible par optimisme de principe, mais parce qu'on a aussi des exemples qui nous montrent que, oui, ça peut mar-
↝ 84.4 cher.
- S'autoriser l'utopie. S'autoriser à rêver, et autoriser nos groupes à rêver. À imaginer un monde idéal, en petit ou en grand. Parce que c'est aussi ça qui donne des horizons. Et qui donne aussi un imaginaire en cohérence avec nos valeurs. Ce qui va avec le fait de ne pas démonter avec cynisme toutes les utopies qu'on entend mentionner. Ce sont des rêves optimistes, pas des plans réalistes, autant les valo-
↝ 85 riser pour ce qu'ils sont, parce que c'est précieux en soi.
- Célébrer nos petits pas. Quand on réussit, ici et maintenant, un petit truc, un petit changement : pour une personne, pour un point de vue, pour un groupe, un quartier, un événement… fêtons-le. Considérons que c'est important, parce que c'est fait et que c'est bien fait. Que c'est pour ça qu'on bosse. Les petites victoires sont impor-

tantes, et il me semble prioritaire de les traiter en tant que victoires, ↝ 42.4
pas en tant que petites.

Cet optimisme est donc une base et un outil. Mais c'est aussi un bout de boussole. Politiquement.
Parce que considérer que les gens peuvent changer et que le monde peut s'améliorer, ce n'est pas compatible avec toutes les idéologies politiques. Ca ne l'est qu'avec certaines. Ce qui nous dit déjà, à la grosse louche, quels courants peuvent potentiellement être des allié·es, et lesquels ne le seront jamais au fond. En un mot, nos intentions sont compatibles avec les courants progressistes, parce qu'elles le sont fondamentalement. ↝ 82

Une fois cet optimisme réaffirmé, et ces allié·es potentiel·les repéré·es, il ne reste qu'à changer le monde, puisqu'on s'est dit dès le départ que c'était possible. ↝ 84.1

FAUT-IL ÊTRE RADICAL ? 13

Ma devise : plutôt rien tout seul dans mon trou
qu'un petit peu avec les traîtres
Je suis plus de gauche que vous
Frédéric Fromet – Je suis plus de gauche que vous

Être radical, c'est presque devenu une insulte. C'est en tout cas souvent un reproche. Parce que c'est associé à une certaine intransigeance, ou une posture violente et inflexible. Parce que, aussi, nous vivons dans une société qui fait mauvaise presse au dissensus (l'inverse du consensus, avec du conflit dedans donc).

Je pense qu'il est important de revendiquer la radicalité en éducation populaire et de bien se mettre d'accord sur ce qu'on entend par là. Être

radical, c'est remonter à la racine des problèmes, à ce qui les cause au plus profond. C'est refuser de s'arrêter aux effets et aux conséquences, mais aller jusqu'au fond, voir d'où ça vient et vouloir changer ça pour changer aussi les effets et conséquences. Car, non, je ne crois pas qu'on puisse résoudre les problèmes sociaux sans s'attaquer à leurs racines, à leurs origines. Je ne crois pas qu'on résoudra le problème de la pauvreté à coup d'aides sociales et de programmes de responsabilisation des pauvres ; mais bien en s'attaquant à la question de la répartition des richesses elle-même. Ce qui suppose de voir et comprendre comment elle se fait et pourquoi elle se fait ainsi.
En cela je suis radical.
Et c'est du boulot. Parce que ça demande de chercher et de comprendre les origines des problèmes et leurs mécanismes.
Et c'est passionnant parce qu'il s'agit de toujours mieux comprendre et éclairer le monde, de ne pas se satisfaire de réponses et de solutions superficielles.
Et c'est motivant parce que ça donne l'impression d'aller vers de vraies pistes de solutions, qui ont des chances de faire changer les choses pour de vrai.

D'une certaine manière, c'est très en cohérence avec le traditionnel Voir-Comprendre-Agir de l'Educ Pop. Ne pas passer de Voir un problème à Agir pour le soulager mais prendre le temps de comprendre ce
↝ 43.3 qu'il y a derrière, jusqu'où ça remonte, et agir là.

Pour autant, avoir une visée radicale, ça ne donne pas souvent des pistes d'action simples et immédiates : ça donne plus souvent un horizon, un
↝ 8 objectif politique.
Dans la perspective de cet objectif radical (au hasard : renverser le capitalisme), rien n'interdit d'avoir des stratégies et des tactiques beaucoup plus modestes et pragmatiques. Notamment pour atténuer temporairement les effets les plus néfastes du problème (par exemple : des aides sociales). Parce qu'on n'atteindra pas l'objectif radical tout de suite et

qu'il ne s'agit pas de refuser d'agir et de refuser d'aider sous prétexte que ça ne remplit pas ici et maintenant l'objectif radical.
Il me semble que nous avons tout intérêt à articuler objectif radical (pour tenir le cap politique et notre moral) et actions pragmatiques (pour qu'elles soient faisables et que nous restions capable de répondre aux besoins exprimés ici et maintenant).
Avec une condition, au moins : que nos actions contribuent à la visée radicale, au mieux, ou qu'elles soient neutres vis-à-vis de ce dernier, au pire, mais qu'elles ne renforcent pas le problème de fond.
Ce qui suppose d'interroger et analyser nos actions dans cette perspective-là.
Et ça, c'est un boulot qu'il ne faut pas oublier de faire, et qu'il faut se donner le temps de faire.
Cette articulation entre radicalité et pragmatisme est souvent complexe, et l'équilibre instable, mais je crois que c'est un enjeu essentiel pour tenir le cap d'une éducation populaire politisée et réellement utile. Parce qu'elle contribue alors à changer la racine des problèmes.
Les réflexions d'Irène Pereira sur la question m'ont bien aidé à penser ces enjeux. ↝ 91

Je revendique donc des objectifs radicaux, mais pas une posture quotidienne radicale ni intransigeante. Ne serait-ce que parce qu'il faut être pragmatique pour faire avec les autres et le monde tels qu'ils sont, et parce qu'il faut aussi l'être pour expérimenter et bricoler des solutions qui ont des chances de fonctionner, quand bien même on a identifié clairement quelle est la racine du problème.
Je revendique donc des finalités et une analyse radicales, mais une posture et des actions pragmatiques et sans cesse adaptées et réinventées.
Vouloir changer le monde radicalement et incarner une posture de radicalité rigide, ce sont deux choses radicalement différentes !

JE NE SUIS PAS TOUT·E SEUL·E 14

Ce sera ensemble ou rien.
Waly Dia.

J'ai tendance à répéter beaucoup qu'il faut parler ouvertement et souvent de valeurs, d'intentions, bref : de politique, quand on fait de l'éducation populaire.
J'en suis depuis longtemps convaincu par principe, parce que ça fait partie de l'identité fondamentale de l'éducation populaire, c'est là-dessus qu'elle est construite.
Mais j'en suis aussi convaincu par ce que ça produit directement quand on le fait. Auprès de celles et ceux qui nous écoutent et qui se retrouvent à en parler avec nous et entre eux du fait des temps d'animation que nous proposons sur ces sujets. C'est quelque chose que j'ai découvert en faisant, par les retours des participant·es.
Un type de retour en particulier, qui m'a étonné les premières fois. Qui s'est répété, ce qui m'a confirmé son importance. Et qui a ancré, plus profond, encore ma conviction qu'il faut parler politique et valeurs de manière claire et directe.

Pour le résumer, voilà le type de retour dont je parle : "ça m'a fait du bien qu'on parle de ça. On n'en parle jamais et là, soudain, je me rends compte que je ne suis pas tou·te seul·e à penser ça. À croire à ça. Je commençais à me dire que j'étais le·la seul·e, que j'étais dingue, mais non."

C'est important comme résultat, non ?
C'est important parce que ça dit qu'effectivement, ce sont des valeurs que nous partageons le plus souvent, si nous travaillons dans l'éducation populaire. Mais nous ne nous en parlons pas. En tout cas, bien trop rarement. Ce qui provoque une solitude et un doute douloureux.
C'est le genre de doutes qui coûte de l'énergie, qui sape notre élan. Qui peut nous amener à nous décourager facilement. C'est plus que dom-

mage, c'est parfois dramatique de voir des professionnel·les et militant·es convaincu·es qui s'épuisent, voire qui abandonnent. Simplement parce qu'ils et elles ont l'impression de lutter seul·e.
C'est encore plus triste de se rendre compte qu'il suffit de dire, de parler, de partager ouvertement pour que ça fasse beaucoup de bien. Que ça redynamise, que ça regonfle notre motivation. Que ça nous donne immédiatement des perspectives de réseaux d'allié·es, voire de projets communs. Bref, que ça nous inscrive dans un collectif.

Ne serait-ce que pour ça, c'est essentiel de parler ouvertement de nos valeurs, de nos envies de transformation sociale, de ce à quoi on croit pour la société, d'utopie et de politique. Pour ce bien que ça nous fait à toustes de pouvoir se dire : "Je ne suis pas tou·te seul·e, je ne suis pas dingue de croire dans ces valeurs."

Et, accessoirement, ça nous pose quelques questions : Pourquoi cette tendance à ne pas en parler ? Qu'est-ce qui fait qu'on se censure ? Quelque chose de culturel, d'inconscient ? Un fonctionnement de nos ↝ 82.8
structures qui nous pousse à répondre à des appels d'offres et à ne plus nous positionner par peur de perte de financement ? Un manque d'habitude et de compétence pour parler politique ? ↝ 87.2 ↝ 82
Quelques pistes à creuser donc, mais même sans les creuser, rien ne nous empêche de parler, d'ouvrir le sujet, de partager.

Pour ne pas rester seul·es avec nos idéaux.

UN OBJECTIF D'ÉMANCIPATION COLLECTIVE 15

L'émancipation est la sortie d'une situation de minorité.
Jacques Rancière.

L'émancipation, c'est un parcours 15.1

Certes, il nous faut transmettre nos héritages sans trembler, sans honte, sans complexe d'infériorité, mais il nous faut transmettre également la possibilité de s'en détacher.
Fatima Ouassak. La puissance des mères.

Une fois qu'on a dit que l'éducation populaire avait pour objectif l'émancipation de toutes et tous, on a l'impression d'avoir dit quelque chose d'important. Mais tant qu'on ne sait pas dire clairement de quoi il s'agit, ni surtout comment on s'y prend pour s'émanciper, et en émanciper d'autres, on n'est pas beaucoup plus avancé·es.
D'où l'intérêt de disposer de grilles de lecture, même simples, pour penser les enjeux et surtout le parcours de l'émancipation.

La question en elle-même n'est pas simple, mais disposer d'un point d'entrée simple est essentiel. Celui que je trouve le plus utile au quotidien, aussi bien dans ma pratique personnelle que dans la transmission à d'autres est celui de Bernard Dumas et Michel Séguier, dans leur livre « Construire des actions collectives : développer la solidarité ».

L'émancipation est un parcours, qui se fait en étapes, schématiquement. En prises de conscience successives, qui permettent de se libérer progressivement de dominations (voire d'aliénation) et de contraintes subies.

Prise de conscience individuelle

Arriver à se dire à soi, à penser qu'on a un problème, un caillou dans la chaussure, un truc qui gratte, qui n'est pas normal, pas acceptable.
Ce qui ne se fait pas forcément simplement : pour en arriver là, il peut y avoir avant quelques étapes à passer, en termes d'estime de soi, de prise de recul, de regard sur soi. Ce qui peut s'accompagner.

Exemple : "Je me suis encore fait contrôler trois fois par la police en bas de chez moi, j'en ai plein le cul, ça saoule !"
Exemple : "Je suis encore en train de flipper du retour de mon mari. La dernière fois qu'il est rentré en colère, j'ai pris une gifle, je ne sais même plus pour quelle raison. C'est pas normal, c'est pas de l'amour..."

Prise de conscience collective

Partager avec d'autres, être capable de dire et d'entendre, faire le lien, constater le commun, et le différent. Constater que du coup ce n'est pas juste pas de bol, juste la faute à ma gueule à moi tout·e seul·e.
Ce qui suppose d'oser parler à d'autres, d'avoir des espaces pour, en confiance, et d'être capable de s'exprimer.

Exemple : "Tiens, c'est pareil pour tous mes potes du quartier. Mais pas pour ceux qui habitent en centre-ville. Y en a même à quoi ça n'arrive jamais, ça a pas l'air de tomber au hasard, du coup, ni d'être pareil partout..."
Exemple : "C'est pareil pour vous aussi, les copines ? Ah ouais, les mecs ils sont comme ça... Ah non ? Pas pour toi ? Toi si il lève la main sur toi, tu te casses direct ?"

Prise de conscience sociale

Pourquoi ça arrive à certain·es et pas à d'autres ? À quels groupes j'appartiens qui font que ça m'arrive ou pas ? En quoi mon problème est

celui du groupe auquel j'appartiens, est lié au fait que j'appartienne à ce groupe social ? Et que ce groupe social a des relations spécifiques avec d'autres groupes sociaux ?
On rentre dans la question des rapports sociaux et des rapports de domination. On commence à se faire un regard sociologique, en étant accompagné·es idéalement. On comprend qu'il y a des déterminismes sociaux, et que tout ne se joue pas à l'échelle individuelle ou en fonction de la psychologie.

Exemple : "Il se passe quelque chose de spécifique entre la police et les jeunes de quartier. Les jeunes de quartier ont une image particulière dans la société et on les traite en fonction de ça. Ce qui n'est pas le cas des jeunes du centre-ville. C'est pas juste."
Exemple : "Se mettre en colère et menacer physiquement, voire frapper, c'est attendu des hommes, et même, souvent, c'est valorisé. On entend dire qu'il faut dresser sa bonne femme. Et pour les femmes, qu'il faut arrondir les angles, faire avec, et ne pas provoquer, parce que c'est un peu de ta faute si tu ramasses."

Prise de conscience politique

On essaie de comprendre comment ce fonctionnement social est lié à des choix politiques formels, à des choix de société qui se sont fait progressivement et de manière invisible (donc des choix politiques informels) et à la culture dominante qui dit ce sur quoi on se pose des questions et fait des choix et ce qui ne rentre pas dans le questionnement. Donc nos non-choix, nos non-questions collectives.

Exemple : "Oh, l'état français a été condamné pour contrôle au faciès ? Genre, c'est pas dans mes rêves qu'il y a des comportements racistes. Et ce serait lié à l'histoire coloniale, et à la manière dont on a construit et peuplé certaines banlieues..."
Exemple : "Ah oui, pouvoir porter plainte pour des violences conju-

gales, ça ne fait pas si longtemps que c'est possible. Pendant longtemps, c'était un droit pour le mari, la loi était faite comme ça. Le droit du mariage, en général, ne garantit pas l'égalité des époux depuis bien longtemps. Et si on ajoute les inégalités de revenus, même une femme qui veut quitter le domicile conjugal n'en a pas forcément les moyens, elle risque de se retrouver à la rue. Et tout ça est lié à la manière dont notre société définit le masculin et le féminin, ce que c'est que d'être un vrai bonhomme, et un bon père de famille..."

Prise de conscience émancipatrice

C'est l'assemblage des prises de conscience précédentes et le choix conscient d'une stratégie, fut·elle individuelle, fut·elle de l'ordre de la fuite. Mais qui peut aussi relever de la stratégie collective : partager ce qu'on a compris et découvert, essayer de mobiliser, vouloir transformer ensemble la société pour régler le problème pas seulement pour nous. Ce qui prépare éventuellement un prochain parcours d'émancipation pour aller plus loin, une envie de creuser plus, de mieux comprendre et de se libérer d'une couche de plus, de continuer à s'émanciper.

Exemple : "Ah ouais, y a des avocat·es et des assos qui font des signalements et qui défendent les gens, je vais afficher leurs infos dans l'immeuble. Et je vais chercher des infos pour être au taquet sur mes droits pour le prochain contrôle."
Exemple : "Pour commencer, peut-être que j'ai d'abord besoin de me mettre en sécurité, trouver les moyens de partir et d'être accompagnée pour le faire en sécurité. Ou peut-être de trouver du soutien, moral et juridique, pour dire stop. Ou je vais aller écouter une conférence qui m'a l'air intéressante, même si c'est des féministes et que je suis pas féministe. Ou peut-être que je vais rejoindre un collectif, une association, pour dénoncer, pour revendiquer."

Cette grille de lecture en cinq étapes, comme je disais, me sert beaucoup. (Même si elle est fausse. Plus exactement : c'est une simplification, un schéma, qui aide à penser. En se rappelant que, dans la vraie vie : le parcours peut se faire dans le désordre, en commençant par la fin, en sautant des étapes… Ce qui n'empêche pas que cette grille aide à penser ces parcours de manière générale, dans ce qu'ils ont de commun).

En premier lieu, elle me sert à penser les stratégies de mes actions en éducation populaire. Je constate que, trop souvent, nous sommes toutes et tous assez à l'aise, en termes de compétence et d'outils, avec les deux premières étapes. Mais que nous avons du mal à penser des temps d'animation pour les suivantes. Avec cette grille en tête, j'essaie donc :

- De penser les temps correspondant aux deux premières étapes pour qu'ils invitent, voire obligent à aller sur les suivantes
- D'expérimenter avec les troisièmes et quatrièmes étapes, à inventer des manières de les faire, pour de vrai, directement. Parce que le cœur de notre action est là, en théorie. Ce serait bien qu'il le soit en pratique.

En second lieu, cette grille m'a permis de me regarder moi, sur le parcours que j'ai fait, et celui que je suis encore en train de faire. Il me permet de penser, et de montrer aux autres, que nous, professionnel·les, sommes toustes en chemin, à petits pas, sur la voie de l'émancipation. Que ça ne se fait pas en un coup, et qu'aucun·e de nous n'est arrivé·e au bout.

Ce qui est intéressant en termes de posture car ça évite de se positionner comme prescripteur ou prescriptrice, de donner des leçons d'émancipation. Au contraire, ça permet de partager aussi des bouts de son parcours et de cheminer ensemble, avec nos publics. Sans cacher les doutes et les difficultés du chemin.

Troisièmement, cette grille me permet de me dire qu'on s'émancipe de beaucoup de choses différentes. De nombreuses dominations et aliénations, avec leurs différents effets et aspects. Que c'est donc un parcours qui se fait en spirale, en cercles qu'on recommence de mieux en mieux, en allant de plus en plus loin. Avec même des parcours parallèles sur différents sujets. Qu'on commence, qu'on reprend plus tard, qu'on avance parfois vite et parfois pas. Et qu'on peut donc travailler tout ça de mille manières et sans se donner l'ambition casse-gueule de faire ouvrir les yeux entièrement tout de suite à qui que ce soit.

Enfin, dans cette logique de parcours qui se reproduisent à petits pas, ça permet de se demander concrètement quels sont les déclics, les éléments petits ou gros que chacun·e a besoin de trouver et d'accumuler pour franchir chaque étape.

Certains de ces déclics peuvent être provoqués, en animation, d'autre pas. Se poser la question, c'est aussi, en tant qu'animateurice, s'ouvrir un champ de questionnement très fécond sur des outils à imaginer et des manières d'intervenir nouvelles et adaptées.

Et l'école, elle émancipe ? 15.2

L'absurdité de nos méthodes d'enseignement est atténuée par le bon sens et par la bonté de ceux qui les appliquent.
Le Pédagogue n'aime pas les enfants de Henri Roorda

Parlant d'éducation, et de formation, et d'émancipation, je ne peux pas ne pas parler de l'école, telle qu'elle est vécue dans notre contexte. De ses impacts, surtout : des traces qu'elle laisse chez beaucoup. Je ne vais pas en dire des choses très positives, parce que ce sont surtout les traces négatives qui me préoccupent dans ma pratique, chez celles et ceux qui l'ont mal vécue.

Deux préambules cependant.
Tout d'abord, si je suis critique de l'école, je suis critique de l'institution et de ce qu'elle produit. Pas des enseignant·es. Dans leur majorité, je suis convaincu qu'ils et elles font de leur mieux, qu'ils et elles sont plein·es de bonnes intentions. Et qu'ils et elles sont pris dans un système de contraintes souvent absurdes et contradictoires, avec des moyens très notoirement insuffisants. J'aimerais que l'école fonctionne de manière profondément différente, et je crois que beaucoup d'enseignant·es aussi, même s'ils et elles ne voient pas toujours comment, ni ne pensent que c'est forcément possible. Bref, plein de choses à dire contre l'école et ses effets, mais rien de personnel vis-à-vis des personnes qui y travaillent.
Ensuite, je n'ai aucune revanche personnelle à prendre, ce que je dis n'est pas alimenté par un vécu scolaire difficile : j'ai eu personnellement un parcours scolaire facile, réussi et sans accrocs.

Dans ma pratique, je vois donc quelles traces et quelle culture l'école a transmises à beaucoup d'entre nous, et je vois les freins que cela crée dans ma pratique d'éducation populaire.
Je vais me permettre de lister les freins que j'ai identifiés, car ce sont des éléments à prendre en compte, et des conceptions à déconstruire sur un parcours d'émancipation.

L'école laisse à beaucoup l'idée qu'apprendre n'est pas un plaisir. Voire ne
↝ 43.3 doit pas être un plaisir. Prendre plaisir à apprendre, s'y amuser, semble à beaucoup un signe qu'on n'est pas vraiment en train d'apprendre. Que si on ne s'ennuie pas un peu, si on ne souffre pas en apprenant, c'est qu'on n'est pas vraiment en train d'apprendre, que ce n'est pas bien sérieux.
Pour réussir à faire la promotion d'une éducation qui se fait dans la joie et le plaisir, c'est un frein à dépasser.

L'école laisse également l'idée, et c'est lié, qu'on ne choisit pas ce qu'on apprend, que d'autres sont bien plus en mesure de décider ce qu'on devrait apprendre. Même si on n'en voit pas le sens, même si on n'en a

aucune envie.
De manière générale, la motivation dans le cadre scolaire est extrinsèque. On apprend pour avoir de bonnes notes, des diplômes, pour avoir un jour un travail utile et rémunéré, pas parce que ça nous semble intéressant et utile. Pas parce que ça a du sens en soi, pour nous.
On est jugé·es de l'extérieur pour savoir si on a bien appris et si c'était utile. Nous ne sommes à peu près jamais amené·es à nous questionner sur ce que l'apprentissage produit pour nous. Sur la manière dont il nous change, dont il nous fait du bien, donc il nous grandit.

L'école nous apprend également la compétition et la mise en concurrence. Dans le principe qu'il faut être bien noté·e, et plutôt qu'il faut être parmi les mieux noté·es, par rapport aux autres.
Dans la pratique, l'école ne nous apprend pas à travailler ensemble, de manière coopérative, collectivement. Elle nous fait faire des travaux de groupe ponctuellement, mais sans apprendre de méthodes, sans faire progresser consciemment sur le comment, sans créer une culture du collectif.

L'école apprend l'obéissance à un maître, et l'interdiction de remettre en cause l'autorité de cette personne. En cela, elle n'enseigne pas l'esprit critique, au contraire. Elle transmet l'idée que nous ne sommes ni capables ni légitimes à questionner les figures d'autorité, en particulier celles qui sont formellement détentrices d'un savoir validé officiellement. Non seulement dans leur domaine, mais, de manière plus grave, en ce qui concerne leur autorité générale et les règles qu'elles donnent à un groupe.

Enfin, l'école fait la promotion d'une culture de classe. Elle transmet l'idée très clairement que certaines formes de culture sont valorisées, sont supérieures, et que d'autres ne méritent pas d'être prises en compte dans un cadre sérieux. L'école française est une école de classe, et elle œuvre à reproduire les hiérarchies sociales de nombreuses manières. № 72.41

Ce qui a de nombreux effets, importants dans une pratique d'éducation populaire, comme le fait de rendre illégitime la parole, la culture et l'expérience de toute une partie de la population ; le fait de donner du travail intellectuel ou culturel l'impression qu'il n'est accessible qu'à certaines catégories de population spontanément capables de l'exécuter ; et le fait de légitimer des hiérarchies sociales puisque les enfants issus des classes supérieures sont perçu·es comme plus intelligent·es de manière générale.

Je liste ces effets de l'école, non pas pour dire gratuitement du mal de l'école, mais pour aider à prendre la mesure de ce que nous avons à déconstruire et à prendre en compte dans une pratique d'éducation populaire.

Un exemple simple : l'usage de l'écrit. Demander à un groupe hétérogène de s'exprimer à l'écrit (ne serait-ce qu'en mettant quelques mots sur des post-its), c'est remettre ceux et celles qui ont souffert à l'école dans une position d'inquiétude et d'infériorité. Parfois peu, mais parfois beaucoup. Et ils et elles ne l'exprimeront que rarement, ils et elles ont trop l'habitude de baisser la tête dans ces cas-là, d'être des cancres discrets. Mais ils et elles ne seront pas en position de participer à la suite du temps collectif de manière détendue et en se sentant à égalité avec les autres.

Ce sont donc des éléments à prendre en compte de manière transversale
Nº 6 dans le choix de nos outils et de nos méthodes, mais aussi des éléments à verbaliser, à faire voir et à déconstruire progressivement, dans une logique de prise de conscience des dynamiques sociales.

Pour aider à ne plus croire que ce que nous portons de notre héritage scolaire relève de notre faute individuelle, pour apprendre à voir que c'est un effet social, institutionnel, structurel. Qu'on peut comprendre, dont on peut se libérer. Et qu'on peut vouloir changer.

Faire crier les spécialistes 15.3

Quand un philosophe me répond, je ne comprends plus ma question.
Pierre Desproges

Je ne forme pas en tant que spécialiste, et je n'écris pas pour les spécialistes. Je le fais même souvent d'une manière qui fait crier les spécialistes. Parce que c'est trop rapide, trop simplifié, pas assez complexe, qu'il faudrait avant de parler de ci ou de ça avoir assimilé tout un tas d'autres concepts.
Tant pis. Ce n'est pas aux spécialistes que je veux m'adresser en premier lieu.

Je cherche à toucher un public de non·spécialistes. De non-universitaires. De personnes qui ne font pas partie des intellectuel·les, qui n'ont pas forcément eu un parcours scolaire long ou exemplaire. Je veux les faire penser, leur donner envie d'assimiler des contenus théoriques, éveiller leur curiosité. En mettant à disposition des contenus qui font écho à leur vécu et à leurs difficultés. Qui les éclairent. Je fais de l'éducation populaire.

Je fais donc le choix de parler de contenus théoriques, de grilles de lecture et de concepts produits par le monde universitaire, par des penseurs et penseuses qui font un travail essentiel et complexe. Parce que je crois que ce qu'ils et elles produisent est précieux. Est vital pour comprendre le monde et s'y positionner en tant qu'acteurices. Qu'il faut donc s'en nourrir.
Mais je fais le choix de ne pas en parler comme ils et elles en parlent. J'en parle avec des mots simples et dans des formats courts, voire très courts. Parce que je crois que c'est un pré-requis pour que ces contenus touchent les publics que je vise. Qu'ils soient accessibles à toustes.
Ce qui suppose de simplifier. De simplifier la forme, en essayant de ne pas dénaturer trop le fond. Je crois qu'on le dénature toujours un

peu. Que c'est une part nécessaire du travail de pédagogie et d'éducation. Donner d'abord une version simplifiée, certains éléments pouvant même être considérés comme faux parce que trop simplifiés, pour pouvoir donner envie, montrer qu'on peut comprendre. Ensuite, idéalement, ajouter des détails, des finesses, de la complexité.
C'est une compétence en soi, de simplifier pour expliquer. Une compétence de médiation notamment. Pour ne pas perdre trop de sens. Ou en tout cas pas les parties les plus importantes. Elle suppose d'être en mesure d'assimiler assez le contenu et ses enjeux pour simplifier par le bon bout. Donc de se plonger dans des versions bien moins simplifiées, avant de transmettre.
Il y a des risques, bien sûr, à faire cette démarche de simplification et de transmission. D'autant plus avec des sujets complexes et riches comme la sociologie ou la politique.
Le risque principal est, je crois, d'être mal compris·e. Que ce qui soit compris soit en fait faux, voire contre-productif. Il est important d'en être conscient·e, c'est un risque réel qu'il faut assumer. Et qui nous pousse alors à bien travailler les temps de synthèse et de reformulation, pour essayer de repérer quand c'est le cas et corriger le tir. Immédiatement avec les personnes concernées, et plus tard dans nos méthodes de
↝ 21.2 transmission.
Si ce risque existe, je ne crois pas qu'il soit à la hauteur des risques qu'il y a à ne pas faire cette démarche de simplification et de transmission.

Je vois deux risques principaux à ne pas s'engager dans ce travail de médiation activement.
Le premier, c'est de tenter de transmettre ces contenus précieux d'une manière qui ne va simplement pas passer. Qui sera trop complexe à saisir, qui utilisera un vocabulaire incompréhensible, ou des codes sociaux et intellectuels qui ne sont pas maîtrisés par notre public.
Nous aurons alors potentiellement l'impression de leur transmettre des choses précieuses et intelligentes. Ce qui satisfera potentiellement notre égo, et pourra nous donner l'impression de mener à bien une mis-

sion importante.
Mais l'impact sera souvent bien différent. Les contenus ne seront d'une part pas assimilés. D'autre part nous aurons sans doute renforcé une défiance vis-à-vis de la théorie, des contenus universitaires et du travail intellectuel en général. Qui est déjà souvent bien ancrée par l'école, et qui se réactive trop facilement.
Le second risque, c'est d'attendre d'avoir trouver le format parfait. D'attendre de maîtriser complètement les contenus théoriques et d'avoir longuement élaboré une méthode de transmission qui prenne en compte tous les enjeux, toutes les finesses, tous les risques d'incompréhension. Parce que ça n'arrivera jamais, ou bien trop tard. Et que, finalement, ça nous aura servi de raison pour ne pas faire le boulot. Pour ne rien faire. Mais parfaitement. Pour donc, ne rien transmettre des contenus théoriques, et en particulier des sciences sociales critiques, dont nous avons un besoin vital en éducation populaire. Dont nous avons toutes et tous besoin pour nous émanciper en général.

J'assume donc pleinement mon choix de transmettre ces contenus imparfaitement. Trop simplifiés. Trop rapidement. Avec des erreurs.
Parce que ça me permet de le faire.
Parce que le risque à le faire imparfaitement me semble bien moins grave que de ne pas le faire.
Parce que nous avons besoin de transférer des savoirs critiques produits dans un cadre universitaire vers la culture populaire, vers les personnes qui en ont activement besoin pour comprendre le monde et essayer de le changer.

J'assume donc de faire crier les spécialistes.
Mais je leur explique pourquoi j'assume de les faire crier. J'écoute leurs cris. Souvent, quand ils et elles ne s'opposent pas par principe à la démarche de transmission rapide qui est la mienne, ils me disent où améliorer ce que je raconte. Parce que le plus souvent, sur le fond, ce sont des allié·es.

ON N'EST PAS NEUTRES ! 16

Et toc ! Remonte ton slibard, Lothar !
Perceval, Kaamelott, écrit par Alexandre Astier.

On est une association, on se doit d'être neutre.
Un·e animateurice, ça doit être neutre.
J'en ai marre d'entendre ça.

Non, nous ne sommes pas neutres. Bien sûr que non. Si nous étions neutres, notre métier n'aurait aucun sens, nos structures n'existeraient pas. Si nous sommes là, c'est parce que nous défendons des valeurs, des objectifs, et que nous voulons contribuer à changer la société. Ce qui est complètement politique, et absolument pas neutre.
Donc, non, je ne crois pas que nous soyons neutres. Pas du tout.
Nous voulons plus d'égalité et de justice sociale, nous voulons une population émancipée et capable d'agir pour le bien commun, nous voulons que ça change.

Nos structures ont donc des finalités politiques.

Du fait de leur statut d'association loi 1901, on imagine souvent qu'elles ne doivent pas intervenir ou influer activement sur le processus électoral. Je n'ai trouvé aucun texte juridique l'affirmant clairement, ni aucune jurisprudence. J'ai trouvé au contraire des exemples d'associations clairement positionnées lors des élections. Trop souvent, cette interdiction supposée de peser sur la vie électorale directement est traduite comme une obligation de neutralité : erreur involontaire ou tout à fait calculée, ça dépend des fois d'ailleurs, mais c'est nocif dans les deux cas. Nos associations ne sont donc pas tenues à la neutralité.

Et l'animateurice, dans tout ça, neutre face à son public ?
Je ne crois pas non plus. Parce que toute animation est construite avec

des intentions, et qu'idéalement elles contribuent justement à l'émancipation, au pouvoir d'agir, à la transformation des personnes ou de la société.
Donc non, pas neutre non plus, l'animateurice. Porté·e par des valeurs tout autant. Politique tout autant.
Mais, idéalement, sans les imposer de manière frontale. Et là, c'est une question de posture et de méthode.

Dans le cas de temps où l'on anime des échanges et des débats, il y a un enjeu à rester en dehors des échanges pour ne pas y prendre trop de place (pouvoir de l'animateurice oblige) et à être impartial·e (avec certaines limites, relatives à la protection des personnes présentes). Je préfère parler d'impartialité ou de refus de participer pendant qu'on anime que de neutralité dans ce cas.

Dans le cas de temps de transmission de contenus, il y a un enjeu à ne pas faire la leçon, à ne pas être donneureuse de leçons. À ne pas profiter de sa place pour imposer son point de vue. Mais ça n'empêche en rien d'être transparent·e sur ce dernier. De présenter avec honnêteté les autres points de vue également. Ce qui n'est pas non plus une question de neutralité, mais de pédagogie et de transparence, voire d'honnêteté.
Je ne crois pas que l'animateurice puisse être neutre, tant les sujets qui nous occupent n'existent pas sans positionnement, sans intention. De la même manière qu'on ne peut pas raconter l'Histoire de manière neutre.

Je crois qu'on peut essayer d'être neutre. Mais je crois que c'est un piège. Parce qu'on ne le sera pas, et qu'on sera dans une position inconfortable. Parce que ça suppose de croire que notre public ne sera pas capable de № 34
se rendre compte de notre supercherie, ce qui est à la fois une erreur éthique, une posture casse-gueule, et une recette pour que ça rate et qu'on passe pour un·e con·ne à qui on ne peut pas faire confiance.

LES COUSIN·ES DE L'ÉDUCATION POPULAIRE 17

Être convaincu·es de certaines conclusions dont le capitalisme et ses idéologues préfèrent nous voir douter : que l'inégalité et l'oppression ne sont pas des états naturels ; que notre réalité sociale est contrôlée par une minorité ; qu'elle est contrôlée en opposition aux besoins et aux droits de la majorité ; que nous sommes assez capables pour ça vaille le coup, a minima, de tenter de changer le monde. Que si nous réussissons, ce sera mieux pour la vaste majorité. Ce sont les éléments minimaux pour des alliances sans lesquelles l'activité entre camarades et l'analyse radicale sont fonctionnellement impossibles.

David Graeber. On the communist Manifesto.

L'éducation populaire a des cousin·es, à qui il peut être intéressant de rendre visite pour découvrir des idées complémentaires, des nouveaux outils ou de nouvelles questions.

L'empowerment vient d'Amérique du Nord. Il a été traduit par capacitation ou autonomisation ou agentivation entre autres. L'idée est de développer le pouvoir d'une personne ou d'une communauté, pour leur permettre d'agir sur leur environnement, potentiellement à tous les niveaux. Si son ancrage historique se trouve dans des mouvements sociaux et politiques, son usage actuel peut être en partie dépolitisé et libéral. Sous le terme de développement du pouvoir d'agir des personnes et des communautés, c'est un courant qui a donné lieu au Québec à des travaux riches et intéressants.

Le community organizing est une méthode d'organisation et d'action collective partant des dominations et injustices vécues. Sur la base d'un territoire et d'un vécu commun. Il s'inspire notamment de tactiques syndicales et de méthodes de "guérilla sociale" selon Saul Alinsky, son principal inspirateur. Le community organizing peut être très politisé mais pose potentiellement des questions en termes de posture et de visée émancipatrice, ce qui est très efficacement discuté et analysé par Adeline de Lépinay dans Organisons-nous.

RESSOURCES ESSENTIELLES 19

Une introduction facile à aborder des enjeux et de l'histoire de l'éducation populaire politique. Sous forme de one-man·show engagé et vivant. Incultures 1 "L'éducation populaire, monsieur, ils n'en ont pas voulu", de Franck Lepage
En vidéo : http://www.scoplepave.org/l·education-populaire-monsieur-ils-n·en-ont-pas
Le texte existe aussi en petit livre, aux éditions du cerisier.

De bons résumés, courts et efficaces, de l'histoire et des enjeux contemporains de l'Éducation Populaire :
Silence ! Numéro spécial Education populaire.

Un livre pas trop long, pas trop dense, mais qui balaie largement l'histoire et les tendances politiques de l'Educ Pop, avec des illustrations agréables :
L'éducation populaire, un phénix toujours renaissant. De Paul Masson.

Un petit manuel d'éducationpopulaire conscientisante, par une autrice, Irène Pereira, dont toute la production mérite d'être lue :
https://pedaradicale.hypotheses.org/files/2021/07/Petit-manuel-deducation-populaire-conscientisante.pdf

↝ 91

Si on se retrouvait frangines
On n'aurait pas perdu son temps
Unissant nos voix j'imagine
Qu'on en dirait vingt fois autant
Et qu'on ferait changer les choses
Et je suppose aussi les gens
Et qu'on ferait changer les choses
Allez on ose
Il est grand temps
Que je vive cent ans ou bien quelques décades
Je ne supporte pas de voir le temps passer
On arpente sa vie au pas de promenade
Et puis on s'aperçoit qu'il faudra se presser
Que vous soyez tranquilles ou plein d'inquiétude
Ce que je vais vous dire, vous le comprendrez
En mettant bout à bout toutes nos solitudes
On pourrait se sentir un peu moins effrayés
Un peu moins effrayés
Écrire pour ne pas mourir
Écrire, tendresse ou plaisir, écrire pour tenter de dire, dire
Tout ce que j'ai compris, dire l'amour et le mépris, écrire, me sauver de l'oubli
Ecrire pour tout raconter
Écrire au lieu de regretter
Écrire et ne rien oublier
ANNE SYLVESTRE

L'ANIMATEURICE 2

Aujourd'hui, la règle générale semble être que plus un travail
bénéficie clairement aux autres, moins il est rémunéré
Bullshit Jobs de David Graeber

ANIMER 21

Animer, c'est donner vie, c'est ce qui se dit beaucoup en formation d'animateurices... Oui, mais si on creuse un peu l'étymologie, c'est un peu plus précis que ça. Ce n'est pas exactement donner vie : l'anima, c'est plus proche de l'âme, et c'est l'intention qui produit l'action. Et vu comme ça, je trouve bien plus proche de notre métier et bien plus motivant : faire émerger l'intention, la volonté, qui va produire une action.

Animer, c'est un métier

21.1

Pourquoi voulez-vous à tout prix que je sois «gai» ? ... Je me demande pourquoi vous attachez tant d'importance à ces choses-là... Il est toujours question d'être «gai», ou souriant, ou «en pleine forme», c'est une obsession ?... Je n'ai pas appris de bonne nouvelle, je n'ai pas gagné au Loto, je n'ai rien à vendre à personne, je n'ai aucune raison d'être particulièrement «gai»... Je suis un être humain, pas un animateur !!... Il n'y a qu'à la télévision qu'on voit des gens éclater de rire à longueur de temps, comme des crétins...

Jean-Pierre Bacri (et Agnès Jaoui). Cuisine et dépendances.

Je suis animateur.

Je ne suis pas chargé de mission, ni consultant, ni médiateur, ni agent de développement, ni clown, ni amateur, je suis animateur. Je le revendique et je crois que c'est important.

Je mets des mots dessus pour défendre le fait que c'est un métier, un ensemble de compétences, savoir-faire et postures, qui s'acquièrent, se nomment et se développent. On peut donc se revendiquer d'être animateurice, d'en faire un élément d'identité au même titre que bien d'autres métiers. Au même titre, pas moins. Pas comme si c'était un petit truc d'amateurice que n'importe qui peut faire spontanément.

Il me semble intéressant de différencier dès le départ, et de manière claire le métier d'animateurice et la fonction occupée. Le métier d'animateurice est un ensemble de compétences, de postures et de finalités politiques. Ces éléments constituent un cœur de métier, mais ils ne définissent pas le cadre dans lequel on exerce, ils ne disent rien des fonctions diverses qu'on peut assumer en tant qu'animateurice.

On peut être animateurice d'activités pour enfants, pour reprendre l'image la plus souvent attachée à ce mot, mais on peut aussi être ani-

mateurice dans une fonction de coordination, ou de direction de structure. On peut être animateurice d'un réseau régional, national. On peut être animateurice de temps formatifs ou en dirigeant un centre de formation. On peut être animateurice d'un Conseil d'Administration, ou d'une Assemblée Générale. On peut être animateurice de n'importe quelle dynamique collective.
Le métier d'animateurice peut se vivre dans différentes fonctions, et il est important de dissocier les deux aussi pour rappeler qu'on peut évoluer dans ses fonctions tout en restant animateurice, qu'on peut y grandir, et que des fonctions plus complexes demanderont simplement une maîtrise plus fine mais aussi plus affirmée du métier d'animateurice.
Un·e animateurice peut être animateurice socio·educatif, coordinateurice d'un service jeunesse en MJC ou du service animation dans un EHPAD, directeurice d'un centre social, délégué d'une Union Régionale, cadre dans une mairie, formateurice, permanent·e d'une association militante, etc...

Le métier d'animateurice est trop souvent dévalorisé, et au premier chef par ceux qui l'incarnent. Ne sachant revendiquer ce nom et ce métier, ils et elles font le jeu de ceux et celles qui n'y voient rien de bien important, et ils et elles se mettent dans des situations de souffrance et de mésestime d'eux-mêmes et d'elles-mêmes parfois graves et toujours défavorables aux finalités sociales et politiques de ce métier.
J'ai pu constater dans ma pratique d'animateurice de formation à quel point certains animateurices refusent de se nommer ainsi. Parce qu'ils n'osent pas l'assumer face aux regards extérieurs. Parce qu'ils n'osent pas se l'avouer aussi parfois. Le fait de leur dire que je suis animateur, qu'ils sont animateurices, et que c'est un vrai métier, a un impact que je n'aurais pas immédiatement soupçonné. On m'a même demandé de le répéter. Parce que ça fait du bien de l'affirmer clairement.
Je l'affirme donc une fois de plus : je suis animateur, et c'est un vrai métier.

Dans ce que je pratique, et que j'écris ici, je m'intéresse à ce cœur de métier, à cette pratique d'animation, peu importe dans quelles fonctions on en fait usage, et je le fais à partir de ma pratique. J'écris ici en tant qu'animateur.

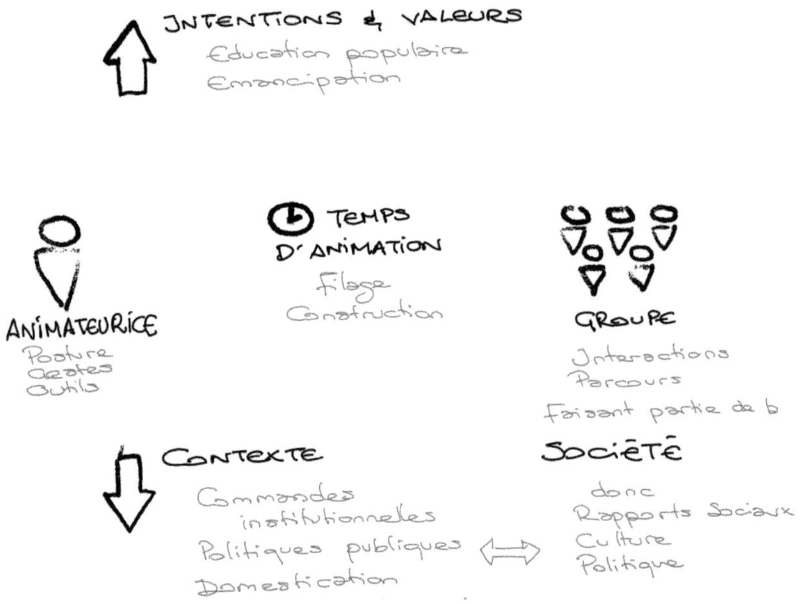

Paie ton gros mot : praxis 212

L'animation (en éducation populaire) est une praxis.
J'ai longtemps trouvé le terme inadapté, et surtout inutilement abscons et prétentieux. Aujourd'hui, j'en comprends le sens et il correspond effectivement à ce que je fais. Je trouve toujours le terme prétentieux et élitiste, donc j'ai du mal à le revendiquer sans l'expliquer, mais je dois reconnaître qu'il est adapté et que je n'en ai pas de meilleur sans faire une phrase à rallonge.
L'animation est une praxis parce qu'elle est entre la pratique et la théorie.

C'est en partie une pratique parce que c'est quelque chose qu'on fait, concrètement, qu'on accomplit grâce à de la technique.
C'est en partie une démarche théorique parce qu'elle n'a de sens que mise en lumière d'une lecture pensée et théorisée de ses finalités, mais N° 7
aussi des rapports sociaux et du monde politique. N° 8
C'est donc un équilibre, un aller-retour permanent entre des essais pratiques et un regard critique alimenté par des approches théoriques sur ces essais. Pour comprendre ce qui marche et ce qui ne marche pas, et essayer mieux la fois suivante.
Il s'agit, côté pratique, de s'alimenter en ressources techniques, de nommer ce que l'on fait et pourquoi. Pas seulement d'appliquer des méthodes N° 51
et des procédures, même connues et éprouvées dans d'autres situations : les apprendre, les essayer et comprendre leur fonctionnement : mettre les mains dans le moteur.
Il s'agit côté théorique, non pas de devenir spécialiste universitaire, mais d'aller puiser des grilles de lecture, des éclairages et des outils intellectuels pour structurer. En s'autorisant à picorer, à sélectionner et à simplifier. Pour se doter de moyens de voir si notre pratique est en adéquation avec nos fins, et voir comment l'améliorer. Pour se construire un regard plus pertinent et plus complet sur le monde dans lequel nous voulons agir, les lieux où agir et les manières d'y agir.

C'est l'association de ces deux dimensions, leur équilibre, qui fait l'animation en Éduc Pop. Et c'est un travail complexe et toujours en construction et en évolution. Ce qui est à la fois d'une exigeante difficulté et d'un grand attrait pour celles et ceux qui aiment ça. Accessoirement, cela suppose de disposer de temps dédié de manière assumée à ces deux dimensions
C'est donc aussi un regard critique en permanence sur sa pratique, sur ce qu'on fait, alimenté par des apports théoriques qu'on comprend de mieux en mieux. En fait, les apports théoriques servent à raffiner notre regard critique sur ce qu'on fait : gestes, outils, mais aussi et surtout posture. Parce que cette démarche suppose de vouloir se changer soi,

de vouloir évoluer. Ce qui est d'ailleurs le sens fondamental de la Praxis en philosophie : une pratique qui va nous changer nous et changer les
↝ 43 rapports sociaux.
En découle l'idée de se construire au fil de notre progression des outils et des grilles d'évaluation. Pas des usines à gaz avec de multiples critères, mais des points de vigilance qui nous permettent de voir si ce que nous faisons est en adéquation avec nos valeurs et nos intentions. C'est donc
↝ 45 une forme d'évaluation d'abord qualitative et centrée sur nous et notre
↝ 34 pratique, pas sur notre public et ses compétences.

Au final, c'est une démarche réflexive et qui fait des allers-retours permanents entre théorie et pratique. En spirale, en progressant. Quand je parle d'allers-retours, ce n'est donc pas seulement d'améliorer sa pratique par la théorie, mais aussi de produire de nouveaux éléments de théorie à partir de sa pratique. Même modestes, même par petits bouts. Pour soi, d'abord, pour clarifier et prendre du recul, mais aussi pour les autres, pour partager, pour continuer à faire de l'Éducation Populaire une démarche vivante et collective.

Animer quoi ? Activités, projets et instances. 213

Pour y voir plus clair dans les différents formats d'animation, l'étude "Les gestes professionnels de l'animation", pilotée par l'URACS en 2009 propose une classification simple qui m'est très utile depuis longtemps. On y distingue trois grands cadres dans lesquels on peut animer.

L'animation d'activité est le type d'animation qui est le plus pratiqué et auquel on pense en premier. Il s'agit d'un temps avec un·e animateurice et un groupe, centré sur une activité spécifique, choisie et organisée à l'avance par l'animateurice. Les participant·es se sont inscrit·es et viennent y pratiquer une activité pour le plaisir ou pour acquérir une nouvelle compétence. La plupart des activités proposées dans les programmes des structures socio·éducatives sont sous cette forme.

L'animation de projet suppose un groupe qui se retrouve à plusieurs reprises pour mener à bien un projet qu'il a décidé et construit ensemble, accompagné par l'animateurice. Le projet en question a un sens pour le groupe et lui permet de tester ses capacités à agir ensemble. Il suppose en général la nécessité d'être plusieurs pour réussir et de coopérer, de manière égale ou complémentaire. Le groupe dure autant que le projet et va se confronter à des difficultés et aboutir à une réalisation. Les participant·es font partie du groupe parce qu'elles et ils adhèrent au projet. ↝ 42

L'animation d'instance correspond à un groupe pourvu d'un mandat collectif, d'une existence institutionnelle. Les participant·es sont porteureuses d'un mandat ou d'un droit. L'objectif en est de s'occuper des autres, d'un collectif, en négociant et se confrontant à l'environnement politique et institutionnel. Très souvent, il s'agit d'animation de CA ou de bureau dans les cadres associatifs, ou de conseils municipaux par exemple.

Un·e animateurice est légitime, et même nécessaire pour le bon fonctionnement de ces trois types de groupe. Mais les questions de posture, de légitimité et d'outils ne sont pas exactement les mêmes. La base est semblable mais des éléments spécifiques s'ajoutent pour l'animation de projet, puis pour l'animation d'instance. ↝ 52

Animer, ça s'apprend 21.4

La première difficulté pour nous tous, hommes et femmes, ce n'est pas d'apprendre, c'est de désapprendre.

Gloria Steinem

Animer, c'est un métier, et c'est un métier complexe.

Il est composé d'un ensemble de compétences : connaissances, postures, gestes et outils, au service de finalités.
221 Rien de tout ça ne relève du don ou de l'inné.
Être animateurice, ça s'apprend.

Je le précise parce que j'entend encore trop souvent qu'une personne serait un·e animateurice naturel·le. Parce qu'elle a un bon contact, qu'elle est sociable. Voire que c'est un·e bon·ne clown.
Que partant de là, il n'y aurait rien à apprendre, il n'y aurait pas à se former. À part peut-être pour acquérir des outils supplémentaires. C'est fou le nombre de demandes de formation du type "il nous faut juste des outils en plus" pour faire face à telle ou telle difficulté. Et c'est fou le peu de demandes de formation sur les questions de valeurs, de grilles de lecture ou de posture.

Animer, je défends l'idée que c'est un métier qui s'apprend. Dans toutes ses dimensions.
Selon là où on en est, on a besoin de travailler plus ou moins certains aspects. Mais ce ne sont pas forcément les profils auxquels on pense le
222 plus, a priori, qui font les meilleur·es animateurices.

Je crois, étant donné la richesse de ce métier, et la variété des contextes dans lesquels on peut être amené·e à l'exercer, que le métier d'animateurice s'apprend tout au long d'une carrière.
Malheureusement, je constate que dans les formations professionnelles (qui ne concernent déjà qu'une partie réduite des animateurices), les questions de techniques d'animation ne sont abordées qu'au niveau des formations d'entrée dans le métier, celles qui concernent l'animation
213 d'activité.
On y apprend à animer des temps d'activité, de types différents, mais toutes dans un cadre où l'animateurice prend en charge un groupe pendant un temps unique organisé autour d'une activité déterminée et construite à l'avance. Souvent d'ailleurs des activités de loisir. Dans le

meilleur des cas, on y travaille effectivement les questions de postures, de gestes et d'outils, mais pas toujours.
Pour la suite, par contre... il n'y a pas grand chose. Pour l'animation de projet et d'instance, les animateurices, quand ils et elles prennent des responsabilités, se retrouvent sans trop de ressources ou de propositions de formations. Comme s'il était évident et naturel de savoir appliquer à ces autres contextes les bases d'animation qu'on avait jusque là. Comme si chacun·e était chargé·e de ré-inventer le reste des compétences du métier à chaque fois. Alors que je suis persuadé que ça s'apprend, justement. Que ce sont des niveaux successifs de la formation d'animateurice. Et qu'il y a de quoi continuer à apprendre toute sa carrière, pour aller animer des projets, des CA, des AG, des instances nationales, etc.
J'insiste parce que je trouve ça assez triste que les professionnel·les ne valorisent pas plus ce métier en revendiquant des niveaux d'expertise successifs et de plus en plus pointus et techniques. Comme si les architectes apprenaient à construire des cabanes et qu'on leur dise ensuite : «ben pour les immeubles, c'est pareil, tu trouveras bien comment adapter tout ça, ça viendra tout seul».

Pour apprendre ce métier, donc, il faut considérer qu'il y a quelque chose à apprendre et que ça vaut le coup d'aller le chercher. De creuser. D'affiner.

Rater pour apprendre 21.5

L'erreur, comme le rire, est le propre de l'homme.
Mais infiniment plus créatrice.
Roland Topor

Je crois qu'il faut se planter, pour un jour bien animer.
Je crois même que c'est vital de se rater en animation. Et de profiter du fait qu'on s'est raté·e pour comprendre pourquoi : c'est là qu'on apprend

le plus, qu'on fait le mieux évoluer sa posture notamment. Parce qu'on est impliqué·e, qu'on peut analyser ce qu'on a fait directement, et qu'on n'a pas envie de se planter à nouveau.
Même si je défends que c'est important, je ne dis pas que c'est agréable de se planter. Au contraire, c'est toujours très désagréable. Et blessant, parce que le métier même fait que c'est toujours un échec public (même si tout le monde ne s'en rend pas compte de la même manière).
C'est suffisamment désagréable pour qu'on puisse être tenté·es de ne pas prendre de risque. Parfois c'est le bon choix, parce que les enjeux sont trop importants. Mais rarement, de mon point de vue.
Si on ne prend pas de risque, on ne teste rien de nouveau et on n'apprend peu.
Et puis, le contexte change tout le temps. Même quand on a l'impression que c'est le même type de groupe, la même situation, ce n'est pas forcément le cas. Du coup, reproduire ce qu'on a déjà fait en pensant que c'est moins risqué n'est pas forcément un pari gagnant.
Les ambitions de l'éducation populaire sont telles, et le boulot qu'il nous reste à faire est tel que si on ne prend pas de risque, si on ne tente pas des choses un peu ambitieuses, on va avancer tellement lentement qu'on va finir par se dire qu'on ne sert à rien.

Quand on a pris des risques et qu'on a raté, ce n'est pas si grave si on le ↝ 426 montre. Si dans le temps de débriefing, on met en lumière ce qu'on a tenté, et comment on pense que ça a en partie raté. Pour solliciter les avis, éclairages et conseils du groupe. Pour peu que le groupe ait adhéré à l'intention (ce qui idéalement a été validé en début d'animation), il est en général bienveillant dans ses retours et avis. Parce que vous n'avez pas nié le raté, parce que vous vous montrez vulnérable et ouvert.
Je me suis planté en animation, parfois un peu, parfois beaucoup, mais je n'ai jamais connu de groupe hostile ou agressif à partir du moment où j'ai partagé avec ce que j'essayais et comment je voyais ce qui avait été raté.
C'est dans ces cas-là, en additionnant mon analyse et celle du groupe,

que j'ai le plus appris, et de loin, sur ce que je pouvais améliorer dans ma posture, dans mes gestes d'animation et même dans la manière d'utiliser mes outils d'animation.

ÊTRE ANIMATEURICE 22

Arrête de m'aider, papa. Tu fais toujours ça. Il faut pas aider les gens quand ils ont pas demandé.
Olympe Peccadille Lilith.

Savoir·être ? 22.1

- Vous seriez pas... flic par hasard ?
- Non !
- Tant mieux parce qu'on est jamais flic par hasard.
Guillaume Nicloux, Jean-Bernard Pouy. Le Poulpe.

On parle souvent de savoir·être, dans nos métiers et dans d'autres. Qui viendraient compléter savoir et savoir-faire. Je vois l'intérêt de distinguer ce qui relève de la connaissance, ce qui relève de la pratique et ce qui relève de la posture.
J'ai par contre un problème, politique pour le coup, avec le fait de parler de posture professionnelle en terme de savoir·être. En terme d'identité donc.

D'une part, parce qu'il y a un écho essentialiste, un sous·entendu que ces aspects relèvent d'un inné, d'une essence personnelle. Je suis persuadé que bien au contraire, ce sont des choses qui s'apprennent, qui se travaillent et qui évoluent. D'une manière qui est sans doute liée à qui nous sommes, mais sans être ce que nous sommes. En d'autres termes, je crois

qu'on se construit une, voire des, postures professionnelles compatibles avec notre identité, mais que ce ne sont que des postures opérationnelles, pas un changement d'être.
D'autre part, parce que cette formulation de savoir·être introduit justement une mise en jeu de l'identité personnelle dans le champ professionnel. Une mise sur le marché de l'intime et du personnel, très portée par le libéralisme, mais qui me semble justement très critiquable politiquement, voire dangereuse. Je défendrai donc bien l'idée que cette posture relève du faire, et pas de l'être. Un faire qui paradoxalement n'est pas nécessairement dans l'action, mais qui relève bien d'une opération professionnelle choisie et circonscrite au champ professionnel. Je fais ma posture d'animation, je ne suis pas ma posture d'animation, pas plus qu'elle ne dit mon identité intime et personnelle.
Je préfère donc, autant que possible, éviter de parler de savoir·être pour parler de posture, de comportements, de maîtrise des codes sociaux, toutes choses qui relèvent effectivement de compétences qui ont une place légitime dans le champ professionnel.

Être sociable, ou pas **22.2**

Tout ce qui est or ne brille pas
Tous ceux qui errent ne sont pas perdus.
J.R.R. Tolkien. Le seigneur des anneaux.

L'animation est une activité sociable. Elle demande une maîtrise des codes sociaux, de la parole, du non-verbal et de tout ce qui fait la dynamique interpersonnelle.

C'est donc une activité vers laquelle s'orientent spontanément des personnes sociables, sans surprise. Tant mieux, car elle peut bien leur convenir.
Ils et elles ont des facilités pour une partie des compétences nécessaires,

dont la mise en scène de soi. Voire un goût pour ça.
Par contre, ils et elles peuvent être confronté·es à certaines limites. Notamment le fait de parfois trop aimer ça. Trop aimer parler et prendre une place centrale. Peut-être parce que c'est justement quelque chose qui leur plaît, et qui les nourrit en termes d'égo. Il leur faut souvent apprendre à se réfréner et à laisser la place au groupe et aux autres. Ce qui est tout à fait faisable, mais il faut apprendre cette compétence de plus et y penser.

À l'inverse, les personnes qui ne sont pas très sociables n'osent pas forcément se projeter comme animateurices. Ils ou elles peuvent facilement penser que ce n'est pas une activité dans laquelle se faire plaisir et exceller. Je crois que c'est faux.
Je crois qu'on fait d'excellent·es animateurices avec des personnes peu sociables. Comme je crois qu'on fait d'excellent·es enseignant·es avec des personnes qui n'ont pas aimé ou pas réussi à l'école (je pense même qu'il en faudrait plus).
Parce que ces personnes savent, pour le vivre, ce qui est difficile dans le fonctionnement social et dans le fonctionnement collectif. Elles en connaissent intimement les difficultés et les freins. Pourquoi il peut être difficile de se sentir en confiance avec d'autres. De prendre la parole face à un groupe.
Elles seront du coup prises en compte par les personnes pour lesquelles l'entrée dans un groupe et le fonctionnement en animation est difficile et inquiétant. Avec finesse. Elles y seront spontanément attentives.

C'est pourquoi je pense que ces personnes peuvent faire d'excellent·es animateurices. En prenant le temps d'apprendre à être plus à l'aise face à un groupe, à se mettre en scène, à être au centre de l'attention. Ce qui demande un travail sur soi, une prise de risque. Mais qui est pour le coup très satisfaisant : on progresse et on grandit. Et ça peut faire de l'animation un plaisir, alors qu'on ne l'aurait pas pensé possible au début.

Si par hasard vous n'êtes pas sociable mais que les finalités et les valeurs de l'éducation populaire et de l'animation vous font envie, ne vous interdisez pas d'y venir, ça peut très bien marcher. J'en suis un exemple.

Apprendre à se taire 22.3

Paresse et sabotage sont au programme de notre révolution.
Guy Hocquenghem

Animer, c'est un métier de parole (on mériterait notre place au salon des métiers de bouche, non ?). La majorité de nos gestes d'animation sont des gestes langagiers, des mots, des phrases. Par ces paroles, on fait le groupe, les intentions, les interactions et la dynamique. Il faut parler, et apprendre à parler de la bonne manière dans chaque circonstance, pour bien animer.

Pourtant, pour bien animer, il faut ensuite, aussi, apprendre à se taire.
Parce que le silence est un vrai outil d'animation.
Un outil important, mais un outil inquiétant et souvent, au début, très difficile à maîtriser.

C'est un outil important parce qu'à trop parler, le groupe va être centré
↝ 31 en permanence sur nous.
À trop parler, on ne laisse pas le temps aux participant·es de réfléchir à ce qui a été dit, de l'intégrer.
À trop parler, on ne laisse pas le temps de prendre la parole à celles et ceux qui n'osent pas se lancer tout de suite. C'est difficile de prendre la parole devant un groupe, il faut réfléchir à ce qu'on a à dire, se le formuler, s'assurer qu'on veut bien le dire puis se motiver à franchir le cap. Repensez à des situations où vous êtes participant·es (à un débat, une formation, un cours) : après combien de temps de réflexion et d'hésitation réussissez-vous à prendre la parole quand vous n'avez pas votre lé-

gitimité d'animateurice ? C'est rarement immédiat. Trente secondes, ça ne semble pas si confortable pour y aller, par exemple, et dix secondes, c'est franchement court.

Pourtant, est-ce que ça vous arrive souvent, en position d'animateurice, de laisser dix secondes de vrai silence ? Trente ?
Quand on y arrive, il se passe des choses intéressantes. Tout le monde prend le temps de réfléchir, de prendre un peu de recul. Puis certain·es se lancent, disent quelque chose. Certain·es qu'on n'avait jamais entendu avant. Ou pour dire des choses qui n'avaient jamais été dites avant.

Oui, ça vaut le coup d'utiliser le silence régulièrement. Surtout quand on a posé une question, surtout quand on ouvre un temps de parole clairement annoncé. Sans mettre la pression, tranquillement, avec le sourire. Parce que c'est utile et normal.

Pour autant, ce n'est pas facile. Surtout au début.
On s'inquiète des silences. On se dit que s'il y a un silence, c'est que l'animation ne se passe pas bien. Que c'est mauvais en termes d'ambiance. Alors que non, pas forcément, c'est juste une pause, une respiration.
On se retrouve avec l'impression de ne plus rien faire, de ne pas faire notre boulot, et de ne plus contrôler activement ce qui est en train de se passer. Mais on est en train de faire quelque chose : on anime un temps de silence. On fait autre chose aussi : on lâche prise, un tout petit peu, en faisant confiance au groupe, et en le montrant. En acceptant de ne pas garder le contrôle de la conversation, même si on en a la possibilité, et donc de ne pas garder complètement le contrôle tout court.

Il y a des astuces toutes simples pour s'aider à animer ces temps de silence. Pour s'y habituer. Pour les vivre sans se torturer et sans se tordre les doigts avec l'air inquiet·e.
Personnellement, j'ai deux astuces, et une attention.
La première astuce, c'est de se parler, en interne, et de se rappeler pour-

quoi un temps de silence c'est utile, pourquoi c'est un temps d'animation en soi.
La seconde astuce, c'est de compter, tout bêtement. Au moins jusqu'à dix, lentement, parce qu'à moins de dix secondes, ce n'est même pas vraiment un silence. D'une part, ça donne quelque chose à faire, et d'autre part, ça permet de prendre la mesure d'une chose : avoir dix secondes pour réfléchir, c'est rapide mais attendre dix secondes en animant, c'est très long. Prendre conscience de cette perception inégale, ça aide aussi.

Enfin, une attention : afficher sur son visage quelque chose de tranquille. Qui dit que ce temps de silence est normal, bienvenu, qu'il ne vous inquiète pas, qu'il ne pose pas de question. Dire dans votre expression que ça fait partie du jeu, du déroulement normal.

Plus vous réussirez ces temps de silence, plus vous constaterez ce qu'ils produisent, et plus ils deviendront faciles.
Alors, oui, de temps en temps, en animation, essayez aussi de fermer votre bouche.

Je ne sais pas **22.4**

C'est étrange : quand quelque chose vous dépasse, vous ne savez qu'éliminer ! ça ne vous fait pas mal au cœur ?
F'Murrr. Les intondables.

Je ne sais pas.
Parfois, en animation, on me pose une question et je ne sais pas. En formation, pareil.
Longtemps, ça m'a mis en difficulté. Je me sentais menacé, ma légitimité remise en cause. Je me devais de savoir, de répondre. Même si je répondais faux, même si je faisais semblant, même si je manoeuvrais pour faire d'une réponse au hasard quelque chose de crédible.

C'est une crainte, et un réflexe de défense, qu'on a facilement.
Pourtant, parfois, on ne sait pas. Et ce sera toujours le cas. C'est bien normal, c'est inévitable. Je crois qu'il faut l'assumer, et mieux encore: le montrer.

Apprendre à dire qu'on ne sait pas.
Et faire de ces moments-là de vrais moments éducatifs. Parce qu'ils sont une belle opportunité.
Une opportunité d'abord de montrer que tout le monde a des choses qu'il ou elle ne sait pas. Chacun·e ses ignorances. Ce qui est très rassurant, et sape un pilier de certaines stratégies d'autorité et de domination. Ce qui nous met toutes et tous sur un pied d'égalité.
Une opportunité aussi de montrer comment on assume de ne pas savoir ↝ 32
et ce qu'on en fait. De montrer, et donc de transmettre, comment on remédie à l'ignorance quand on en a envie.

De manière concrète, quand on me pose une question dont je n'ai pas la réponse, je commence par manifester mon ignorance. Par dire que je ne sais pas, avec surprise, voire avec joie, pour marquer le fait que c'est une bonne nouvelle, et pas une honte.
Ensuite, par un échange de questions et de reformulations, j'essaie de cerner, ouvertement, le périmètre de mon ignorance. Je précise, je comprends où est le trou, quelle forme il a, et s'il est proche ou éloigné de repères que j'aurais.
Enfin, j'annonce qu'il va falloir que je cherche, et j'esquisse quelques directions. Tiens, sur une question comme ça, il y a peut-être des éléments en sociologie du travail. Ou une définition sur wikipedia. Ou des ressources bibliographiques sur le site de telle association. Je donne à voir comment je vais m'y prendre.
Et, quand c'est possible, je donne rendez-vous pour partager ce que j'ai trouvé, en engageant les participant·es à chercher de leur côté pour pouvoir comparer ou échanger.

Je crois vraiment, aujourd'hui, que ce "Je ne sais pas" est un bel outil éducatif.

Manipulation, éthique et limites 22.5

Si on s'avoue qu'animer c'est toujours manipuler et influencer, si on se dit qu'éduquer, ce n'est jamais neutre, et qu'en plus on a des intentions politiques... alors elle est où la limite acceptable ? Qu'est-ce qui nous différencie de celleux qui font de la propagande ? Comment on reste dans un cadre qu'on est prêt-es à assumer, à trouver juste ?
Ce sont des questions que je me suis beaucoup posées, et qu'on m'a souvent posées en formation. Irène Pereira travaille sur l'éthique en pédagogies critiques, dans la filiation notamment de Paulo Freire, et ce qu'elle m'a transmis là-dessus m'a beaucoup aidé.

À cette question de ce qui encadre nos pratiques, il y a deux niveaux de réponse :
D'abord, la déontologie : les règles, lois et règlements qui définissent notre cadre d'exercice. Qu'il s'agisse de lois nationales, de règlements professionnels ou de statuts associatifs. Ce sont des textes et ils relèvent du droit. C'est la partie simple : ils posent un cadre explicite, et on peut s'y référer (pour peu qu'on les connaissent). Mais ils ne répondent pas à tout, donc :

En deuxième, vient l'éthique, qui intervient dans les marges de manœuvre du cadre déontologique, là où c'est flou. L'éthique, c'est : ce qui est juste. En fonction de nos valeurs donc, ce qui est individuel, ou collectif quand on a des valeurs identifiées et partagées.

Une fois qu'on a dit ça, reste à savoir ce qui permet de juger de ce qui est juste. C'est ce que les spécialistes et éthiques appellent des tests éthiques. J'en ai retenu deux (mais il y en a d'autres) : Est-ce que je suis prêt à assumer publiquement cette décision ? Est- ce que je suis prêt à en assumer les conséquences ?

Sur cette base, on peut réfléchir et prendre les choses par le bon bout une fois revenu à la complexité de nos contextes d'animation. En particulier si on a clairement nommé nos valeurs prioritaires. Dans la logique qui est la mienne, je mets l'émancipation en tête de liste, et mine de rien, juger ce qui est juste en termes d'émancipation, ça marche assez bien pour trancher les dilemmes du quotidien.
Enfin, ça marche quand on a les marges de manœuvres, que ce soit en pratique ou en termes de droit. Parce qu'on dit habituellement que le droit prime l'éthique. Plus clairement : si tu veux remettre en cause le cadre déontologique selon tes critères éthiques, il faut te préparer sérieusement parce que ça va pas être simple.

Dernière chose sur ces questions éthiques, que je trouve utile : l'agir éthique.
Nous faisons des métiers qui ont une dimension technique, et des exigences de performance (en particulier vis-à-vis de nos tutelles et financeureuses). C'est l'agir technique. Nous sommes amené-es à agir pour être efficaces, voire efficient-es, pour bien remplir des objectifs et des tableaux.
Mais nous faisons aussi des métiers qui existent parce que nous défendons des valeurs et des intentions politiques. Nous sommes aussi amené-es à agir en fonction de ces valeurs, à faire des choix pour ça. C'est l'agir éthique. Nous sommes amené-es à agir pour trahir en actes nos valeurs, pour être en cohérence. Cet agir là, peu nous le rappellent ou nous demandent des comptes à ce sujet.
Nous faisons des métiers qui mêlent agir technique et agir éthique. Nous avons besoin de penser et d'agir dans ces deux dimensions. Sauf qu'il y en a une qu'on nous rappelle tout le temps, et l'autre pas. À nous donc de penser à cette dimension d'agir éthique et à la considérer comme équivalente (au moins) avec l'agir technique.

Si nous faisons effectivement des choix éthiques, il y aura des tensions et des conflits. Une perspective pour se protéger, voire pour s'armer, c'est de s'appuyer sur le cadre déontologique. Quand on le connait et qu'on sait l'utiliser, il peut être un appui solide de notre agir éthique. La loi de lutte contre les discriminations, par exemple, ou le droit du travail, sont des cadres protecteurs et cohérents, pour une bonne partie, avec nos valeurs. Elles nous donnent les moyens de justifier des choix éthiques, ou au moins de nous protéger contre des attaques.

ÉMOTIONS ET SENS 23

Le problème est que nous avons la mauvaise habitude, encouragée par les pédants et les sophistiqués, de considérer que le bonheur est quelque chose d'assez stupide. Seule la douleur est intellectuelle, seul le Mal est intéressant. Ceci est la trahison de l'artiste ; refuser d'admettre la banalité du Mal et le terrible ennui de la douleur.

Ursula K. Le Guin.

Émotions, la base 23.1

Tu parles de ma résilience
Mais tu ignores combien je pense
Que la colère et l'arrogance
Nous soignent autant que le silence

Si tu savais la haine qui coule dans mes veines
Tu aurais peur, tu aurais peur
Si tu savais la chienne que je cache à l'intérieur
Tu aurais peur, tu aurais peur

Douce. Clara Ysé.

L'éducation émotionnelle, c'est un vrai manque dans notre culture, je crois.
Chacun·e se démerde avec ce qu'on lui transmet dans sa famille, et c'est tout. C'est du coup très inégal, et souvent très bricolé.
Alors que c'est important de reconnaître ses émotions et de savoir comment en faire quelque chose. Plutôt qu'elles fassent quelque chose de nous, sans nous permettre de choisir. C'est important pour se connaitre, mais aussi, du coup, pour se choisir. Pour être acteurice de sa vie. Donc pour s'émanciper. D'où le fait que j'inclus cet aspect dans les incontournables d'une réflexion sur l'éducation populaire. ↝ 15

On se méfie parfois de l'éducation émotionnelle, en pensant que ça va forcément virer à des élucubrations un peu cucul ou un peu new age. Je crois que c'est un tort (très lié à notre culture dominante par ailleurs) et qu'on peut aborder la question de manière simple, directe et fondée. Fondée sur un champ de recherche qui s'appelle la psychologie, par ailleurs. ↝ 71.6

Dans la version simple que j'utilise, aussi bien pour moi qu'en animation d'ailleurs, je considère six grandes émotions (qui sont en fait des champs dans lesquels on peut ensuite détailler largement). Pour chacune, je pointe de manière simplifiée ce qui provoque cette émotion : le besoin qu'elle nous permet d'identifier.
Une fois ce besoin nommé, même approximativement, on peut comprendre sa source, son pourquoi. Et à partir de là, se l'approprier comme un objectif et élaborer une stratégie.
Ce qui se rapproche finalement assez bien de démarches classiques notamment en éducation populaire : voir, comprendre/juger, agir.

La joie : besoin de partager, d'exprimer : parce qu'il s'est passé quelque chose de chouette, qui correspond à nos valeurs : trouver une bonne manière de le partager
La peur : besoin de sécurité, de se protéger : parce que quelque chose

nous menace, ou en tout cas, on en a l'impression : se protéger, fuir, ou se rendre compte que la menace n'était pas fondée
Le dégoût : besoin de cohérence et d'une image de soi positive : parce que quelque chose nous contamine, nous empoisonne, nous salit : se purger, se débarrasser de ce qui est extérieur. (Oui, dans le langage parlé, on dit qu'on est dégoûté·e pour parler de choses variées et mélangées, mais il ne s'agit le plus souvent pas de dégoût).
La surprise : besoin de comprendre le monde : parce que quelque chose est inattendu : comprendre, expliquer, satisfaire sa curiosité
La tristesse : besoin d'un temps de deuil : parce qu'on a perdu quelque chose ou qu'on l'anticipe : prendre le temps de se confronter à la perte et faire le deuil
La colère : besoin que ses valeurs soient respectées : parce que quelque chose est allé à l'encontre de ce qui nous importe ou de ce en quoi on croit : affirmer ses valeurs, les défendre et potentiellement faire changer les choses

C'est simple, mais dans mon expérience, c'est déjà très aidant pour comprendre ce qu'on vit. Et pour se projeter ensuite vers une mise en action appropriée. C'est quelque chose qu'il me semble très utile de transmettre.
Accessoirement, dans des pratiques d'animation où on sollicite la parole, l'avis, et les ressentis des personnes, il me semble essentiel, d'un point de vue d'animateurice, donc d'éducateurice, de pouvoir recevoir ces prises de parole et ces émotions d'une manière appropriée. En accompagnant les personnes un minimum. En ne les laissant pas seul·es, mal à l'aise et silencieux·se dans son rôle d'animateurice.

La colère en animation 23.2

S'il y a des miséreux dans la société, des gens sans asile, sans vêtements et sans pain, c'est que la société dans laquelle nous vivons est mal organisée. On ne peut

pas admettre qu'il y ait encore des gens qui crèvent la faim quand d'autres ont des millions à dépenser en turpitudes. C'est cette pensée qui me révolte !
À mes frères. Louise Michel

En éducation populaire, on a besoin de parler d'émotions en général, mais on a besoin en particulier d'accueillir la colère, d'en parler et d'en faire quelque chose.
La colère, c'est un indicateur que quelque chose est en train de heurter nos valeurs, ce qui nous importe. Quelque chose se passe qui entre en conflit avec ce en quoi nous croyons, ce que nous voulons dans le monde.
Dit comme ça, ça fait lien avec l'éducation populaire, non ? Avec l'idée de vouloir agir pour changer le monde en mieux, pour être acteurice dans la société et y incarner ses valeurs activement ?
La colère, c'est pour moi un moteur. Un moteur important pour faire changer les choses. Ce qui est d'ailleurs le cas pour beaucoup de changements sociaux positifs : il y a eu des personnes en colère, et elles ont agi pour changer les choses.

C'est peut-être d'ailleurs en partie pour ça que la colère est si dévalorisée et si condamnée dans notre société aujourd'hui. C'est une source de conflit et une source potentielle de changement. Un moteur d'éman- ↝ 83.1
cipation dans une société qui préfèrerait sans doute qu'il n'y en ait pas trop. Donc, pour nous éducateurices en éducation populaire, une émotion à se réapproprier et à valoriser.
Même si la violence nous fait peur. Même si ce lien à la violence est le premier frein qui nous vient en tête quand on évoque la colère. Cette peur de la violence est largement véhiculée par le pouvoir, et donc, en éducation populaire, par nos financeur·ses et tutelles. Qui souvent nous poussent à des activités favorables à la paix sociale, à l'étouffement rapide de la colère. On nous encourage à la dévier, ou l'ignorer, voire la nier. Je ne crois pas que ce soit notre rôle, et je ne crois même pas que ce soit efficace, en termes de société apaisée. Parce que la colère igno-

rée s'accumule, et risque fort de devenir alors de la violence, de manière incontrôlée. Parce que la colère, ce n'est pas du rien immature, au contraire.

Derrière la colère, il y a du sens. Qui mérite d'être conscientisé et pris en compte.

Ce sens, il nous est utile dans une perspective éducative et émancipa-
↝ 43 trice. Parce qu'il donne envie de s'impliquer, de comprendre et de faire.

Ce sens, il est souvent lié à un ressenti d'injustice, et c'est important
↝ 23.4 aussi.

La colère ne mène pas nécessairement à la violence, mais elle mène facilement à l'action.

J'essaie donc d'apprendre à entendre la colère, à oser l'écouter. Et dans un premier temps à la valider, à la prendre au sérieux. Pour établir assez de confiance pour ensuite la questionner, aider à conscientiser ce qu'il y a derrière.

Comprendre ce qu'il y a derrière la colère, c'est un vrai travail d'animateurice. Dans une fonction de maïeuticien·ne, si on veut mettre des mots qui font sérieux. C'est-à-dire d'aider à accoucher le sens. Aider en questionnant à mettre des mots sur les valeurs et les besoins qu'expriment cette colère.

Pour ça, avoir un peu de vocabulaire des besoins peut aider à accom-
↝ 23.6 pagner. Le fait d'avoir une grille de lecture des rapports sociaux, et du
↝ 82 champ politique également.

Si on arrive à nommer quelle valeur n'est pas respectée, on a fait un grand pas. On a réussi à dire qu'on croit en quelque chose et que là, ça ne colle pas.

Il ne reste finalement presque plus qu'à parler stratégie.

C'est-à-dire à inventer ensemble des moyens d'agir pour défendre ce qu'on croit, pour le faire vivre, et éventuellement changer un peu le monde. À petits pas, mais en agissant avec nos moyens propres.

On fait le trajet d'un bout d'émancipation avec la colère comme base.

Mieux, je crois, qu'avec les rêves ou la peur. Même si ça ne les disqualifie pas, ce sont aussi des entrées intéressantes et complémentaires. Je pense simplement que la colère est plus libératrice et qu'on n'ose moins souvent s'appuyer dessus. C'est pourquoi je la défends plus dans nos pratiques.

"Eduquer, ce n'est pas remplir des vases, c'est allumer des feux". C'est d'Aristophane, et je trouve que ça résume bien pourquoi la colère fait partie des outils propices à faire de l'éducation populaire. Si on prend le temps de la comprendre et de penser une stratégie à partir de cette colère.
Je crois d'ailleurs, à titre personnel, qu'une grande partie de l'énergie que je déploie en éducation populaire est liée à la colère. À un refus du fonctionnement du monde actuel et de ses injustices insupportables. Pour autant, c'est une colère que j'ai pensée, que j'ai comprise, et le fait qu'elle soit un moteur ne m'empêche en rien d'intervenir toujours avec le sourire et dans une posture d'accompagnement. Il ne faut pas confondre le moteur et le trajet qu'on fait grâce à lui. Comme il ne faut pas confondre colère et violence.

Amour, bienveillance et sécurité 23.3

Amour. À proscrire complètement. Il ne va jamais sans émotions.
Les émotions nuisent à la régularité.
Profitons de l'ornithorynque de Alexandre Vialatte

Parlons d'amour.
Mettons de côté la dimension amoureuse et romantique, pour parler du sentiment lui-même, de ce qu'il a d'important dans nos métiers. Et dans nos sociétés, même si ce n'est pas à la mode d'en parler de cette manière et de lui revendiquer une place sociale et politique.

↝ 92 J'aime beaucoup la définition reprise par bell hooks et issue des écrits de Scott Peck : L'amour, c'est la volonté de faire des efforts dans le but de nourrir la croissance spirituelle de soi ou de quelqu'un·e d'autre.
Si le terme spirituel vous pose problème, vous pouvez le remplacer par émotionnel et social. Ou l'enlever et considérer simplement qu'il s'agit de vouloir se bouger pour favoriser la croissance globale de soi ou des autres.
C'est une définition que j'aime bien, d'abord parce qu'elle permet d'avoir une définition, ce qu'on évite souvent quand on parle d'amour, et ensuite parce qu'elle ne parle pas de quelque chose de flou ou de naturel, mais bien d'un choix qu'on fait pour permettre une progression, pour permettre de grandir. C'est quelque chose que l'on fait, qui relève de l'action. Ce qui a un lien direct avec l'intention d'éducation, et plus encore avec celle de l'émancipation.
Faire des efforts pour permettre à d'autres de s'émanciper, c'est une démarche alimentée par l'amour.
Je ne crois pas que nous ferions ce travail si nous n'avions pas envie que les autres grandissent et soient mieux, soient plus eux et elles-mêmes. Tant mieux. Je trouve que ça fait du bien de se le dire.

Le dire à un groupe, par contre, n'est pas toujours évident.
Alors que ce serait potentiellement justifié, sur le fond. Mais le terme même d'amour demande à être expliqué. Il évoque tellement d'autres choses et d'autres éléments que ça peut être un peu trop long et trop compliqué.
C'est là que j'ai tendance à retomber sur des enjeux de prise en compte des autres, de co-responsabilité de notre ambiance commune et de notre fonctionnement. Qui fait souvent partie de mes consignes dans la
↝ 62.2 constitution d'un groupe.
Sans parler d'amour ouvertement, l'idée est la même : être prêt·e à faire des efforts pour que tout le monde puisse se sentir bien, en sécurité, pour donner à chacun·e une place dans laquelle grandir.

Donc c'est un choix et un effort, et c'est bien de le voir comme ça, comme une intention qui se traduit en action, pas comme une posture passive.

Et c'est important. Parce que dans un groupe, il se joue plein de choses, et notamment en termes de rapports de domination.
Pour que toustes soient en sécurité, il faut au maximum réduire les enjeux et les gestes de domination, ce qui demande des efforts de toustes. Pour les autres.
Avec comme finalité simple : que toutes et tous se sentent en sécurité, c'est-à-dire accueilli·es, reconnu·es et non-jugé·es.

C'est important parce que c'est quand on se sent en sécurité qu'on peut oser, qu'on peut prendre des risques. En premier lieu celui de s'exprimer, de donner des idées et des avis. Parce qu'on sait que ce sera écouté et pris en compte.
Quand ça arrive, le groupe en devient infiniment plus riche que si seul·es quelques un·es réussissent à s'exprimer vraiment. Ce qui peut s'expliquer assez facilement.

Fondamentalement, c'est une question d'amour, de vouloir faire des efforts pour le bien-être et l'amélioration des autres.
Ce qui peut s'expliquer directement, avec certains groupes, mais qui peut aussi se travailler avec des outils d'inclusion, pour créer une ambiance de proximité et de complicité, et donc une envie de faire des efforts pour les autres, parce qu'on les aime bien, en les ayant découvert·es de manière positive et détendue. C'est là que j'utilise notamment le jeu dans les temps d'inclusion. ↗ 62.1

Tant que notre triomphe ne sera pas en même temps celui de tous,
ayons la chance de ne jamais réussir !
Elisée Reclus

"C'est pas juste !"
C'est un cri d'enfant, souvent passionné. Et c'est un cri important. Un ressenti important : c'est pas juste ! C'est ancré profond, et comme le démontrent les petits enfants, ça ne demande pas de faire de grandes théories sur le monde social et la politique pour le réaliser.
Ce ressenti d'injustice, je crois qu'il est fondamental. Et je crois qu'il est assez spontané.
Mais qu'on le bride, qu'on apprend à l'ignorer, à le considérer comme naïf, à se dire qu'il n'est pas vrai.
Il est peut-être naïf, mais je crois qu'il est très vrai.
Je crois aussi qu'on aurait intérêt, toutes et tous, à le retrouver plus souvent. À l'écouter. À continuer à le dire comme un petit enfant, ne serait-ce que pour nous.

"C'est pas juste !" On pourrait le dire souvent en regardant notre monde, non ?
Et ça nous ferait quoi ? Je crois que ça nous mettrait en colère. Et que ce
↝ 23.2 ne serait pas une mauvaise chose, parce que c'est un bon moteur.
Mais alors, il faut en faire quelque chose, sinon c'est déprimant. C'est je crois au cœur de notre métier d'animateurice d'éducation populaire, ce ressenti de juste et d'injuste. Je crois qu'il faut travailler à le retrouver et à le partager, au moins dans des temps d'animation, au moins là où on va pouvoir en faire quelque chose.
Le légitimer dans nos interventions.
Légitimer qu'on trouve le monde injuste.
Légitimer qu'on veut un monde plus juste.

Se rappeler que, oui, ce cri d'enfant, il est au cœur de nos valeurs.

La sensibilité de l'animateurice

Je vous en supplie
faites quelque chose
apprenez un pas
une danse
quelque chose qui vous justifie
qui vous donne le droit
d'être habillés de votre peau de votre poil
apprenez à marcher et à rire
parce que ce serait trop bête
à la fin
que tant soient morts
et que vous viviez
sans rien faire de votre vie.
Charlotte Delbo
Prière aux vivants pour leur pardonner d'être vivants.

Je crois que la sensibilité, et l'empathie, sont des atouts pour un·e animateurice.
J'ai souvent entendu des discours autour de la distance que doit avoir celle ou celui qui anime, parfois traduit en termes de non-implication, de coupure entre la posture professionnelle et l'identité personnelle.
Je ne suis pas sûr que ce soit possible, ni que ce soit une bonne idée.

J'entends par là que la sensibilité, ma sensibilité notamment, est un élément utile dans l'animation d'un groupe.
À deux titres principalement :
- Sensibilité aux interactions sociales blessantes ou violentes symboliquement, et aux situations d'injustice plus largement.
- Sensibilité empathique au ressenti des autres.

Les deux me semblent nécessaires pour animer un groupe correctement dans les objectifs qui sont les nôtres. Créer un terrain collectif dans lequel les discriminations et violences symboliques sont les plus réduites et régulées possible est un objectif, et qui suppose de les repérer finement. Prendre en compte le vécu individuel et l'inclusion de chacun·e dans le groupe également.

Je ne suis pas sûr que l'on puisse repérer finement ce genre de choses sans s'appuyer sur les échos créés en nous émotionnellement. Un regard purement intellectuel et distancié pour analyser ce genre de choses est peut-être possible a posteriori, dans un cadre de recherche, mais en situation, en direct, je ne crois pas être capable de le faire correctement sans m'appuyer sur ma sensibilité personnelle directe.
C'est parce que je vais ressentir le malaise d'une personne que je vais être capable de le prendre en compte rapidement. C'est parce que je vais émotionnellement réagir à telle parole ou geste de parole que je vais réussir à comprendre ce qu'il s'y cache de domination que je vais pouvoir le réguler.
Il me semble donc important de revendiquer que la sensibilité peut être une ressource réelle en termes d'animation.
J'ajouterai qu'il y a également un volet positif : lorsque le groupe fonctionne dans le plaisir, ou que certain·e·s se révèlent et vivent de beaux moments, j'en profite, j'y trouve de l'énergie. Du fait de cette sensibilité, acceptée et mise en jeu.

Pour ce faire, il me semble cependant nécessaire d'avoir fait suffisamment de travail sur soi et ses émotions pour que l'animateurice gère ses émotions. C'est-à-dire se les approprie et ne les fasse pas porter par le groupe. Ne soit pas dans la fusion avec le groupe, ou dans une demande vis-à-vis du groupe de répondre à ses besoins émotionnels.
Je ne demande pas au groupe de faire les choses pour me faire plaisir, ou de ne pas faire certaines choses parce qu'elles me causent du déplaisir. Je demande au groupe de ne pas faire certaines choses parce que je pense qu'elles sont néfastes à son fonctionnement, ou en contradiction

avec les intentions posées, ce que ma sensibilité et mes émotions m'ont permis d'identifier.

Deux approches pour vivre avec les émotions 23.6

Une fois établi qu'il est légitime, et même nécessaire, de pouvoir tenir compte des émotions du public et de l'animateurice, encore faut-il se doter de quelques outils et méthodes pour le faire. Certain·es animateurices ont déjà dans leur parcours acquis des bases, voire plus, sur le sujet, mais ce n'est pas le cas de toustes puisque ça ne fait en général pas partie des formations initiales.

Une première méthode qui peut être largement utile est celle de la Communication Non-Violente. Cette méthode propose un schéma simple pour exprimer ses ressentis et besoins dans les situations de confrontation. Ce qui est utile pour faciliter la communication, mais pas seulement.
En effet, pour réussir à pratiquer à minima cette méthode, il faut apprendre à reconnaître et nommer ses émotions, et ensuite les besoins qui y correspondent. Ce qui, en soi, demande du travail et de la finesse, mais les listes d'émotions et de besoins fournis dans les formations et ouvrages de CNV permettent une approche rapide et éventuellement collective. Ce qui restera peut-être sommaire mais permettra de commencer à avancer.
La CNV propose à partir de cette base des approches beaucoup plus fines et élaborées, et elles peuvent être passionnantes, mais dans un cadre d'animation en éducation populaire la base peut déjà être très aidante.
Avec un bémol : il ne faut pas penser que l'objectif de la CNV est de supprimer tout conflit. Il est à mon sens de permettre d'exprimer les conflits et oppositions d'une manière intelligente et respectueuse, permettant de débattre et d'échanger ensuite.

La seconde méthode qui peut être très utile est la Régulation Stratégique des Émotions, telle que développée par Yann Le Bossé.
Il s'agit ici de travailler la capacité à accepter les émotions sans se retrouver piégé·e. Les vivre, les observer et ne pas se laisser diriger par ses émotions.
Outre la méthode elle-même, qui est intéressante pour toustes, et simple à comprendre, l'intérêt dans un cadre d'animation est qu'elle est pensée dès l'origine comme un outil destiné à être utilisé dans des collectifs en mouvement.

POSTURE, GESTES ET OUTILS 24

Quand j'anime un groupe, je fais attention à beaucoup de choses à la fois (comportements individuels et collectifs, dynamique du groupe, positionnements, gestes, paroles, interactions, etc.), et je fais moi-même beaucoup de petites et moins petites choses (avant et pendant, sur ma manière de me positionner, mes gestes, mes mimiques, mes réactions, mes paroles, mes consignes, prévues ou adaptées à ce que j'observe).
Longtemps, tout cela a été intuitif, et je crois que c'est le cas pour beaucoup d'animateurices. On s'est construit une pratique, à coups d'essais et d'erreurs, d'intuitions, d'imitations d'autres animateurices, à partir de ce qu'on est.

Tous ces éléments qui font notre pratique d'animation sont présents, mais sans qu'on les nomme, sans qu'on en soit complètement conscient·es, et sans qu'on sache forcément justifier pourquoi on les fait.

Je crois qu'il est important d'apprendre à nommer ce qu'on fait, d'une part pour pouvoir le faire mieux, le faire en sachant pourquoi et comment on le fait, et d'autre part pour pouvoir comprendre, revendiquer et montrer que l'animation est un métier à part entière. Un métier technique, riche, et qui mérite d'être travaillé en permanence, et valorisé en tant que tel.

Vous pouvez essayer, dans un premier temps, de lister toutes les choses auxquelles vous faites attention, et toutes les choses que vous faites pour une animation (pendant surtout, mais même avant). C'est un exercice qui peut être assez éclairant, notamment en groupe. On prend conscience de la richesse et de la complexité de notre métier. On réalise que non, ce n'est pas facile et simple ; que, oui, c'est technique ; que, non, on n'est pas complètement au clair sur les enjeux et les méthodes de tout ça et que, oui, ça se construit et ça s'apprend : ce n'est pas une compétence magique qu'on a parce que c'est notre truc.

Pour faire le tri dans tout ça, j'ai été beaucoup aidé par un travail fondateur de recherche-action réalisé par l'URACS Rhône-Alpes, qui propose un cadre structuré pour organiser les différents éléments de la pratique d'animation. En trois éléments principaux, qui découlent tous de l'intention, de l'ambition politique de notre métier que j'ai évoqué jusque-là. Ces trois éléments, ce sont les différents échelons du comment, et ils ne fonctionnent qu'avec un pourquoi en amont.

D'abord, il y a la posture. Ce qui est un terme qui, pris comme ça, peut vouloir tout et ne rien dire. La posture, c'est la manière dont on se positionne socialement, les messages qu'on envoie dans sa manière de se tenir, de se présenter, de s'habiller éventuellement. C'est-à-dire, par sa manière d'être, comment on se propose de se comporter socialement.
Pour être plus explicite, j'utilise souvent une métaphore approximative. En arts martiaux, on parle par exemple de posture de défense, ou de posture d'attaque. Soit la manière dont on se tient, avant même de faire activement quoi que ce soit. Selon la posture choisie, on va pouvoir très facilement attaquer ou pas, se défendre ou pas.
C'est la même chose pour la posture en animation. C'est avant de faire activement quoi que ce soit, et ça conditionne les gestes qu'on va faire

facilement et ceux qu'on va faire difficilement. Sauf que c'est sur le terrain social et pas celui physique des arts martiaux.
Une posture, ça se travaille, parce que c'est fait de nombreux éléments,
↗ 32 notamment sur le registre non-verbal.
Une posture, ça peut se nommer, aussi. Souvent par métaphore. Une posture de policier, par exemple, c'est assez explicite. Et ça permet de bien poser des gestes d'autorité, en rendant difficile d'autres gestes,
↗ 33 comme d'amener à des confidences personnelles par exemple.
On peut aussi les nommer en fonction des intentions, on va en reparler dans pas longtemps.

Après la posture, il y a les gestes. Les gestes, ce sont des choses qu'on fait, activement. Certains sont physiques, comme montrer du doigt, mais la plupart sont des gestes sociaux, des gestes de parole, ou des gestes de communication non-verbaux. Opiner de la tête pour encourager à continuer à parler, c'est un geste. Désigner du doigt pour un tour de parole aussi. Poser une consigne en la proposant au groupe également.
Comme je le disais, ne serait-ce que nommer ces gestes, c'est s'aider dans sa pratique en prenant conscience qu'on les fait, et qu'on ne les fait
↗ 52 pas par hasard. Du coup, les faire mieux et plus attentivement.
Ces gestes ont différents usages et différentes intentions.

On peut les diviser, si on veut préciser mieux, en catégories (certains gestes pouvant appartenir à plusieurs catégories en même temps, d'ailleurs) :

- Des gestes de langage
- Des gestes avec des objets : poser un ordre du jour, afficher une production...
- Des gestes d'ajustement, qui ont pour but de réguler le rythme d'animation et la dynamique du groupe : pauses, recadrage, dynamisation
- Des gestes éthiques, qui servent à prendre en compte chacun·e des personnes, à aider à ce que chacun·e trouve sa place, à renvoyer le

message que chaque personne présente est importante et a un rôle. C'est une catégorie que je trouve importante à nommer et à penser, en particulier avec des intentions d'émancipation et d'éducation populaire.

Certains de ces gestes sont faits plus facilement dans certaines postures, ou sont faits différemment selon la posture adoptée, et avec une efficacité qui sera différente.

Enfin, il y a les outils. Ce sont des dispositifs techniques destinés soit à remplacer et améliorer un geste, soit à animer de manière structurée et dynamique tout un temps d'animation. Un sablier, c'est un outil d'aide aux gestes de régulation de la parole. L'entraînement mental, c'est un outil pour structurer une séquence complète de réflexion et d'analyse collective.

Les outils, c'est sympa. Et c'est visible. Ce qui fait que c'est souvent ce qu'on voit le plus facilement, ce qu'on valorise le mieux, et ce qui est le mieux identifié par nos collègues ou nos participant·es.

Pourtant, je suis persuadé que ça vient après tout le reste, que ça doit passer en dernier. Je suis persuadé qu'on peut faire une excellente animation avec une bonne posture et des bons gestes, mais sans outils. À l'inverse, je ne crois pas qu'on puisse faire une bonne animation avec un bon outil et une posture et des gestes mal ajustés.

RESSOURCES ESSENTIELLES 29

L'éducation populaire est une praxis, et quand elle l'est pendant de longues années, elle produit une réflexion de fond très riche tout en restant ancrée dans une pratique de terrain. Un livre précieux et passionnant : Le défi pédagogique - Francis Tilman et Dominique Grootaers

Penser une pratique émancipatrice dans un cadre démocratique et citoyen, avec des outils vivants :
Mettre en oeuvre les intelligences citoyennes, une méthodologie de Majo Hansotte

№ 92

LES DROITS DE LA FEMME.

Homme, es-tu capable d'être juste?

HOMME, es-tu capable d'être juste? C'est une femme qui t'en fait la question; tu ne lui ôteras pas du moins ce droit. Dis-moi? qui t'a donné le souverain empire d'opprimer mon sexe? ta force? tes talents? Observe le créateur dans sa sagesse; parcours la nature dans toute sa grandeur, dont tu sembles

Ou aucun individu de l'espèce
Humaine n'a de véritables droits
Ou tous ont les mêmes
Et celui qui vote contre les droits d'un autre,
Quels que soient sa religion, sa couleur
Ou son sexe, a déjà abjuré les siens.

vouloir te rapprocher, et donne-moi, si tu l'ose, l'exemple de cet empire tirannique. ... un de la matière organisée; et rends-toi à l'évidence quand je t'en offre les moyens; cherche, fouille et ... si tu le peux, les sexes dans l'administration de la nature. Par-tout tu les trouveras con... ils coopèrent avec un ensemble harmonieux à ce chef-d'oeuvre immortel.

Olympe de Gouges

POSTURE 3

Je suis la tendresse quotidienne et l'humaine compassion. Ne m'oubliez jamais, je suis ce que vous avez de plus cher au monde.
Rosa Luxemburg.

Travailler sa posture, c'est plein de petites et pas si petites choses. On ne peut jamais penser à tout, et quand on commence à essayer de la travailler, on est même assez vite noyé·e par toutes les dimensions à prendre en compte. Du coup, disposer de plusieurs grilles de lecture simples me semble utile, pour aborder la question de la posture en étapes de plus en plus fines.

3 CERCLES 31

T'es trop proche de moi. T'es un envahisseur de l'espace.
Olympe Peccadille Lilith.

Une des grilles simples, mais très utiles, que j'utilise, est celle des trois cercles. Avec un schéma tout aussi simple.

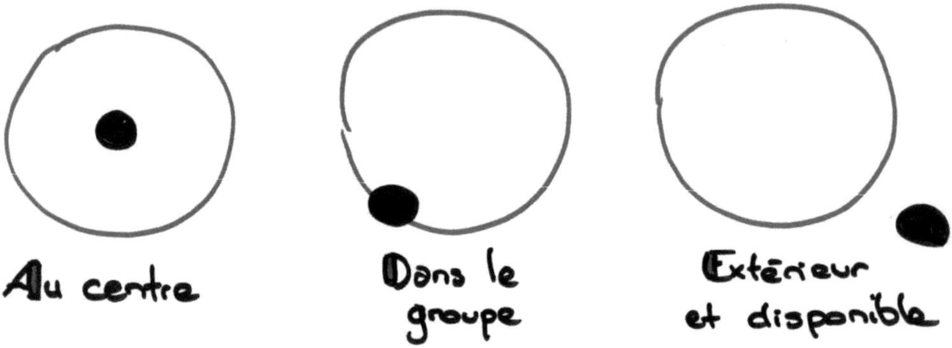

L'idée c'est de dire qu'un des aspects importants de la posture, c'est la distance qu'on a, en tant qu'animateurice, par rapport au groupe qu'on anime. La manière dont on se positionne par rapport à l'ensemble du groupe.

Avec trois options :

Je suis au centre de l'attention du groupe (physiquement aussi parfois, mais ce n'est pas obligatoire). En général, c'est moi qui parle et tout le monde me regarde et m'écoute.

C'est une posture très utile pour donner des consignes, faire des gestes de cadrage, voire d'autorité, raconter, expliquer.

C'est par contre une posture qui rend très difficile les échanges au sein du groupe par exemple. Un débat animé dans cette posture là se fera entre les différent·es participant·es et l'animateurice, pas entre participant·es.

Je suis mêlé au groupe, avec les participant·es. Ce qui ne m'enlève pas mon statut d'animateurice, mais je n'en use pas pour prendre plus de place ou me distinguer, sauf pour des interventions ponctuelles et nécessaires (recadrer par exemple, ou distribuer la parole). C'est facilement le cas pour un jeu, ou pour un temps d'inclusion, voire pour un tour de parole.

C'est une posture intermédiaire, qui est utile pour participer à la dyna-

mique du groupe et la piloter tout en laissant le groupe vivre. Elle peut être utile pour débattre si le groupe a besoin d'un cadre symbolique voire actif. Elle ne libère par contre pas complètement la parole dans le groupe puisque l'animateurice est présent·e et proche.
Je suis à l'extérieur du groupe. J'ai donné des consignes, voire des responsabilités, et je me mets en retrait. Ce qui ne veut surtout pas dire que je pars fumer une clope ou regarder mes SMS. Je suis présent·e, disponible, je montre que c'est le cas et que mon attention est toujours portée sur le groupe et son activité. Ce qui symboliquement valide l'importance de l'activité et sa continuité.

(Si vous doutez de cet aspect symbolique, faites un essai, en co-animation : une personne en posture centrale qui pilote, la seconde en soutien. Si la personne en soutien passe de cette posture à du jeu sur téléphone / une clope / papoter d'autre chose, l'attention du groupe vacille et la dynamique change très rapidement).
C'est une posture essentielle pour permettre les temps d'échange et de réflexion au sein d'un groupe. Pour travailler l'autonomie et la capacité du groupe à s'auto-animer également.
C'est par contre une posture assez inconfortable pour recadrer, pour redonner des consignes.

Ces trois postures ont chacun leurs avantages et leurs inconvénients. Un·e animateurice a besoin des trois. De savoir pratiquer les trois correctement, ce qui ne correspond pas aux mêmes facilités et aux mêmes gestes, d'ailleurs. Nous avons toutes et tous une attirance "naturelle" pour une des trois postures, et donc besoin de plus travailler et de plus nous pousser pour maîtriser les autres. Mais ça vaut le coup. Parce que c'est en passant de l'une à l'autre de manière fluide et au bon moment qu'on anime au mieux.
La première étape étant de prendre conscience de notre posture dans les différents temps d'animation, de confirmer qu'elle est en adéquation avec l'objectif de ce temps, et ensuite d'affiner comment on l'incarne.

Mettre des mots sur sa posture, c'est déjà commencer à avancer.
Une seconde chose sur cette grille de lecture : dans une perspective d'accompagnement de collectifs sur du moyen et long terme, elle a pour moi une chronologie.
Avec un nouveau groupe, je serai plus souvent en posture centrale, parce que j'aurai besoin de me rassurer et de rassurer le groupe. Au fil du temps, si je fais mon boulot de transmission d'outils et d'apprentissage du fonctionnement en groupe, je pourrai l'être moins souvent. Et être de plus en plus souvent en position extérieure. Avec un groupe qui devient de plus en plus autonome. Jusqu'à l'être complètement. C'est le moment où j'ai gagné, j'ai réussi : mon boulot est fait et bien fait. (Et pas d'inquiétude, il y a toujours d'autres groupes à accompagner...)

Enfin, un avantage très concret de cette grille de lecture : si vous coanimez. Pour se mettre d'accord sur qui fait quoi, et dans quelle posture, pour chacun des temps d'animation, c'est très rapide à se dire et très efficace. Enfin, très rapide si on est bien clair sur les objectifs et intentions de chaque temps. Sinon, ça soulève nécessairement la question de : pourquoi cette posture pour ce temps ? Donc : pourquoi ce temps ? Ce qui est moins rapide mais c'est un détour très utile, ça vaut le coup de se mettre d'accord sur ce genre de choses avant d'animer ensemble. Avec un binôme bien rodé, il suffit de se faire les petits croquis des cercles en marge de son filage d'animation et ça roule.

CURSEUR DE LÉGITIMITÉ 32

Les agriculteurs, ça rigole pas, ça repeint les préfectures à coups de lisier, ça explose des bâtiments, ça pend des animaux morts sur les fenêtres, mais d'après Darmanin, "c'est un coup de sang légitime". T'imagines si c'était les banlieues qui avaient fait ça ? On parlerait d'essais nucléaires dans le 93 et de rétablissement de l'esclavage. La légitimité de ta colère, ça dépend de ton pouvoir de nuisance et de blocage. Si quand t'es pas content, tu brûles des voitures en bas

de chez toi, c'est pas le pouvoir que t'emmerdes, c'est juste ton voisin.
Waly Dia.

Longtemps, j'ai raconté en formation qu'il fallait rechercher une posture basse.
Parmi les différentes grilles de lecture permettant d'éclairer la question complexe de la posture, celle-ci est plutôt facile à saisir : en posture haute, je me positionne comme supérieur·e au groupe ; en posture basse je me positionne à égalité avec le groupe. Ce qui est utile mais ni très précis, ni très concret quant à la manière de s'y prendre.

Longtemps, donc j'ai montré dès le démarrage de mes temps d'animation, par divers éléments de posture et de gestes, comment concrétiser et viser une posture basse. Parce que c'était ce que je pratiquais moi et que je constatais que ça fonctionnait.
Parce que j'étais aussi persuadé que c'était ce qui fonctionnait le mieux : être accessible, le moins sachant et dominant possible, c'était permettre que ma parole et mes apports puissent être contestés, confrontés, discutés et donc vraiment appropriés. Si ma posture était trop haute, j'étais écouté comme un professeur : les doutes et freins n'étaient pas exprimés, donc pas traités et pas dépassés. Le savoir risquait de rester quelque chose appartenant à un extérieur surplombant (et éventuellement intimidant) et pas approprié et intégré.

Jusqu'au jour où, en formation, une participante m'a rétorqué que si elle faisait ce que je recommandais, le résultat serait évident : son groupe ne la prendrait tellement pas au sérieux qu'elle ne pourrait ensuite rien faire en tant qu'animatrice.

Temps de pause interloqué de ma part : elle a raison.
Et : je suis en train de lui raconter des conneries, du coup.

D'où : petite épiphanie : il faut prendre en compte qui on est et qui est

le groupe.
Effectivement, je recommandais automatiquement ce qui fonctionne pour moi, homme blanc de quarante ans avec des codes de classe sup éduquée. J'avais ignoré, en bon dominant, à quel point toute situation sociale, et a fortiori d'animation, est traversée de rapports sociaux et de rapports de domination. Et à quel point je suis représentatif d'une norme. Or : ce n'est pas le cas de tout le monde. Comme quoi, prendre conscience des rapports de domination est un travail qui ne se termine jamais et sur lequel il faut sans arrêt revenir.
Dans un temps d'animation, je cherche à égaliser les rapports sociaux entre participant·es. Mais je suis également pris dedans et c'est avec cette grille de lecture que je peux penser plus finement ma posture d'animateurice.

Première étape :

Considérer qu'il y a une continuité entre posture haute et posture basse. En d'autres termes, je me représente la hauteur de la posture comme un curseur allant de haut en bas, avec un niveau zéro quelque part au milieu.
En terme de hauteur de posture, ce qu'il me semble juste de viser c'est : le plus bas possible (pour réduire au maximum les effets de domination de l'animateurice et laisser la plus grande place aux participant·es) mais suffisamment haute pour rester légitime à animer et à être écouté·e. Voilà l'objectif visé pour le curseur à l'arrivée.
Pour reprendre mon image : le plus près du zéro, mais pas en-dessous (en-dessous de zéro, je ne suis plus légitime à animer).

Deuxième étape :

Le curseur ne commence pas n'importe où, et il ne commence pas au même endroit à chaque fois.
Ce curseur a un point de départ, différent à chaque fois, et qui est le résultat des rapports de domination a priori entre l'animateurice et le groupe. Tels qu'ils seront interprétés, principalement inconsciemment,

par le groupe lors des premiers contacts (et je considère ici pour simplifier que le groupe est homogène, pour le moment).
Le premier boulot de l'animateurice est donc d'estimer, avec ses représentations, où est le curseur au début. Avant même le début, en fait, ce qui est donc un pari en partie en aveugle. Pour lequel on peut donc aisément se tromper.
Mais c'est une compétence que toute animateurice pratique inconsciemment. Et qui, comme toujours, s'améliore quand elle est questionnée et conscientisée.

En ce qui me concerne, avec de nombreux publics, jeunes notamment, je fais le pari que le curseur part trop haut. Encore plus si on m'a introduit comme quelqu'un d'expérimenté, qui travaille souvent dans le réseau et qu'on m'a nommé formateur, ou Ludo pédagogue, etc...
Puis : homme, blanc, quarante ans passés et susceptible d'utiliser quelques grands mots et de citer des références bibliographiques. À l'inverse, si j'interviens auprès de directeurs et directrices, dans un réseau qui ne me connaît pas, qu'on m'a présenté comme animateur... à ce moment-là, je peux faire le pari que j'ai besoin de me garantir un peu plus de légitimité si je veux intervenir dans de bonnes conditions.

Selon qui est l'animateurice et qui est le public, je peux faire une hypothèse quand à l'endroit où se situe le curseur a-priori. Sur la distance que les représentations et rapports de domination établit spontanément ? Si un professeur d'université en costume est mis face à un groupe de jeunes femmes sans diplômes, je peux supposer que sa légitimité n'a pas besoin d'être renforcée mais qu'il y a du boulot pour créer un minimum de proximité et d'égalité. Et inversement s'il s'agit d'une jeune animatrice face à un groupe d'administrateurs de plus de 50 ans.

Troisième étape :

Faire bouger le curseur.
Parce que oui, on parie sur la position de départ du curseur, on constate

l'écart avec l'objectif et on adopte postures et gestes pour le faire bouger. Dès le début, et même tout au long de l'animation, en fonction de la lecture que l'on a de sa position. Parfois parce que ça bouge en cours de route, parfois parce que notre pari de départ n'était pas si bon.
Dans les deux exemples ci-dessus, il se peut que les jeunes femmes estiment en fait qu'un professeur d'université ne connaît rien à la vraie vie et que sa parole n'a aucune valeur ; et que les administrateurs soient en fait prêts à écouter l'animatrice religieusement parce qu'elle est mandatée par leur fédération.

Si j'en reviens à mon épiphanie : j'ai souvent besoin d'agir pour abaisser ma posture parce que le plus souvent, pour, moi le curseur démarre spontanément assez haut. À l'inverse, mon interlocutrice (femme, jeune, classe moyenne) a plus souvent besoin de faire remonter le curseur parce qu'il démarre en dessous de zéro. Dans les deux cas en visant le même résultat final.
De manière générale, en cas de doute, mieux vaut sans doute viser un peu trop haut pour faire redescendre ensuite. C'est plus facile et ça met moins en difficulté que de démarrer trop bas.

Pour faire bouger ce curseur, alors, quels éléments de posture et quels gestes ?
Tous les signes, en fait, qui donnent à voir la position sociale et le statut de potentiel·le dominant·e (ce qui nous ramène à une grille de lecture des rapports sociaux, en toute cohérence).
De manière concrète, je vous propose ci-dessous une liste totalement incomplète et entièrement issue de la pratique et de l'expérimentation (très éducation populaire donc), que j'ai essayé de classer pour la rendre plus lisible. À vous de l'adapter et de la compléter.

Légitimité (Rapide) (Pouvoir sur) et Hauteur de Posture

J'impose (les règles)
Statut + Diplôme + Mandat
Costume - cravate
Langage soutenu + Sigles + Jargon
Vous + Nom + Monsieur
Abstrait / Concept
Distance + PPT + Table + Estrade/Micro
Je parle - Je sais (Universel)
Références biblio/universitaire
Humour très référencé / de domination

T-Shirt - Jean - Tongs
Langage familier + Argot + Grossier
S'assoir + n'importe où
J'ai un corps + Émotions
Tu + Prénom
J'écoute - Je sais pas - J'ai testé
Point de vue situé
Jeux : proposer + jouer
Humour ridicule - auto-dérision Satire
Je propose

Cette liste mérite d'être affinée et complétée, mais c'est aussi un travail à faire chacun·e. En fonction de qui on est, de ce qu'on met dans nos gestes et notre posture. Mais aussi en fonction des groupes avec lesquels on intervient, qui dans certains cas auront des codes et des références ↝ 72.4 qui ne sont pas les nôtres, ni ceux dominants aujourd'hui.

Parce que, oui, travailler sa posture, c'est un travail qui n'est jamais fini et qui permet, si on l'interroge correctement, de découvrir beaucoup de finesses.
Mais ça vaut le coup, de mon point de vue. J'ai même tendance à considérer que ma "compétence" d'animateur la plus essentielle et la plus déterminante, c'est ma posture.

Posture et légitimité 32.1

Est-ce que la hauteur de posture, c'est la même chose que la légitimité ?
Oui et non.

Oui, une posture haute, ça donne de la légitimité. Jouer sur les codes sociaux pour remonter sa posture, c'est même une excellente solution pour se garantir l'écoute du groupe, pour se mettre en position d'animer de manière légitime. C'est particulièrement vrai quand on anime un groupe de dominants, ou un groupe d'un statut social équivalent voire supérieur au nôtre.
Hausser sa posture pour être plus légitime, c'est efficace.
Mais c'est une légitimité particulière. C'est une légitimité appuyée sur le système de domination et sur les codes sociaux dominants. Une légitimité qui, dans le même mouvement, valide donc ce système de codes et de dominations. C'est la légitimité de nombreux élus, et de certains directeurs aussi. Avec les limites qu'on connaît : ce n'est pas une légitimité qui crée de la confiance ou de l'égalité, voire elle crée sur la longueur du ressentiment et de la méfiance. C'est une légitimité qui peut

provoquer un rejet brutal, ou un concours de celui qui a la plus grosse. Dans tous les cas, elle me pose problème en termes d'intentions politiques, et en particulier parce qu'elle ne facilite pas l'émancipation des personnes, mais leur soumission et leur obéissance (dans des proportions parfois réduites, certes, mais n'empêche).

À l'inverse, une posture basse peut créer de la légitimité, pour les mêmes raisons : elle fait le pari de la faiblesse de l'animateurice, et de son égalité avec les membres du groupe. Donc elle peut produire une légitimité basée sur la confiance et le respect pour les valeurs incarnées par l'animateurice.

Sauf que : c'est un pari, qui suppose que le groupe soit sensible à cette intention, et capable de s'y engager. Un pari qui peut rater très franchement face à des groupes qui sont spontanément en résistance au collectif et à l'animation, du fait d'un parcours scolaire violent par exemple. Et que : ça prend du temps pour construire la confiance, dans tous les cas.

Donc oui, la légitimité ça peut se construire :
Rapidement en passant par une posture haute et en jouant sur les codes dominants.
Lentement en passant par une posture basse et en faisant ses preuves (techniquement et socialement) pour construire une confiance.

Selon les priorités, le temps dont vous disposez et les risques que vous vous sentez en mesure de prendre, à vous de choisir votre stratégie.

FLIQUER, SAUVER, CONVAINCRE, SOUTENIR 33

L'aide authentique signifie que tous ceux qui sont impliqués s'aident mutuellement, grandissant ensemble dans un effort commun pour comprendre la réalité qu'ils essaient de transformer. Et seulement grâce à une telle praxis – où ceux qui aident et ceux qu'on aide s'aident mutuellement – l'acte d'aider se soustrait à une situation distordue, où l'aideur domine l'aidé.

Paulo Freire

Yann Le Bossé fait un travail de recherche passionnant sur la question du développement du pouvoir d'agir, et sur la manière dont les profes-
↝ 93 sionnel·les peuvent l'accompagner. Il sait aussi très bien le vulgariser.
Je me permet de rappeler ici simplement la grille de lecture des postures d'intervention sociale qu'il a élaborée car je la trouve très parlante et très complémentaire des autres grilles de lecture que je présente sur ce thème.

Il y a quatre grandes postures lorsqu'un·e animateurice (et travailleureuse social·e plus généralement) est face à un groupe ou à une personne. Chaque posture traduit bien une intention, et permet de faire certains gestes facilement et efficacement, et d'autres non. Ces postures ont également des conséquences en termes d'émancipation.

La posture de policier·e : la priorité est de maintenir le cadre et de faire respecter les règles. Règles formelles mais parfois également informelles. L'animateurice va alors en priorité chercher à contrôler, corriger et tenir le groupe. Ce qui est efficace pour tous les gestes de cadrage et d'autorité, mais pas du tout pour favoriser échange, parole et prise de risque. Elle peut être nécessaire en préalable mais n'est pas en elle-même favorable à l'émancipation.

La posture de sauveureuse : la priorité est de résoudre soi-même les problèmes de la personne ou du groupe. L'intention est louable mais c'est l'animateurice qui prend en charge et qui fait, pas le groupe et les personnes concernées. Ce qui est efficace pour agir rapidement en cas d'urgence, et qui peut être très gratifiant pour l'animateurice, mais ne permet pas aux personnes d'être actrices, de progresser et de s'assumer (voire de simplement pointer les problèmes qui les concernent vraiment). En termes d'émancipation, c'est une posture qui pousse les personnes vers la dépendance et la conviction que quelqu'un d'autre est nécessaire pour les prendre en charge et régler leurs problèmes.

La posture de militant·e : la priorité est de libérer les personnes de freins ou de dominations que l'animateurice a identifiées et qui lui tiennent à cœur. L'intention est compatible avec une démarche d'émancipation, et utile, mais dans la mesure seulement où l'animateurice a effectivement bien visé. Dans la mesure où le problème sur lequel il ou elle se concentre, sur lequel il ou elle milite, correspond effectivement à un problème réel et prioritaire pour le public. Ce qui n'est pas toujours le cas. C'est une posture qui permet de faire correctement la plupart des gestes d'animation émancipatrice, si ce n'est l'identification des problèmes et leur appropriation, qui serony biaisées. En terme d'émancipation, c'est efficace si c'est bien visé et tant que le groupe n'a pas l'impression d'être emmené quelque part sans être écouté.

La posture de passeureuse : la priorité est d'accompagner les personnes dans la résolution de leurs problèmes immédiats et réels. De faire le prochain petit pas qu'ils et elles identifient, à partir de leurs priorités conscientes. L'intention est de permettre au groupe de faire, de donner des moyens, d'être au service de ce que le groupe décide, même si nous estimons que ça ne devrait pas être leur priorité. Ce n'est pas forcément facile à accepter. Mais c'est ce qui permet le plus efficacement de développer immédiatement du pouvoir d'agir, et de bien viser sur les problèmes réels. Ce n'est pas forcément ce qui permet de s'attaquer tout de suite aux grandes questions sociales et politiques, mais de poser des bases d'estime et de pouvoir d'agir pour espérer le faire mieux plus tard.

Le plus souvent, un·e animateurice pratiquera plusieurs de ces postures, selon les groupes, les moments d'animation et les priorités. Ce n'est pas une mauvaise chose. Il est par contre utile d'en être conscient·e et de passer d'une posture à l'autre en sachant pourquoi et en étant capable de le montrer au groupe. Avec toujours l'idée d'aller le plus possible sur des postures qui permettent l'émancipation.

NE PAS PRENDRE LES GENS POUR DES CONS 34

C'est pas moi qu'explique mal, c'est les autres qui sont cons !
Perceval, Kaamelott, écrit par Alexandre Astier.

Il y a toujours une difficulté, quand on travaille dans un cadre éducatif (et plus encore quand on travaille avec une visée émancipatrice) à ne pas prendre les gens pour des cons.
Parce qu'on est celui ou celle qui a préparé, qui a réfléchi le truc, qui a du recul, et que ce n'est pas le cas des personnes avec qui on anime le plus souvent. On peut facilement penser, presque par réflexe : non, mais ils sont cons, c'est quand même pas compliqué, faut faire un effort.
Je dis par réflexe parce que dans mon expérience, ça peut avoir quelque chose d'un peu automatique, d'impensé. Si on commence à penser ce réflexe, au regard notamment de nos intentions et méthodes d'éducation populaire, on peut commencer à le comprendre et à le déconstruire, et à passer activement à d'autres réflexes. Ce qui ne se fait pas en un coup, mais je pense que ça mérite d'être confronté directement.

D'où j'en suis, je vois deux éléments d'explication fondamentaux à ce réflexe, qui m'ont permis en partie de le comprendre et de le déconstruire. Le premier, c'est l'école telle qu'elle est le plus souvent pratiquée par chez nous. Avec une évaluation individuelle centrée sur les compétences et apprentissages des élèves. On juge les élèves. Et (presque) seulement les élèves. On les juge sur leur capacité à apprendre, et, dans le discours le plus fréquent, sur leur intelligence. L'échec de l'apprentissage est le leur.

Je crois que c'est, de manière plus ou moins consciente, une conception que nous avons toustes gardée de l'école. Même si de nombreu·ses enseignant·es essaient de le penser autrement, de faire mieux, je crois que ça reste l'image sociale dominante. Ce qui fait qu'en tant qu'éducateurice, on échoue à transmettre, on remet en cause en premier lieu les participant·es et leurs capacités. Alors que la personne chargée de transmettre, compétente pour prendre en charge le comment, et responsable du cadre et de la manière dont ça se passe, c'est en premier lieu l'éducateurice. En tout cas, je trouve ça beaucoup plus honnête de le penser comme ça.
Le second, et il est lié, c'est le mépris de classe. On transmet souvent, ↝ 72.41
surtout en éducation populaire, à des personnes issues de la classe populaire ou de la classe moyenne, avec des codes et des repères différents des nôtres. On se trimballe des réflexes de mépris de classe, des interprétations négatives et dévalorisantes de leur manière de penser et de dire. Comprendre ça, dans le cadre général du travail à faire sur la compréhension des rapports sociaux, c'est se permettre de prendre du recul et se rendre compte comment dans nos pratiques, avec des petites choses, on contribue facilement au maintien des rapports de domination et à leur reproduction.

Donc, mettre ça de côté et faire l'effort de ne pas prendre les gens pour des cons.
Au contraire, faire le pari systématique de leur intelligence. Parce que c'est comme ça qu'on peut croire que leur émancipation est possible. Et

c'est comme ça qu'ils et elles peuvent le croire aussi. Et le faire, du coup. Comment traduire cette intention en pratique ?

Prendre les gens là où ils sont, d'abord c'est s'adapter. Donc choisir le point de départ et le cheminement en fonction d'eux et d'elles et avec eux et elles. Choisir un point de départ qui correspond à leurs préoccupations et qui va leur permettre de faire un pas en avant. Même si c'est un petit pas, même s'il nous semble loin de ce qu'on espèrerait.

C'est souvent une frustration, au premier abord, voire une impression de réduire l'ambition qu'on se donnait. Ce qui n'est pas exactement le cas, je crois : c'est se donner les moyens d'atteindre notre ambition avec ces personnes parce qu'on prend le temps de partir d'un endroit qui leur convient : qui fait sens et qui est adapté à ce qu'ils et elles peuvent mettre en place. Reste la frustration, mais lorsqu'on prend le temps de regarder ce qu'on produit en partant du bon endroit, il me semble qu'elle se réduit rapidement.

Par exemple, vouloir former des personnes à animer des débats politiques est un objectif essentiel en Éducation Populaire. Mais avec certains publics, ↝ 45 il faut d'abord entendre le point de départ : réussir à exprimer un avis et à attendre celui des autres. Avant même de pouvoir en discuter et le politiser. Donc d'abord former à cet aspect de manière attentive et efficace. Tout en semant les graines des étapes suivantes. Mais elles viendront ensuite.

Pour réussir cette adaptation, il est utile de développer une compétence particulière : savoir regarder ce qu'il y a avant la partie qu'on avait prévue. Ce qui est nécessaire comme préalable.

En d'autres termes : moi, pour en arriver à comprendre ce truc, il a fallu que je comprenne quoi ? Quelles sont les évidences qui ancrent ce que je veux transmettre maintenant ? Ces évidences en sont-elles vraiment ? Le sont-elles pour mon public ?

Bref : il y a quoi avant ?

C'est presque un travail d'enquête (voire d'épistémologie, si vous voulez faire les malin·es) de remonter le fil logique de cette manière. C'est un travail qui fait souvent apparaître des sujets de fond importants. De ceux qu'on oublie ou qu'on n'ose pas traiter, trop souvent. Qui ancrent aussi dans une réflexion sur le pourquoi, et qui permettent de tisser du sens, de donner des raisons fortes et profondes de s'intéresser au sujet (ce qui nous ramène à la question de la pédagogie). № 43

Par exemple, vouloir former au débat, c'est se poser la question de pourquoi ? Qu'est-ce qui ancre cette nécessité ? Pourquoi est-ce utile ? Ceci nous mène à faire le lien avec la place du conflit dans la démocratie, de l'altérité et des intentions de l'éducation populaire en général. Qui sont des bons points de départ, qui concernent et intéressent tout le monde. Qui permettront d'aller ensuite sur la question du débat non pas comme un ensemble d'outils mais comme une démarche politique motivée.

On ne part jamais trop en amont, dans mon expérience. Ni trop politique.

Donc, ajuster l'ambition à ce qui fait sens pour le public, et à ce qui permettra de réussir en partant de là où on est, pour de vrai.

Deuxième élément de comment, très basique mais fondamental : laisser du temps.

Repenser à la vitesse à laquelle nous sommes capables d'assimiler une nouvelle idée et d'y réagir de manière intelligente.

Comparer à la vitesse à laquelle on aborde les nouvelles idées en animation et en formation. Constater qu'on va sans doute vite. Trop vite souvent. Qu'on ne laisse pas beaucoup de temps pour digérer, pour assimiler, pas beaucoup de silences quand on a la parole et qu'on explique.

Alors ralentir plutôt que penser qu'ils et elles sont un peu cons.

Et puis se dire qu'il y en a sans doute qui seront fatigué·es, moins habitué·es que nous à penser ce genre de choses, voire moins rapides tout court.

Et ralentir encore un peu.
↝ 22.3 En laissant des silences. En animant des temps de reformulation. Des temps de réflexion en petits groupes. Des exercices de mise en œuvre, de synthèse.

Enfin croire qu'ils et elles sont intelligent·es, comme tout le monde, c'est aussi changer la perspective d'ensemble. Si tout le monde est in-
↝ 83 telligent et capable, alors les puissants et les gouvernants sont des cons comme les autres, comme nous. Pas plus, pas moins.
Faire progresser cette idée, transmettre cette conception, c'est aussi donner du pouvoir, c'est aussi aider à s'émanciper de l'idée que les puissants sont tellement plus intelligent·es et fort·es que nous, inattaquables.
Ce qui marche mieux quand on le prouve. Quand on montre qu'on a réussi à réfléchir ensemble, à produire quelque chose, à être plus que les cons qu'on croyait. Le comparer à ceux et celles qu'on croit supérieurement intelligent·es, constater que la différence peut exister, mais que, déshabillée de son vocabulaire et de son jargon, elle n'est pas forcément si importante que ça. Que c'est à notre portée bien souvent.

Ne pas prendre les gens pour des cons, pour ne pas en faire des cons
↝ 42.7 finalement.

CONSTRUIRE SA POSTURE À SOI 35

Un leader, c'est le signe d'un déficit de démocratie.
Charles Piaget

La posture, en animation, c'est franchement important. J'aurais même tendance à dire que c'est central. Je considère à titre personnel que ma posture est mon premier instrument de travail.
La posture, c'est assez complexe. Elle est composée de plusieurs dimen-

sions qu'on peut regarder avec plusieurs grilles de lecture : de la hauteur, de la distance, des intentions annoncées et matérialisées, etc. Chacune ↝ 41 de ses dimensions a ses finesses qu'il faut apprendre à maîtriser, et il faut les combiner ensemble.

Il n'existe pas une bonne manière de le faire. En tout cas, pas une bonne manière qui fonctionnerait pour toustes.

Une posture, c'est très lié à qui on est. Chacun·e doit la composer à partir de sa personne. À la fois de son identité sociale, de son identité, de ses facilités d'animation et de sa sociabilité. ↝ 22.2

Il s'agit donc bien de construire sa posture personnelle, pas une posture modèle qu'on copierait sur celle d'un·e autre ou qu'on appliquerait à partir d'un modèle abstrait.

C'est pour ça qu'il est utile d'utiliser diverses grilles de lecture pour en comprendre les différentes dimensions, et de réfléchir aux intentions qu'on veut véhiculer, aux objectifs qu'on poursuit. Parce qu'avec tout ça, on s'appuie sur qui on est pour bricoler, pour expérimenter. C'est un travail artisanal. De construction et d'élaboration progressives.

Je ne suis pas capable de copier certaines postures que pourtant je trouve excellentes quand je regarde quelqu'un·e d'autre animer. Parce que je ne suis pas cette personne, parce que je ne lui ressemble pas assez pour le faire de la même manière, dans tous les détails et les finesses.

Par contre, je suis capable, avec les éléments de compréhension dont je dispose, de dire pourquoi je la trouve bonne, comment la personne s'y prend et ensuite d'en tirer les leçons sur ce que je peux incorporer dans la mienne. Sur les questions que ça me pose sur ma posture et les pistes que ça me donne.

Accessoirement, ça peut aussi fonctionner en observant des postures qu'on ne trouve pas bonnes. Il y a aussi des leçons à en tirer et des améliorations à imaginer pour soi en fonction de ce qu'on observe et ce qu'on comprend.

Une posture, une fois construite, continue à évoluer. Elle se raffine. Elle change parce que nous changeons, parce que nous voyons de nouveaux éléments, que nous nous posons d'autres questions. Elle n'est pas figée. On la fait évoluer, on peut même construire des variations, développer des postures différentes pour différentes occasions et publics. En général, ce ne sont pas des changements radicaux, mais ils peuvent être assez importants pour être réfléchis consciemment, et nommés. Ce qui est intéressant aussi.
Ce qui me fait dire que, quand on a travaillé cette question de manière approfondie, on dispose d'une palette de postures, articulées autour d'une base commune.
Au final, il s'agit de construire ses postures, sa collection de variations sur un même thème.
Mais toujours les siennes, pas celles des autres.

ET ÇA DEVIENT UN AUTOMATISME, UN JOUR 36

On devient pas chef parce qu'on le mérite, andouille ! On devient chef par un concours de circonstances, on le mérite après ! Moi, il m'a p't'être fallu dix ans pour mériter mon grade, si pas vingt. Tous les jours, j'ai travaillé pour pas nager dans mon uniforme. Y a pas trente-six solutions. Arturus ? Hein ? Fais semblant ! Fais semblant d'être Dux. Fais semblant de mériter ton grade. Fais semblant d'être un grand chef de guerre. Si tu fais bien semblant, un jour tu verras, t'auras plus besoin !

César, Kaamelott, écrit par Alexandre Astier.

La posture est composée de nombreux éléments, de nombreuses finesses. On l'élabore en général de manière inconsciente quand on débute.
Puis, avec un peu de chance, grâce à des échanges, des collègues et des formations, on prend conscience de ce qui la constitue. On ajuste tel

ou tel élément, on en fait quelque chose de construit consciemment. D'artificiel d'une certaine manière. Un moyen de travail.

Ensuite, quand on commence à intégrer tous ces éléments, quand ils commencent à relever du réflexe, de l'habitude, la posture devient quelque chose qui relève de l'image qu'on a de soi au sein d'un groupe. Et ça demande alors beaucoup moins d'efforts et de calculs. Parce qu'on a pris le temps de déconstruire ce qui compose notre posture dans ce cadre-là, et notre image, notre manière de nous voir et de nous comporter, puis de la reconstruire par petits morceaux. Quand tous les morceaux sont en place, ils s'assemblent et font un nouveau puzzle, qui tient en grande partie tout seul, sans efforts actifs.

Je vois donc l'aboutissement de ce travail de posture comme une modification de ses habitudes mais aussi de son image de soi. Dans un cadre et une fonction spécifique, certes, mais ça touche à des questions et des enjeux un peu plus profonds et complexes que l'animation elle-même.

Ce qui peut expliquer pourquoi ça brasse de travailler ces questions de posture, pourquoi c'est complexe parfois et pourquoi ça fait grandir aussi.

RESSOURCES ESSENTIELLES 39

Un universitaire ayant travaillé toute sa carrière sur des questions de pouvoir d'agir, et capable de transmettre ses idées de manière compréhensible par toustes dans un format très court, c'est rare et précieux : Soutenir sans prescrire - Yann Le Bossé

Un grand pédagogue, dont les travaux et pratiques ont lancé un champ à l'échelle mondiale (même s'il n'est pas très connu encore en France), celui de la pédagogie critique : Paulo Freire.
Présenté de manière très synthétique, efficace et actuelle par Irène Pereira, ce qui est sans doute le meilleur point de départ.
Paulo Freire, pédagogue des opprimés. Irène Pereira. Editions Libertalia, collection N'autre école.

Et si vous préférez la version d'origine, son ouvrage de référence enfin réédité en français.
Pédagogie des opprimé·es. Paulo Freire. Agone.

↝ 93

- LES HOMMES ONT BESOIN D'IMAGINAIRE POUR ÊTRE HUMAINS. A LA CONJONCTION DE L'ANGE DÉCHU ET DU SINGE DEBOUT.

- Le Père Porcher ? Les fées des dents ? Les petites...

- OUI. UNE MISE EN TRAIN. IL FAUT COMMENCER PAR APPRENDRE À CROIRE AUX PETITS MENSONGES.

- Et alors on peut croire aux gros ?

- OUI. LA JUSTICE. LA PITIÉ. LE DEVOIR. CES CHOSES-LA.

- Ça n'a rien à voir !

- TU CROIS ? ALORS PRENDRE L'UNIVERS, RÉDUIS-LE EN POUDRE TRÈS FINE, PASSE CETTE POUDRE AU TAMIS LE PLUS SERRÉ ET ENSUITE MONTRE-MOI UN SEUL ATOME DE JUSTICE, UNE SEULE MOLÉCULE DE PITIÉ. ET POURTANT..." La Mort agita la main. "ET POURTANT LES HOMMES AGISSENT COMME S'IL EXISTAIT UN ORDRE IDÉAL DANS LE MONDE, COMME S'IL Y AVAIT DANS L'UNIVERS UN... UN ETALON DU BIEN A L'AUNE DUQUEL ON POURRAIT LE JUGER.

- Oui, mais ils sont obligés de croire à ça, sinon à quoi bon...

- C'EST BIEN CE QUE JE DIS.

TERRY PRATCHETT

CONSTRUIRE DES ANIMATIONS 4

Les 3 actes, c'est les bonnes femmes qui sont mi-taupes mi-déesses, et qui ont forcé les mecs de Bethléem à construire les pyramides.
Perceval, Kaamelott, écrit par Alexandre Astier.

OBJECTIFS, STRATÉGIES, TACTIQUES 41

La prévoyance est un indicateur de classe sociale. Les riches prévoient l'avenir sur plusieurs générations. Les pauvres prévoient leur samedi soir.
Gloria Steinem.

Dans ma pratique, je ne me donne pas comme priorité la perfection de mes animations, mais leur cohérence. La cohérence entre ce que je

défends comme valeurs, pourquoi je travaille, et ce que je fais concrète-
↝ 21.2 ment. Ce qui reste dans une logique de praxis.
Pour m'assurer au mieux de cette cohérence, j'ai appris à penser la construction de mes actions avec un ordre spécifique, et très logique.

En éducation populaire, en animation, et finalement presque en tout, il y a un ordre qui aide à ne pas se mélanger les pinceaux : objectifs, stratégie, tactique.
Dans l'ordre donc.

Partir des objectifs, toujours. C'est-à-dire les valeurs fondamentales, et leur déclinaison en objectifs concrets pour cette animation, ce projet, ici. Commencer donc par se redire ce qu'on veut faire, ce qu'on vise fondamentalement.
C'est fou le nombre de fois où on oublie de se le redire. À soi tout·e seul·e ou ensemble quand on travaille en groupe.
C'est fou aussi à quel point ça fait du bien de se le rappeler, moralement mais aussi d'un point de vue pratique : ça simplifie énormément le travail ensuite. Quand on ne le fait pas, typiquement, on y revient plus tard, après avoir fait une partie du travail. Quand on se rend compte qu'on ne sait pas pourquoi on le fait, ou qu'on ne le fait pas avec les mêmes objectifs.
C'est une vraie compétence de dire clairement les objectifs. Et d'aider les autres à les dire clairement. Les dire jusqu'à ce que tout le monde les comprenne. En version simple : on cherche à obtenir quoi ? On vise quel horizon ?

Ensuite, la stratégie. C'est-à-dire la méthode choisie. Par quel bout on pense atteindre les objectifs. En suivant en gros quel chemin, ou au moins quel type de chemin.
La métaphore du cheminement me sert souvent pour clarifier la stratégie.
On veut changer le monde pour plus d'égalité. Ok. Notre chemin il va

passer par où en priorité ? Par un travail sur les inégalités et les stéréotypes ? Par une révolution ? Par un rééquilibrage économique ? Chaque option est une stratégie.

Enfin, et c'est bien la dernière étape, la tactique. Ou plutôt les tactiques. C'est-à-dire les outils, les manières de faire concrètes pour chacune des étapes de la stratégie. Prévues à l'avance ou adaptées en fonction de l'avancée globale.
Parfois, on tombe tellement amoureu·se d'une tactique, d'un outil, qu'on construit à partir de l'outil. Les résultats sont assez aléatoires. On se fait souvent plaisir. Mais on n'atteint pas si souvent l'objectif. On s'en aperçoit parfois en cours de route. Moment auquel on en revient à mettre à plat les objectifs, à se les redire. Et éventuellement à tout refaire.

Un outil, ça se choisit en fonction des objectifs et de la stratégie, en cohérence avec ces derniers.

Un exemple tiré de ma pratique de formation :

Objectifs :

En général, toujours l'émancipation. Et, à la lecture du Nouvel Esprit du Capitalisme, je me suis dit : là, il y a des trucs essentiels pour comprendre le monde dans lequel on vit. Pour prendre conscience d'une partie des dominations qu'on subit sans les comprendre.
Donc, dans une perspective d'émancipation, transmettre ce qu'il y a dans ce livre.

Stratégie :

C'est un ouvrage de 700 pages, le donner à lire ne semble pas une stratégie adaptée à beaucoup. Faire une conférence ou des notes de lecture, de la même manière, ne me semblent pas être des stratégies en cohérence avec mes choix éducatifs, eux-mêmes liés à mes valeurs.
Ma stratégie, donc : construire un temps d'animation collective per-

mettant aux participant·es de reconstruire elles et eux-mêmes l'essentiel des contenus (de manière sélective, et en fonction de ce que j'en estime prioritaire, ce que j'annonce de manière transparente).

Tactiques :

En me basant sur un fil chronologique, j'élabore des outils adaptés, ludiques et participatifs. Par exemple, il me semble nécessaire de comprendre la logique sociologique des cités, utilisée comme base d'analyse dans le livre. Comment la faire reconstruire ? J'imagine un jeu de devinettes à base d'images, qui permet en petit groupe de se plonger dans la logique d'une cité et de mettre des mots dessus. Avec ensuite, une mise en commun des synthèses de chaque groupe, que je complète et éclaire avec les formulations "officielles".

Quels mandats ? 411

Quand on constitue un groupe, il est important de passer un contrat, moral, avec les personnes qui le constituent. De se mettre d'accord sur la place de l'animateurice, mais aussi sur les limites du pouvoir qui est confié au groupe, les frontières qu'il ne pourra pas franchir. En tout cas pas dans la structure dans laquelle on exerce, pas avec l'animateurice en question qui exerce dans un cadre contraint.
Ce sont des questions de mandat. Et c'est important.

C'est important pour l'animateurice d'être capable de dire jusqu'où va son mandat vis-à-vis du groupe. À la fois quant à ce que la structure lui demande et lui permet de faire (et qui mérite donc des discussions claires avec les instances politiques et le projet de la structure) et quant à ce que le groupe lui reconnaît comme légitimité pour agir (par exemple sur les questions de tenue du cadre).
Savoir le dire rapidement en début d'animation, et être capable de l'expliciter quand on s'approche d'une limite, c'est utile.

Il est aussi utile de clarifier le mandat dont dispose le groupe : le pouvoir qui lui est accordé par la structure ou l'institution qui met en place le temps d'animation. En particulier pour des groupes de projet ou des instances : des groupes qui vont essayer de participer réellement, de donner des idées voire de mettre en place des actions.
Même si je crois qu'il y a eu depuis des travaux plus récents et plus fins, la grille de lecture de la participation d'Arnstein continue à me servir dans ce cadre-là.

Arnstein propose une échelle, du plus bas niveau de participation (qui est entièrement mensongère) à la participation la plus complète, qui est contrôle entier du groupe par lui-même.
Vous y reconnaîtrez sans doute facilement certaines formes de fausse participation ou de semi-participation vécues par vous ou vos publics dans certaines instances et institutions. Vous pourrez vous questionner sur le niveau de participation possible dans votre structure, la manière de le formaliser et le contractualiser, mais aussi les questions et doutes que cela vous pose. Ce qui permet simplement de faire des choix qui soient transparents pour les groupes que vous accompagnez. Ce qui évitera au moins l'écueil à mon sens principal des effets d'annonce de participation : l'impression d'avoir été pris·es pour des con·nes.

Pouvoir effectif des citoyens :

Contrôle citoyen : une communauté locale gère de manière autonome un équipement ou un quartier.
Délégation de pouvoir : le pouvoir central délègue à la communauté locale le pouvoir de décider un programme et de le réaliser.
Partenariat : la prise de décision se fait au travers d'une négociation entre les pouvoirs publics et les citoyens
Conciliation : quelques habitants sont admis dans les organes de décision et peuvent avoir une influence sur la réalisation des projets.

Coopération symbolique :

Consultation : des enquêtes ou des réunions publiques permettent aux habitants d'exprimer leur opinion sur les changements prévus.
Information : les citoyens reçoivent une vraie information sur les projets en cours, mais ne peuvent donner leur avis.

Non-participation :

Thérapie : traitement annexe des problèmes rencontrés par les habitants, sans aborder les vrais enjeux
Manipulation : information biaisée utilisée pour « éduquer » les citoyens en leur donnant l'illusion qu'ils sont impliqués dans le processus.

À petits pas **41.2**

À ceux qui ont survécu : Respirez.
Voilà. Encore une fois. Bien.
Vous êtes doués. Et même si vous ne l'êtes pas, vous êtes vivants.
C'est une victoire.
Les livres de la terre fracturée, tome 3 : Les cieux pétrifiés de N. K. Jemisin

Nos intentions, en éducation populaire, sont ambitieuses. Les travaillant régulièrement, nous voudrions déjà y être, ou au moins accompagner rapidement nos groupes vers l'émancipation et une prise de conscience politique. Mais ils et elles n'en sont pas forcément là. Pas déjà.
Et c'est frustrant parfois. Parce qu'on aimerait tellement que...

Je crois qu'il est important de travailler sur cette frustration régulièrement. Parce que nous avons vraiment besoin d'être avec nos groupes. De ne pas essayer de les tirer trop fort ni de leur faire ressentir qu'ils et elles ne sont pas là où ils et elles devraient.
Nous devons savoir partir d'où ils et elles sont. Accepter leur point de départ, même s'il est encore loin de ce que nous espérons. Même si pour

l'instant leur besoin est de parler de leur vécu, et pas encore de le mettre en perspective en termes de rapports sociaux ou de prise de conscience politique.

L'important, c'est d'avancer, ce n'est pas d'être déjà à l'étape que nous voudrions.
D'où l'importance à la fois d'avoir des grilles de lecture qui nous permettent de situer et nommer ces avancées et d'être capable de penser ↝ 15.1
et de montrer comment ces avancées contribuent, petit à petit, à des changements de fond. Ce pour quoi des perspectives historiques sur la manière dont les sociétés changent et les inégalités peuvent se réduire sont essentielles. ↝ 84.5
Changer la société, ça prend du temps. Accompagner des personnes, aussi. Les deux sont liés, le premier n'est possible que grâce au second. En partant de là où nous en sommes actuellement.

Chaque avancée est une raison de se réjouir. Et de célébrer.
Il est donc important, dans nos démarches, de savoir nommer chaque avancée, pour soi comme pour le groupe, et de la célébrer. Chaque étape d'un temps d'animation, dès qu'elle est identifiée et nommée, annoncée au groupe, peut donner lieu à une validation formelle.
Chaque petit pas mérite d'être célébré, avec une attention particulière lors des temps finaux d'une animation. ↝ 42.6

LE TEMPS D'ANIMATION : UNE AVENTURE COLLECTIVE 42

Dès les premiers temps lorsque l'être humain a entrechoqué des cailloux en s'émerveillant du feu, notre espèce a toujours voulu raconter. Jusqu'à ce que les étoiles disparaissent une par une comme des lampes qu'on éteint, il y aura des récits aussi longtemps qu'il restera des gens.

China Miéville

Au moment de concevoir un temps d'animation se pose la question de : quoi mettre dedans, et dans quel ordre ?

J'ai longtemps tâtonné, et je pense que je ne suis pas seul·e.
Au début, il y a l'accueil et l'inclusion, ok ; et à la fin bilan et dissolution du groupe, re-ok.
Entre les deux ?... ben on essaie de mettre dans un ordre logique, quoi.
Avec idéalement des transitions pas trop bancales.

Bref, rien de très structuré ou de très satisfaisant. J'ai trouvé des éléments importants dans les travaux de l'URACS, de Peuple et Culture, et dans des échanges de pratique, mais je gardais l'impression de morceaux de puzzle pas entièrement assemblés.

C'est par un détour un peu inattendu, celui de la mythologie et de la narration, que j'ai trouvé une manière de penser globalement la structure de mes temps d'animation.

Joseph Campbell a étudié les mythes de nombreuses civilisations et a proposé une idée : il existe une structure narrative commune à tous ces mythes. Une manière universelle de raconter nos histoires : Le monomythe, ou le voyage du héros.
Cette idée a été largement diffusée et a connu un franc succès, en particulier dans le monde de l'écriture de scénarios de films ou de romans. Elle a été vulgarisée et transmise par Christophe Vogler. (Son succès a été moins grand et moins durable dans le monde universitaire mais c'est une autre histoire).
Cette structure narrative est quasiment devenue une prescription dans le monde hollywoodien. Ce qui fait que si les récits et structures se ressemblent à ce point, ce n'est pas par hasard et c'est même la faute à la mythologie.
C'est par cette entrée que je vais vous résumer ce monomythe, avec

mes références de blockbusters de geek (comme je le fais en formation). Charge à vous de l'illustrer avec des films ou récits qui vous parlent plus.

Au début de toute histoire, notre héro·ïne vit sa vie normale. Pas forcément normale pour nous, mais pour elle ou lui, si.

- Harry Potter vit chez son oncle et sa tante dans une chambre sous l'escalier
- Mulan vit dans la maison ancestrale et se préoccupe de participer au bal des jeunes filles à marier.
- Les hobbits boivent des bières, font pousser des légumes géants et préparent une grosse fête d'anniversaire
- Luke Skywalker s'occupe d'entretenir la ferme de son oncle et sa tante et va chez le ferrailleur acheter du matos d'occasion.

Dans cette normalité va survenir un élément perturbateur : l'appel de l'aventure. Quelque chose de trop problématique, ou intrigant, ou motivant pour qu'on puisse l'ignorer et continuer dans la normalité.

- Un courrier magique arrive. On l'ignore, il arrive en double, en triple, il envahit la maison...
- Les huns attaquent l'Empire mais surtout, conséquence concrète, papa qui boite est recruté dans l'armée, conscription obligatoire
- Le tonton disparait en plein milieu de son discours d'anniversaire, laisse un anneau magique et se fait la malle chez les elfes
- Le robot acheté chez le ferrailleur diffuse le message d'une princesse appelant au secours : vous êtes mon seul espoir...

Face à cet événement, le héros ou l'héroïne est souvent dépourvu·e, voire inquiet·e et incertain·e de bien vouloir y aller. Il ou elle a besoin d'aide. Voir d'un coup de pied au cul. C'est là qu'intervient le mentor : un vieux barbu hyper balaise qui va au final ne pas faire grand-chose à part donner des conseils (et des coups de pied si besoin). Alors qu'il aurait pu tout faire à la place de son héro·ïne.

- Hagrid (ensuite remplacé par Dumbledore)
- Mushu (qui outre sa dimension comique est le représentant de l'ensemble des ancêtres de la lignée, tout de même)
- Gandalf
- Obi-wan Kenobi

La première étape du voyage du héros, c'est le passage dans le monde de l'aventure, l'Ailleurs, le monde magique, etc. Ce passage demande souvent l'aide du mentor et se fait très souvent sous la forme d'un vol : le Vol Magique. Une fois celui-ci effectué, on est immédiatement ailleurs

- Hagrid emmène Harry dans son side-car volant jusqu'à Poudlard et le monde des magiciens
- Mulan part avec son super cheval et quitte son pays pour le camp militaire.
- Frodo et Sam arrivent à la frontière : le plus loin où Sam soit jamais allé, ce qu'il note. Juste après, ils se font percuter par les cousins voleurs de légume, ils courent au bout de champ. et sautant en vrac tombent d'une petite falaise. Immédiatement après : vent inquiétant, baisse de la luminosité et arrivée d'un cavalier noir flippant : on a changé de monde.
- Luke et Obi-wan vont traîner au bar pour recruter un pilote, Han, et ils quittent la planète pour s'aventurer dans la grande galaxie

Une fois ailleurs, notre héro·ïne va faire face à toute une série d'épreuves qui : ne vont pas faire avancer l'histoire, et : vont faire progresser l'héro·ïne : nouvelles compétences, nouvelles relations, découverte des nouvelles règles de ce monde et démonstration plus ou moins facile de sa capacité d'adaptation. On peut parler d'une initiation suivie d'épreuves.

- L'année scolaire, à chaque épisode, avec son lot de nouveaux cours, nouveaux sorts et compétences, nouveaux ami·es et ennemi·es, sans faire beaucoup avancer les questions de fond.
- Le camp militaire : apprendre à être une soldate, se faire passer pour un homme et se faire des amis.
- Marcher, rencontrer un gars louche, marcher, découvrir l'ennemi, marcher, rencontrer des elfes, marcher, rencontrer des montagnes, marcher, rencontrer des tentacules, etc.
- Apprendre à manipuler la force, ne pas trop passer pour un jeune blanc-bec, rencontrer la rébellion.

À l'issue de toutes ces épreuves, c'est la première confrontation. Avec la déesse dans la version classique et sexiste. Avec celle qui est différente de moi et que je vais donc penser opposée à moi. Sauf que non, je me rends compte qu'elle est différente mais du coup potentiellement complémentaire et qu'on peut donc faire alliance autour du même objectif (c'est-à-dire le vrai ennemi).
NB : Dans les (rares) histoires classiques où c'est une héroïne, on inverse aussi le sexe des antagonistes et allié·es, le plus souvent, comme dans Mulan ci-dessous.

- Hermione est une binoclarde prétentieuse sauf qu'en fait elle est très calée et motivée et on va pouvoir s'entraider avec chacun·e nos forces, ce qu'on découvre en combattant ensemble un troll dans les toilettes.
- Le capitaine Tchang pourrait voir que je suis une fille et pas compétente et me faire virer et ce serait horrible. Sauf que non, il est droit et juste, et beau gosse, et on deviendrait ami.es, voire plus.

- Tête-à-tête avec Galadriel : bien sur, tu peux me donner l'anneau, je saurais quoi en faire, je mettrais la misère à Sauron et je deviendrais une reine splendide et terrifiante (toute noire et verte, ça fait pas flipper, le monde sera à mes pieds, niark niark). Sauf que non, je vais résister à l'attrait du pouvoir et je vais t'aider.
- Leia est vraiment une insupportable donneuse de leçons qui me prend de haut, ça va pas être possible. Sauf qu'elle est courageuse et importante pour la rébellion et puis un peu séduisante aussi. Allez, d'accord, on bosse ensemble.

Pourvu·e de ses nouvelles compétences, ami·es, cadeaux et conseils de son alliance récente, notre héro·ïne va cheminer vers le vrai ennemi. Sur le trajet, ielle va le plus souvent connaître un moment de découragement, de presque abandon, parce que c'est trop dur. Ielle va sortir de l'abysse souvent avec l'aide de ses allié·es, et en changeant l'image qu'ielle a de soi, en puisant dans ses dernières ressources, dans son identité.

- Harry, Ron et Hermione sont envoyé·es en punition dans la forêt interdite, ont peur, et sont prêt·es à abandonner. Jusqu'à découvrir une licorne exsangue, et Voldemort spectral en train de s'en nourrir. Leurs intuitions sont validées, ielles doivent maintenir agir, ne peuvent plus abandonner.
- Après avoir tenté d'arrêter les Huns, Mulan se trouve seule, abandonnée sur le glacier, après qu'il ait été révélé qu'elle était une femme.
- Des kilomètres et des kilomètres de marécages, des milliers de marches vertigineuses, la faim, et Gollum qui lui susurre à l'oreille : Frodo perd confiance en Sam, en lui-même, en tout. Mais Sam ne lâche pas l'affaire, combat seul une araignée géante millénaire, les tire des griffes des orques et le porte jusqu'au volcan.
- Vader ayant abattu tous les collègues de l'escadre de X-Wings, l'or-

dinateur de visée ne suffit pas, tout va rater... mais non, Han Solo dégage Vader et la voix d'Obi-wan lui montre comment envoyer son missile avec ses pouvoirs magiques.

Là, on va pouvoir affronter le seul, le vrai, l'ennemi méchant qui fait peur. Qui semble inhumain. Sauf que pour le vaincre, notre héro·ïne va devoir comprendre cet ennemi et surtout comprendre et accepter qu'il lui ressemble et que c'est en intégrant cette proximité qu'il·elle va pouvoir le vaincre (et prendre une partie de sa charge, en être changé·e). C'est l'affrontement final suivi de la rédemption.

- Harry découvre à chaque affrontement avec Voldemort qu'ils en ont encore plus en commun. Jusqu'à l'accompagner dans la mort au final, en semblable.
- Mulan... pète la gueule du chef des Huns, sans plus de complexité, Disney n'aime pas beaucoup les zones grises.
- Frodo est devenu tellement proche de Sauron, partage tellement son addiction au pouvoir, qu'il échoue. Il faut l'intervention de Gollum pour que la quête soit un succès, mais ce n'est pas une réussite du héros
- Luke (épisode 6) accepte que derrière le masque du super vilain robotique, il y a un homme, son père, qui souffre et qu'il peut encore sauver et accompagner dans la mort.

De cette victoire, notre héro·ïne obtient un objet, un symbole. Pour marquer le coup.

- La baguette de sureau (puis divers objets, horcruxes et autres quincailleries).
- Une médaille et une épée données par l'Empereur (à une femme !)
- Rien sur le moment (et en même temps, il a raté) mais ensuite la gé-

nuflexion de tous les grands de ce monde (et des tenues armoriées, des titres et des poneys)
- Une médaille dans une scène finale pas du tout kitsch (Episode IV)

La victoire obtenue, notre héro·ïne est toujours dans l'ailleurs et il va falloir revenir dans le monde normal. Ce qui va demander souvent l'aide, voire le pied au cul du mentor (Syndrome "Je veux pas rentrer de vacances").

- Le train magique, avec les encouragements insistants de Dumbledore (mais si, ça va être super l'été chez tonton et tata)
- Cheval magique, le retour
- Coincés sur un volcan en éruption, qui voilà ? Gandalf et les aigles géants pour nous ramener dans le monde des vivants.
- Zou, encore un coup de vaisseau spatial pour rentrer (éventuellement en émergeant d'une boule de feu pour certains épisodes).

Pour autant, ce n'est pas fini, le retour ne se fait pas sans conséquences. La première, c'est que notre héro·ïne a été transformé·e par sa quête héroïque et va avoir du mal à retrouver une place dans le monde normal. Le cul entre deux chaises, en bref.

- Chaque année, le retour chez les Dursley est encore plus dur. Et à la toute fin, Harry prend un job tout à normal de chasseur de nécromants (Auror)
- Mulan se réacclimate plutôt bien si ce n'est qu'elle a du mal à se projeter dans le bal des jeunes filles innocentes à marier.
- Frodo échoue à nouveau et ne supporte pas le retour à la vie civile : il s'en va au paradis des elfes
- Luke devient un Jedi, donc un moine·soldat habillé en noir un peu ermite qui regarde les festivités de l'extérieur avec un air grave (et

ses potes fantômes comme interlocuteurs, normal quoi)

Pour finir, la quête héroïque a permis de régénérer le monde, de poser les bases d'un nouvel âge où tout va mieux (en attendant le prochain cycle héroïque). Cette régénération est en général figurée directement.

- Le Ministère est rétabli, mais surtout, quelques années après, tout le monde a eu des enfants et c'est à leur tour de partir pour Poudlard (scène finale).
- Tchang vient rendre visite et ça sent les noces, les cerisiers refleurissent et les ancêtres réintègrent Mushu et font la teuf.
- Sam a des enfants. Quand Merry et Pippin vont boire des bières, tout le monde se fout qu'ils soient des héros de guerre : le plus important, à nouveau, ce sont les légumes géants des voisins.
- On fait la fête avec les ewoks, on s'embrasse entre princesse et contrebandier et on a rétabli la république.

L'ensemble de ces étapes constitue un arc narratif classique : le voyage du héros. Ce n'est bien sûr pas une obligation de s'y conformer mais il est étonnant de voir à quel point la majorité des récits se conforment à ces grandes lignes. Moyennant par exemple la suppression d'une étape ou quelques inversions.

Dans le cas de récits à plusieurs personnages importants (Game of Thrones par exemple), on a plusieurs arcs narratifs parallèles et superposés. Dans le cas de séries, on a bien souvent un arc global pour la série ou la saison, chaque épisode ayant son propre arc narratif faisant progresser l'arc général d'une étape. Par exemple, le premier épisode a son arc propre au complet mais il ne sert qu'à établir la normalité et l'appel de l'aventure pour la série.

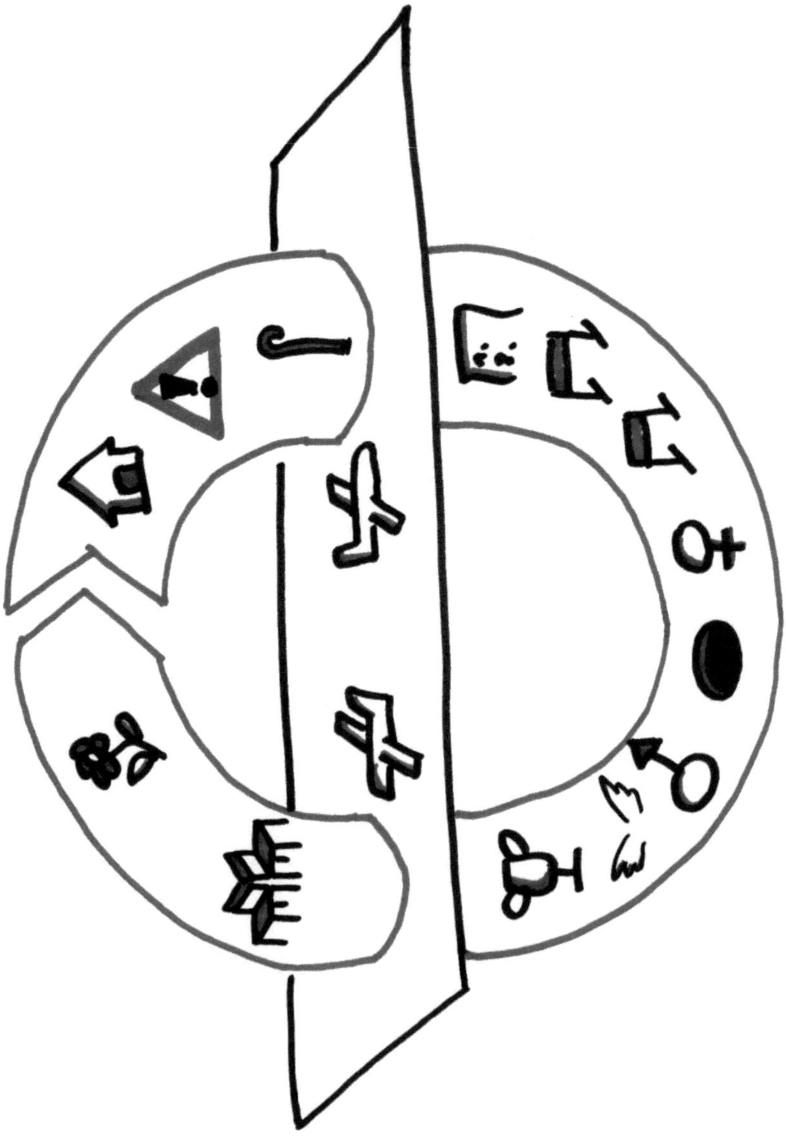

Tout ceci posé : quel lien avec l'animation ?
C'est en discutant de Campbell avec une collègue et amie, Shah-dia, que j'ai pu structurer ma première intuition : et si on disait que tout temps collectif, tout temps d'animation est une aventure, un récit pensable dans ce schéma ?

Ça a déjà une première vertu : penser chaque temps d'animation comme un parcours cohérent, qui va d'un point à un autre de manière racontable et compréhensible.

- Avec une tension : dans lequel il se passe quelque chose qui n'est pas évident et neutre, qui demande un engagement et un dépassement
- Conflictuel : dans lequel on essaie de se confronter, soit à une partie du monde, soit à ses propres conceptions
- Héroïque : dans lequel on se fera acteurices de manière valorisable et racontable

Ça a une seconde vertu : disposer d'une structure pour raconter ce qu'on fait et le valoriser. En tant qu'animateurice ou participant·e. Compétence et réflexe dans lesquels, en Éducation populaire, nous sommes notoirement assez mauvais·es.

Enfin, troisième vertu, ça nous permet en tant qu'animateurice de penser la structure quand on construit un temps, de manière organisée et en évitant d'oublier des étapes importantes. Qu'on ne considère pas forcément comme telles tant qu'on ne met pas des mots dessus, et sur la manière dont elles participent au parcours d'ensemble.

Les étapes du récit du héros en tant qu'étapes d'un temps d'animation.

La normalité : l'accueil

Les participant·es arrivent en tant que personnes, dans leur normalité, avec leur quotidien en tête. Je les accueille de manière individuelle, informelle, je les salue, les laisse poser leurs affaires, prendre un café. Je reste disponible pour échanger, pour répondre aux inquiétudes ou spécificités individuelles, avant le temps officiel en groupe.

L'élément perturbateur : il est double

Nous sommes ici pour quelque chose. Cet élément est introduit par l'animateurice, ou simplement rappelé en questionnant les personnes si les informations ont été transmises avant. (Accessoirement, ce temps sous forme d'échange permet à chacun·e de se remémorer et de se ré-approprier ses raisons d'être là, et permet à l'animateurice de vérifier ce qui a été transmis, reçu et compris en amont (et ainsi de cerner un peu mieux les attentes)).

Ce quelque chose va être fait en groupe. Et, oui, faire en groupe n'est une évidence pour à peu près personne. Ce qui peut aussi être rappelé et servir à introduire les futures consignes et modalités de fonctionnement ensemble.

Le mentor : l'animateurice

Dans une perspective émancipatrice, la figure du mentor semble une très bonne métaphore de la posture recherchée : en faire le moins possible, quelles que soient nos compétences, mais donner sens, motivation et compétences au groupe pour qu'il avance, évolue et réussisse par lui-
↝ 41.1 même. Je me présente avec cette optique.
Accessoirement, cela fonctionne bien aussi avec les méthodes et priori-
↝ 43.1 tés de l'éducation nouvelle et de la pédagogie active.

Le vol magique : l'inclusion

Le monde magique, l'ailleurs, dans ma logique d'animation, c'est le temps du collectif, du groupe.
Faire en groupe, pour beaucoup d'entre nous, c'est à la fois une aventure, une inquiétude et une difficulté. Parce que notre culture nous y forme peu. Faire en même temps, en parallèle ou en compétition est assez fréquent, faire ensemble avec unité beaucoup moins. Il s'agit donc de passer de notre identité individuelle (notre normalité) à un fonctionnement collectif, à devenir temporairement membre d'un groupe cohérent (l'aventure).

Ce temps de passage est celui de l'inclusion, pour lequel les animateurices disposent de nombreux outils. C'est un temps dans lequel il peut ↝ 62
se faire jour des résistances et des refus (comme l'héro·ïne peut refuser l'appel de l'aventure et avoir besoin de l'aide du mentor).

Les étapes d'animation correspondant au monde de l'aventure vont bien sûr être dépendantes des enjeux et formats d'animation et avoir donc de nombreuses variantes.

Dans une version très générale et à grande échelle basée sur une organisation classique d'Éducation Populaire. (Le schéma narratif version Voir-Comprendre-Agir) ↝ 443

L'initiation : Voir

Expression des opinions et points de vue, confrontation aux regards des autres, création de liens et relations dans le groupe puis inventaire des ressources et compétences disponibles. C'est ce qui initie, au sens propre, le groupe en tant qu'unité composée de points de vue et de regards différents, qu'on met en commun, qui seront notre base.

Les épreuves : Comprendre

On confronte les différents points de vue et regards, voire vécus et savoirs. On les articule au mieux, ce qui peut se suffire ou faire émerger des questions.
On va chercher des réponses et des éléments de compréhension ailleurs, auprès de sources et de personnes autres, que l'on n'aurait pas forcément identifié·es comme alli·es ou jugé utile de solliciter (voire qui nous aurait semblées opposées ou inquiétantes).
Par exemple, on peut aller chercher un éclairage sociologique pour éclairer des questions concrètes et quotidiennes de discrimination. Alors que précédemment on aurait pensé que la sociologie était quelque chose d'inaccessible, voire d'inutile.

L'alliance : choisir ensemble

Dans la logique de l'alliance, on travaille à se mettre d'accord sur une ou plusieurs explications : éléments de compréhension et d'éclairage que l'on accepte collectivement comme centrales et qui vont fonder notre action et sa direction ; et sur des objectifs d'action éventuellement.

Affrontement : Agir

Pourvu·es collectivement d'une direction, d'une intention quant à agir, nous pouvons élaborer une stratégie d'action. Qui va nous permettre de lutter contre le frein ou l'adversaire choisi comme prioritaire. Ce qui va souvent nous demander de comprendre cet adversaire et ses motivations. De l'humaniser. Donc d'introduire une complexité dans notre
N° 17 stratégie et de nous changer, au moins en partie, pour triompher.

Récompense : célébrer la victoire

On l'oublie de mon point de vue trop souvent, mais une action menée à terme (et encore plus une action victorieuse) mérite d'être valorisée. À cette étape, on prend le temps de se dire la victoire, de se la raconter et idéalement de la matérialiser. De fabriquer une représentation qui peut aller de la photo de groupe au film ou écrit la racontant, en passant par la babiole souvenir ou l'échange de cartes avec mots personnalisés pour les participant·es. Cette production est quelque chose d'important pour le groupe mais permet aussi de valoriser et diffuser à l'extérieur, domaine dans lequel, nous acteurices de l'Educ Pop sommes souvent peu investi·es.

Dans une logique de projet long, on peut appliquer la structure des séries télé pour construire des séquences découpées qui feront ensemble la totalité du projet.

Par exemple, l'étape Voir du projet d'ensemble peut constituer une séquence d'animation avec sa propre logique narrative :

- Epreuves : entendre tout le monde
- Alliance : se mettre d'accord sur les enjeux communs et le problème qu'on veut traiter
- Affrontement : dépasser nos peurs de s'attaquer au problème, ou nos convictions qu'on ne peut rien y faire
- Récompense : réaliser un poster ou une fresque déclarant le problème et notre intention collective de nous revoir pour y faire quelque chose (et photo de groupe pourquoi pas). ↝ 72.31

La séquence suivante pourra être sur de la recherche documentaire et vidéo, celle d'après une rencontre avec un·e universitaire et la suivante sur une synthèse et un choix des clés d'explication et angles d'attaque en décodant ; le tout constituant l'étape Alliance / Comprendre du projet global.

On peut également construire la partie "Monde de l'aventure" du temps d'animation **selon la logique de l'Entraînement Mental** : ↝ 44.4

- Epreuves : Descriptions de la Situation Concrète Insatisfaisante puis problématisation et exploration des différents points de vue
- Alliance : Exploration des pourquoi et choix de ceux qui sont les plus pertinents

- Affrontement : Pistes de solutions à même de corriger la situation et de renverser les obstacles
- Victoire : formalisation des résultats obtenus et célébration.

La structure générale de la pédagogie active peut également servir de
↝ 43.1 trame :
- Appel de l'aventure : le problème est soumis au groupe
- Vol magique : le groupe choisit collectivement de relever le défi
- Épreuves : recherche des informations nécessaires et apprentissage des compétences utiles et nécessaires (avec l'aide de l'animateurice et en s'appuyant sur ce qui été anticipé et préparé).
- Alliance : Choix collectif d'une production qui soit une réponse adaptée au problème
- Affrontement : réalisation collective et confrontation à la difficulté à faire
- Victoire : valorisation de l'objet ou de la solution produite.

Bien d'autres approches éducatives et pédagogiques peuvent servir de trames sur cette partie dans le monde de l'aventure, en respectant plus ou moins les étapes. et sans que ça ait beaucoup d'importance, les éléments les plus importants me semblant cependant :
- Le fait de se confronter à quelque chose et de l'avoir au moins en partie dépassé et/ou fait avancer
- Le fait de concrétiser cette réussite sous la forme d'un symbole ou d'une production.

Une fois terminé ce parcours collectif, le temps d'animation, comme l'histoire, n'est pas terminé : il reste plusieurs étapes, importantes.
Pour lesquelles il faut donc se garder du temps en tant qu'animateurice (ce qui n'est pas toujours facile).

Le vol magique du retour :

Annoncer que les travaux sont terminés, mais qu'on ne va pas pour autant se séparer immédiatement : il nous reste à prendre un petit moment pour se parler de ce qu'on vient de faire ensemble.
Le plus souvent, je n'anime pas ce temps de manière élaborée mais je prends la peine de l'annoncer de manière formelle.
Afin de clore mais aussi de permettre le bon fonctionnement des étapes suivantes, c'est à ce moment là que je raconte, de manière synthétique, ce que nous venons de faire ensemble. Afin que toustes aient une vue d'ensemble et constatent qu'il s'agit d'une unité, d'un truc dont on peut bien dire qu'il est fini.
Pour raconter, ici, la structure narrative facilite beaucoup la tâche : il est facile et rapide de raconter avec une ou deux phrases par étape, qui s'enchaînent de manière logique

Le cul entre deux chaises :

Dans cette étape, l'objectif est d'encourager la prise de conscience de ce qui vient d'être fait et vécu.
C'est peut-être l'étape qui est pour moi la plus importante dans une perspective d'émancipation : on y prend conscience de ce qu'on a fait, de comment, et du fait que l'on en a été capable, et donc qu'on sera capable de le refaire.
Il y a une grande différence entre le fait de vivre quelque chose et le fait de prendre le temps d'y penser et d'en parler après l'avoir vécu. On en garde une image très différente, aussi bien en termes de force du souvenir que de son contenu.
On se donne bien plus de chances d'en être changé·es.

J'articule ce temps autour de trois questions, auxquelles je donne des priorités et des outils variables selon les priorités du groupe et le temps disponible :

- Comment ai-je, moi, vécu ce temps ? L'objectif est plutôt introspectif et ne nécessite pas forcément une mise en commun détaillée même s'il est intéressant de prendre la mesure des vécus de l'ensemble du groupe. Le fait de rassurer, voire de valoriser des ressentis de questionnement et de déstabilisation / déconstruction, peut être particulièrement adapté.
- Quels sont les outils, consignes et moyens qui ont permis le fonctionnement collectif ? L'objectif est ici de montrer les aspects techniques de l'animation et de les rendre compréhensibles, de les ↝ 42.7 éclairer au regard des intentions. On peut les regarder de manière analytique et critique, et décider de ceux qu'on veut réutiliser, adapter ou changer. C'est ici qu'on transfère le mieux des compétences d'animation et une culture du fonctionnement collectif. Il ne s'agit pas, bien sûr, de passer en revue tous les outils et consignes, mais de regarder ceux qui ont marqué le groupe et/ou ceux que l'animateurice veut transmettre, dans la limite ou temps disponible.
- Est-ce que ça va changer quelque chose pour moi par la suite ? Est-ce que je vais retrouver ma normalité avec un décalage ? Ces questions peuvent se lier à l'étape suivante, ou simplement permettre un peu plus d'introspection et de projection.

Régénération : Et ensuite ?

Est-ce que ce que nous avons produit ici sert à quelque chose, change le monde, l'améliore ?
C'est la partie constat, qui est une continuation de la célébration de la victoire. Est-ce que cela appelle une suite ? Des suites ? Lesquelles ?
Quand l'animateurice a engagé un travail sur la longueur, il s'agit d'annoncer les suites et les engagements pris.
Dans tous les cas, il s'agit d'interroger les personnes sur leurs idées et envies de suites, en permettant à chacune de se projeter.

J'ajoute enfin une dernière micro·étape, prendre le temps de se dire au revoir formellement, avec dates à suivre ou non selon les cas.

Cette manière de penser la structure d'une animation n'est bien sûr en aucun cas une injonction à la forme gravée dans le marbre mais bien une grille modifiable et modulable. Comme c'est d'ailleurs aussi le cas pour bien des récits.

Il me semble que si la partie dans le monde de l'aventure est sujette à mille adaptations et variations, les étapes avant et après le sont moins (même si leur ordre peut être permuté).

Un des intérêts premiers de cette structure est à mon sens de détailler ces étapes de début et de fin, et de bien monter, de manière facile à mémoriser, leur grande importance. En animation en général, mais plus encore dans une visée émancipatrice.

STRUCTURER NOS ANIMATIONS

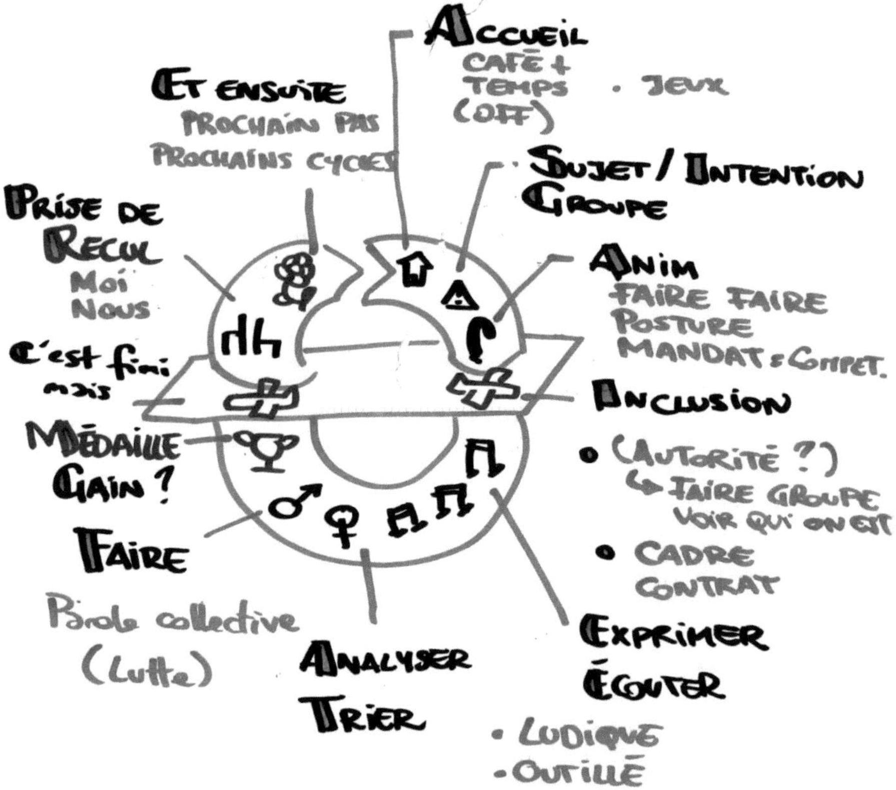

POUR TOUTES LES ÉTAPES :
COMMENT FACILITER POUR LES DOMINÉ·ES ET FREINER LES DOMINANT·ES

Plus qu'un rythme : des rythmes 42.1

Sous nos tables de nuit
Sont rangés des litres d'essence
Pyromanes de l'ennui
Il est temps de cramer le silence
Pyromanes. Clara Ysé.

Pour qu'un temps d'animation soit vivant, et même mieux soit agréable, il faut qu'il ait du rythme. L'enjeu du rythme en animation n'est une surprise pour personne. L'animateurice doit apprendre à penser et gérer le rythme de ses animations, d'autant plus sur des temps longs, d'autant plus sur des temps avec un contenu et des objectifs ambitieux.

Le rythme principal, c'est celui qui dit quand est-ce qu'on travaille, et quand est-ce qu'on fait des coupures et des respirations.
D'un côté, donc, on a des temps d'animation, concentré·es, même si la forme est ludique et légère. Ce sont les temps dans lesquels on souhaite que le public soit entièrement là avec nous. Étant donné le fonctionnement de notre cerveau, il est illusoire de croire qu'ils peuvent durer des heures. Je vise un maximum autour d'une heure et demie. Moins dans certaines circonstances et avec certains publics, autour d'une heure. ↝ 15.2

D'un autre côté, on a des temps de respirations, qui peuvent prendre différentes formes : des pauses, tout simplement, ou des activités de détente. J'utilise beaucoup le jeu, sous sa forme la moins instrumentalisée : on prend simplement un temps pour jouer, pour retrouver de l'entrain, du plaisir, de la détente. D'autres animateurices utilisent d'autres outils: musique, activités corporelles, etc, selon leurs compétences et préférences.
Cette alternance crée le rythme principal d'animation. Mais ce n'est pas le seul rythme qu'on peut prendre en compte.

Il y a également un rythme social : l'alternance entre des temps de fonctionnement en groupe et des temps seul·e. Sachant que le temps d'écoute d'un·e animateurice ou d'une figure d'autorité est un temps seul·e (chacun·e écoute seul·e, même si cela se fait en même temps).
Là aussi, je trouve bon d'alterner. J'utilise pour cela souvent la technique simple de la tortue : alterner entre temps en petits groupes, en
↝ 63.1 grands groupes et seul·e.

Il y a un rythme intellectuel : des temps pour écouter et recevoir du nouveau, des temps pour assimiler, confronter et se rassurer, et enfin des temps pour s'approprier, construire du nouveau à l'issue du parcours.
J'écoute l'avis d'une autorité, quelque chose de différent, d'autre, qui m'interroge, qui me perturbe, qui remet en cause ce que je pensais.

Je prends conscience de ce que vient questionner cette nouveauté, de ma réaction et de mon avis en verbalisant, en disant et en confrontant aux autres. Je me rassure dans ces échanges et cette prise de distance. Pour éviter de rester en opposition frontale parce que ce serait allé trop vite et trop fort. C'est ici en particulier que l'animateurice doit savoir
↝ 22.3 laisser du temps et de la place.

Enfin je choisis ce que je garde, ce que ça change et je formule une synthèse des idées telles que je les comprends et telles que je choisis de m'en saisir.

En formation, on parle souvent de déconstruction suivie d'une reconstruction, ce qui correspond à ce rythme, à ce type d'enchaînements. Il me semble important de prendre en compte ces trois temps, et de ne pas être par exemple uniquement dans des temps d'apports descendants si on veut que les contenus soient reçus et assimilés durablement, personnellement.

L'ordre des différents temps peut bien sûr varier selon les méthodes pédagogiques et les filages utilisés. ↗ 43.1

Il y a un rythme émotionnel : des temps sérieux, des temps à rire, des temps pour être en colère ou triste. Il est intéressant là aussi de varier, et de savoir identifier et nommer la tonalité émotionnelle des différents temps d'une animation, ainsi que la direction dans laquelle chaque émotion peut nous amener. ↗ 23.1

Il y a un rythme corporel : des temps en mouvement et des temps immobiles. Il est toujours agréable de pouvoir bouger à certains moments, ne serait-ce que pour réorganiser la salle, changer de place, faire un mini-exercice de positionnement. Avec certains publics, c'est même vital, ne serait-ce que pour éviter des blocages liés à la comparaison avec l'école. ↗ 62

L'ensemble de ces rythmes se combinent pour créer un rythme d'ensemble qui permet principalement de : rester actifs et actives et prendre plaisir au temps ensemble. En évitant en premier lieu la monotonie. C'est pourquoi l'idée principale est de varier régulièrement sur ces différents registres.
Sans forcément tout réfléchir de manière millimétrée, parce que sinon ça devient un vrai casse-tête de tout varier avec une régularité de métronome. Mais simplement, dans un premier temps, éviter de faire plus d'une heure sur le même rythme, et changer ensuite plusieurs des rythmes pour créer de vraies variations.
Ensuite, avec la pratique, on se crée des habitudes d'enchaînements et de variations qui fonctionnent bien et qui nous plaisent, chacun à sa façon et en fonction de notre public. Tant mieux, parce que là encore, il n'y a pas de recette idéale.
Il y a une grille de lecture : de quels rythmes tenir compte ; et une idée de base : varier. À partir de ça, il y a de quoi composer sa petite musique d'animation.

Être un canard 42.2

Nous on aime l'effort, mais on ne le pratique pas.
Bernie Bonvoisin. Les démons de Jésus.

Parfois, je suis un canard quand j'anime.
C'est-à-dire que, comme un canard, je garde la tête droite et l'air tranquille pendant que sous l'eau, là où ça ne se voit pas, je pédale comme un dingue.
L'animateurice a intérêt à savoir être un canard.
Parce que parfois, on sera face à une situation imprévue, à la nécessité d'improviser ou de faire à la volée quelque chose de pas préparé (ce qui n'est pas une mauvaise nouvelle en soi, c'est au minimum signe qu'on suit son groupe plutôt que de le forcer toujours à aller là où on avait, nous, décidé).
Ce n'est pas forcément confortable, ni rassurant. Donc on transpire un peu et on pédale à fond pour suivre, pour improviser, pour proposer quelque chose.
Tout en ayant l'air de trouver ça détendu et normal. De montrer que tout va bien, que ça avance. Comme un canard.
Pourquoi ça sert à quelque chose : parce que le groupe continue à se sentir accompagné et en sécurité, et qu'il va continuer à produire, à parler, à être en confiance. Ce qui est très important.
Il y a des animations «très canard» et d'autres pas du tout, mais je trouve ça utile de s'en rendre compte sur le moment, de l'assumer, voire de s'en amuser (d'où le fait que ce soit cette image que j'utilise).

Pour autant, ce n'est pas forcément une raison de ne pas montrer, à la fin, au débriefing, qu'on a pédalé fort et que ce n'était pas simple. Que ça a demandé une adaptation dont on ne garantit pas que ce soit la meilleure. C'est même riche à discuter et à regarder de manière critique et collective pour terminer, quand c'est un groupe avec lequel on peut
↝ 42.6 le faire.

L'inclusion, pourquoi ? 42.3

A beginning is the time for taking the most delicate care
that the balances are correct.
Frank Herbert – Dune

L'enjeu central de l'inclusion, et peut-être même de l'animation en général, c'est de passer de "des gens" à "un groupe". Un collectif. Et ensuite, idéalement, une société. Voire : un monde, humain.

Toute personne est un individu, séparé des autres, avec son identité, ses préoccupations, ses priorités, et son regard sur le monde. Ce n'est pas en mettant plusieurs personnes les uns à côté des autres qu'elles vont magiquement acquérir une identité commune, des préoccupations collectives, les mêmes priorités ou des manières de regarder le monde compatible. Ce n'est pas simplement en les empilant dans la même pièce que ça fait un groupe.

Appartenir à un groupe, ce n'est pas rien. Nous appartenons tous à des groupes, tout le temps. Nous construisons notre identité en fonction de nos groupes d'appartenance. Ceux dans lesquels nous nous reconnaissons. Formels ou informels. Classe sociale, quartier, loisirs, famille, pays, amis, langue, etc. Chaque groupe auquel nous nous rattachons fait écho à une part de notre identité.

Pour faire groupe, il faut donc créer suffisamment de commun, de lien, de découverte des autres pour y reconnaître un écho de notre identité et bien vouloir s'en considérer membre.
Il y a donc un enjeu à donner une identité collective au groupe.
Il y a aussi enjeu à lui donner une intention. En tout cas, une volonté de se doter d'intentions communes. Une intentionnalité partagée, pour utiliser des termes sérieux.
Dans le cas d'un temps d'animation, l'identité découle souvent de l'in-

tention : on devient un groupe qui a l'intention de faire quelque chose ensemble.
Ce qui nous renvoie à une première série d'outils et de gestes d'inclusion : ceux qui vont aider à faire dire et partager le pourquoi on est là.

Avec comme enjeu complémentaire : l'enjeu de la confiance. Le fait de sauter le pas et de se dire que oui, on tente le coup avec ces personnes-là. On accepte de leur parler, d'être avec eux, d'avoir quelque chose en commun.
Ce qui nous renvoie à toute la seconde gamme d'outils et de gestes d'inclusion : ceux qui vont permettre de se dire bonjour, de se présenter, et surtout de passer un premier moment agréable, drôle, engageant, qui ↝ 62 nous fasse franchir le cap volontairement, parce qu'avec plaisir.

Cet enjeu est particulièrement fort pour les groupes qui ne se connaissent pas, ou en tout cas qui n'ont pas d'habitude de fonctionner ensemble, même si ielles se connaissent. Ceci étant, même pour un groupe qui se connait, cette transition a une importance et mérite d'être animée formellement. Plus rapidement que pour une première fois, oui, et en variant les formats pour ne pas lasser, mais l'enjeu symbolique de cette transition vers le groupe ne disparait pas parce qu'on se connait déjà.

La place des statuts dans l'inclusion — 42.4

Je me demande souvent ce qui rapproche les gens ?
Le caramel.
F'Murrr. Un grand silence frisé.

Tiens, un temps d'inclusion ? Si on faisait un tour de table ?
Oui, on le fait souvent. Par réflexe, comme une évidence. Et je dis : et si on ne faisait pas de tour de table ? Parce que ce ne serait pas forcément

une bonne idée ?

Oui, il est important d'avoir un lien avec les personnes pour faire groupe. Oui, il est moins intimidant de les situer, dans la plupart des cas. D'entrer en contact avec des personnes et pas un collectif anonyme.
Mais.
Mais souvent, le tour de table, c'est en premier lieu l'occasion de dire son statut.
Le fameux "Dites d'où vous parlez".
Celui qui va permettre à certaines de confirmer et d'affirmer que, oui, ils et elles parlent d'un endroit légitime et que leur parole est sensée être valide et écoutée et respectée.
Celui qui va permettre à d'autres de conclure : moi je parle de nulle part, je n'ai rien de légitime. Je ne peux qu'en conclure que je ne suis pas bienvenu·e pour parler.
C'est potentiellement violent à vivre. Et ça réactive les statuts, et donc les inégalités sociales entre les participant·es.

Pour prendre un exemple vécu de tour de table lors d'une Assemblée Générale :

- Bonjour, Jean Grugru, je suis adjoint à la Culture, membre de droit du CA, je suis ici pour représenter monsieur le Maire.
- Heu, bonjour, Moi c'est Leila, et je suis "juste" la maman de la petite Nina.

Qui va facilement avoir la parole et être écouté attentivement ? Qui va la fermer tout le long de l'AG une fois les présentations terminées ?
Oui, ça fonctionne presque à tous les coups. Parce que rappeler les statuts, et les dominations, ça les réactive un grand coup.
Je ne dis pas que de ne pas les rappeler les supprime, mais ça évite au moins d'en remettre une couche. Et pour les réduire, il y a d'autres outils. Et c'est vrai même pour des personnes qui se connaissent et qui № 63
connaissent leurs statuts respectifs : les redire les réactive, aussi.

Donc, quand on a un public hétérogène, avec des différences de statut et des rapports de domination marqués, il me semble que c'est une assez mauvaise idée de commencer par les rappeler.
J'encourage donc à faire un temps d'inclusion, et éventuellement de présentation, qui ne les mentionne pas, voire qui interdit de les mentionner.
Au plus simple, en faisant un tour de table avec uniquement son prénom et son loisir préféré, ou son plat préféré, par exemple. Ou avec
↝ 62 d'autres outils.

Il y a un cadre dans lequel c'est une option qui a ses limites : dans le cadre d'une instance, ou chaque personne n'est présente que pour et par le mandat qu'elle porte. Ce qui n'empêche pas de reporter la mention des statuts des personnes à un moment plus tardif : quand on passe à un
↝ 7 temps de prise de décision et de vote par exemple.

Oui, je suis persuadé que ça change quelque chose, cette petite attention.
Il y a un comportement qui me le confirme régulièrement : celui de vrais dominants qui, confrontés à ce type de consigne vont les refuser en bloc, soit en argumentant que c'est de la connerie, soit en faisant la tronche et en présentant quand même l'ensemble de leurs titres et statuts quand ils ou elles prendront la parole. Ce qui est pour moi une confirmation très claire du fait qu'ils et elles savent que ça a un effet, que celui-ci est très clairement à leur avantage, et qu'ils et elles ne sont pas prêt·es à s'en départir. Dans ce cas-là, j'ai tendance à le pointer en me moquant gentiment. Quand je peux me le permettre en tout cas.
Ce n'est pas rien que ça les emmerde, c'est que ça érode un peu leur privilège de dominant. Et c'est bon signe, c'est qu'en tant qu'animateurice en éducation populaire, on est en train de faire notre boulot, qui est dans ce type de cadre d'handicaper les dominant·es et de faciliter la place des dominé·es.

Faire commun 42.5

À l'origine de tous les mouvements de justice sociale, il y a des gens assis en cercle qui disent des choses qu'ils croyaient inexprimables et qui découvrent que c'est arrivé à d'autres. Ensemble, vous pouvez faire en sorte que ça change.
Gloria Steinem.

Un enjeu central, et donc récurrent, de l'animation collective, c'est de passer de l'expression de problèmes et de colères individuelles à la définition et au choix d'un enjeu collectif. A priori, ça semble difficile. En pratique, quand on est outillé en termes de dynamique de groupe et d'apports sur les rapports sociaux en particulier, ça ne l'est pas tant que ça. Mais ça demande un peu de temps. ↝ 42.3

Le cheminement le plus évident, et sans doute le plus efficace, c'est de partir des expressions individuelles et de les regrouper.
Certaines peuvent être regroupées peu après le temps d'expression initiale parce qu'elles se ressemblent fortement.
D'autres seront faciles à regrouper une fois qu'on aura commencé le travail de compréhension des rapports sociaux et des éléments politiques qui les expliquent et qui bien souvent les ont fait apparaître. En progressant dans le travail d'analyse, on va donc remonter à des éléments généraux, et souvent structurels, qui sont communs à plusieurs expressions individuelles et qui vont permettre de les regrouper.
Par exemple, après analyse, on peut regrouper deux colères individuelles, une parlant de contrôle au faciès et l'autre de discrimination à l'embauche, parce qu'elles relèvent toutes les deux de discriminations racistes.

Ce regroupement permet parfois d'arriver à un sujet commun, et parfois à plusieurs sujets. Dans le second cas, il s'agit alors de choisir par

lequel on va commencer, sachant donc qu'il ne sera pas en lien direct avec l'expression initiale de toustes les participant·es.
Ce n'est pas un problème en soi, mais l'adhésion au projet va alors se jouer sur autre chose que le fait que le problème commun permette de traiter mon problème individuel.

Le premier type de motivation qui peut faire adhérer à ce problème commun, qui peut donner la motivation pour se l'approprier, relève très simplement de l'attachement au groupe. Que ce soit du fait de la confiance de principe accordée à l'animateurice, au sentiment d'appartenance parce que le groupe a été constitué de manière forte, ou à de l'empathie.

Le second type de motivation qui peut faire adhérer relève plutôt du lien avec des valeurs et des principes. Avec l'idée même que c'est toujours la peine de lutter pour l'égalité par exemple, ou pour la justice. La situation et le problème ne sont pas les nôtres, mais on les trouve injustes, et on va alors être solidaire des personnes en lutte.

J'ai tendance à penser que l'idéal est de relier effectivement le problème individuel à l'objectif que se donne le groupe, mais c'est peut-être simpliste. Ne serait-ce que parce que l'animateurice même est rarement relié·e de cette manière, et que ça ne l'empêche pas de s'impliquer pleinement.

Débriefing 42.6

Finir un temps d'animation en queue de poisson, parce qu'on n'a plus
↝ 42 de temps, c'est du gâchis. Je le répète donc : le temps de clôture d'une animation est important et mérite d'être fait. Le mieux possible en fonction de la manière dont on a réussi à gérer son timing, mais fait de toute façon.

C'est, en termes de finalité, un temps qui vise à produire une prise de conscience. Voire plusieurs.
En termes opérationnels, c'est un temps d'expression dans lequel, par nos consignes, on va amener le groupe à prendre du recul sur le temps qu'il vient de vivre, à le regarder rétrospectivement et à dire ce qu'il a vécu et pensé. Pour le dire avec un mot qui fait beaucoup plus sérieux, c'est un temps de conscientisation. C'est même le moment dans un temps d'animation où on travaille le plus directement la conscientisation.

Quand j'ai le temps de tout faire (et pour moi non plus, ce n'est pas toujours le cas), j'introduis trois questions, ou trois séries de questions, en bref trois consignes.

Le groupe.

Que s'est-il passé entre nous ? Quelle dynamique ? Quel plaisir ? Quelle énergie ? Qu'avons-nous produit ensemble ? Avons-nous développé une intelligence collective ? Une solidarité ? Une confiance ? ↝ 52.1
Tous les éléments positifs méritent d'être validés.

Soi.

Qu'est-ce que ça m'a fait à moi de vivre ça dans ce groupe ? Est-ce que ça m'a fait du bien ? Est-ce que ça m'a bousculé·e ? Par rapport à la manière dont je me vois ? Dont je vois les autres ? Dont je vois le monde ? Est-ce qu'il y a quelque chose qui a bougé en moi à l'issue de ce temps partagé ?
Sur cette consigne, il n'est pas forcément nécessaire que les réponses soient mises en commun. Il peut s'agir simplement d'un temps de réflexion individuelle que chacun·e garde pour soi. Ou dont il va résumer le contenu en un mot pour les autres. Ou en se racontant (ce qui suppose d'avoir établi pas mal de bienveillance et de confiance, mais qui peut renforcer très nettement le groupe pour la suite).

L'animation et l'animateurice.

Qu'est-ce qui a été fait en termes d'animation pour permettre tout ça ? Ou qui a freiné ? Qu'avez-vous repéré ? Comment le refaire ? Ou faire mieux ? Y a-t-il une astuce que vous gardez pour les prochaines fois ?

Pour animer concrètement : il s'agit d'un temps dans lequel on veut en priorité que les participant·es s'expriment, donc on peut taper dans tous les outils d'expression, en choisissant comme toujours selon ses
↝ 63 goûts, son groupe et le temps disponible.
Ou on peut utiliser des outils synthétiques pour faire vite mais faire quand même une partie du boulot, comme le cercle avec un pas en avant.

L'animateurice comme anti-magicien·ne 42.7

Ne vous mêlez pas des affaires des magiciens,
car ils sont subtils et prompts à la colère.
J.R.R. Tolkien.

Animer, c'est toujours un peu manipuler.
Ce qui peut sembler problématique, d'un point de vue éthique.
Ce qui l'est, en fait, si on le fait pour de mauvaises raisons ou d'une mauvaise manière.

C'est toujours un peu manipuler parce que l'animateurice essaie toujours d'orienter la dynamique du groupe, les questions qui se posent. Pour que le groupe fonctionne d'abord, et pour qu'il se passe quelque chose de productif en termes de prise de conscience et d'émancipation. Comme toute démarche éducative est manipulatrice, en fait.

Je pense qu'il est utile de le comprendre et de l'accepter. Mais ce n'est pas pour autant qu'il ne reste pas nécessaire d'être attenti-ve à la dimension éthique, au fait que c'est potentiellement une pente glissante, en termes d'intention et en termes de relations de pouvoir et de domination.

La première attention à avoir concerne les intentions. Il est important de se questionner sur les objectifs de ce qu'on fait, et de leur cohérence avec nos valeurs. De ne pas glisser trop vers une posture militante, c'est-à-dire de ne pas être trop prescripti-ve quant aux finalités qu'on va ↝ 33
poursuivre.
Donc : faire le boulot de réflexion sur son animation et être capable de faire le lien avec les finalités d'émancipation de l'éducation populaire.
Donc : faire valider les objectifs du temps collectifs par les participant·es, a minima, ou les établir avec elles et eux.

La seconde attention à avoir concerne la transparence de la manipulation. C'est-à-dire la capacité à montrer, en général a posteriori, comment on a manipulé, orienté, influé sur le fonctionnement du groupe et des personnes.
C'est en cela que je dis souvent qu'un·e animateurice est l'inverse d'un·e magicien·ne.
Un·e magicien·ne manipule, et souvent de manière impressionnante. Mais n'explique jamais ses tours et ses astuces.
Un·e animateurice, c'est l'inverse : il faut dès que possible expliquer ses trucs et astuces, rendre visible et compréhensible l'influence qu'on a eu sur le groupe.
Pour deux raisons principalement : une éthique et une pratique. ↝ 22.5

La raison éthique, c'est que cela permet de ne pas renforcer la position de domination de l'animateurice. Qui est réelle du fait du mandat, mais qui n'est pas éthique par rapport à nos finalités d'émancipation. Mener des personnes en aveugle, sur la base de leur obéissance, de notre autorité, ce n'est pas favorable à l'émancipation. Si ça peut être utile, voire nécessaire dans un premier temps pour établir une confiance, pour construire un groupe et des relations, ce n'est pas souhaitable à moyen

et long terme.
Le fait de rendre visible, de se dévoiler, et donc de saboter son aura de magicien·ne me semble donc être tout à fait important.

La seconde raison qui me pousse à expliquer mes trucs et astuces, à montrer comment je manipule et influe sur le fonctionnement d'un groupe est beaucoup plus pragmatique : je fais en tant qu'animateurice en éducation populaire un travail éducatif. J'essaie de faire prendre conscience d'un certain nombre de choses et de transmettre des contenus et des méthodes. Notamment concernant la manière de fonctionner ensemble.
Amener les participant·es à prendre conscience de mes gestes et techniques d'animation, et plus encore de l'impact qu'elles ont eu sur elles et eux, c'est une des meilleures manières de les transmettre et de transmettre une meilleure compréhension de nos fonctionnements sociaux et collectifs.
Parce que c'est après avoir vécu un temps collectif ensemble, à partir de cette expérience fraîche et ressentie, que l'on va le mieux comprendre et le mieux retenir. Qu'il s'agisse simplement de prendre conscience de certaines dynamiques, ou de s'approprier certains outils et techniques.

Comment et quand faire ce travail d'anti-magicien·ne ? Deux options :
Systématiquement lors du temps de clôture d'une animation. En tout
↝ 42.1 cas, toutes les fois où on a réussi à garder assez de temps pour. Pendant la phase débriefing, où l'on va interroger le groupe sur ce qu'il a vécu, et sur l'impact des outils, gestes et postures sur ce qu'ils et elles ont vécu. Il ne s'agit pas bien sûr de passer en revue tout le temps d'animation (encore que, dans certains cas ponctuels de formation, ça peut être utile, et c'est alors vraiment très formateur), mais soit de sélectionner certains points que l'on veut souligner, soit de solliciter des réactions avec une consigne large et de rebondir sur ce qui semble le plus marquant ou le plus en phase avec nos objectifs du moment.

Ponctuellement, et attentivement, lorsqu'un·e participant·e réagit à un élément d'animation ou pose directement une question à ce sujet.
Je défends le fait qu'il est alors quasiment toujours utile de s'interrompre, de signaler qu'on va faire une courte parenthèse, et de rendre visible la manière dont on a construit ce moment, et avec quels moyens et intentions on est en train de jouer notre rôle d'animateurice.
Outre les avantages précédemment cités, dans ce cas-là, l'impact est aussi sensible sur la légitimité renforcée du groupe à questionner et intervenir dans l'animation, et donc sur la sécurité et la confiance ressentie.

Pour réussir ces temps d'anti-magicien·ne, il faut aussi s'autoriser à lâcher du pouvoir.
Ce qui peut être ressenti comme une mise en danger, mais je suis persuadé que ce n'en est pas vraiment une, parce que la confiance et la bienveillance renforcée du groupe, alimentée par la confiance qu'on lui témoigne, nous animateurice, compense largement la perte de pouvoir direct.
Mais c'est ce qui est au centre de nos pratiques : permettre au groupe, aux participant·es de prendre et de développer du pouvoir. Le fait de lâcher le nôtre, de le transférer d'une certaine manière, y participe sans aucun doute.

L'art de la transition 42.8

Quand on anime sur des temps longs et avec du contenu, c'est toujours un puzzle, un assemblage de plusieurs morceaux. Chaque morceau est pertinent a priori, et on tente de leur trouver un ordre logique. C'est un ordre parmi d'autres, d'ailleurs, il y a toujours plusieurs cheminements possibles, plusieurs manières de raconter la même histoire. C'est bien d'une histoire dont 'il s'agit, avec sa narration et ses transitions d'un chapitre à un autre, d'une scène à une autre.

Ces transitions, on les sous-estime parfois : «Maintenant, on va passer à... «comme je peux l'entendre souvent, et comme il m'est arrivé de le faire.
«Maintenant, on va passer à... « ça veut dire faites-moi confiance je pilote, ça veut dire mon autorité, mon cadre, ça veut dire écoutez et suivez-moi. Ce qui fonctionne dans la plupart des cas, mais ça ne rend pas le groupe très actif, ça ne le met pas en position de se repérer ni de se plonger dans l'histoire.
J'essaie de viser mieux et plus impliquant.
Sur une logique de : avec ce qu'on a raconté jusque là, que nous manque-t-il ? À quelles questions ça nous a mené·es ? Il nous manque quoi pour mener notre logique, notre narration plus loin, et peut-être jusqu'à une conclusion (fut·elle temporaire) ?

Alors, la connexion entre les deux morceaux fait sens, parce qu'on a raconté ensemble le petit morceau d'histoire qui les rassemble, qui les soude comme un tout cohérent, qui fait passerelle.
Une transition, c'est un petit bout de narration qui permet à toustes de faire le chemin d'un contenu à un autre. De se faire, avec notre aide, un plan du territoire qu'on parcourt ensemble. Les transitions, ça se travaille en amont. Pas forcément pour les planifier et les écrire en détail (encore que chacun sa manière de faire et son besoin de se rassurer), mais pour savoir clairement par quelle logique on connecte, comment se fait le passage.

Je suis persuadé que c'est utile au groupe mais je sais avec certitude que c'est précieux pour l'animateurice : c'est dans mon expérience une des meilleures manières de vérifier que notre filage tient la route.
Quand on ne trouve pas la transition, c'est parfois signe que notre filage est bancal et incohérent, ce qui arrive facilement quand on essaie de caser trop de contenus saucissonnés en un temps trop court. C'est la tendance compilation best-of, pour parler musique, où tout est bien

mais dans laquelle on ne se plonge jamais pleinement, pas comme dans un album cohérent avec son ambiance et sa narration dans laquelle on s'immerge avec plaisir.
C'est aussi parfois signe qu'il manque un morceau, un bout de contenu pour connecter. Parfois, c'est un morceau qui nous semblait si évident qu'on ne l'a pas nommé. Il est intéressant de l'identifier parce qu'il manquera sans doute cruellement à une partie du groupe, qui concluera : je ne comprends plus, je dois être trop con·ne... et qui décroche sans faire de bruit.

Anticiper ses transitions, c'est une bonne manière de faire la vérification finale d'un filage
Des transitions bien faites, c'est chouette parce que ça se fait dans le dialogue et ça alimente l'envie collective de pousser plus loin, de continuer ensemble.

Pour le redire simplement, c'est : Pourquoi on passe de ça à ça ? Comment on passe de ça à ça ?

MA PÉDAGOGIE EN DEUX QUESTIONS 43

Est-ce que pédagogie et enseignement sont synonymes ?
Dans ma perspective, non.

Je garde l'idée que, pendant longtemps, on a fait de l'enseignement, de la transmission de connaissances en d'autres termes, sans faire de pédagogie. Pendant toutes les époques antiques et médiévales notamment. Un maître (et rarement une maîtresse, si on s'en tient aux cadres de transmission formels et valorisés) étalait sa science devant un parterre d'étudiants qui disposait des connaissances préalables et savaient pourquoi ils étaient là.

La question de la pédagogie se pose à partir du moment où l'on veut enseigner à toutes et tous. À l'époque des lumières, plus ou moins.
Plus exactement : les questions de la pédagogie.

Dans ma version personnelle et simplifiée, effectivement, la pédagogie, c'est deux questions cruciales :
Est-ce que mon public dispose des connaissances préalables qui lui permettront d'assimiler ce que je veux transmettre ?
Est-ce que mon public a un intérêt à apprendre ça ? Est-ce qu'il voit en quoi ça le concerne, en quoi a-t-il une motivation à l'assimiler ?

Avec ces deux questions, on va assez loin finalement, et dans la bonne direction.

Bon, on peut commencer par critiquer la pédagogie de l'Institution, déjà. C'est facile, ça coûte pas cher. Et c'est un peu injuste pour beaucoup d'enseignant·es qui essaient de faire les choses bien malgré les injonctions institutionnelles.
Ceci étant, ce n'est pas complètement inutile pour pouvoir, soi-même éducateurice, prendre du recul sur ce qu'on a hérité de l'école et déconstruire un peu le modèle inconscient qu'on se trimballe et qu'on reproduit sans faire attention.

La pédagogie Education Nationale, c'est de ne pas se poser tellement la question des connaissances préalables des élèves. Enfin, c'est plutôt considérer qu'ils doivent avoir le niveau prévu, parce que c'est ce qui est prévu, c'est comme ça que c'est organisé. Si ce n'est pas le cas, c'est leur faute, parce qu'ils sont nul·les, ou la faute des enseignant·es des années précédentes qui ne savent vraiment pas faire leur boulot. Et c'est tant pis, ce n'est pas pour ça qu'on peut changer le programme (ce qui est vrai, trop vrai, même pour celles et ceux qui voudraient s'adapter). On enchaîne vaille que vaille. Les élèves se débrouillent. Sans forcément

comprendre, en se sentant nul·les, voire abandonné·es. Mais on prend le pari que ça va quand même les tirer vers le haut, qu'ils en retireront quand même quelque chose. Bref, ils et elles rament, voire souffrent, mais on leur transmet l'idée que c'est à eux et elles de le gérer et que c'est très bien que ça se passe comme ça.
La pédagogie Education Nationale, c'est aussi une absence quasi totale d'explications sur le pourquoi des contenus d'enseignement. Dans le meilleur des cas, on vous promet que ça servira un jour, ou que ça servira pour avoir son bac. Ce qui n'est ni très motivant, ni très pourvu de sens. Et ça fait une sacrée différence, parce qu'on apprend (ou pas) en fonction d'une motivation extrinsèque et très rarement intrinsèque. En aveugle, sans élan particulier, et sans connexion avec ce qu'est notre vie et nos envies.
Ce fonctionnement général (et je le décris bien sûr de manière caricaturale) laisse des traces variées, après dix, quinze, vingt ans de pratique, et tout un tas de représentations qui ne vont pas arranger notre travail d'éducation populaire. № 15.2

Pour autant, en repartant de mes deux questions de départ, je trouve qu'on peut déjà faire quelques pas en avant, se donner des pratiques qui font du bien à tout le monde.

Autour de la première question, il y a deux entrées principales, et une optionnelle.

En préparant, se poser la question, pour quasiment chaque contenu, des connaissances, voire convictions, qui me semblent si évidentes que je ne les vois pas facilement, mais qui conditionnent la compréhension de mes contenus.
Si je veux par exemple aborder la question de la pédagogie, je perçois peut-être clairement qu'elle n'est pas indissociable de l'école. Mon public n'a peut-être pas fait cette distinction jusque là. Si je commence

sans aborder cette différence, ça risque de créer pas mal d'incompréhensions.

Il s'agit parfois de grands concepts qu'il faut prendre le temps de définir clairement, parfois de préalables épistémologiques, parfois de repères culturels ou historiques, de culture de classe notamment. Finalement, ↝ 94 ça correspond pour une partie à ce qu'on appelle le curriculum caché. Et pour une partie à des contenus qui nous semblent simplement évidents et déjà acquis.

Donc, faire l'effort de se poser la question et de remonter le fil en préparant. Pour soit inclure directement ces éléments, soit les avoir sous le coude. Au cas où. Ou mieux : quand on vérifie s'il y en a besoin.

En début de session, oui, ça mérite toujours de vérifier qu'on part d'un point qui correspond à notre groupe. Et, pour faire simple : on pose la question.

Soit directement, mais les réponses peuvent souvent être faussées par l'envie du groupe de vous faire plaisir et de dire qu'ils savent ce qu'ils devraient savoir (un autre héritage fort de notre modèle scolaire).

Soit indirectement, en commençant par un temps où on fait émerger les représentations sur le sujet qu'on va traiter, ou sur les grands mots qui le constituent. Ce qui permet de situer où en est le groupe et de s'adapter. Et qui a aussi d'autres vertus, notamment pour permettre aux participant·es d'entrer dans le sujet progressivement et de mieux se l'approprier puisqu'ils et elles partent de leurs savoirs et de leur parole. ↝ 42.3

Enfin, en option, on peut aussi vérifier cette question des pré-requis en fin de session, pendant le bilan. Sous différentes formes, là encore, directes ou indirectes, mais au moins ça permet de mieux ajuster la fois suivante. Voire de prévoir une session à venir pour combler les manques constatés. C'est l'option la moins immédiatement efficace, mais elle permet un travail de fond, et puis elle fait moins peur, parce qu'elle ne demande pas de s'adapter et de changer ses plans sur le moment.

Autour de la seconde question, l'enjeu est tout aussi fort. Peut-être plus, parce que je suis assez persuadé qu'on apprend vraiment, qu'on ne se change vraiment, que lorsque ça fait vraiment sens pour nous, quand on a une motivation propre à le faire. À faire bouger ses idées, ses conceptions. Si c'est imposé de l'extérieur, on rajoute des freins à quelque chose qui est déjà en soi difficile.
Donc, prendre le temps de construire avec le groupe le sens de ce qu'on va apporter. Et ça, ça se fait surtout en début de session (mais parfois, on trouve des solutions à mi-chemin).
Deux options principales, dans ma pratique :

Partir d'un questionnement collectif, qu'on soumet au groupe, pour faire apparaître des problèmes ou des enjeux qui sont les leurs. Leur faire mettre des mots sur quelque chose qui les concerne. Ce qui est plus ou moins long et plus ou moins difficile selon que c'est déjà en partie conscientisé, ou pas. En soi, c'est déjà un temps précieux, puisqu'on va effectivement faire un bout de chemin vers l'émancipation : penser un de ses problèmes, le nommer et le partager. Puis, si on a à peu près bien N° 15.1
visé, on peut à partir de cette expression proposer des contenus qui viennent éclairer le problème, ou donner des outils, ou analyser. Bref : servir à quelque chose. Attaquer le problème d'une manière ou d'une autre. Sans jouer de la flûte, sans vendre des solutions magiques, mais en faisant honnêtement le lien avec ce qui a été partagé. Et, forcément, la motivation pour se confronter à ces contenus n'est plus la même.

Bien sûr, ça prend du temps. Mais ce n'est pas du temps perdu. C'est le temps qui va permettre de conscientiser, et ensuite de faire un temps de transmission où les contenus ne seront pas immédiatement oubliés et remisés dans le fourre-tout des trucs qu'on retient quelques heures puis s'oublient avec les poèmes de Lamartine et les résolutions d'équations à deux inconnues.

Partir de soi. Se raconter. De manière limitée, certes, mais raconter par quels questionnements, quelles interrogations, quelles difficultés on est passé·e pour arriver à ces contenus. Et en quoi ils nous ont servi à quelque chose. Quelque chose de concret, ou seulement une capacité à mieux réfléchir et à regarder les choses autrement. Ce qui nous a changé. On raconte à partir de l'impact qu'ont eu ces contenus sur soi.

Quand je parle de se raconter, dans ce cas-là, c'est toujours un peu romancé, un peu de la fiction. Ce qui permet de faire simple et direct, tout en restant réel·le, et de ne pas montrer ce qu'on n'a pas envie d'exposer de soi non plus.
C'est une option rapide et qui fonctionne assez bien. Avec une limite, cependant, il faut que le parallèle entre vous et les participant·es fonctionne, qu'un minimum d'identification soit possible. Qu'elles et ils puissent se dire que ça a une chance de les concerner comme vous, parce qu'ils et elles sont assez comme vous.

Comme je disais, avec mes deux questions de départ, j'ai déjà l'impression de faire une partie essentielle de mes choix pédagogiques, en termes d'objectifs centraux en tout cas. De me positionner et de positionner mes contenus de formation de manière plus efficace.
C'est beaucoup mais ce n'est bien sûr pas tout. Ensuite, il y a des stratégies pour appliquer ces intentions, des méthodes, des manières de ↗ 41 transmettre. Dans ma pratique, elles relèvent toutes de l'animation, du comment faire ensemble avec un groupe. C'est pour ça que j'ai du mal à dissocier animation et formation, animation et pédagogie, dans une pratique d'éducation populaire.

Pédagogie active 43.1

Le courant de la pédagogie active est apparu pendant le vingtième siècle, et tente de proposer une approche générale de la pédagogie dif-

férente des méthodes descendantes (pour ne plus avoir un maître qui sait et délivre son savoir sous forme de cours).
Il a été construit notamment par des pédagogues comme Célestin et Elise Freinet, Maria Montessori, Rudolph Steiner (que je recommande personnellement beaucoup moins) et bien d'autres.

Célestin Freinet était professeur des écoles, formé de manière classique. Il a combattu pendant la première guerre mondiale et a subi des attaques de gaz qui ont endommagé ses poumons. Il se trouvait donc incapable de faire cours comme il le faisait précédemment : il ne pouvait pas parler de manière continue à longueur de journée. Cette faiblesse a rejoint ses réflexions politiques et l'a amené à construire une autre méthode pédagogique basée sur l'activité des apprenant·es, plutôt que sur celle du maître.
Il pose deux questions que je trouve marquantes :
"Comment se fait-il que, alors que l'objectif est que les élèves apprennent, ce soit le maître qui soit le plus actif et qui travaille le plus ?"
"Et si la faiblesse du maître était une force pour l'élève ?"
On trouve dans ces deux questions le cœur de son intention : ne plus mettre le sachant en position centrale dans l'activité éducative, et ne plus faire du maître un super-héros qui prenne tout en charge.

La méthode pédagogique descendante classique suit une séquence générale qui est toujours la même et que nous avons toutes et tous vécue à l'école :

- Un cours dans lequel les savoirs sont délivrés par celui ou celle qui sait. Sans impliquer beaucoup les élèves.
- Des exercices pour appliquer ces savoirs à des problèmes abstraits dont le sens et l'utilité pour les élèves ne sont pas évidents.
- Un contrôle pour vérifier l'acquisition des connaissances. Sous forme de sanction. On évalue la performance de l'élève, pas celle de l'enseignement ou de l'enseignant·e. № 45

La méthode active propose une séquence fondamentalement différente :

- Un problème ou une question est soumise aux élèves. Idéalement, elle est même construite avec eux et elles à partir de leurs préoccupations et de leurs observations.
- Des supports, contenus, indices sont mis à disposition des élèves pour qu'ils et elles puissent chercher comment répondre à la question. Ce sont elles et eux qui font, qui cherchent, qui explorent. Ce faisant, ils passent par des contenus divers, idéalement ceux que l'on souhaite leur transmettre.
- Le problème est résolu, on trouve ensemble une réponse à la question. La production même est une validation de ce qui a été acquis, ce qui est rendu visible et partagé. On évalue éventuellement le parcours, les difficultés rencontrées et les victoires obtenues.

Cette structure de pédagogie active est facilement compréhensible et adaptable à des temps d'animation, qui deviennent alors facilement des temps éducatifs actifs et impliqués. Simplement en changeant la logique de fond.

C'est aussi une logique qui se combine bien avec des démarches tradi-
↝ 44.3 tionnelles de l'éducation populaire, comme le Voir-Juger-Agir ou l'En-
↝ 44.4 traînement Mental.

Pour mettre en œuvre cette stratégie éducative, il y a évidemment bien des méthodes différentes et des questions techniques à résoudre. On peut trouver des pistes nombreuses chez les pédagogues historiques ou actuels de ce courant.

Une question me semble mériter d'être abordée rapidement ici, parce qu'elle est centrale : comment penser le temps du milieu, celui où notre public cherche et est actif dans la résolution du problème.

La question n'est pas à mon sens de prévoir tout le cheminement, et de disposer d'avance de tous les contenus et supports qui seront néces-

saires. Parce que ce serait un travail souvent trop important, et qu'il est de toute façon difficile d'anticiper correctement toutes les questions que vont se poser les personnes qu'on accompagne.
Il s'agit plutôt pour l'animateurice de développer deux compétences, deux éléments dans sa préparation de temps éducatifs actifs.
Le premier, c'est de se documenter à minima pour avoir une carte du territoire. Non pas une liste de contenus, mais une idée des thèmes et des domaines par lesquels le questionnement peut nous faire passer. Ce qui dans notre métier est très lié au fait de disposer de grilles de lecture générale, notamment sur les rapports sociaux et les valeurs, mais aus- ↝ 82
si une compréhension globale des champs de questionnement scientifiques, en particulier en sciences sociales. ↝ 71.6
Le second, c'est une capacité à ne pas savoir et à proposer de chercher ↝ 22.4
ensemble. Ce qui est en soi une technique éducative pour rendre nos publics capables d'apprendre par eux-mêmes et de se saisir de leurs questionnements. Apprendre à apprendre en somme. Apprendre à chercher des réponses et des personnes qui peuvent nous guider vers des réponses.

La démarche générale de pédagogie active me semble être prioritaire en éducation populaire, ce qui n'est pas une surprise étant donné leurs valeurs communes, et je crois qu'il suffit d'en comprendre la logique fondamentale pour commencer à expérimenter et à changer sa manière d'approcher la transmission de contenus.

Des formes variées 43.2

C'est pas grave si j'écoute pas, c'est mes pensées qui partent dans l'univers.
Olympe Peccadille Lilith

Animer, dès lors qu'on fait autre chose que de l'animation de pur loisir, c'est manipuler des idées ensemble et transmettre des contenus. D'où le

fait que ce soit aussi une question de pédagogie.
Or, apprendre, ça ne se fait pas de la même manière pour toustes.
L'école nous fait potentiellement croire que toustes apprennent à partir du rapport à l'écrit et de manière linéaire.
Je ne crois pas que ce soit le cas.
Je crois accessoirement que le rapport à l'écrit est de ce fait tellement lié à l'école qu'il en devient problématique pour celles et ceux qui ont eu un rapport problématique à l'école. Il y en a un certain nombre, en particulier dans nos publics d'éducation populaire.
D'où l'idée de s'appuyer sur autre chose que des textes et de l'écriture au tableau (même si c'est un paperboard avec des jolies couleurs) pour travailler des contenus ensemble en animation.

Pour sortir des traitements uniquement linéaires des contenus, il y a
↝ 64.1 toutes les variantes autour des mind maps et des représentations non-linéaires. En particulier, le fait d'utiliser des post-it, ou mieux des fiches bristol, pour visualiser des éléments et des idées et les positionner les unes par rapport aux autres sous forme de nuages, arbres et autres
↝ 67 structures non-linéaires.

Pour sortir du rapport à l'écrit, il y a tous les supports et outils qui se basent sur l'illustration, sur l'oralité, sur la musique, voire sur le mime.
Le fait de me baser autant que possible sur ce type de supports, ou au moins d'en proposer régulièrement, fait partie des éléments que j'essaie de ne pas oublier en termes de pédagogie.

Pour faire découvrir une idée, un événement ou un contenu, il est tout à fait possible de ne pas passer par un texte ou un article, mais de proposer d'interpréter une ou plusieurs images ou de faire deviner le point commun entre plusieurs illustrations pour faire émerger un concept.
Par exemple, j'anime un temps de formation autour d'ouvrages de sociologie de Boltanski, Thévenot et Chiapello, et un des éléments à transmettre est une grille de lecture de six grands modes de pensée (des

mondes de valeurs). Je pourrais les expliquer de manière descendante. Je pourrais faire arpenter des textes. J'ai choisi de composer pour chacune une série d'images représentatives de ce mode de pensée (lieux, personnages, événements) et de faire deviner aux participant·es les points communs, ce qui relie ces images et quelles valeurs y sont liées (en les aidant avec quelques questions). Le fait que ce soit des illustrations et un mode devinettes correspond à la fois aux atouts de la pédagogie active et du passage par du visuel : plus accessible à toustes et plus mémorable puisqu'on a cherché les réponses activement et qu'on a des images en tête pour les enregistrer.

De manière plus évidente, on peut également utiliser des illustrations pour imager un propos, une situation, un événement, en complément d'une partie racontée. Le fait de composer au fil d'explications un tableau graphique et illustré va, là aussi, permettre à certain·es de beaucoup mieux enregistrer et comprendre. Parce que tout le monde n'est pas efficace pour apprendre juste en lisant ou en écoutant.

Ceci étant, il y a aussi dans l'oralité des modalités qui permettent de sortir des habitudes trop scolaires. De la part de l'animateurice, le fait de travailler la narration est une approche que j'aime et que je trouve efficace. C'est-à-dire apprendre à raconter des histoires de manière vivante et prenante. Ce qui passe à la fois par un travail sur la structure narrative et sur les techniques soit de conte, soit de jeu de rôle par ↝ 42
exemple, voire de griots si c'est plus votre truc.

De la même manière, quand on sollicite les participant·es pour qu'elles et ils parlent, il est intéressant de les libérer des formats classiques qu'on applique toutes et tous sans réfléchir. De préciser, directement ou non, qu'on n'attend pas un exposé ou un argumentaire abstrait, voire rhétorique. Là encore, pour varier les formes et éviter les freins hérités du fonctionnement scolaire et des codes des classes supérieures. Et ça se ↝ 72.4
fait simplement avec des consignes. En demandant une réponse en un mot, trois mots, un slogan, un poème, un panneau de manif, en jouant une discussion, une réponse à un·e pote. Les variations sont nombreuses

(et suppose de laisser plus ou moins de temps pour se préparer, éventuellement en petits groupes), mais avec toujours la même idée : sortir des formats classiques.

La musique peut également être un support. Pour partir du texte simplement, si on a choisit des musiques en lien avec notre sujet, et voir ce qu'il y a dedans.
Par exemple, avant ou après un temps de décryptage des grandes valeurs politiques, écouter la Marseillaise puis l'Internationale et discuter de ce qu'on a repéré en termes de valeurs et intentions, est riche et efficace. Plus que la lecture d'un texte de philosophie politique. Et c'est plus drôle.
Et, et c'est important, c'est aussi une manière de faire la place à l'émotion, de toucher par ce biais, de s'en parler. L'émotion, en pédagogie, ce n'est pas perdu. Au contraire.Même si certaines représentations ont pu nous faire penser qu'on n'apprend bien qu'en étant pur esprit, dépourvu·e d'émotions. Au contraire : l'émotion nous relie au sens, à notre vécu, et permet de mieux comprendre et de beaucoup mieux mémoriser.

J'utilise aussi parfois des techniques plus corporelles, notamment du théâtre-image, pour impliquer physiquement et faciliter la vie à celles et ceux pour qui ce type de formes fonctionne le mieux. Et il y a à creuser dans cette direction, avec notamment le théâtre forum et le théâtre de l'opprimé, mais je n'ai pas encore eu l'occasion de m'y plonger.

L'idée, c'est de se permettre des formes pédagogiques variées et riches, pour toucher le plus de profils différents, pour que ce soit dynamique aussi. Et il y en a plus que je n'en ai testées, et d'autres encore à inventer. À chaque animateurice, donc, de trouver ses variations et de les expérimenter.

Avec plaisir

43.3

On ne suppose jamais que tes idées puissent être divertissantes, émouvantes. Pour prouver votre sérieux scolaire, vos étudiant·es doivent être presque mort·es, silencieux·ses, mais pas réveillé·es, excité·es, en train de faire du bruit ou de s'attarder dans la salle.

Paulo Freire

Dès qu'on sort de l'animation d'activités de loisir, on fait de l'animation pour réfléchir, pour éduquer, pour transmettre et manipuler des contenus. Bref, on se confronte à des choses sérieuses.

On se traîne toutes et tous une idée concernant les choses sérieuses, et concernant le travail en général : ça ne peut pas être un plaisir. Voire : pour que ce soit sérieux, il faut qu'on en chie un peu, qu'on se force, que ce soit désagréable un minimum.

C'est une idée qui vient de loin, et qui est très liée à notre modernité occidentale dans laquelle le plaisir est toujours suspect (s'il n'est pas un produit).

Pour autant je ne crois pas que ce soit une bonne idée.

Je crois au contraire que c'est une très bonne idée d'aborder les choses sérieuses avec plaisir, voire avec légèreté.

Parce qu'on s'investit plus dans un temps dans lequel on s'amuse. Parce qu'on apprend mieux et qu'on retient mieux si on a pris plaisir.

Je suis donc tout à fait contre la logique qui dit qu'il faut en chier pour que ce soit efficace et moralement bien.

Construire un temps d'animation, en particulier sur des sujets et avec des objectifs sérieux, c'est donc idéalement penser un temps qui sera agréable. Avec de l'humour, avec du jeu, du mouvement et des interactions.

Ce qui permet d'une part de faire des temps d'animation dont les participant·es sortent content·es et avec l'envie de revenir (et si ce n'était que ça, ce ne serait déjà pas perdu). Parce qu'un temps plaisant devient

justifié en lui-même, de manière intrinsèque.
Ce qui permet d'autre part d'être plus efficace dans la transmission et l'éducation.
Et ce qui permet enfin de récupérer la légitimité du critère de plaisir.

Parce que le plaisir est émancipateur, en soi. Parce que le fait d'être heureu·se, ça fait du bien, ça aide à grandir et évoluer, à avoir envie d'avancer et de changer les choses. Ça contribue à atténuer la haine de soi (et la honte de soi) qui sont le socle de l'aliénation.
↝ 72.5 Prendre plaisir à des choses sérieuses et compliquées, ça permet de se libérer de certains freins, de se réconcilier avec soi, parfois avec les autres, et avec l'idée qu'on est capable de faire des choses élaborées, intellectuellement et socialement, sans que ce soit une souffrance.

Je défends donc une pédagogie du plaisir, et pas une pédagogie de la souffrance et de la punition. Pour tous les temps animés, pas seulement ceux dédiés au loisir : ceux dédiés à la formation ou aux instances aussi, CA et AG comprises.

S'adapter et s'impliquer 43.4

Il y a deux idées, en termes de pédagogie, qui me viennent de sources très différentes, mais qui m'ont marqué et qui vont assez bien ensemble.

La première vient de la didactique, et c'est l'idée que quand on essaie de transmettre quelque chose, on ne va pas le déverser, mais on va idéalement créer une situation dans laquelle les participant·es vont apprendre (ou pas). À leur manière, en faisant plus ou moins ce qu'on a anticipé (mais plutôt moins, dans beaucoup de cas). Et on n'est pas responsable de leur apprendre, mais de mettre les moyens pour créer une situation aussi propice que possible. Ce qui inclut les consignes, les ressources à disposition, nous-même.

Bref, on essaie de concevoir des situations dans lesquelles il va se passer quelque chose. La situation : j'écoute quelqu'un qui parle pendant longtemps, n'est ni particulièrement riche d'opportunités, ni particulièrement passionnante.
Vu comme ça, avec mon bagage ludique, ça me fait penser au challenge que c'est de concevoir un jeu ou un temps de jeu. On pose des règles, des intentions, et ensuite les joueurs et les joueuses font ce qu'elles et ils veulent. Le plus souvent des choses imprévues. Très souvent des choses bien plus intéressantes que ce qu'on avait imaginé, et plus malines aussi. Du coup, quand je pense un temps éducatif, je garde cette idée en tête : j'essaie de concevoir un temps propice, sous plein d'aspects, et varié, et ensuite il se passe des choses que je n'ai pas prévues, et j'essaie de ne pas oublier que c'est là que l'apprentissage se fait, et que j'ai intérêt à ne pas freiner cet imprévu, mais à l'écouter et à en profiter.
Je pars du principe que je ne vais pas maîtriser ce qui se passera, mais que je vais, par contre, essayer de préparer au mieux la situation, d'imaginer pour avoir de quoi alimenter et rebondir, au moins en partie, en sachant que je ne couvrirais là non plus pas tout.

Ce qui rejoint aussi des idées et des formules de Paulo Freire.
D'abord l'idée de sortir de la pédagogie bancaire. La pédagogie bancaire, c'est l'idée que le pédagogue est un guichet auquel se présentent les apprenant·es pour recevoir leur virement. Comme on remplit des cruches.

«Former les hommes, ce n'est pas remplir un vase, c'est allumer un feu.» C'est d'Aristophane.
Pour faire autrement, il faut prendre en compte l'idée qu'on va apprendre et se transformer ensemble, en particulier sur les thèmes éducatifs qui concernent l'éducation populaire. Dans laquelle on essaie quand même pas mal d'allumer des feux.

«Personne n'éduque personne, personne ne s'éduque seul, les hommes s'éduquent ensemble par l'intermédiaire du monde. » Paulo Freire
C'est bien dans l'interaction que l'apprentissage se fait. Dans les deux sens. C'est-à-dire que l'éducateurice apprend aussi, sinon elle ou il n'a pas fait son boulot. Apprend a minima en écoutant et en regardant ce qu'il y a d'imprévu, comment l'apprentissage et la remise en cause se fait. Idéalement mieux en se mettant en jeu dans la dynamique du temps éducatif, en s'impliquant et se laissant bousculer. Sans rester surplombant·e et extérieur.
↝ 3 ↝ 22.3 Ce qui suppose une posture adaptée et la capacité de se taire… et surtout d'écouter.

Il y a peut-être un réflexe particulier qui mérite une attention. Quand un·e participant·e dit quelque chose qui nous choque, parce que ça va à l'encontre de la direction qu'on voulait prendre, de ce qu'on voulait défendre comme valeurs notamment. Par exemple : De toute façon, la démocratie, c'est pourri, j'y crois pas.
Notre premier réflexe peut facilement être de corriger la personne, de prendre notre bâton de pèlerin pour lui expliquer que si, si, c'est en fait qu'il a mal compris ou mal pensé. Je l'ai fait, j'imagine que vous aussi. Parce qu'on ne veut pas lâcher le fil qu'on avait prévu, parce qu'on veut remplir la cruche. Alors qu'à s'interrompre, entendre et questionner, on va apprendre dans un cas comme celui-là pas mal de choses intéressantes. Qui vont nous embêter, nous questionner et nous faire évoluer. Et qui, pas si accessoirement, nous permettront les fois suivantes de prendre la question autrement et d'être bien meilleur·e.

Je cite Paulo Freire sur ces éléments-là, mais Paulo Freire, c'est beaucoup plus que ça, et c'est notamment un des fondements du courant de la pédagogie critique. La pédagogie critique, il se trouve que c'est probablement le courant de pratique pédagogique et de recherche le plus en phase avec l'éducation populaire. De loin. Tout en étant passablement inconnue.

Si je m'arrête un instant
Pour te parler de la vie
Je constate que, bien souvent
On choisit pas, mais on subit
Et que les rêves des ti-culs
S'évanouissent ou se refoulent
Dans cette réalité crue
Qui nous embarque dans le moule
Les cowboys fringants. Les étoiles filantes.

La pédagogie peut être vue comme une discipline technique, un ensemble de méthodes et d'outils destinés à faciliter l'instruction et la transmission. Ce qui donne une pédagogie dépolitisée, dans laquelle l'idée d'instruction semble avoir une valeur en soi, sans se demander ce qu'on transmet et pourquoi.
Il existe un courant de pédagogie, bien vivant actuellement, qui se positionne de manière politisée, et qui est très en phase avec l'éducation populaire : la pédagogie critique.

La pédagogie critique est née à partir des idées et des pratiques de Paulo Freire.
Son intention fondamentale est d'aider à prendre conscience des rapports sociaux et de permettre aux personnes de se positionner et d'agir sur ces rapports sociaux et la manière dont la société est construite.
En cela, elle s'oppose radicalement aux pédagogies les plus en vogue aujourd'hui : la pédagogie réactionnaire qui vise à transmettre des normes et à les imposer, et la pédagogie libérale qui vise l'efficacité managériale et professionnelle.

↝ 21.2

En cohérence avec cette intention, la pédagogie critique mélange toujours pratique et théorie, et parle, dans la suite de Paulo Freire, de Praxis.

La pédagogie critique est donc proche des préoccupations et même des méthodes de l'éducation populaire. Est-ce que l'éducation populaire fait partie de la pédagogie critique, ou l'inverse ? Les deux sans doute, et l'important est qu'elles ont tout pour se nourrir réciproquement. Sans s'arrêter à des frontières abstraites puisqu'on retrouve également des courants de pédagogie critique dans l'éducation nationale, dans les mouvements sociaux ou les ONG. Jusqu'à l'UNESCO qui la considère comme un des piliers d'une citoyenneté mondiale.

Pour autant, en aviez-vous déjà entendu parler ? Si ce n'est pas le cas, ce n'est pas très surprenant. Autant elle est très implantée et développée dans de nombreux pays, autant elle est pour l'instant peu développée en France. Mais c'est en train de changer, et c'est une bonne nouvelle. Parce que je crois que c'est une source qui peut aider à continuer à inventer une éducation populaire vivante et ambitieuse, et à le faire avec des allié·es plus varié·es.

↝ 94

Il existe des ressources pour découvrir la pédagogie critique, mais a minima, le texte suivant, d'Irène Pereira (publié initialement dans N'autre école n°14, Hiver 2019-2020), permet de prendre la mesure des parallèles avec l'éducation populaire et de ce que la pédagogie critique peut lui apporter en termes de positionnement et de méthodes.

CHARTE DE PÉDAGOGIE CRITIQUE

Cet ensemble de règles ne constitue pas « un code de déontologie » indiscutable, mais au contraire une base de discussion. Elles invitent à s'interroger sur ce qu'est un agir éthique en pédagogie critique, et plus particulièrement lorsque cet agir éthique est orienté vers une pédagogie anti-oppressive.

Cet ensemble de règles ne constitue pas « un code de déontologie » indiscutable, mais au contraire une base de discussion. Elles invitent à s'interroger sur ce qu'est un agir éthique en pédagogie critique, et plus particulièrement lorsque cet agir éthique est orienté vers une pédagogie anti-oppressive.

1- Le parti pris des « opprimé·es »

La première position éthique d'une pédagogie critique est celle d'un parti pris, l'engagement en faveur des « opprimé·es ». Il s'agit d'un choix éthique existentiel. L'histoire met en scène des groupes sociaux aux intérêts antagoniques occupant des positions sociales inégalitaires. Et dans le cadre d'une telle conception de l'histoire, les pédagogues critiques, quelle que soit leur position sociale d'origine, font un choix existentiel, celui de considérer que leur action éducative doit être engagée en faveur des opprimé·es.

2 - Se conscientiser

La conscientisation est pour la ou le pédagogue critique une première exigence éthique personnelle. Elle ou il considère qu'il ne peut essayer de mettre en œuvre une pédagogie émancipatrice sans effectuer un travail de conscientisation personnelle qui est sans fin.

Cette exigence d'auto-conscientisation passe par le respect des savoirs des personnes concernées par les oppressions et les discriminations. Cela passe ainsi par le fait d'écouter les récits des personnes directement concernées par des discriminations et des inégalités sociales.

Mais le processus de conscientisation ne se limite pas à cela. Il consiste à confronter ces discours subjectifs à des recherches en sciences humaines et sociales qui proposent une objectivation statistique de ces réalités.

La dialectique entre les savoirs sociaux subjectifs et les savoirs scientifiques objectifs est nécessaire pour le processus de conscientisation. En effet, pour qu'il y ait conscientisation, il faut qu'il y ait une dialectique critique qui ne peut avoir lieu que par la confrontation entre des savoirs de nature différente. La confrontation entre des types de savoirs différents permet de construire un esprit critique.

Elle permet aussi de passer de l'expérience subjective émotionnelle qui fait percevoir les oppressions comme des expériences interindividuelles à une conception des oppressions comme des réalités macro-sociales qui structurent la société dans son ensemble. C'est ce que permettent par exemple d'objectiver les études statistiques.

Face à une situation, le ou la pédagogue critique cherche non pas à avoir une lecture individualisante et psychologisante, mais à mettre en lumière les rapports sociaux de pouvoir.

3 - Être un ou une allié·e

Prendre le parti des opprimé·es, conduit à adopter une posture d'allié·e vis-à-vis des personnes vivant une oppression.

La notion d'allié·e implique la prise en considération qu'il existe plusieurs rapports sociaux entrecroisés. Ce qui fait que la plupart des personnes sont privilégiées sur certains points, mais aussi opprimées sur d'autres.

Un ou une alliée est une personne qui ne vit pas directement une oppression, mais qui souhaite s'engager dans la lutte contre cette oppression.

Le ou la pédagogue critique voit dans les situations d'incident critique non pas uniquement un problème à résoudre, mais une occasion de développer un travail de conscientisation et de déconstruction collective des rapports sociaux.

4 - Ne pas agir sur, mais agir avec, pour développer le pouvoir d'agir des opprimé·es

L'allié·e n'adopte pas une position de surplomb où elle ou il agit sur la personne, mais elle agit avec les personnes concernées par les oppressions.

L'éthique de la pédagogie critique implique de refuser une réduction de la relation éducative ou d'enseignement à un rapport de maîtrise technique d'autrui. Être un ou une pédagogue critique ce n'est pas, avant tout, maîtriser des outils, des techniques ou encore une méthode. C'est avant tout construire une relation éthique avec les apprenants.

Être attentif et réfléchir aux relations de pouvoir dans la relation d'aide afin de les déconstruire.

Cela suppose de commencer par écouter les personnes les premières concernées et leur vécu sur les oppressions pour connaître leur demande.

Cela implique que les décisions qui sont prises par la suite, le sont avec leur accord.

Cela signifie également que la ou le pédagogue critique chercher à favoriser la capacité d'auto-organisation des personnes.

5 - Avoir une approche inclusive

Se demander si son discours, les supports ou les espaces dans lesquels on agit ou que l'on utilise invisibilisent, excluent ou encore stéréotypise de manière négative certains groupes.

- faire attention à ce que son discours ne stigmatise pas certains groupes, faire en sorte à ce qu'il visibilise le plus possible la diversité de la société...,
- faire en sorte que les affichages ou les supports pédagogiques ne véhiculent pas des

stéréotypes négatifs et visibilisent la diversité de la société,

- éviter que se constitue une répartition inégalitaire dans les espaces ou des espaces qui apparaissent comme peu accueillants pour des personnes appartenant à des groupes socialement discriminés, faire en sorte qu'il n'y ait pas de micro-violences dans ces espaces...,
- être attentif à une répartition égalitaire et inclusive de la parole des différent·es participant·es.

6 - Intervenir face à une situation d'oppression

Ne pas laisser passer un propos discriminatoire ou un comportement discriminatoire.

L'allié·e a conscience que parfois pour les personnes directement concernées, il peut être compliqué d'intervenir directement par elles-mêmes. L'allié·e peut avoir une position de soutien ou intervenir, avec si possible son accord, si la personne concernée n'est pas en mesure de le faire elle-même.

7 - L'efficacité ne peut pas prendre le pas sur le respect de la dignité de la personne humaine

La lutte contre les oppressions découle de la reconnaissance d'une égale dignité de chaque être humain. De ce fait, la recherche d'efficacité dans l'action ne peut pas prendre le pas sur le respect de la dignité de la personne humaine, en particulier de celle des opprimé·es.

8 - Développer une prudence face aux dilemmes de la pratique

La lutte contre les oppressions et les discriminations s'appuie sur des principes généraux, mais la situation pratique nous oblige à réfléchir au cas par cas à ce qui doit primer dans une situation déterminée.

La prudence désigne la vertu par laquelle on est amené à réfléchir et à agir de manière à déterminer quelle est la règle d'action éthique qui doit être utilisée dans un cas particulier. Le ou la pédagogue critique ne peut pas agir mécaniquement, mais est attachée à la réflexion éthique face aux dilemmes que pose la pratique.

9 - La cohérence

La cohérence consiste dans une recherche d'adéquation entre le discours et la pratique. Le ou la pédagogue critique cherche à mettre en œuvre un principe de cohérence.

10 - L'éthique et les conditions matérielles

Les pédagogues critiques ont conscience que leur agir éthique est souvent contraint par les conditions sociales matérielles. C'est pourquoi les pédagogues critiques considèrent qu'il est nécessaire de lutter pour des conditions de travail décentes afin de pouvoir parvenir à une plus grande cohérence entre les principes éthiques et l'agir réel. ■

Annexe : Formation en ligne sur l'approche anti-oppressive :
http://www.excellenceforchildandyouth.ca/sites/default/files/olm/mha/105/presentation_ht

Animer un débat 44.1

Il est utile en outre de souligner que le partage n'est pas seulement une question de morale : c'est aussi un plaisir.
David Graeber.

Organiser des débats, voilà un enjeu qui revient souvent dans nos pratiques d'animation. Avec de nombreuses incertitudes et de nombreuses inquiétudes. Au point que dans nombre de structures, il est devenu exceptionnel d'oser se lancer dans l'animation d'un débat.
Pour autant, amener des personnes à s'exprimer et discuter ensemble est au cœur de nos enjeux d'éducation populaire. Et être capable de le faire est un élément fondamental d'une pratique d'animateurice. Il est donc important de se le réapproprier, et de faire le tri des difficultés, enjeux et outils nécessaires.

Débattre, c'est quoi ?
Il y a en premier lieu un enjeu à se dire de quoi il s'agit, de quoi on parle, ce qu'on va proposer.
Le mot débattre est très teinté de ce qui nous est donné à voir dans les médias et dans le champ de la politique électorale. Quand on dit débat, tout le monde a tendance à penser aux débats télévisés. Qui sont, de mon point de vue, tout sauf des débats. Ce sont des mises en scène d'affrontement, des concours de celui ou celle qui parlera le plus fort, qui dominera, qui placera la petite phrase assassine. La question du contenu est très largement secondaire dans ces formes-là, et celle de l'échange et de sa qualité encore plus. Ce n'est pas un contexte dans lequel il s'agit de se parler et de se comprendre, mais bien de sortir vainqueur.
Le débat tel qu'il nous est donné à voir dans les médias est une compétition.

Pour reprendre un terme efficace de Majo Hansotte, c'est du débat-caca. Construit pour être une compétition, articulé autour de fausses dichotomies (pour ou contre) qui empêchent toute complexité et tout mouvement dans les opinions.
Un des outils centraux de ce type de débat, c'est la rhétorique : un ensemble de techniques oratoires qui ont pour but justement de sortir vainqueur d'une joute oratoire.

Quand nous proposons à nos publics un débat, c'est cette image qu'ils et elles ont en tête, consciemment ou non.
Ce qui n'est potentiellement attirant que pour des personnes qui ont envie de compétition et qui se sentent armé·es pour (en particulier sur la maîtrise du langage et de la rhétorique, mais aussi sur des postures d'affrontement).
C'est la première difficulté avec cette forme de débat : ce n'est pas attirant pour beaucoup de monde.

Il y en a une seconde : ce n'est pas non plus une forme de débat qui soit en cohérence avec nos pratiques et nos objectifs d'éducation populaire.
Plus largement, ce n'est pas une forme de débat tellement favorable à un fonctionnement démocratique.
Dans une perspective démocratique, si on se base par exemple sur
№ 83 Jacques Rancière, la place de l'expression des conflits par toutes et tous, puis leur analyse ensemble et, enfin, la prise d'une décision collective sont centrales.
Le fait de mettre en place les espaces et les compétences pour que chacun·e puisse donner son opinion, en pointant réellement les conflits et les oppositions, et que celle-ci soit entendue, est une première étape incontournable.
Ensuite, il s'agit de se donner les moyens de comprendre ensemble d'où viennent ces opinions et ces conflits.
Enfin, seulement, il s'agit de confronter des arguments, des avis, des priorités pour prendre une décision. Et éventuellement convaincre les

autres de la solution qui nous semble la plus adaptée.
Je sépare très clairement ces trois étapes, qui ne fonctionnent que très mal quand elles se font dans le même temps. Parce qu'elles correspondent à des dynamiques collectives différentes. Donc à des temps d'animation différents, avec des objectifs et des consignes différents. Il me semble très utile et important de diviser ainsi ce qu'on inclut par défaut dans un "débat".

Un temps pour mettre à plat les idées, pour s'exprimer et écouter, pour établir un panorama de nos divergences et de nos idées. Sans les confronter, sans argumenter. Et éventuellement, c'est tout dans un temps d'animation, et c'est déjà bien.
Ensuite, un temps pour comprendre, analyser, creuser.
Enfin, le panorama posé et ce qui se cache derrière compris au mieux, chacun·e peut se faire son avis et on peut entrer, si cela est justifié, s'il existe une raison de le faire, dans un temps d'argumentation, de confrontation et de prise de décision. Bien souvent, ce temps n'est pas justifié : il ne l'est que si le groupe dispose de moyens d'actions, de mandats, bref s'il a une raison de prendre une décision collective. Si ce n'est pas le cas, organiser un temps de vote ou de prise de décision ne sert en général à rien d'autre qu'à faire un concours compétitif de celui ou celle qui parle le mieux ou le plus fort. Ce qui est rarement intéressant et rarement favorable à une bonne dynamique collective.
Dans cette logique, les objectifs des deux premiers temps sont clairement coopératifs. Ils peuvent et doivent être exprimés et partagés de cette manière. Ce qui change beaucoup de choses dans les postures, et dans les freins qui empêchent certaines de venir participer aux temps de débat tels qu'ils sont souvent proposés (ou en tout cas tels qu'ils sont imaginés quand on intitule un temps collectif "débat").

Ce cadre posé, il s'agit ensuite de travailler le comment de l'animation de ces différents temps. Ce qui va recouper beaucoup des fondamentaux de l'éducation populaire, puisqu'on est effectivement au cœur du faire collectif, du faire société, et également du voir comprendre agir. Et nous faire souvent constater que nous ne sommes plus si bien formé·es à ces aspects fondamentaux, ce qui donne envie d'y remettre le nez.

Pour la première phase, celle d'expression, il est utile :

- De bien poser les objectifs, en insistant sur l'aspect non-compétitif. L'objectif est bien de constater à quel point nous ne sommes pas d'accord, à quel point nous sommes riches d'opinions différentes et ↝ 83 de l'accepter, de le voir, et même de nous en réjouir.
- D'avoir des consignes claires sur le fait qu'on ne se répond pas, et qu'on ne rebondit sur une autre prise de parole que pour demander des précisions, pour aider la personne à être bien comprise par toutes et tous.
- D'utiliser des outils d'animation qui permettent une bonne animation des débats, d'outils permettant à toutes et tous de s'exprimer à ↝ 63 égalité et de manière détendue et d'outils permettant la régulation de la parole.
- De célébrer le résultat comme une victoire en tant que telle, éventuellement même avec un tableau de score du nombre d'opinions divergentes, et une victoire parce qu'il y en a beaucoup. Au minimum, ne pas donner l'impression qu'on a fait quelque chose d'incomplet, montrer que réussir ceci est rare et précieux.

Pour la phase d'analyse, il est utile de :

- Poser clairement les objectifs, qui sont également coopératifs.
- Prendre le temps d'échanger sur les sources que nous considérons comme acceptables et les méthodes dont nous sommes prêts à entendre les résultats. Ce qui peut ouvrir un large chapitre sur la question de la vérité et de la science.
- Utiliser des techniques d'éducation populaire telles l'Entraînement Mental, même en version simplifiée, pour avoir une structure visible et partageable, un plan de route collectif.
- De se fixer un temps avant de passer à la synthèse

- De prendre le temps de faire une vraie synthèse, notamment sous le forme de Mind Map ou équivalent.

Pour la phase de prise de décision, il est utile de :
- Vérifier si le collectif a réellement une raison de prendre une décision commune. Et de dire clairement à quelles fins et avec quelles limites, notamment en ayant un mandat et des moyens clairs.
- Mettre tout le monde sur un pied d'égalité.
- Choisir une méthode de prise de décision qui est comprise de toutes et tous et la plus juste possible. ↝ 67
- Formuler ensemble la décision prise et la mettre par écrit ensemble pour en garder une trace formelle et indiscutable.

Pour finir, une petite définition sarcastique du débat, mais que je trouve très pertinente, tirée du Contradictionary de Crimethink :
«Une opportunité de gain mutuel souvent prise à tort pour une compétition, au désavantage de toustes ; comme en économie, celles et ceux qui cherchent à gagner nous condamnent toustes. Rien n'est plus précieux, pour quelqu'un·e qui cherche à affiner son analyse et à étendre ses perspectives qu'une personne intelligente qui n'est pas d'accord avec elle.
Un rhétoricien peut dominer un débat ; un emmerdeur peut l'emporter par épuisement ; un idéologue peut clore ses oreilles, et peut-être aussi le cerveau des personnes à portée. Mais si vous souhaitez converser au lieu d'être en compétition, il vous faut assumer la charge d'aider votre interlocuteurice à formuler ses arguments, également.»

La place de l'expert·e dans un débat 44.2

Non, moi j'crois qu'il faut qu'vous arrêtiez d'essayer d'dire des trucs. Ça vous fatigue, déjà, et pour les autres, vous vous rendez pas compte de c'que c'est. Moi quand vous faites ça, ça me fout une angoisse…

j'pourrais vous tuer, j'crois. De chagrin, hein ! J'vous jure c'est pas bien.
Il faut plus que vous parliez avec des gens.
Arthur, Kaamelott, écrit par Alexandre Astier

Quand on anime un temps collectif en Éducation Populaire, on a toujours comme objectif que toustes participent le plus à égalité possible.
↝ 72.31 Ce qui n'est pas toujours facile.

Quand on organise un temps de débat, la question de la place de chacun·e se pose de manière encore plus criante. Se pose parfois la question d'organiser un temps de débat avec un·e expert·e, spécialiste ou universitaire. Ce qui est potentiellement intéressant, pour apporter des contenus, une connaissance pointue et des éclairages. Mais difficile par rapport à des objectifs de dynamique collective et de participation de toustes. Parce que l'expert·e a un statut spécifique, qui le ou la place
↝ 42.4 au-dessus et qu'on va rappeler et mettre en avant. D'où une inégalité marquée entre cette personne et le reste du groupe.

Le format le plus souvent utilisé est : un temps de conférence puis un temps de questions de la part du public.
Le fait de mettre l'expert·e en scène dans un monologue compétent et validé formellement ne fait qu'amplifier la différence de statut. Et provoque un résultat quasiment systématique : les échanges qui suivront ne seront pas vraiment des échanges, mais des demandes de compléments et d'ajouts à la conférence. Demandés par celles et ceux qui sont capables de penser des questions à chaud après une intervention et capables de prendre la parole devant une assemblée sans avoir de légitimité formelle pour le faire. Ce qui n'est pas très satisfaisant en termes de fonctionnement et d'intelligence collective, ni de discussion réelle avec l'expert·e (et je pars du principe que si l'expertise est légitime, elle n'empêche pas le fait de discuter ensuite à égalité quant aux conséquences des connaissances données et de la place qu'on veut leur faire socialement et politiquement).

J'ajouterai que, dans ce format, on a aussi bien souvent des prises de paroles qui relèvent du témoignage, parfois fleuve, parfois maladroit, parfois semblant éloigné du sujet. Ce sont à mon sens souvent des prises de parole de personnes souhaitant dire quelque chose de pertinent mais ne disposant pas des codes sociaux et intellectuels leur permettant de le formuler de manière abstraite et concise, comme c'est attendu, de manière non-dite, dans ce cadre. Ce qui est là aussi un échec de cette forme d'animation : ces personnes n'ont pas de place et n'arrivent pas à la prendre.
En bref, mettre une personne dans une position de pouvoir puis espérer qu'on pourra échanger avec elle librement et à égalité, je crois que c'est un leurre.
De la même manière que penser que des personnes confrontées à un long temps de parole très construite et légitime vont ensuite formuler des questions et préoccupations qui ne seront pas orientées voir cadrées et limitées par ce qu'elles auront entendu.

Inclure un·e expert·e dans un temps de débat qu'on veut égalitaire, c'est difficile, mais je crois qu'il existe des manières d'animer qui facilitent les choses.
Comme toujours, j'ai tendance à privilégier d'abord l'expression des représentations et des préoccupations du groupe. Donc à commencer par un temps, en petits groupes animés, pour que chacun·e puisse dire son point de vue, ses convictions et ses questions sur le sujet. Et les mettre en commun dans un cadre égalitaire.
L'objectif de ce premier temps est de mettre à plat toute la richesse de nos idées sur le sujet. Avec pour toustes la même légitimité.

Le second temps, toujours en petits groupes animés, a pour finalité de choisir, dans ce qui a été posé, les points qui nous semblent essentiels et formuler quelques questions, choisies ensemble. En restant plus ou moins dans le cadre donné. Notamment des questions politiques, des questions de fond.

Ce n'est qu'ensuite que je fais intervenir l'expert·e. Pas sous forme de conférence monologue, mais en réponse aux questions.
Soit après avoir mis en commun l'ensemble des questions (et éventuellement laissé un temps de pause à l'expert·e pour en faire un tri rapide (à moins qu'on dispose de suffisamment de temps pour faire ensemble un tri de type mind map, ce qui est éclairant et riche en général)).
Soit en prenant une première question et en laissant l'expert·e y répondre dans la mesure de ses moyens. Ce qui suppose de rappeler qu'il ou elle a le droit de dire que c'est hors de son expertise, et éventuellement de renvoyer à d'autres sources et disciplines, ou à une discussion collective. Dans ce cas, il est fort utile de contraindre le temps de parole
↝ 63.2 de l'expert·e : à la fois pour le ou la contraindre à une concision qui permettra au plus grand nombre de suivre, et pour pouvoir traiter un nombre suffisant de questions. Ensuite, on passe à une autre question, idéalement liée thématiquement.

Ce n'est pas un rôle facile à tenir pour l'expert·e, et certainement pas un rôle auxquel·les sont formé·es la plupart des universitaires. Il faut donc bien négocier en amont le cadre d'intervention et les consignes qui seront appliquées. Certain·es ne seront pas partant·es, tant pis.

Pour ceux et celles qui sont partant·es, il est toujours bienvenu de mentionner auprès du public que l'exercice est difficile et que la bienveillance est bienvenue. Ce qui, de manière pas du tout accessoire, aide également à humaniser la personne et à la descendre un peu du piédestal qui la ferait voir comme infaillible et sans point commun avec les autres personnes présentes.

Quand on est ambitieux, on peut ensuite tenter un temps de débat, toustes mêlé·es, sur une question sociale ou politique. Liée à la manière dont on voudrait changer les choses à partir de ce qui a été apporté comme éclairage. Et dans lequel l'expert·e n'a pas plus de légitimité que les autres, puisqu'il s'agit alors de discuter en tant que citoyen·ne de ce qu'on veut faire de tout ça. C'est intéressant, mais la transition, au niveau du statut de l'expert·e, est difficile à gérer et demande à être expliquée clairement, voire rappelée, au groupe comme à l'expert·e.

Enfin, un dernier temps me semble utile : un temps où toustes donnent leur avis sur le déroulement et ce que le format a permis, expert·e compris·e. Comme toujours, on débriefe le fond comme la forme. ↝ 42.6

Ce type de format n'est pas un idéal à reproduire, mais un exemple issu de la pratique, qui montre comment changer les formats habituels pour mieux prendre en compte les questions d'égalité, de pouvoir et de dynamique collective.
Il favorise un échange moins descendant, et il permet de voir apparaître vraiment les préoccupations et questions du public. Ce qui d'une part, permet que l'intervention soit cadrée correctement, ancrée dans les enjeux réels et pas supposés du groupe, et d'autre part peut être passionnant, surprenant et éclairant pour l'expert qui découvrira éventuellement le regard sur son expertise et sa discipline, avec moins de filtres.

J'ai tendance à privilégier ce type de forme, mais ce n'est pas toujours possible en termes de temps d'animation, ni toujours accepté par les expert·es.
Auquel cas, je pense qu'il est bienvenu de ne pas intituler le temps de rencontre avec l'expert "débat". Mais conférence, ou apports, ou éclairage. C'est plus honnête pour tout le monde, et ça correspond à la forme et aux consignes qu'on donnera.
Et, bien sûr, ça fera le tri dans le public qui se sentira capable d'y assister et intéressé. Malheureusement.
Ce qui donne une dernière option : animer un temps de préparation en amont. Comme un peu préparer un temps de visite dans un musée. En décryptant le format et les codes, en faisant un premier repérage des contenus qui vont être abordés. Bref, en donnant des repères. Ce qui

peut permettre de suivre mieux, et même idéalement de faire un débriefing en termes de codes et de rapports sociaux. Et ça, c'est toujours intéressant.

Voir-Comprendre-Agir 44.3

La définition la plus courte (de l'éducation populaire) est : l'éducation dont le peuple est sujet, et non pas objet. C'est une éducation qui découle d'une théorie selon laquelle on reconnaît que la question de la connaissance ne procède pas d'une autorité mais d'une discussion qui trouve ses fondements dans l'égalité. Ce n'est pas une position relative, tout n'est pas dans tout, n'importe quoi n'est pas bon. Il y a une rigueur épistémologique et méthodologique.

Luc Carton.

C'est pas parce que c'est vieux que c'est pas bien !
Une des structures que j'utilise le plus vient de loin, des grandes époques de l'éducation populaire politique avec Peuple et Culture notamment.
C'est Voir Comprendre Agir. Ou : Voir Juger Agir.
C'est tout simple mais c'est très efficace et très adaptable.

Trois temps donc :

- Voir d'abord. C'est-à-dire décrire la situation, les vécus et les points de vue. Exprimer les représentations aussi. Ce qui peut prendre mille formes, mais ça relève de la description et de sa mise en commun. Histoire de savoir de quoi on parle.
- Comprendre ensuite. C'est-à-dire analyser, remonter les fils, appliquer des grilles de lecture adaptées.
- Et/ou juger donc. C'est-à-dire pointer les origines, les acteurices impliqués et responsables, et les mécanismes qui posent problème.
- Agir enfin. Une fois la situation décrite et analysée, on peut efficacement imaginer des moyens d'action adaptés. Penser notre place et nos stratégies et tactiques, en fonction de nos valeurs.

C'est une structure qui peut s'utiliser directement sans ajouter de raffinements particuliers. C'est encore le cas dans certains réseaux comme la JOC. Enfin, quand je dis sans raffinements, ce n'est pas exactement vrai : il y a beaucoup de finesses techniques quand on fait ça bien. Mais en tout cas, la structure est utilisée comme une animation en elle-même.

C'est une structure qu'on peut également utiliser pour construire des temps plus longs et plus outillés. Ce que je fais régulièrement.
Par exemple, un temps pour réfléchir à la pandémie de Covid :

- Un timeline sur la pandémie, pour prendre du recul et remettre tout dans l'ordre. (Voir)
- Un temps en groupe où chacun·e apporte une réaction à la chronologie d'ensemble.
- Un temps de réflexion collective pour lier ces réactions à des questions sociales ou politiques de fond. Et les formuler. (Comprendre)
- Un temps de brainstorming : quelles idées d'action ça nous donne pour s'attaquer à ces questions ? (Agir).

Comme d'autres méthodes fondamentales de l'Éducation Populaire, on peut creuser cette structure et en faire des choses très élaborées, et certains réseaux transmettent ces finesses, mais même sous sa forme la plus simple, je la trouve très utile.

Avec une idée à ne pas oublier : dans ses versions d'origine, il s'agissait bien de Voir les rapports sociaux, les comprendre et agir dessus. C'est important de ne pas oublier que l'intention de départ était bien émancipatrice et politique. Qu'elle est donc toujours parfaitement adaptée pour ce type d'usage avant tout.

Dans une version plus récente, on retrouve la même structure en psychologie sociale, sous la forme Naming Blaming Claiming (Nommer, Blamer, Revendiquer), et il y a là aussi de quoi creuser et affiner. ↝ 71.6

Un emprunt pirate à l'entraînement mental 44.4

Pendant la seconde guerre mondiale, dans les milieux résistants, des éducateurs et éducatrices populaires ont expérimenté de nouvelles méthodes, et les ont conceptualisées et transmises. Elles ne sont pas du tout périmées, bien au contraire, même si elles sont parfois un peu oubliées. Une de celles que je trouve les plus puissantes et modulables est l'Entraînement Mental.

Un mot sur le nom, qui peut sembler étrange. Les concepteurices de l'Entraînement Mental avaient fait le constat que pour entraîner le corps, on disposait de méthodes nombreuses et adaptées à toustes. Mais pour entraîner l'esprit, la capacité de réfléchir, penser et choisir, pas tellement. En tout cas, pas avec une méthode adaptée pour toustes, qui soit saisissable notamment par des personnes qui n'auraient pas fait un parcours universitaire. Donc : la conception d'une méthode d'entraînement mental.

L'entraînement mental, c'est une méthode à laquelle on peut se former de manière très élaborée. On peut être bac +5 en entraînement mental.
↝ 94 Et ça a un vrai intérêt. Mais je suis persuadé qu'on peut aussi s'inspirer des grandes lignes de l'entraînement mental, sans s'y connaitre tant que ça, pour faire des choses intéressantes et construire des temps d'animation. Ce ne sera pas aussi bien, ce ne sera pas officiellement de l'entraî-
↝ 15.3 nement mental estampillé, mais ce sera de l'éducation populaire.

D'où le fait que je me permette de présenter juste un petit morceau de ce qu'est l'Entraînement Mental. Un morceau incomplet, parce que ça ne se réduit pas à ça, loin de là, mais juste ce petit bout de méthode isolé du reste m'est très utile.

La structure de base est simple, en quatre temps.

Décrire.

On part d'une situation, qui doit être concrète, vécue, et insatisfaisante. On la décrit, de manière factuelle. C'est-à-dire en faisant l'effort d'en exclure tout ce qui relève de l'interprétation et des intentions : on décrit ce qui s'est passé uniquement. Cet exercice à lui seul est intéressant.

Problématiser.

Dans la situation décrite, où sont les problèmes ? On les nomme. On n'oublie pas que tout problème est le problème de quelqu'un. Il n'y a pas de problèmes de principe, mais des problèmes que portent des personnes qui ont des principes. Pour bien lister les problèmes, on peut prendre le temps de le faire en fonction des points de vue des différent·es acteurices.

Expliquer.

Pour chaque problème nommé, on essaie ensemble de remonter aux pourquoi, aux origines. En particulier en termes de rapports sociaux et de mécanismes. Ce qui peut amener à faire des recherches pour trouver les éclairages nécessaires.

Agir.

Une fois l'analyse faite, et seulement à ce moment-là, on peut commencer à imaginer des pistes de solution. Qui seront donc raisonnablement bien visées puisqu'on aura pris le temps d'explorer les points de vue, de nommer correctement les problèmes et de les analyser.

Avec cette structure simple, on fait déjà des choses intéressantes en animation. On structure et on expérimente. Si vous tentez et que vous trouvez ça intéressant, il y a vraiment de quoi aller chercher plus loin : il y a des formations et des textes nombreux et éclairants sur l'Entraînement Mental.

Be so good they can't ignore you.
Steve Marlin.

"Il nous faut des outils pour mobiliser. On a du mal à mobiliser. Il faut qu'on trouve de nouvelles manières de mobiliser... "
J'entends ça souvent. Trop souvent à mon goût parce que ça me donne l'impression d'entendre des publicitaires plus que des animateurices...
Je sais bien d'où ça vient : de cette pression de résultats chiffrés, de tableaux de bilan bien remplis pour les directeurices et les financements
↝ 87.2 de projet. Et, effectivement, cette pression existe, même si parfois on l'internalise et on l'amplifie un peu trop.
Toujours est-il qu'elle nous met dans une position de prestataire qui doit faire du chiffre avec le produit qu'on lui a imposé.
Ce produit, ce projet, cette thématique, c'est ce qui intéresse notre donneur d'ordres mais peut-être que ce n'est pas du tout ce qui intéresse notre public.
Du coup, ils et elles viennent peu, et de moins en moins, et il nous reste une issue : trouver de nouveaux outils pour mobiliser coute que coute. Pour les convaincre de venir alors que spontanément : bof.
Pour le dire de manière un peu brutale : on se retrouve souvent avec des enjeux de mobilisation parce qu'on ne s'autorise pas à penser que ce qu'on propose n'est peut-être simplement pas intéressant pour notre public.

Le fait que le contenu nous soit dicté par les projets et le financement ne nous aide pas.
Pour autant, face à des problèmes de mobilisation, ma première question reste : vous êtes sûr·e que ça les intéresse vraiment ? Que ça vient d'elles et d'eux ? Que ça colle aux besoins qu'ils et elles identifient ? Parce que trop souvent, on rame parce qu'on essaie de leur vendre quelque

chose qui ne leur fait pas envie, qui n'a pas de sens pour elles et eux. Dans ce cas, peu importe qu'on soit persuadé·e qu'ils et elles en ont besoin : si ça ne se raccroche pas à où ils et elles en sont, à leurs préoccupations, ça ne marchera pas bien.

Ce qui fait une première piste : modifier ce qu'on propose pour le lier au vécu de notre public. Et, du coup, le traiter ensuite à partir de leurs enjeux. ↝ 33
C'est une forme de triche stratégique : respecter globalement l'intitulé du financement mais construire son animation pour qu'on en parle d'abord à partir des enjeux et des questions du public.
Une autre piste, plus radicale, c'est d'assumer : ça ne plait pas, je remballe. Je repars de zéro, en leur demandant ce qui aurait du sens.

Parce qu'au final, je crois que l'engagement, il se fait quand il y a du sens, quand on ose aller sur les sujets de fond, sur ce qui touche et qui préoccupe. Parce qu'alors on est attendu·es et la question n'est plus de mobiliser, juste de communiquer, en montrant le sens de ce qu'on fait, en osant mettre des mots clairs. ↝ 52.2

Reste la question des moyens de communiquer, en fonction des publics. En s'adaptant à la manière dont ils et elles s'informent et communiquent (oui, les jeunes ne lisent pas des masses l'affichage et les panneaux d'infos dans nos structures, autant en tenir compte). En comptant sur le bouche à oreille, parce que c'est ce qui marche le mieux, surtout si vous proposez effectivement des animations qui répondent à leurs préoccupations

Autosatisfaction : évaluation erronée.
Ambrose Bierce - Le dictionnaire du diable

Ah, l'évaluation... forcément un des meilleurs moments de nos métiers d'animation et d'éducation populaire. Et du temps bien utilisé aussi.
Bon, d'accord : pas du tout. L'évaluation, ça prend beaucoup de temps (et ça devient même parfois un poste à part entière) et on a l'impression de ne la faire que parce qu'on est obligé·es, pour continuer à obtenir les financements.
Je crois que c'est une impression assez juste, et symptomatique de la domestication de l'éducation populaire. ↝ 86.2

L'évaluation telle qu'on nous la fait subir, c'est de l'évaluation uniquement quantitative (avec des chiffres et des tableaux) qui a pour fin de justifier des budgets. Qui permet à nos financeurs de montrer qu'ils ne jettent pas l'argent par les fenêtres, et qu'ils en ont pour leur argent.
Ce qui nous importe assez peu, et nous apporte assez, si ce n'est que c'est la condition pour être financé·es.
Ce qui nous coûte. Du temps d'une part. Et une colonisation de nos esprits et de nos valeurs par la méthodologie de projet et la bureaucratie.

Cette forme d'évaluation, je n'aime pas ça, je trouve que ça nous pousse dans de mauvaises directions, et je trouve important de s'en rappeler même si on est obligé·es de le faire.

Pour autant, je ne crois pas qu'il soit inutile d'évaluer ce que nous faisons. Au contraire.
Mais pour que ça nous soit utile à nous, il faut le faire d'une manière qui nous serve à quelque chose, qui nous intéresse. En gros, il faut que ça nous permette de répondre à nos questions à nous, qui tournent plus ou moins autour de : est-ce que je viens de contribuer à l'émancipation de mon public avec ce que je viens de faire ? Et éventuellement : comment ?

Une évaluation pour nous, ça ressemblerait surtout à une grille de lecture qu'on passerait en revue en fin d'animation.
J'en utilise deux, basiquement :

- Celle du parcours d'émancipation : je me pose la question, en écoutant les retours, des indicateurs de prise de conscience pour chacun des niveaux du parcours d'émancipation. ↝ 15.1
- Une autre plus détaillée, que je tiens du magnifique ouvrage du Grain ASBL. ↝ 45.1

Avec une approche qualitative : c'est-à-dire en n'essayant pas de dire qu'il y a 3 personnes pour qui on peut cocher la case “Prise de conscience sociale”, mais en essayant d'avoir un bout de phrase, de dialogue, qui illustre le fait que oui, il s'est passé quelque chose à ce niveau-là pour au moins une personne. Ce qui est une victoire.
Comme c'est du coup incarné, vécu (et pas juste un chiffre dans un tableau), ça a du sens, de l'émotion souvent, et ça donne de la motivation pour continuer, pour croire en ce métier (effet qu'a rarement le remplissage d'un tableau de chiffres).
Même logique quand ça n'a pas marché pour quelqu'un·e, ça illustre, ça donne du sens et des indices sur ce qui s'est passé.

Quand on a le temps, on essaie, par la discussion, par des moyens d'expression, de faire dire, même rapidement, ce qui a permis d'obtenir cet effet, ce résultat. On essaie de comprendre lequel de nos gestes, outils, propos ou des interactions dans le groupe a permis de faire un déclic. ↝ 42.6

Et là, l'évaluation nous sert à quelque chose.
À mesurer à quel point nous nous sommes approché·es de nos objectifs.
À améliorer nos pratiques. ↝ 21.2

↝ 94 On trouve dans le superbe ouvrage du Grain ASBL une partie dans laquelle est traduit en éléments concrets ce qu'est une pédagogie émancipatrice, quels sont les effets qu'on recherche à produire dans un temps d'animation. Bref, sur quoi on peut évaluer nos temps d'animation en termes d'émancipation.
Je me permets d'en reprendre ici une version courte et rapidement commentée mais je vous recommande largement de consulter la version d'origine (ce sont les pages 122-125 du livre cité juste au-dessus).

Une pédagogie est émancipatrice si...

Elle modifie les représentations de l'avenir, en rompant avec la vision selon laquelle il s'agit de forces inéluctables.
Avons-nous donné aux participant·es des outils pour analyser leur situation et des grilles de lecture des mécanismes sociaux, qui montrent qu'il ne s'agit pas d'un destin ou de fonctionnements qui n'ont jamais changé, et ne changeront jamais ? C'est tout le travail correspondant à la ↝ 15.1 prise de conscience sociale et à la compréhension des rapports sociaux.

Elle modifie les images que l'individu ou le groupe dominé a de lui-même, de ses capacités, de ses compétences, de ses potentialités.
Avons-nous permis aux participant·es de tester de nouvelles manières ↝ 73.1 de se comporter, différentes de celles dans lesquelles elles et ils sont souvent enfermés ? Avons-nous souligné la réussite du groupe et des ↝ 52.1 individus dans ce que nous faisons, et montré que ça avait de la valeur ?

Elle outille les personnes pour les rendre capables d'agir efficacement.
↝ 42.7 Avons-nous transmis des outils et des moyens d'action ?

Elle développe les mécanismes intellectuels de base.
Avons-nous nommé les mécanismes intellectuels pratiqués ?

Elle développe les capacités de communication et d'expression, si elle entraîne à la prise de parole et à l'écoute correspondante.
Avons-nous choisi des modes d'expression qui faisaient de la place à toutes et à tous ? ↝ 63

Elle développe la maîtrise affective et émotionnelle.
Avons-nous été attentif-ves aux expressions directes ou indirectes d'émotion ? Avons-nous été capables de les nommer, de ne pas les ignorer ? ↝ 23

Elle permet de se construire une nouvelle identité, une nouvelle personnalité relationnelle, tout à la fois en continuité et en rupture avec l'ancienne et en articulation avec son projet et son environnement.
Avons-nous réussi à créer une rupture en termes de rapports de domination et d'assignation ? Avons-nous accompagné les expérimentations, même maladroites, de comportements différents ? ↝ 73.1

Elle permet de découvrir la nécessité et la force de la solidarité en l'expérimentant d'abord dans la formation elle-même.
Avons-nous construit notre animation avec des temps coopératifs, des temps de mise en commun valorisants, notamment en termes d'intelligence collective ? Avons-nous réussi à pointer des points communs dans les vécus ? Avons-nous parlé de la dimension collective des luttes ?

Elle développe l'ouverture à de nouveaux horizons de connaissance et d'appréhension du monde.
Avons-nous proposé des ouvertures qui allaient au-delà de l'expression de points de vue déjà connus ? Avons-nous introduit de nouveaux points de vue ou de nouvelles idées ? Avons-nous permis l'expression de points de vue différents et leur écoute active ?

S'évaluer, sur ses propres critères, parce que ça nous intéresse, ce n'est pas toujours facile émotionnellement. Parce qu'il y a une dimension de jugement. Rien de surprenant.
S'évaluer en se disant que c'est pour nous, pour faire mieux quelque chose qui nous importe, ça aide.

L'autre manière de le penser qui m'aide régulièrement, c'est de différencier ce qu'on maîtrise, ce qui relève de nous ; et ce qu'on ne maîtrise pas, ce qui relève des autres, du groupe, et de notre environnement.

La partie que l'on maîtrise, en tant qu'animateurice, c'est ce qu'on prépare en amont (Intentions et construction), et tout ce qu'on fait pendant l'animation (Posture, gestes, outils). Ce sont donc les moyens qu'on met en œuvre pour faire le boulot.
Je considère que nous avons une obligation de moyens. Une obligation de faire au mieux notre boulot. Quand on s'évalue, c'est la question prioritaire : est-ce que j'ai fait tout ce que je pouvais ? Si la réponse est oui, il n'y a pas de quoi se flageller, même si ça s'est mal passé. Bien sûr, ça ne nous empêche pas de ne pas être content·e, et encore moins de faire l'effort de comprendre pourquoi ça a raté : est-ce qu'on a fait de mauvais choix ? Est-ce qu'on n'a pas vu quelque chose ? Est-ce que le contexte ne permettait pas de faire mieux ?
Parce que, donc : il y a une partie qu'on ne maîtrise pas.

La partie qu'on ne maîtrise pas, c'est l'effet de notre animation sur le groupe et la manière dont chacun·e va s'en saisir ou non et en être touché·e, changé·e, ou non. En bref, ce sont les résultats.
Nous ne sommes pas dans des métiers où nous avons des obligations de résultats.
Parce que les résultats dépendent souvent de déclics personnels, de

l'état des personnes, du contexte.
D'une part, ces résultats n'auront peut-être pas lieu même si nous avons fait tout notre possible. L'émancipation, ça ne se commande pas.

D'autre part, ces résultats, ces déclics auront probablement lieu après l'animation. Le soir en discutant avec des potes. Le lendemain. L'année suivante. Dix ans plus tard… La prise de conscience de cette évolution sera elle-même peut-être encore plus tard.
Ce genre de chose nous sont à toustes arrivé·es : on repense bien plus tard à une phrase, une idée, et ça fait déclic, soudain, et ça devient important. Mais : la personne qui en est responsable ne sera jamais au courant. De la même manière que les enseignant·es qui nous ont marqué·es, qui ont changé notre vie, ne sont le plus souvent pas au courant.

Donc nous ne serons que rarement au courant des impacts que nous aurons eus. Ce qui nous oblige à avoir une position de parieur·se optimiste : on fait le boulot au mieux et on fait le pari que oui, pour une part, il provoquera des déclics précieux. En essayant bien sûr de l'encourager, de le faciliter, notamment en encourageant la prise de conscience. ↝ 42.6
Mais ça reste un pari.
Et puis, les rares fois où on voit les impacts, où on voit un déclic se produire, où un·e participant·e vient nous en parler et nous remercier : écoutons·les attentivement, gardons·les précieusement. Qu'ils nous nourrissent pour toutes les fois où on sera obligé·es de parier sans voir les résultats.

Nous avons une obligation de moyens, pas de résultats.
Pour autant, quand il y a des résultats et que nous avons la chance de les voir, notons·les et réjouissons-nous.

Parce que la pédagogie critique est sans doute le champ de recherche et de pédagogie le plus à même d'éclairer et d'informer nos pratiques d'éducation populaire, ça vaut le coup de découvrir ce dont il s'agit de manière lisible et claire :
Les pédagogies critiques. Laurence de Cock et Irène Pereira.

Pour découvrir la manière dont différents courants progressistes et révolutionnaires se sont questionnés et ont expérimenté des formes de pédagogie et d'éducation :
Pédagogie et révolution. Grégory Chambat.

№ 94

Nous vivons dans le capitalisme, ses pouvoirs semblent incontournables, mais c'était pareil pour le droit divin des rois...
Tout pouvoir peut être contesté et changé par les êtres humains ; la résistance et le changement commencent souvent dans l'art et très souvent dans notre art

L'art des mots.

Ursula K. Le Guin

GESTES D'ANIMATION 5

Con de mime !
Les Nuls – La cité de la peur

LES FAIRE MAIS MIEUX : LES PENSER 51

Les intentions, c'est le pourquoi, la direction qu'on se donne.
La posture, c'est la manière dont on se place pour.
Les gestes, c'est ce qu'on fait activement pour animer un groupe. C'est à la fois visible et invisible.
À l'inverse, les outils sont très visibles, parce que souvent matérialisés et identifiables, alors qu'ils ne sont que des prothèses, des objets qui nous aident à faire plus et mieux certains gestes.

On peut animer sans outils mais pas sans gestes d'animation.

Pourtant, on a tendance à ne pas les identifier facilement, et à ne pas les reconnaître comme quelque chose de technique.
Alors que chaque geste a bien une fonction, un impact sur le groupe.
Et pour chaque geste, il y a une technicité, une manière de le faire plus ou moins bien.

Nommer les gestes, les reconnaître pour ce qu'ils sont, c'est essentiel et ce n'est pas si compliqué : le gros du boulot peut se faire juste en lisant
↝ 52 une liste.
Bon, ok, c'est mieux en y réfléchissant et en échangeant dessus, mais n'empêche.

Mettre des mots sur ses gestes, c'est se rendre compte que pour la plupart, on les fait déjà intuitivement. Sans forcément savoir pourquoi. Sans que ce soit systématique. Sans y être attentive. Mais on les fait, parce qu'on est déjà animateurice.

Sortir de ce fonctionnement intuitif amène assez facilement :

- À comprendre le rôle et la place de chaque geste, et donc à les faire de manière plus choisie, plus revendiquée et souvent mieux placée. À ne pas les oublier autant. Juste parce qu'on a dans un coin de la tête que c'est un vrai truc qui sert à quelque chose.
- À les faire de mieux en mieux parce qu'en les reconnaissant comme un élément technique du métier, on va y prêter attention, regarder ce qui fait que parfois c'est mieux et donc s'améliorer et s'affiner.

Bref, on va passer de faire ces gestes à les faire et les penser. Et puis on va aussi pouvoir les revendiquer et les défendre, et par là défendre la dimension technique et apprise du métier, et donc le métier lui-même,
↝ 21.1 et ça c'est pas perdu non plus.

GESTES EN ANIMATION D'ACTIVITÉ 52

L'URACS Rhône-Alpes a produit il y a quelques années un travail de recherche-action sur l'animation qui permet de mettre des mots sur de nombreux aspects importants du métier, notamment ce qui le constitue techniquement. C'est un travail qui m'a beaucoup fait évoluer professionnellement, et que je vous conseille de consulter, malgré une forme pas toujours accessible facilement.
On y trouve notamment une liste des gestes d'animation, dont je n'ai vu aucun équivalent ailleurs. Je reprends ici la partie concernant l'animation d'activité, et qui est commune à tous les cadres d'animation. En me permettant de la reformuler un peu et de la commenter.

Démarrage

- Je crée un espace adapté et confortable : je déplace des tables et des chaises, je choisis dans quel sens on s'installera et de quelle manière, j'allume ou pas la lumière, etc.
- Je modifie l'espace si je constate qu'il ne fonctionne pas au mieux : je déplace le groupe, le paperboard, j'aère, je ferme la porte pour le bruit, etc.
- Oui : Animer, c'est déplacer des tables :)
- Et accessoirement, l'installation avant, je dis plutôt oui, sauf quand j'en fais spécifiquement une activité d'inclusion. ↝ 62
- Je suis présent·e et disponible pour les participant·es, et j'assure une présence active pendant qu'ils sont acti·ves, même si je ne fais rien en apparence. ↝ 31
- J'accueille chaque personne, et je vérifie pourquoi elle est là.
- J'anime un temps d'inclusion pour constituer le groupe, je nomme qu'on est un groupe et j'établis les règles communes et la finalité = pourquoi on est là, comment on fonctionne. ↝ 62.2
- Je dis explicitement pourquoi cette activité est liée aux objectifs et valeurs de la structure

- Je montre que cette activité se fait ailleurs aussi, et à d'autres moments aussi
- Je dis que tout le monde a sa place et la légitimité pour s'exprimer. Si besoin, je propose des règles de répartition de la parole. Avec des consignes sur la manière de se parler, une prise en compte de ce qui ↝ 73.1 se joue en termes de rapports sociaux et des outils qui permettent ↝ 63 l'expression égale de toutes et tous.
- Je recueille les besoins et envies.
- Je vérifie que le cadre permet à tout le monde de participer (accès physique, énergie, horaires, lieu)

Pendant l'activité

- Je propose une méthode pour atteindre les objectifs de la séance, et je la fais valider par le groupe.
- Je donne des consignes pour chaque étape de cette méthode.
- Après chaque consigne, je montre au groupe qu'elle est bien réalisée ↝ 52.1 et je montre que c'est satisfaisant. Je fais restituer au groupe avant de passer à la suivante.
- Je rappelle régulièrement les règles de fonctionnement collectif, et je vérifie qu'elles sont connues et comprises en les faisant formuler ↝ 61.1 au groupe.
- Je suis toujours disponible pour les participant·es, même si ielles sont en train de faire quelque chose entre elleux, et c'est prioritaire sur mes préparations. Je ne me lance pas dans autre chose sous prétexte qu'ielles sont lancé·es, je reste visiblement disponible.
- J'ajuste ma position et mes futures consignes :
- Je fais attention aux réactions au sein du groupe, et aux émotions ↝ 56 exprimées.
- J'observe les interactions au sein du groupe (relations entre elleux, contributions des unes et des autres).
- J'observe si des statuts différents créent des relations spécifiques au sein du groupe.
- J'essaie, progressivement, de rendre visible les gestes d'animation

que je fais. ↝ 42.7
- Je fais faire à certaines personnes du groupe, ou au groupe, certains de ces gestes d'animation, dès que c'est possible pour ce groupe et ces personnes. ↝ 56
- Si quelqu'un·e arrive en cours d'activité, je la·le salue et l'accueille au sein du groupe. Si quelqu'un·e part en cours de route, je le mentionne et signifie son départ au groupe.

Fin

- Je nomme la fin de l'activité. Je nomme l'existence d'un temps de clôture suite à cette fin d'activité.
- Je vérifie si les objectifs ont été atteints. Je valide positivement ce qui a été produit.
- Je vérifie le niveau de satisfaction, en termes de vécu individuel et/ou de vécu collectif (fonctionnement du groupe). J'échange sur les ressorts qui ont permis cette satisfaction et ceux qui permettront d'améliorer : je nomme formellement les enjeux et outils.
- J'annonce les suites : séances ultérieures, travaux interséance ou activités autres dans lesquelles se projeter.
- Je ferme le temps collectif et je reste disponible pour des échanges et sollicitations individuelles.

Comme au démarrage, c'est en particulier le cas dans les temps informels. Les retours et échanges les plus forts et les plus importants se font souvent sur le trottoir ou au coin d'un couloir.

C'est d'Alexis et Maria, un couple d'ami·es instituteurices que j'ai appris un des gestes les plus importants en animation.
Quand un·e élève prend la parole en classe, notamment pour répondre à une question, la première chose qu'il et elle réponde, c'est : Oui !
Quelque soit ce que l'élève a dit. Même si c'est pour ensuite le ou la questionner et montrer que en fait non.
Pourquoi ? Parce que ce oui, il ne veut pas dire que la réponse est bonne, il veut dire que oui, c'est bien que l'élève ait pris la parole, c'est bienvenu, c'est encouragé.
Vous avez probablement vécu l'inverse : quand vous osez enfin prendre la parole en classe, devant tout le monde, devant le prof, et ce n'est pas évident, si la première chose qu'on vous répond c'est Non !... et ben vous n'y reviendrez pas, ça va bien, merci.
Or, en animation, il y a un enjeu important à permettre à chacun·e de s'exprimer, à créer les conditions de cette expression, à ce que toustes se sentent en sécurité pour parler, et même mieux, sentent que c'est
↝ 23.3 bienvenu, que c'est valorisé.
Donc j'ai appris à faire la même chose. À toujours accueillir les prises de parole de manière positive, quel que soit le contenu, pour qu'il y en ait d'autres ensuite.

Je ne dis pas forcément oui, je varie. Avec un signe de tête, un sourire, un merci, peu importe. Mais je dis d'abord que oui, c'est bien que la personne ait pris la parole. Et ça fait une vraie différence.
C'est un vrai apprentissage parce que d'abord il faut apprendre à y penser, et qu'ensuite il faut retenir le réflexe de dire non ou de s'opposer quand ce qui a été dit est vraiment inattendu, faux ou choquant. Mais ça finit par devenir automatique, comme les manières d'ouvrir ensuite la discussion de manière fluide pour discuter du contenu, comprendre pourquoi la personne a dit ça et éventuellement introduire le fait que nous que sommes pas d'accord.

Oui : c'est important.

J'applique la même idée quand il s'agit de valider la bonne exécution d'une consigne collective. Ou plutôt, l'exécution de la consigne, même si ça n'a pas donné les résultats attendus. Parce que d'abord, je valide le fait que le groupe a entendu la consigne et essayé, quand bien même ce soit parti dans une direction imprévue.
Dans le cas de consignes collectives, en particulier quand il s'agit de penser et de manipuler des contenus, d'une manière ou d'une autre, je pousse en général un peu plus loin. Je prends le temps de verbaliser ce qui vient d'être fait, de montrer au groupe ce qu'il vient d'entreprendre et de réussir. En soulignant souvent que ce n'est pas quelque chose d'évident.
Par exemple, sur une simple consigne d'expression des représentations, avec une photo·expression par exemple : "Vous avez toutes et tous réussi ↝ 63 à dire des choses intéressantes et élaborées avec ces images, alors que ça ne semblait pas évident. Et ça nous fait une sacrée liste, en dix minutes, non ?"
C'est la même idée que le oui : ça met en sécurité et ça crée les conditions pour y retourner ensuite avec plus de facilité et d'envie. De manière plus profonde, ça contribue aussi à renforcer l'estime de soi et la confiance dans le fait que ce groupe n'est pas rien, qu'il est capable de choses intelligentes et élaborées.

C'est particulièrement important et utile avec des participant·es qui sont persuadé·es, après des années de parcours scolaires et éventuellement professionnels maltraitants et dévalorisants, de ne pas être capables de réfléchir, d'avoir un avis qui ait une valeur. Bref, qui pensent qu'il sont con·nes, ce qu'elles et ils disent d'ailleurs parfois très ouvertement. Dans ce cas-là, leur faire réaliser, et même dire que non, ils et elles ne sont pas si con·nes, qu'ils et elles ont été capables de produire une pensée, de faire des choix, de débattre, c'est une vraie petite victoire. ↝ 41.2

Avec des mots simples 52.2

Dans la vie, j'avais deux ennemis : le vocabulaire et les épinards.
Maintenant j'ai la botte secrète et je bouffe plus d'épinards.
Merci, de rien, au revoir messieurs-dames.
Perceval, Kaamelott, écrit par Alexandre Astier.

Le langage universitaire, comme le langage des classes supérieures en général, prétend être complexe et spécifique parce qu'il en serait plus efficace. J'en doute largement. Je crois qu'avant tout, il l'est pour être intimidant, pour bien dire qu'il n'est pas pour tout le monde, qu'il appartient à une élite, et qu'il permet donc de reconnaître une élite.
Je crois que dans la plupart des cas, on peut être tout aussi efficace avec un langage beaucoup plus simple et accessible. Et qu'on est alors bien moins intimidant·e, qu'on augmente très largement les chances que toustes puissent en profiter.

Quand on fait cet effort, en formation, en animation, en médiation, on entend parfois :
"Avec vous, j'ai l'impression d'être intelligent·e".
Ce qui est marquant, d'abord émotionnellement, parce que ça fait
↝ 72.5 prendre la mesure de la honte de soi que produit l'aliénation. Avec ce : "J'ai l'impression", en particulier, qui dit que même en ayant la preuve, ici, qu'on l'est, on ne peut pas l'envisager comme plus qu'une impression. Alors que je suis bien persuadé que c'est une réalité, que toustes (ou presque) sont intelligent·es (même si on peut discuter sur les formes de l'intelligence et les manières différentes dont on l'est). Que ce que produit le fait de transmettre en langage simple, ce n'est pas de rendre les gens intelligents, mais de retirer une partie des barrières qui les empêchent de l'être et de croire qu'ils et elles le sont. En particulier celles qui sont liées à ces tactiques d'intimidation qui leur donnent l'impression qu'elles et ils sont à jamais interdites d'accès à ce domaine réservé de la pensée intellectuelle, de son langage et de ses concepts.

GESTES EN ANIMATION DE PROJET 53

Lorsqu'on anime un projet, on utilise bien sûr les gestes cités précédemment , comme pour toute animation, mais d'autres gestes, spécifiques au projet, s'y ajoutent. La liste est toujours tirée des travaux de l'URACS. ↝ 52

Démarrage

- Je facilite l'expression des personnes et j'amène à exprimer des intérêts, et en particulier des problèmes et des enjeux.
- Je repère les points communs entre les problèmes exprimés.
- J'amène le groupe à réaliser que leurs problèmes ne sont pas seulement individuels et ont une dimension collective.

Ces trois premiers gestes structurent la partie "Prise de conscience collective" du parcours d'émancipation, et l'enjeu d'animer le passage des expressions individuelles à un enjeu collectif

- Je vérifie que le problème exprimé est compatible avec les objectifs de la structure et le mandat donné au groupe et à l'animateurice ↝ 15.1
- Je veille à garder le groupe ouvert le plus longtemps possible
- Je facilite l'élargissement du groupe
- J'invite des personnes à faire converger et partager leurs intérêts
- J'aide le groupe à replacer ces problèmes dans un cadre plus large, en termes de rapports sociaux notamment, dans lesquels nous sommes toustes impliquées et acteurices
- Si ces problèmes permettent d'identifier une direction commune, je constitue un noyau avec ces personnes et je nomme le « problème »
- Je veille à faire porter par certains membres du groupe des gestes d'animation

Partager - Voir

- J'aide le groupe à nommer clairement la situation concrète insatisfaisante, de manière factuelle

- J'amène les membres du groupe à partager points de vue et vécus sur cette situation

Diagnostic - Comprendre

J'amène le groupe à questionner les origines de la situation et à identifier pourquoi elle existe.
Je veille à ce que le groupe travaille à partir de ses intérêts et pas seulement des ressources disponibles et des messages dominants
Je vérifie que les objectifs du projet sont articulés au diagnostic
Je veille à ce que le groupe définisse toujours collectivement ses objectifs

Plan et mise en oeuvre - Agir

- J'aide le groupe à articuler ses objectifs dans le déroulement du projet et à les visualiser dans un plan de projet. C'est notamment là que ↝ 64.1 des outils de visualisation et de pensée non-linéaire peuvent aider.
- J'aide le groupe à symboliser le projet et son déroulement dans un outil commun compréhensible à l'extérieur du groupe
- J'aide le groupe à définir ses tâches, à les réaliser à temps, les suivre (qu'est ce qui nous reste à faire ?) et à les évaluer
- J'aide le groupe projet à négocier ses objectifs avec son environnement notamment institutionnel, en identifiant les contraintes et les ressources qu'il porte, y compris de nouveaux coopérateurs
- J'aide le groupe à mobiliser les ressources internes et externes nécessaires à l'atteinte de ses objectifs et à les décrire

Fin

- J'aide le groupe à matérialiser ce qu'il a produit et à le célébrer

GESTES EN ANIMATION D'INSTANCE 54

Pour l'animation d'une instance, comme pour celle d'un projet, on utilise tous les gestes d'animation d'activité, et on ajoute les suivants. C'est toujours tiré directement du travail fondateur de l'URACS.

- Je contribue à l'explicitation, à la définition et à l'évolution des règles de fonctionnement de l'instance ; j'organise le débat collectif pour la répartition effective des rôles
- Je contribue à la qualification des participants prenant un rôle dans l'instance et je vérifie qu'ils tiennent ce rôle
- Je veille à ce que mon rôle ne se confonde pas avec celui du Président
- Quand ils ne le tiennent pas, je veille à ce que le groupe s'interroge sur les écarts au rôle
- Je contribue à la construction d'un processus de décision et j'intègre les séances d'animation dans ce processus
- Je propose des méthodes de décision alternatives
- Je trouve les ressources utiles à la définition de l'intérêt collectif ou public, en repérant les différentes conceptions et pratiques institutionnelles
- J'aide l'instance à déterminer la stratégie la plus adaptée à l'atteinte de ses objectifs compte tenu de ses propres ressources (humaines, financières, partenariales...) et de sa capacité de temps
- J'aide le groupe à négocier ses objectifs avec son environnement notamment institutionnel, en identifiant les contraintes et les ressources qu'il porte, y compris de nouveaux coopérateurs
- J'aide le groupe à formaliser ses décisions et à suivre leur mise en œuvre
- J'aide à évaluer les conséquences des décisions et à ajuster la stratégie de l'instance
- J'aide l'instance à communiquer sur son travail
- Hors séance, je repère, je mobilise, je vérifie des ressources externes à l'instance
- Je rapporte dans l'environnement institutionnel les avancées du

processus décisionnel de l'instance

- Je rencontre les membres du groupe qui ont des difficultés dans leur rôle. Le cas échéant, je révise avec le Président (ou l'autorité en charge de l'instance) la formule de délégation de l'animation

CLASSER LES GESTES : URACS 55

Quand on regarde l'ensemble des gestes à réaliser en animation, on se dit que ça en fait beaucoup.
Du coup, c'est intéressant de les regrouper en catégories. Les catégories proposées dans les travaux de l'URACS permettent de comprendre le pourquoi des gestes.

- Gestes langagiers : ils servent à établir par la parole des liens au sein du groupe et entre le groupe et l'animateurice. C'est là que se jouent
↝ 32 en particulier les questions de statuts et de postures. Ils servent également à transmettre.

Ouverture de séance, parler un langage qui établit la distance, mise en route, image et métaphores pédagogiques.

- Gestes de mise en scène des objets d'action collective : ils servent à rendre visible ce que l'on fait et à permettre à l'ensemble des personnes du groupe de s'en saisir.

Ordre du jour, consignes, restitutions ou événements de publication de résultats du groupe, utilisation d'outils d'intelligence collective, affichages, usages d'objets usuels d'animation...

- Gestes d'ajustement de l'action : ils servent à piloter le groupe, le cadre, à réguler les échanges et le rythme.

Recadrages et recentrages, stop and go, ponctuations, rythmique, régulations...

- Gestes éthiques : ils servent à donner une place à chacun·e, à assurer la sécurité des participant·es et leur égalité.

Répartitions de rôles et auto-présentations («inclusion»), reconnaissances mutuelles, présences et absences, engagements.

CLASSER LES GESTES : STARHAWK 56

En animation, il y a beaucoup de choses à faire, beaucoup de gestes. Au point qu'on peut facilement se dire qu'on ne va jamais penser à tout, qu'on va forcément en oublier.
Ce qui est vrai : on va en oublier. On ne fait jamais tout parfaitement. Ce n'est pas vraiment grave. L'objectif est de ne pas rater les gestes qui sont importants, pour cette animation, avec ce groupe.
Pour ça, il est très utile de replacer les gestes dans un cadre organisé, en fonction de ce à quoi ils servent. J'utilise l'approche proposée par Starhawk qui structure l'animation collective en cinq grandes fonctions. Ce qui permet de mémoriser plus facilement, et de ne pas rater de grande fonction, quitte à rater certains gestes spécifiques.

J'utilise cette grille de lecture pour moi, en premier lieu, pour penser ce que je fais.

Mais je l'utilise aussi pour former, et pour former progressivement. Pour transmettre certaines fonctions et certains gestes aux participant·es.
Je vais par exemple, pendant un premier temps d'animation, mettre en lumière une des fonctions uniquement, au moment du débriefing. Puis la fois suivante pendant le temps d'animation lui-même. Ensuite, je proposerai à une personne, ou à un binôme, de prendre en charge cette fonction pour le temps suivant. Et ainsi de suite.
En général, je commence par des personnes qui se sentent spontanément à l'aise dans cette fonction. Plus tard, j'essaierai de leur faire essayer des fonctions qui leur sont moins évidentes. En binôme idéalement pour

s'entraider et se soutenir. C'est une bonne méthode pour transmettre en douceur des éléments essentiels de l'animation, et rendre un groupe progressivement autonome dans son animation.

Enfin, je peux l'utiliser pour prendre du recul dans un groupe qui a déjà des habitudes d'animation, pour faire tourner les rôles et interroger les habitudes prises. Ils peuvent aussi être lus, et c'est l'intention d'origine de l'auteur, comme rôles tournants à répartir parmi les participants. Dans ce cas, il est intéressant à la fois de questionner :

- Comment telle personne, selon sa personnalité et son style, serait particulièrement adaptée à telle rôle, dans l'objectif d'un bon fonctionnement du groupe ?
- Comment, en prenant un rôle qui ne lui est pas spontané, une personne peut apprendre progressivement une nouvelle posture ?
- Comment le groupe évite que les mêmes personnes jouent trop souvent les mêmes rôles ?

Le fait que les cinq fonctions sont présentées avec des animaux (à une exception près) totem est un point que j'aime bien, parce qu'il permet de les présenter de manière amusante et de les mémoriser facilement. Ceci étant, le choix des symboles obéit ici à une logique spécifique, liée au militantisme de sorcière féministe de l'autrice. Logique qui a un intérêt symbolique, et même pédagogique lorsqu'on a le temps de l'aborder. Lorsqu'on n'a pas le temps de faire ce détour et qu'on pense que les symboles choisis ne seront pas facilement adoptés par le groupe, rien n'empêche de les remplacer par d'autres qui racontent la même chose (et le choix est vaste : animaux, personnages d'Astérix, pokémons, figures historiques, etc.)

Les Corbeaux – Les visionnaires

Les Corbeaux volent haut et voient loin, ils gardent en ligne de mire les objectifs du groupe. Ils suggèrent de nouvelles directions, dressent des plans, développent des stratégies et anticipent les problèmes et les besoins.

Questions que les Corbeaux font exister :
Quel est notre but premier ? Sommes-nous en train de l'accomplir ? D'aller dans le bon sens ?
Comment allons-nous l'atteindre, selon quelles étapes et quel calendrier ?
Quelles sont nos forces, nos ressources et nos faiblesses ?
Qui sont nos alliés et nos ennemis ? Qui touchons-nous et qui ne touchons-nous pas ?
Que pouvons-nous anticiper des besoins et des problèmes à venir ?
Que pouvons-nous apprendre de nos erreurs et de nos réussites passées ?

Les Corbeaux ont souvent beaucoup d'influence sur le groupe, en particulier s'ils sont les seuls à faire des propositions à long terme. Le groupe aurait intérêt à considérer ensemble les questions des corbeaux.

Les Grâces – Les dynamiseurs

Les Grâces sont attentives à l'énergie du groupe, prêtes à le renforcer si elle faiblit, à la canaliser quand elle est forte. Elles font en sorte que les gens se sentent bien, génèrent de l'enthousiasme pour le groupe, accueillent les nouveaux venus. C'est le côté pom-pom girl/boy que connaissent bien les animateurices loisirs pour enfants.

Questions que les Grâces font exister :
Qu'est-ce qui donne au groupe de l'appétit ? Qu'est-ce qui a inspiré chacun de nous à se joindre au groupe ?
Qu'est-ce qui fait que nous nous sentons bienvenus ou malvenus ?
Comment aidons-nous les nouveaux venus à s'emparer de ce que le groupe a développé ?
Comment sommes-nous perçu·es à l'extérieur ? Qu'avons-nous à parta-

ger avec l'extérieur ?
Où dirigeons-nous l'énergie du groupe ?
Qui voulons-nous toucher et comment ?
Les Grâces sont généralement très appréciées, mais elles doivent tempérer leur enthousiasme à l'aide des qualités du Dragon.

Les Dragons – Les protecteurs

Le Dragon permet au groupe de rester connecté à l'aspect pratique et réaliste des choses. Les Dragons veillent aux ressources du groupe, à ses frontières et donnent voix à ses limites. Ils font attention, notamment, à ce qu'on ne se mette pas dans le mur avec trop d'enthousiasme.

Questions que les Dragons font exister :
Nos ressources sont-elles renouvelées ? Les gens s'épuisent-ils ?
Quelles sont nos limites concrètes ? Admettons-nous ces limites ? Comment en tenons-nous compte ? Combien de temps chacun de nous peut-il consacrer au groupe ? Pouvons-nous nous lancer dans ce projet et le mener à bien correctement ?
De quelles frontières avec l'extérieur avons-nous besoin et en voulons-nous ? Comment nous protégeons-nous des intrusions ? Des distractions ? De ce qui épuise nos énergies ?
Qui fait partie du groupe et n'en fait pas partie ? Comment quitte-t-on le groupe ?
Quelles sont les tâches pratiques qui doivent être accomplies ? Qu'allons-nous manger ? Qui s'occupe des courses, du nettoyage... ? Comment mieux assurer notre intégrité physique et notre confort ?

Les Dragons établissent des frontières qui donnent au groupe un sentiment de sécurité. Ils peuvent être perçus comme rabat-joie, mais ils peuvent gagner l'estime de ceux qui se sentent dépassés et ne peuvent partager l'énergie des Corbeaux et des Grâces. Nourrir les Dragons peut permettre au groupe de se maintenir dans le temps.

Les Serpents – Les guetteurs d'ambiance

Les Serpents cultivent une attention particulière à la manière dont les gens se sentent. Les Serpents sont au courant de ce qui se murmure dans les couloirs, des conflits naissants et les mettent sur la place publique, là où ils pourraient aider à une médiation, à une résolution du problème.

Questions que les Serpents font exister :
Comment les gens se sentent-ils ? Qu'est-ce que les gens sentent et qu'ils ne disent pas ?
Qui apprécie qui dans le groupe ? Quels secrets existent ?
Quelles sont les règles implicites ? Quels sont les conflits que les gens esquivent ?
De quoi les gens se plaignent-ils dans le privé et ne disent pas ouvertement ? Quel est le dernier ragot ? Quels sont les agendas cachés ?
Qui se sent aliéné ? Pourquoi ?
Quels sont les conflits qui couvent ? Quels conflits restent irrésolus ?

Les Serpents parlent des non-dits, mettent en évidence ce que d'autres ne voient pas ou préfèrent garder caché. Le rôle de Serpent peut être particulièrement inconfortable, et peut attirer l'antipathie du groupe. Leur rôle n'en est pas moins vital en ce qu'il est celui qui, sans doute, sape le plus les tentatives de prise de contrôle sur le groupe. La parole est l'organe de résistance le plus puissant. Un groupe ne peut pas fonctionner en esquivant les conflits ou en ne prenant pas en compte ce que les gens ressentent.
Les Serpents peuvent diminuer les risques d'antipathie s'ils prennent la peine de poser des questions au groupe et non d'apporter des analyses. Accepter le rôle du Serpent ne signifie pas se glisser dans la peau du juge ou du thérapeute de groupe, mais peut faire office de médiateur en posant des questions susceptibles d'améliorer la communication.

Les Araignées – Les connecteurs

Tout cercle a besoin d'un centre, de quelque chose qui fasse que les gens se sentent connectés. Ce centre peut se manifester à travers une personne, de manière explicite ou non : celle qui devient le point de contact entre les autres, qui dispose des informations utiles, celle qu'on appelle quand on a oublié le point de rendez-vous. Une Araignée est toutefois plus efficace en ne monopolisant pas la communication et les informations mais en posant les questions susceptibles de créer et de renforcer un véritable réseau d'interactions complexes.

Questions que les Araignées font exister :
Qui communique avec qui dans le groupe ? Comment pouvons-nous renforcer et élargir ces relations ?
Pourquoi ne parles-tu pas directement à untel ou unetelle ?
Quel est notre point commun ? Que pouvons-nous faire pour renforcer ces liens ? Pour mieux nous amuser ? Pour nous rencontrer plus souvent ?
Quel type de communication formelle pourrait nous être utile ?
Quels sont les liens informels qui existent dans le groupe ou dont le groupe a besoin ?
Qu'est-ce qui pourrait les favoriser ? Un espace physique ? Un temps ? La conscience du fait que c'est ce dont nous avons besoin ?

Le rôle d'Araignée peut être très flatteur mais peut être épuisant. Être celui ou celle dont le téléphone sonne tout le temps, qui reçoit les plaintes, est une forme de servitude. Les groupes feraient mieux de créer des systèmes de communication qui encouragent le partage des responsabilités. Les informations importantes ne devraient jamais être entre les mains d'une seule personne, et les nouvelles personnes doivent pouvoir disposer des moyens d'apprendre l'histoire du groupe.

Pour retrouver directement les contenus structurés par la recherche-action de l'URACS :
https://ain.centres-sociaux.fr/files/2013/05/Les-Gestes-professionnels-de-lanimation-gloable.pdf

Un ouvrage foisonnant appuyé sur une expérience de terrain, passant en revues des outils et questionnements sur le fonctionnement de collectifs militants :
Micropolitique des groupes. David Vercauteren. Les prairies ordinaires.

№ 95

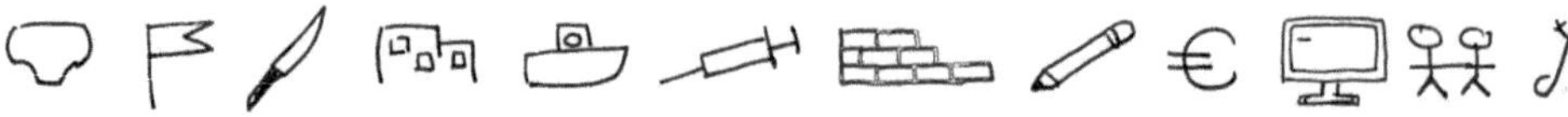

Un être humain devrait être capable de changer une couche, planifier une invasion, dépecer un sanglier, dessiner un batiment, piloter un navire, écrire un sonnet, équilibrer un budget, construire un mur, soigner une fracture, réconforter les mourants, recevoir des ordres, donner des ordres, coopérer, agir seul, résoudre des équations, analyser un problème nouveau, ramasser du fumier, programmer un ordinateur, cuisiner un repas savoureux, combattre efficacement, mourir avec grâce. La spécialisation est pour les insectes.

timothy Leary

OUTILS 6

On ne détruit pas la maison du maître avec les outils du maître.
Audre Lorde

Des listes et catalogues d'outils, on en trouve.
Ma ressource préférée jusque-là, c'est la boîte à outils d'éducation active des CEMEA Pays de Loire, disponible aux Éditions Cafard. Elles et ils ont déjà tellement bien fait le boulot que du coup, je ne vois pas l'intérêt de faire la même chose.
Je ne détaillerai du coup qu'une sélection d'outils, que j'aime particulièrement, ou qui ont un usage inattendu.

De toute façon, l'enjeu n'est pas de mon point de vue de collectionner les outils, même si c'est parfois amusant en soi d'en découvrir de nouveaux. Même si parfois c'est rassurant.
Non, l'enjeu quand on lit des listes d'outils, ou qu'on nous en présente un nouveau, c'est d'être capable de se faire une idée. Ou plutôt deux idées :

Qu'est-ce que cet outil produit ? À quoi sert-il ? À quelle opération mentale correspond-il ?
Quel impact sur la dynamique du groupe ?

Autrement dit, quels sont les impacts de cet outil, sur la forme et le fond. Les deux sont potentiellement dissociés, et idéalement, on choisit un outil qui marche sur les deux aspects.

Un exemple en utilisant un outil plus que classique : le vote (uninominal, comme dans nos élections présidentielles par exemple).
À quoi ça sert ? À prendre une décision ensemble, relativement vite, parmi une liste de propositions. Opération : choisir.

Quel impact sur le groupe ? Après un vote de ce type, on n'a plus un groupe, mais deux : celles et ceux qui ont gagné et celles et ceux qui ont perdu. Ce qui est un problème dans la plupart des dynamiques que nous essayons de construire. Qui peut se contourner, ou qui peut justifier d'utiliser d'autres modes de prise de décision.

CHAQUE OUTIL EST UN MARTEAU 61

Les outils d'animation sont utiles, mais : ce ne sont que des outils.
Toutes et tous nous avons tendance à nous focaliser sur des outils, à vouloir plus d'outils quand nous sommes à la peine, à demander des formations outils. Comme si, parce que c'est ce qui est le plus évidemment visible, c'est ce qui compte le plus.
D'une part, je crois qu'on peut faire beaucoup de choses sans outils en animation, avec simplement les bonnes postures et les bons gestes.
D'autre part, je crois qu'il faut utiliser les outils pour les bonnes raisons et au bon moment.

Un marteau, c'est un outil. Et j'aime beaucoup les marteaux.

Ton téléphone est tombé en panne ? T'inquiète, j'ai mon marteau, c'est mon outil préféré, je m'en occupe.
C'est une comparaison idiote, mais pas inutile : j'ai parfois choisi des outils parce que je les avais trouvés formidables, sans forcément me poser la question de leur pertinence par rapport à mes objectifs du moment.

D'où l'intérêt, lorsqu'on découvre ou qu'on transmet des outils d'animation, de ne pas seulement en donner les astuces et les consignes, mais surtout de comprendre ce qu'ils produisent, ce à quoi ils servent et ce à quoi ils ne servent pas.

Par exemple, le débat mouvant est un bon outil pour faire émerger et exprimer les représentations sur un thème, et à les confronter, mais pas à les mettre en discussion, ni à les analyser, ni à se mettre d'accord. Si vous utilisez un débat mouvant parce que vous trouvez ça dynamique, et facile à mettre en œuvre et impliquant (ce qui est juste), et que votre objectif est de prendre une décision commune, ça va rater.

Du coup, je classe ma boîte à outils selon les fonctions. Avec des verbes d'action en général pour faire les catégories.
Accueillir, Inclure, Exprimer, Trier, Confronter, Expliquer, Décider.
De manière très pratique, j'ai une liste, en une page recto-verso, avec les catégories et uniquement les noms des outils. Que je trimballe avec moi. Pour concevoir mes animations ou pour improviser. Parce que c'est facile de piocher dedans à partir du moment où je sais pour quel usage je veux un outil.

C'est en cohérence avec la manière dont je construis mes filages d'animation. Je commence par la structure générale et je la décline en étapes, ↝ 42
chacune avec un verbe d'action. Si ça s'enchaîne de manière cohérente, c'est bon signe, et ça va permettre de le raconter de manière compréhensible au groupe, et de l'animer de manière fluide, avec des transitions qui iront d'elles-mêmes.

Par exemple : chacun·e va d'abord exprimer ce qu'il pense, puis on va trier les représentations en paquets, puis on va analyser chaque thème et décider celui qui nous semble important.

Donner des consignes 61.1

Pars, ferme la porte et ramène moi des livres.
Olympe Peccadille Lilith.

Quelque soit le temps d'animation, son intention, son cadre, il y a un geste incontournable : donner la consigne au groupe.
Et ce n'est pas si évident, tout compte fait.
C'est difficile des deux côtés d'ailleurs : pour l'animateurice qui la donne, mais aussi pour le groupe qui doit la recevoir et la comprendre. Un peu comme pour expliquer une règle de jeu. Quand on s'y prend mal, c'est laborieux et tout le monde est perdu.

Je fais attention à deux aspects en priorité pour donner des consignes :
Je ne donnerai pas une consigne claire si je ne suis pas moi-même par-
↝ 41 faitement au clair sur l'objectif du temps d'animation que je démarre.

Ce qui suppose d'avoir posé clairement ses objectifs de séance et de les avoir déclinés en temps d'animation, chacun avec son rôle clairement
↝ 61 exprimé.
Par exemple : j'anime une séance dont la finalité est de prendre du recul sur la pandémie de Covid. Mes premiers temps vont partir du vécu de mon groupe, et vont être des temps d'expression. Le premier de ces temps va concerner uniquement les émotions. Ma consigne va donc être centrée sur cette idée.

Je ne donnerai pas une bonne consigne si j'en dis trop, sur le fond comme sur la forme. Parce que le groupe va s'y perdre et ne plus savoir où on en est et par quoi on commence.

Pas trop sur le fond, c'est-à-dire que je n'essaie pas au moment des consignes de redonner le contexte, les intentions d'ensemble et toutes les finesses de l'outil d'animation. Juste : ce qu'il y a à faire maintenant. On verra les étapes suivantes ensuite.
Il m'arrive régulièrement de donner des consignes incomplètes, et d'ajouter les détails des modalités une fois l'activité lancée.
Pas trop sur la forme non plus, c'est-à-dire que ce n'est pas le moment d'utiliser des grands mots ou des phrases élaborées. C'est le moment de parler de la manière la plus simple et la plus compréhensible.
Par exemple : On a vécu plein de choses, plein d'émotions, pendant cette pandémie. On va commencer à parler de ça, de nos émotions fortes. On se donne cinq minutes pour que chacun et chacune vous repensiez à deux ou trois moments d'émotion que vous avez vécus pendant cette pandémie, n'importe lesquels. Je vous explique ensuite ce qu'on en fait.
Plutôt que : la dimension émotionnelle est importante quand on traverse des événements marquants, voire traumatisants. Pour pouvoir ensuite analyser, il faut d'abord pouvoir exprimer ce vécu. Dans ce premier temps, je vais donc vous demander de produire trois fiches bristol chacun·e, avec sur chaque fiche un événement que vous avez vécu, inscrit de la couleur de l'émotion correspondante. Ce qui nous permettra ensuite de faire une fresque collective qui nous permettra d'échanger mais aussi de voir se dessiner des dominantes émotionnelles.

Pour que la première consigne donnée de cette manière-là fonctionne à coup sûr, il faut avoir établi une relation de confiance avec le groupe. Parce que vous allez lui demander de faire quelque chose sans le justifier, sans expliquer l'ensemble du plan. D'où l'importance d'avoir à la fois une posture correcte et d'avoir fait un vrai temps d'inclusion.
Ce ne sera que pour les premières consignes. Parce qu'une fois ces consignes suivies, le groupe va réaliser que ces consignes sont pensées, qu'elles vont quelque part. Bref, que votre temps d'animation est

construit de manière réfléchie. Ce que vous pourrez bien sûr discuter et
↝ 427 rendre visible et compréhensible en fin d'animation.
Ils et elles peuvent donc se laisser guider une consigne à la fois. Ce qui est plus confortable pour elles et eux en termes de concentration comme de confiance.

Ce type de fonctionnement, avec des consignes très opérationnelles et progressives, permet donc de faire apparaître la construction et le contenu, les objectifs finaux de manière progressive. Ce qui peut donner l'impression qu'on fonctionne en dissimulant les objectifs, mais ce n'est pas la finalité. J'ai d'ailleurs tendance à rassurer sur cet aspect quand la question est posée, et à confirmer quels sont les objectifs. Mais j'essaie de ne pas les annoncer de manière trop répétée, en particulier quand il s'agit de se mettre au travail.
Parce que cela permet d'éviter un biais : si on annonce les objectifs finaux de manière très affirmée, cela peut influer beaucoup sur la production du groupe. Soit en essayant de faire plaisir à l'animateurice et d'être bon·nes élèves. Soit à l'inverse en résistant volontairement. Ce qui fait, dans les deux cas, que ce ne seront pas forcément les avis et les représentations du groupe qui s'expriment vraiment et sont discutées, mais une version construite par rapport à l'animateurice. Ce n'est pas le but en général, donc autant éviter d'encourager cette tendance. Notamment dans les consignes.

Salut à toi Che Guevara
Salut aux comités d'soldats
Salut à tous les hommes libres
Salut à tous les apatrides
Salut à toi la Bertaga
Salut aussi à la Banda
Salut à toi punk anarchiste
Salut à toi skin communiste
Les béruriers noirs – Salut à toi

Installer la salle

Installer la salle, ça fait normalement partie de la responsabilité de l'animateurice, à faire en amont de la séance d'animation.
Sauf que : installer la salle ensemble, ça peut être une activité d'inclusion informelle.
Parce que, fondamentalement, c'est l'occasion de se demander ensemble ce qu'on va faire et comment on veut que ça se passe. En choisissant donc une manière de disposer tables, chaises et autres éléments d'une manière qui corresponde à nos intentions. A minima, ça permet facilement de se dire qu'on ne veut pas un format conférence ou école avec tout le monde assis en rang.
Accessoirement, ça permet aussi de donner à certain·es l'occasion de contribuer physiquement dès le début. Ca peut sembler anecdotique, mais pour certaines personnes qui ne sont pas à l'aise avec le temps d'animation à venir, et qui sont potentiellement persuadées de ne pas avoir quoi que ce soit à contribuer, le fait de faire quelque chose pour le groupe peut vraiment aider à s'y sentir utile et à sa place. Et, oui, parfois c'est en installant des tables ou en préparant le café (ce qui ne veut pas dire que l'animateurice doit se satisfaire de cette contribution : il s'agit juste de permettre de se sentir à sa place pour ensuite participer pleinement).

Présentation en ligne

L'idée est simple : l'animateurice donne une consigne et les personnes du groupe doivent se mettre en ligne, classé·es selon la consigne en question. Si besoin, je commence avec un classement par taille, aussi appelé "Faites les Dalton" pour que toustes saisissent bien le principe.

Ensuite, on peut enchaîner avec d'autres consignes, qui elles auront pour intérêt de se présenter, comme par exemple :

- Par ordre alphabétique de prénoms, en les disant ensuite dans l'ordre, incontournable pour se saluer.
- Par ancienneté dans la structure, le réseau, le métier ou l'éducation populaire, pour prendre la mesure de l'hétérogénéité du groupe et souligner que les habitudes et points de vue seront différents, et complémentaires, et que ce sera une richesse.
- Par âge, s'il y a un enjeu spécifique à montrer la répartition, et éventuellement la légitimité de l'instance. Ce qui peut être utile par exemple pour se questionner sur la représentativité d'une Assemblée Générale.
- Par temps de trajet pour venir, pour remercier celles et ceux qui ont fait particulièrement un effort, et pour se parler des endroits d'où ielles viennent.
- En fonction du nombre de langues parlées (ce qui peut être très valorisant pour celles et ceux qui ont des origines familiales mélangées ou des parcours de migration, et qui ne sont que rarement valorisé·es)

Très souvent, après deux ou trois de ces modalités, j'enchaîne sur une ou deux consignes qui vont permettre d'entrer dans le sujet de l'animation. Consignes à inventer pour chaque situation et sujet, mais pour donner une idée du principe :

Si on veut parler délit de faciès et racisme : en fonction du nombre de contrôles de police subis dans l'année / le mois / la semaine passée.

Pour parler de pandémie et de confinement : en fonction du plus grand rassemblement auquel vous avez participé depuis la fin du confinement.

Pour parler AG et fonctionnement associatif : en fonction du nombre d'AG auxquelles vous avez déjà participé. Puis du nombre d'AG auxquelles vous êtes allé·es sans être membre du CA ou du Bureau.
Pour parler de l'animation de groupe en réunion : en fonction du nombre d'heures passées en réunion cette semaine. Puis en fonction du nombre d'heures de réunion que vous auriez préféré éviter.
Les réactions à ces consignes, et les échanges qu'elles provoquent, permettent de faire la transition vers le sujet et la manière dont on se propose de l'aborder.

C'est une forme d'inclusion que je trouve très efficace et agréable. Elle a l'avantage d'être simple à mettre en place, de faire bouger tout le monde, de donner à chacun·e une raison de parler avec les autres (pour se placer) en petit comités informels, d'éviter de demander de se mettre en scène seul·e face au groupe pour se présenter, et de se faire une idée du profil du groupe plutôt que des personnes individuellement.

Point commun

Une activité d'inclusion qui tient en une consigne et qui marche très bien : "Mettez-vous par deux : vous avez cinq minutes (ou dix) pour trouver votre point commun le plus inattendu, le plus improbable."
Oui, il va falloir se parler d'autre chose que des sempiternelles questions de travail et de statut. Chacun·e trouvera des pistes différentes pour questionner son ou sa vis-à-vis : loisirs, voyages, famille, cuisine, musique, etc. L'intérêt est là, dans ce questionnement mutuel qui part dans tous les sens, le plus souvent de manière étonnante et amusante ; pas dans le fait de trouver effectivement un point commun incroyable.
Je précise en général à mi-chemin que ce n'est pas grave si on ne trouve rien, l'intérêt est de continuer à chercher. Et je précise souvent à ce moment-là, si je ne l'ai pas fait au début, qu'il n'y aura pas d'obligation de partager ensuite avec le reste du groupe (parce que parfois, on va dans des questions assez personnelles, tranquille, en parlant à deux, et qu'il ne faut pas que ça crée un blocage).

Une fois le temps terminé, je propose, en soulignant que c'est optionnel, aux binômes qui ont trouvé quelque chose d'amusant ou d'intéressant, de le partager. C'est parfois vraiment drôle, comme deux grands barbus qui ont un passé de GRS en commun.

Bonne nouvelle

Première consigne : "Je vous laisse une ou deux minutes pour penser à quelque chose de chouette, à une bonne nouvelle, quelle qu'elle soit." Je précise parfois : dans le mois précédent. Ou, dans le cas d'AG par exemple : dans l'année passée dans l'association.
Deuxième consigne : "Tout le monde marche au hasard et lorsque vous vous trouvez face à quelqu'un·e d'autre, vous prenez quelques minutes à deux pour partager vos bonnes nouvelles. Ensuite, vous vous remettez à marcher et vous refaites la même chose avec un·e autre."
On fait ça pendant cinq ou dix minutes, voire un peu plus si on est très nombreu·ses, mais l'idée n'est pas de voir tout le monde.
Ce qui est agréable, c'est que d'une part, c'est mobile et dynamique, d'autre part, c'est un moment positif et optimiste puisqu'on échange des bonnes nouvelles, et qu'enfin ça permet de rentrer dans la logique de groupe progressivement, en rencontrant d'abord les autres en petits tête-à-têtes.

Une anecdote sur son prénom

Un tour de présentation (ce qui a toujours comme inconvénient d'être un peu long et monotone, et de mettre chacun·e face à l'obligation de prendre la parole face au groupe dès le début) mais avec une consigne que j'aime bien : "Chacun·e prend le temps de penser à une anecdote sur son prénom, ou son nom, ou son surnom, bref : la manière dont on l'appelle. Qui peut avoir un lien avec le sens, l'origine, un moment marquant, ce que vous voulez."
Le fait qu'on se présente avec des petits récits évite en grande partie le côté monotone, et il permet de se raconter, en choisissant dans quelle mesure on se dévoile. Il y a un gros avantage, en particulier pour l'ani-

mateurice, pour mémoriser les noms des personnes : avec un bout de récit, c'est beaucoup plus facile (même s'il faut se méfier des anecdotes du type : on m'appelle parfois comme ça, mais je déteste, parce que c'est ce qu'on retient, aussi).
Dernière attention, comme pour toutes les consignes originales : n'hésitez pas à rassurer celles et ceux qui ne trouvent pas ou qui ont l'impression de ne rien avoir de valorisant.

Celles et ceux qui

Une variation sur le thème des chaises musicales : on fait un cercle de chaises avec une chaise de moins que le nombre de participant·es. Une personne commence donc debout au milieu du cercle (l'animateurice a priori), et annonce "Celles et ceux qui... portent des baskets / ont un diplôme d'animation / sont allé·es voter aux dernières élections / se sont déjà fait refuser l'entrée en boîte / ont les cheveux longs / portent au moins un bijou / bref : n'importe quelle fin de phrase, selon l'envie et l'inspiration ".
Celles et ceux qui sont concerné·es se lèvent et doivent se rassoir sur une autre chaise, la personne qui était au milieu essaie également. La personne qui ne réussit pas à obtenir une chaise propose la prochaine consigne.
C'est dynamique, et même sportif, et ça permet de se faire une idée de la composition du groupe, en fonction du nombre de personnes qui se lèvent à chaque consigne.

Brasero Québécois / Jeux pour discuter

Pour se rencontrer en tête à tête, de manière détendue et potentiellement décalée, avant de plonger dans le temps collectif avec tout le monde. Une série de cartes sur une table au milieu, avec une question sur chaque carte (plutôt des questions légères, mais vous pouvez doser selon vos objectifs et le degré de connaissance en amont des personnes du groupe). Chaque personne prend une carte, plus ou moins au hasard, et se dirige au hasard vers une personne, parmi celles qu'elle connaît le moins. Les deux personnes se posent alors réciproquement la question de leur carte, sans autre objectif que d'avoir une excuse pour discuter un court moment. Une fois les réponses échangées, on change de partenaire (et de carte si on a envie). On laisse les discussions prendre vie pendant dix minutes, ou plus selon le temps disponible. Il sera souvent difficile d'interrompre tout le monde, ce qui est tout à fait bon signe.

Si vous n'avez ni le temps ni l'envie de faire vos propres cartes-questions, vous pouvez aller regarder les jeux pour discuter des éditions Minus, qui sont parfaites pour cet usage. (En particulier Dilemmes absurdes, Qui
↝ 96 de nous, Avec des si, T'y crois ou pas et Chacun ses goûts).

Des jeux pour l'inclusion 62.1

Quand Darmanin a rendez- vous avec la honte, il arrive avec 30 minutes d'avance, un bouquet et des chocolats.
Waly Dia.

Pour le temps d'accueil, que je mélange parfois avec le temps d'inclusion, j'utilise bien souvent des petits jeux de société. Je les choisis pour qu'ils soient facile à prendre en main et qu'ils permettent de passer un bon moment ensemble (histoire de donner envie de faire groupe ensemble ensuite et de commencer de bonne humeur).
J'essaie de disposer de jeux jouant sur des mécanismes et des modes de jeu différents, pour que chacun·e ait une chance d'en trouver un qui le ou la tente. Sachant que le jeu n'est pas obligatoire et que chacun·e choisit celui qui le ou la tente.

Une petite sélection donc, de ceux que j'utilise le plus fréquemment. Je vous encourage à aller les découvrir en détail sur les sites et vlogs spécialisés dans le jeu de société.

- Dobble : un jeu de reconnaissance visuelle et de rapidité, devenu un classique. Avec plusieurs règles dont certaines qui s'expliquent en une minute et sans même avoir à distribuer les cartes. Accessible à toustes.
- Texto : un jeu de rapidité mais uniquement verbal, avec un principe qui rappelle le petit bac. Très rapide à mettre en place et à comprendre. Il demande un peu de vocabulaire, et donc une certaine homogénéité culturelle et langagière dans le groupe pour que personne ne se trouve en difficulté.
- Zik : un jeu où on se fait deviner des chansons en les chantant uniquement avec des onomatopées. Il faut être prêt à chanter en public, mais tout le monde se trouve handicapé·e de la même manière donc c'est moins intimidant. Très simple à expliquer et vraiment drôle.
- Teamwork : un excellent jeu de communication où un binôme compose une phrase sans se concerter pour faire deviner un mot aux autres. Très astucieux, simple à expliquer, et très utile pour parler des questions de représentation et de communication.
- Similo Contes, Similo Mythes, Similo Histoire : un même jeu avec trois thèmes différents, dans lequel on collabore pour enquêter, en essayant d'interpréter des indices représentés par des personnages connus. Un jeu malin pour réfléchir ensemble et discuter.
- Bellz : un jeu d'adresse avec un aimant et des clochettes, dont le matériel donne tout de suite envie. Tout simple, accessible à toustes.
- You robot : un jeu idiot et très drôle dans lequel on joue en binôme, l'un·e des deux jouant un robot que l'autre télécommande pour lui faire prendre la position prévue. Il faut des participant·es prêt à être un peu ridicule, mais c'est très drôle.
- Bonjour Simone / Bonjour Robert : un jeu de cartes de rapidité dans lequel on dit bonjour aux personnages. Un format classique et efficace qui fonctionne toujours.
- Blitz : un jeu de rapidité oral, avec des échanges parfois frénétiques de réponses. C'est un jeu dans lequel il faut être réveillé et dans lequel les plus acharné·es sont souvent celles et ceux qui l'emportent.

- Hand's Up : un jeu de main, mais pas de vilain, dans lequel chacun·e essaie de prendre la bonne position avant les autres. Sans avoir besoin de parler, et qui s'explique en deux minutes maximum.
- Taggle : Un jeu de répliques dans lequel on rigole beaucoup et on a l'impression d'être très créati-ves sans avoir besoin d'inventer quoi que ce soit.
- Sandwich : un jeu dans lequel on prépare des sandwich pour les autres, en essayant de coller à leurs goûts (avec un petit peu de rapidité en option pour la première partie du jeu). Un bon jeu simple pour se découvrir par le biais de goûts culinaires.
- Twin it : un jeu de reconnaissance astucieux et parfois retors, pour celles et ceux qui aiment aller vite et chercher les détails.
- Remember : un jeu pour se raconter de petits morceaux de vie et d'émotions, avec un matériel sobre et coloré. Un jeu pour lequel il faut un peu prendre son temps, avec un petit effort de mémoire sur la fin.
- Saumon frétillant : un jeu de rapidité frénétique dans lequel on crie 'flap flap flap' en faisant des gestes idiots. Vraiment très drôle, mais épuisant.
- In Vino Morte : un jeu d'élimination et de bluff dans la famille de Loup-Garou, mais en beaucoup plus simple et rapide.
- Mim' too : un jeu de mime dans lequel on se fait deviner des personnages et des situations absurdes et inattendues, et c'est ce qui fait tout son sel. À réserver bien sûr à celles et ceux qui sont prêt·es à se mettre en scène et mimer devant les autres.
- Yogi : un jeu dans lequel on se coince des cartes sous le bras, le menton, derrière l'oreille, etc. en essayant d'en accumuler le plus possible avant que ça tombe. Ce qui fait, bien sûr, qu'on prend des positions ridicules. Et que c'est drôle, mais pas pour celles et ceux qui veulent garder une posture digne et sérieuse.
- Taco Chat Bouc Cheese Pizza : un jeu de rapidité dans lequel on se mélange les pinceaux pour taper le plus vite possible et pour faire la marmotte ou le gorille.

- Maudit mot dit : un jeu de mots et d'indices très astucieux, dans le style du jeu télévisé Pyramides, pour celleux qui ont envie d'être malin·es et de jouer sur les double sens.

Des consignes pour constituer le groupe 62.2

C'est pour ça qu'il existe des règles, tu comprends ?
Pour qu'on réfléchisse avant de les enfreindre.
La Procrastination de Terry Pratchett

Avec quelles règles fonctionner en groupe ? Quelles règles contractualiser lorsqu'on finit de contractualiser le groupe ?
C'est une question importante.
La réponse la plus évidente, au début, serait d'établir clairement l'ensemble des règles de fonctionnement du groupe après le temps d'inclusion. De les valider ensemble pour que toustes soient impliqué·es pour les appliquer et les rappeler.

C'est une bonne pratique, en général. Que je remet de plus en plus en question en pratique, ceci dit. Parce que c'est un formalisme qui peut être assez lourd et qui peut symboliquement faire passer dans une ambiance trop formaliste, dans laquelle on va respecter un codex de règles plus que s'impliquer naturellement dans un fonctionnement de groupe sain.
J'ai de plus en plus tendance à miser sur un temps d'inclusion efficace pour établir une dynamique saine dans le groupe, et à ne poser qu'un strict minimum de règles. Ce qui est toujours un exercice d'équilibre, parce que juger des règles qu'il est utile de mentionner, et celles qu'on peut considérer comme évidentes, est toujours un pari semi-aveugle. Un pari dont le risque dépend du groupe : à quel point est-ce que ça peut partir en sucette ? À chaque animateurice de juger en fonction du groupe, mais je préfère ne pas en faire trop sur l'établissement des

règles, tout en défendant que c'est nécessaire.
De manière générale, il s'agit donc d'établir une forme de contrat, une constitution même, pour le groupe et le temps d'animation.

J'inclus d'une part ce qui concerne la relation entre l'animateurice et le groupe :

- Quel mandat porte l'animateurice ? Ce qui concerne surtout le fait de clarifier que l'animateurice n'est pas chef-fe du groupe, ou prof, mais bien un moyen au service du groupe, pour l'accompagner et mettre à disposition les moyens d'animation nécessaires.
- Quels objectifs nous donnons-nous pour ce temps ? Avec l'idée de les valider, même rapidement, ensemble.
- Quel temps pour cette animation, quelle implication ? Avec l'idée que l'animateurice s'engage à tenir ce cadre.

D'autre part, il s'agit d'établir les règles au sein du groupe :
Un principe de coresponsabilité. À partir du moment où l'animateurice n'est pas chef-fe, ce n'est pas lui ou elle qui porte la responsabilité du fonctionnement du groupe, de l'ambiance et des relations entre les personnes, mais bien le groupe lui-même, collectivement. "Nous sommes toutes et tous responsables de la manière dont ça va se passer entre nous, et de la manière dont nous allons nous traiter." En conséquence, les règles sont validées collectivement et ensuite portées collectivement. Ce qui évite à l'animateurice de se positionner comme policier·e.

Un constat qu'il existe des inégalités au sein du groupe : d'expériences, de parcours, de facilité à prendre la parole, de maîtrise de certains codes, et une volonté partagée de viser une égalité des personnes comme des paroles. De la place de chacun·e dans le groupe. Avec une attention à le traduire dans les faits, avec l'aide en particulier de l'animateurice qui est formée sur ces questions. Nous nous rendons donc coresponsables de la prise en compte de ces inégalités.
En conséquence, la mise en place si on le juge collectivement nécessaire

de règles sur la manière de prendre la parole et de se répartir le temps de parole. Sachant qu'on peut s'interrompre en cours d'animation pour faire le point, et ajouter éventuellement des règles que l'on n'avait pas jugées utile au départ.
Ce qui peut inclure :

- Ne pas interrompre
- Tour de parole, avec outils éventuels
- Pas de réactions à chaud à une prise de parole ↝ 63
- Pas de ping-pong entre interlocuteurices
- Une obligation de principe de s'exprimer
- Laisser dix secondes entre deux prises de parole
- Dire “Je prends” quand je prends la parole et “Je laisse” quand j'ai fini.
- La possibilité de porter un jugement sur des idées, mais pas sur des personnes

Une règle de confidentialité, selon les enjeux. Mais de confidentialité sur les personnes, sur qui à dit quoi. Pas de confidentialité comme si on devait taire tout ce qui est fait là, parce que ça ne marchera pas et dans la plupart des cas, ce sera même contre-productif de ne pas pouvoir partager en dehors ce qui a été travaillé ensemble.
Si les sujets à aborder sont potentiellement polémiques, il peut également être utile d'établir des règles quant à ce qui peut ou ne peut pas être dit (Est-ce que nous sommes ici contraint·es par un cadre légal ? Par des interdits moraux ? Par un projet associatif ? Par rien du tout parce qu'il s'agit de se parler entre nous ?) et de ce qui peut être ensuite répété à l'extérieur (Confidentialité sur ce qui se dira ? Anonymat quant aux auteurices des propos ? Compte-rendu validé ensemble avant diffusion ?)

Si le cadre et les objectifs s'y prêtent, la répartition de rôles dans l'animation du groupe fait également partie des règles, avec un panel de rôles qui peut être aussi réduit ou étendu que l'on veut. ↝ 44.1

Un cadre bienveillant ? 62.3

On va se donner comme règle commune ? La bienveillance.
C'est une proposition qu'on me fait presque toutes les fois. Dans certains milieux en tout cas.
Et, sur l'idée, pourquoi pas.
Sauf que. Je constate que dans des groupes hétérogènes, parfois, c'est un frein. Pour le dire plus directement : l'injonction à la bienveillance impose de dire les choses doucement, avec les bons codes et avec le sourire. Pour celles et ceux, dominé-es en particulier, qui n'ont pas les codes, qui en ont gros sur la patate et qui ne sont pas sûr·es de pouvoir dire ces choses qui sont coincées depuis longtemps, cette obligation de bienveillance devient une obligation de fermer sa gueule.
↝ 7 Oui, parfois, la bienveillance est un moyen de silencier les dominé-es.

Parfois la bienveillance est un moyen d'étouffer le conflit, et de produire une uniformité artificielle, un consensus apparent en faveur des dominants.
Alors, les consignes de bienveillance, pourquoi pas, mais en validant la possibilité de conflits. Dire qu'on va se donner pour règle de ne pas attaquer les personnes, mais qu'on va s'autoriser voire s'encourager, à être en conflit sur les idées. Parce que se vouloir du bien en vrai, c'est vouloir que toustes s'expriment.

Quand toustes s'expriment, et que des conflits apparaissent, des positions très différentes, voire opposées, ce n'est jamais facile. En général, parce que le conflit, culturellement, on y est peu formé·es. Mais plus spécifiquement, ça peut dans certains cas basculer dans de la violence. Je veux dire : une opinion opposée va être interprétée comme une attaque, et qualifiée de violence contre soi. Ce qui justifie d'y répondre sur le registre de la violence, et partant de là, c'est la merde en termes de fonctionnement collectif et conflit productif.

C'est Sarah Schulman qui m'a fourni une grille de lecture précieuse de ce phénomène.

Il y a deux types de personnes qui vont facilement adopter ce mécanisme :

- Des dominé-es avec un vécu traumatique (ponctuel ou par petites touches (subir les comportements racistes ou sexistes quotidiens pendant des décennies produit un trauma psychologiquement. L'opinion exprimée vient activer ce trauma, et c'est émotionnellement trop fort, donc vécu comme une agression (ce que ce n'est pas objectivement) et donc amener une réaction de défense. Dans ce cas, il s'agit d'entendre et de réguler, sans valider le fait que l'expression d'origine était violente (si elle ne l'était pas, et ce n'est pas toujours simple (mais c'est important, sinon on va censurer rapidement tout ce qui touche quelqu'un d'autre et le résultat ne sera en fait pas du tout inclusif)). Et de donner du temps et de l'espace.
- Des dominants qui ne supportent pas la contradiction, habitués qu'ils sont à être dans le vrai et la confirmation. Le fait qu'ils requalifient la parole opposée en violence pour la faire taire est alors un vrai problème vis-à-vis de nos visées d'animation, et doit être rendu visible et contré (quand on a le mandat). C'est une dynamique qu'on retrouve facilement dans des relations hiérarchiques (dont entre CA et publics).

Au-delà d'une idée claire de la différence entre conflit et violence, cet éclairage me semble essentiel pour identifier comment réguler sur des sujets engageants et dans des collectifs hétérogènes. C'est beaucoup mieux expliqué, avec bien d'autres choses importantes, dans le livre de Sarah Schulman : le conflit n'est pas une agression.

Le fait de permettre à chacun·e de trouver sa voix, d'avoir les moyens de donner son point de vue, c'est au cœur de nos préoccupations d'animateurices.
Le terrain de l'expression dans un groupe est piégé : en fonction de la classe sociale, de la réussite à l'école, de la couleur de peau, du sexe... toustes n'ont pas pu développer les mêmes compétences oratoires ni la même légitimité à donner son avis publiquement.
Il va donc s'agir à la fois de favoriser la parole de certain·es et de freiner en miroir celles et ceux qui vont prendre toute la place, consciemment ou non d'ailleurs. Pour cela, on peut jouer sur les consignes lors de la constitution du groupe, sur des outils de régulation (bâton de parole, sablier, etc), mais on peut aussi faire un détour par de l'expression symbolique. En demandant à toustes de s'exprimer autrement qu'avec des mots et des phrases, on rebat les cartes et on remet beaucoup plus toutes et tous à égalité, puisque peu sont formées à ces modes de communication, ou spécialement légitimes. C'est pourquoi les outils que j'utilise le plus souvent quand je veux faciliter l'expression relèvent de l'expression symbolique, souvent ludique.

Photo·expression

(Je n'utilise pas le terme photolangage parce qu'il s'agit d'une marque déposée avec un usage spécifique dans le champ psychologique et psychiatrique, mais si les enjeux sont différents, les fondamentaux techniques sont les mêmes).

L'idée est de proposer une grande quantité d'illustrations et de demander à chacun·e d'en choisir une pour répondre à la question posée. Les questions peuvent être de tout type : Comment vous sentez-vous dans un groupe ? C'est quoi être animateurice ? Votre ressenti si on parle de politique ? Comment vous voyez l'avenir ?

On peut utiliser toutes sortes d'illustrations, notamment en découpant des magazines, mais j'utilise systématiquement les images du jeu Dixit (et ses nombreuses extensions). Elles sont belles, très variées, très poétiques et pleines de détails : on a donc envie de les manipuler, et elles se prêtent particulièrement bien à une interprétation symbolique.
Il est important de laisser les participant·es fouiller dans le tas de cartes, ce n'est pas un exercice facile, et il faut que chacun·e ait le temps de trouver sans stress.

Ensuite, je ne vais pas demander à chacun·e d'expliquer son choix (même si c'est une option possible, notamment pour aller plus vite, mais je trouve ça bien moins riche et plus intimidant) : je vais demander à une première personne de montrer sa carte aux autres, et ce sont les autres qui vont d'abord essayer de deviner ce que raconte la carte. Je les relance en questionnant et elles et ils vont exprimer de nombreuses idées. Parfois farfelues, mais très majoritairement pertinentes.
Peu importe que ce soit bien deviné ou pas : ce sont des idées et représentations pertinentes et intéressantes, produites et exprimées par le groupe, et c'est bien ce qu'on cherche. Je note donc de manière indifférenciée tout ce qui est dit.

Après deux minutes environ à deviner, je donne la parole à la personne qui avait choisi la carte pour qu'elle donne sa version. Et confirme ou non les devinettes, ce qui a souvent une dimension ludique.
Le fait de parler après que le groupe ait deviné facilite beaucoup la vie aux personnes qui ont le plus de mal à parler face à un groupe :

- Parce que leur parole est attendue, voire demandée par celles et ceux qui ont essayé de deviner
- Parce que si elle ou il manque de vocabulaire ou d'aisance, il est possible de reprendre des formules utilisées par d'autres, ou simplement de valider ce qui a été dit. Ce qui fait que sans forcément parler, on a par le biais de notre carte et des réactions des autres, contribuer à dire des choses intelligentes.

Avec les consignes dans cet ordre : c'est plus long qu'en racontant directement, c'est sûr. Mais je crois que ce n'est pas du temps perdu. Parce qu'on produit vraiment beaucoup plus de contenu. Parce qu'on facilite la vie à celles et ceux pour qui l'expression est la plus difficile, et ça fait vraiment partie de notre travail.

Quant au contenu collecté, il peut être noté au tableau, sur des fiches-bristol, en prise de notes, en synthèse, gardé simplement en tête...
№ 4 selon la manière dont on a construit la suite de notre filage d'animation.

Avec des légos

En grand groupe, j'utilise régulièrement des légos, avec le même genre de méthode et d'intentions que pour la photo·expression : permettre à chacun·e, en s'amusant, d'exprimer des points de vue, représentations et opinions sur un sujet, souvent complexe.
L'idée est de mettre à disposition une grande quantité de légos, et notamment beaucoup de personnages, sur une table au milieu de la salle. C'est d'ailleurs le vrai inconvénient : il faut un gros stock de légos (mais ça marche aussi avec des playmobils et des kaplas.
On va répartir les participant·es en petits groupes, et donner une consigne : faites une scène, sur une table, pour donner votre vision de... la démocratie, votre structure, la vie dans le quartier, etc.
Chaque groupe discute, expérimente, construit. En se mettant d'accord puis en cherchant des légos pour le construire, ou en piochant ce qui inspire et en assemblant ensuite tout en discutant de ce que ça raconte : les deux marchent également.
Il va falloir utiliser les briques pour représenter des structures ou des relations symboliques (murs, hiérarchies, portes, etc) et les personnages pour représenter les acteurs et actrices en passant par des éléments symboliques pour les rendre identifiables.
Tout ça se fait en s'amusant, parce qu'on a les mains dans les légos. Ce

n'est pas anecdotique qu'on s'amuse, parce que ça va permettre de dire des choses difficiles à exprimer sans se freiner, parce que ça se fait dans le fil de la rigolade, et dans le challenge de dire des choses uniquement avec des légos muets.
Une fois les scènes réalisées, j'utilise la même consigne que pour Dixit : les autres groupes devinent d'abord, puis on explique. En tournant de table en table, comme pour une visite d'exposition. C'est toujours très riche.
Deux derniers atouts des légos :

- Tout le monde est vraiment mis au même niveau parce que rares sont les personnes avec une compétence très technique en légo (et les plus à l'aise sont plus souvent des salariées à des postes peu valorisés que des élu·es ou des directeurices.
- Même sans compétence particulière, à la fin, c'est joli. Du coup, on est facilement content·es de ce qu'on a produit, et on en fait des photos pour garder un souvenir et le montrer à d'autres.

Et si on dessinait ?

Les légos, c'est sympa, mais ça demande beaucoup de matériel. Pourquoi alors ne pas utiliser la même logique mais en faisant dessiner ?
Les premiers essais que j'ai tentés ont confirmé mes doutes : le dessin, ça crispe beaucoup de personnes, persuadées qu'elles ne sont pas capables et que ça va être moche.
Du coup, en réponse, je me suis construit un petit guide de dessins en bonshommes-bâtons. Ce qui me permet de faire dessiner en demandant à tout le monde de partir de cette base, à égalité. Et là, tout·es y arrivent, et il n'y a pas vraiment de différence de compétence et de qualité dans les résultats. Tout en gardant la richesse de l'expression symbolique, et la légèreté du matériel.

Un exemple de mon guide dessin, qui peut être largement adapté et complété selon les sujets, mais toujours sans pouvoir écrire de textes pour compléter le dessin

Enfin, un dernier avantage à toutes ces formes d'expression qui passent par un support et pas par la parole : ça fait un objet entre les personnes, et on retrouve l'idée de la médiation par l'objet. C'est-à-dire que pour commenter et échanger sur la structure ou les personnes, on ne commente pas en pointant l'autre, mais en pointant le légo ou le dessin. Et ça change quelque chose, parce que ça évite une forme de confrontation directe, ça introduit un intermédiaire.
Quand on doit se parler de la vie dans le quartier, ou du fonctionnement de notre association, ça fait une différence bienvenue.

Petit groupe – grand groupe 63.1

C'est peut-être l'outil d'animation que j'utilise le plus souvent : l'alternance entre temps en grand groupe et temps en petits groupes (et, oui, je considère que c'est bien un outil, et un des meilleurs).

Les temps en grand groupe, c'est bien parce qu'on est toustes ensemble, qu'on fait groupe, et c'est économique parce que toustes entendent tout en une seule fois.
Mais : c'est aussi un espace dans lequel toustes n'arrivent pas à s'exprimer à égalité, loin de là, et dans lequel tout prend du temps. Du coup, on y passe beaucoup de temps passi-ve, et c'est facilement lassant et fatiguant.

Les temps en petits groupes (entre 4 et 8, en gros), c'est bien parce que ça laisse la place à toustes de s'exprimer plus facilement, les échanges vont plus vite, et il est plus facile de garder tout le monde sur le même rythme, à la même étape et concentré·es. Mais ce qui s'y passe n'est partagé et entendu que par un petit groupe, forcément.

Dans la plupart des temps d'animation, j'alterne donc entre les deux : poser des bases en grand groupe, le contexte notamment, puis une consigne (ou une série de consignes) en petits groupes, et ensuite un retour en grand groupe avec une mise en commun synthétique et cadrée. Cette alternance permet de changer de format et de dynamique, ce qui ↝ 42.1 est aidant en termes de rythme et de maintien de l'attention, et elle est également très utile pour permettre à chacun·e de s'exprimer et de ↝ 72.31 participer activement.

Sablier 63.2

J'aime bien les sabliers en général. Et j'aime bien les très gros sabliers colorés en particulier, comme outils de régulation des temps de parole. Pas tout le temps, parce que c'est contraignant, mais quand il y a un vrai enjeu, et quand je fais le pari qu'il va y avoir des participant·es qui risquent de confisquer la parole et de ne pas tenir des consignes (comme, au hasard, des élu·es).

Le sablier est placé visible à la fois de celle ou celui qui parle et de l'auditoire. Ce qui fait que la personne sait combien de temps il lui reste, mais surtout que le groupe le sait aussi. Quand le temps est terminé, du coup ce n'est pas l'animateurice qui se trouve comme un·e con·ne à tirer sur la manche de l'orateurice qui l'ignore, mais tout le monde qui commence à pointer vers le sablier, à faire des gestes, voire des blagues : c'est une régulation collective du temps de parole. Non seulement c'est plus agréable pour l'animateurice, qui n'a pas à être dans une posture de policièr·e, mais c'est agréable pour le groupe, qui devient autonome et puissant.
C'est particulièrement satisfaisant avec des élu·es justement, puisque c'est la population qui contrôle démocratiquement la parole de l'élu·e.
Accessoirement, comme c'est gros sablier coloré, ça donne une impression détendue et ludique, ça fait moins sanction, surtout si on l'introduit avec un peu d'humour.

Pour que ça fonctionne, il faut bien sur l'annoncer avant, comme une consigne pour tout le monde, acceptée par toustes,

C'est aussi un outil que j'utilise pour les mises en commun de travaux de groupe, pour contraindre chaque rapporteureuse à se tenir à un compte-rendu compact et sans trop de détours. Ce qui là aussi marche si ça a été annoncé avant, histoire de pouvoir se préparer.

Dans la plupart des cas, j'utilise un sablier de 2 minutes. C'est tout à fait suffisant pour développer une idée correctement, même avec des hésitations. Mais pas assez pour partir dans des digressions et des discours creux. Ce qui est très bien.
Dans certains cas particuliers, j'ai un sablier de cinq minutes, mais il faut vraiment qu'il y ait des raisons de parler longtemps, de raconter des choses très détaillées. Surtout si on doit enchainer plusieurs prises de paroles, ça peut vite être trop pour que toustes restent concentré·es facilement.

Des outils pour égaliser 63.3

Les effets des rapports de domination sont très nombreux dans les groupes, et en particulier sur la prise de paroles. Celle-ci se fait rarement à égalité, c'est toujours un enjeu en termes d'animation, et toujours un enjeu complexe tant les ressorts et stratégies peuvent être nombreux. Avec une lecture inspirée de la sociologie (mais de manière sommaire), j'ai essayé de construire une boîte à outils organisée et transmissible de manière animée, voire ludique. Elle s'intitule "Toutes et tous à parts égales" et est disponible, comme tous mes outils, sur mon site.

Ça va, c'est pas pour nous ! 63.4

Des techniques d'animation, des outils, ça en fait un bon paquet. Qu'on sait en moyenne utiliser quand on travaille avec nos publics, quand on s'adresse à un groupe qui n'est pas habitué à fonctionner en collectif, qui n'a pas les codes ou les compétences (et là, on voit déjà pointer un peu de mépris, non ? Parfois ?)
Pour autant, quand on se retrouve entre nous, avec des élus, des professionnel·les rodé·es, on a tendance à les mettre de côté, à se dire que ça va bien, c'est pas pour nous.

Ce texte-là, il est pour vous : les directeurices, les animateurices d'instance, les ancien·nes du métier, les militant·es professionnel·les, les élus et les universitaires.
Pour vous toustes qui vous dites, ouais : c'est sympa tout ça, pour les anim de terrain, mais bon, nous ça va, on a pas besoin de tout ça.

Que vous n'en ayez pas besoin pour encaisser quand même des temps collectifs longs, et souvent pénibles, parce que vous avez le sens du sacrifice, certes. Mais pour autant, ce serait tellement mieux avec.

Prendre la peine d'outiller et d'animer un temps collectif, même avec des personnes qui sont formées et formatées aux réunions chiantes, ça fera plaisir à tout le monde. C'est important de se faire plaisir dans ces temps-là, dans ces instances-là.
Parce que ça fait du bien à tout le monde de prendre plaisir au travail ensemble, à titre simplement individuel.
Parce que le plaisir partagé renforce les liens entre les personnes et la dynamique du groupe, et évite donc de tomber dans des logiques sacrificielles, qui ne sont bonnes ni pour les individu·es ni pour le groupe.

Le fait de prendre plaisir à ces temps est une source de motivation pour venir et revenir y participer. Ce qui est à la fois une réponse aux difficultés de mobilisation et au renouvellement des collectifs et des instances. Parce que se lamenter sur les difficultés à recruter dans les CA et les collectifs est une chose, mais c'en est une autre de consacrer de l'attention et des moyens au fait que ces instances soient agréables et donnent envie de s'y joindre et d'y participer. (Et, oui, tout le monde sait très bien quelles réunions et instances vont être systématiquement chiantes. Et ouvrir l'adhésion à d'autres personnes que celles qui sont prêtes à venir malgré ça, en serrant les dents, ça peut aider à redynamiser ces espaces).

Utiliser des outils, faire des temps d'inclusion, soigner la dynamique de groupe : ça prend du temps. C'est vrai.
Malheureusement, nous sommes toutes et tous piégés par le fonctionnement libéral et le financement par projets avec l'impression, réelle, que nous n'avons jamais le temps de tout faire et de tout traiter.
Ce qui nous amène souvent à supprimer toute animation pour tasser le plus possible d'items productifs dans le temps le plus court. Ce qui est très compréhensible et pourtant dommageable.
Je crois que le temps que nous avons l'impression de gagner en faisant ce choix n'est pas un gain aussi net que ça.
Au-delà du coût en termes de motivation et de plaisir déjà évoqué, c'est aussi un choix qui nous amène à travailler assez mal. Parce que personne n'est réellement concentré et efficace après quinze points d'ordre du jour enchaînés au pas de course avec des décisions faussement discutées. Faire le pari de traiter moins de points mais de les animer correctement est un choix que je trouve souvent payant. Parce que les points traités alors le sont bien mieux, d'une manière plus juste et plus satisfaisante. Ne serait-ce que parce qu'ils seront traités avec l'avis et la participation de toustes, et pas seulement des leaders pressés. On gagne donc en richesse d'échanges, de justesse des décisions, d'adhésion aux décisions prises et, toujours, de plaisir et de motivation.
Accessoirement, ça nous amène aussi à apprendre à faire le tri entre ce qui mérite un traitement réellement collectif et ce qui relève de la transmission d'informations, qui, elle, peut tout à fait se faire dans d'autres

formats. En d'autres mots, ça nous amène à consacrer les temps collectifs aux éléments qui méritent réellement d'être travaillés en collectif et qui gagnent à ce format-là.
Pour le même prix, ça peut aussi nous amener, collectivement, à mesurer le poids des contraintes productivistes qui pèsent sur nous et à commencer à élaborer des stratégies de contournement ou de résistance collectives. En particulier si on prend la peine d'animer un temps de débriefing dans lequel on discute les effets et l'intérêt de consacrer de l'attention et du temps à la dimension d'animation collective.

Enfin, le fait d'animer réellement ces instances ouvre la possibilité d'y intégrer de nouvelles personnes, et en particulier celles qui n'ont pas les codes ou simplement la motivation pour se taper des heures de réunion chiante.
Parce que si les réunions chiantes, vous êtes capables de les encaisser et même de trouver ça acceptable, voire efficace, ce n'est certainement pas le cas de tout le monde. Ne pas les animer, c'est donc faire le choix de les réserver à celles et ceux pour qui ces formats sont supportables. Ce qui ne risque pas d'aider la participation de toustes ou le renouvellement des instances.
Ce qui peut-être amènera le collectif à se questionner sur des questions d'inclusion, voire de mépris de classe (et autre), et ça non plus ce ne sera pas perdu.

Alors, certes, ça demande d'y consacrer du temps et de faire des efforts, mais ça c'est de toute façon le cas si on veut faire des collectifs qui fonctionnent. Rien de nouveau, et vous le savez très bien quand vous animez avec vos publics.
Peut-être que finalement, le plus difficile dans le fait d'animer correctement les instances, c'est de se dire que nous non plus nous ne sommes pas au-dessus de ça, que nous sommes des personnes comme les autres et que ça nous fera du bien de vivre des temps animés, comme les autres.

DES OUTILS POUR TRIER 64

Venez dans le tunnel, on peut faire des raisonnements !
Olympe Peccadille Lilith

Après les opérations qui relèvent de l'expression, si nous voulons permettre à nos groupes de penser ensemble et d'échanger, il nous faut disposer d'outils pour les opérations de tri : comparer, organiser, regrouper.

Ce sont bien sûr des opérations qui peuvent se faire de manière orale, en discutant, mais on y gagne souvent à utiliser des supports. Toujours dans l'idée de se reposer aussi sur des éléments visuels et qu'on peut manipuler ensemble, pour ne pas rester dans de l'abstraction.

La méthode simple que j'utilise le plus est la manipulation de fiches bristol.
Lors des temps d'expression précédents, chaque élément mentionné a été noté sur une fiche bristol.
Je mélange alors la série de fiches (pour les mélanger, mais aussi pour donner une petite impression ludique, comme pour un paquet de cartes) et je révèle la première en la lisant à haute voix. Elle est placée au centre d'une table autour de laquelle le groupe se place (si vous avez beaucoup de fiches, prévoyez une grande table). Puis je révèle de la même manière la seconde fiche et je demande simplement au groupe : "Est-ce que ça va avec la première ou est-ce que c'est quelque chose de différent ?"
Si ça va avec, je la place collée à la première, sinon plus loin sur la table.
Et ainsi de suite avec l'ensemble des fiches.
Le groupe va ainsi classer les fiches en paquets organisés, et produire une structure. De lui-même, avec ses propres critères. Ce qui est une opération élaborée et intellectuelle, qui se passe aisément, ce qu'on

pourra souligner.
↝ 64.1 Le résultat final ressemble plus ou moins à une mind map.

Pour animer ce temps, il est important d'arbitrer entre :

- Permettre à chacun·e de s'exprimer
- Garder un rythme soutenu pour que ça ne devienne pas laborieux

L'équilibre n'est pas facile à trouver, et en cas de doute, j'ai tendance à privilégier le rythme pour que toustes restent impliquées et dynamiques. En rappelant bien que les positionnements ne sont pas définitifs puisqu'on pourra tout rebouger si les avis évoluent et s'affinent (c'est l'intérêt de travailler avec des fiches bristol) et en mettant éventuellement de côté les fiches qui posent problème pour les traiter à la fin.

L'intérêt des fiches est notamment qu'elles sont mobiles. En les plaçant sur la table, toustes y ont accès. J'encourage donc les personnes à montrer lorsqu'elles donnent un avis ce qu'elles proposent : en mettant telle fiche à côté de celle-là. D'une part, c'est actif, et d'autre part, ça permet à toustes de mieux se représenter la proposition, en n'étant pas seulement dans le registre verbal mais aussi visuel.

Lorsque toutes les fiches sont posées (et parfois en étape intermédiaire), je demande au groupe de regarder l'ensemble et de se demander si ça fonctionne. “Faut-il regrouper des paquets ? En diviser certains ?”
Ceci permet d'affiner et de valider ensemble. Et également de préparer l'étape suivante (qui est ceci dit optionnelle).
Une fois l'ensemble validé, je demande au groupe de nommer, en une formule simple, chaque paquet. Et je crée une fiche, d'une autre couleur, avec le titre de chaque paquet. Cette étape demande de mettre des mots sur ce que nous avons fait jusque là. Ce qui est intéressant puisqu'on va alors conceptualiser et verbaliser.
En d'autres termes, cet outil a permis jusque-là de classifier, mais sans nommer et surtout sans imposer les critères de tri. Ceux-ci ont émergé

parce que nous en avions besoin pour réaliser l'opération. Nous les faisons maintenant apparaître pour ce qu'ils sont. Et à partir de ceux-ci, nous savons nommer les paquets pour ce qu'ils sont : des regroupements conceptuels en fonction de critères que nous avons choisis parce qu'ils font sens pour nous. Là aussi, nommer cette étape et montrer au groupe qu'il en a été capable est intéressant.

Ceci fait, nous disposons d'une structure créée collectivement à partir d'un matériau de base inorganisé. Ce qui est très utile et très valorisant. Mais pas nécessairement complètement terminé, selon les objectifs de départ.

À partir de ce classement, on peut enchaîner sur deux directions possible :

- Hiérarchiser (souvent pour choisir). Auquel cas il s'agit d'enchaîner avec des outils de classement et de prise de décision. Par exemple, un vote pondéré sur les intitulés des paquets.
- Structurer. Il s'agit là de réfléchir à la manière dont ces éléments s'articulent. Une manière simple de l'animer est de ne garder que les fiches avec les intitulés de paquets (les catégories). On propose alors au groupe de déplacer ces fiches librement, en discutant, jusqu'à trouver une (ou des) manières de les mettre en relation qui aient du sens : relations hiérarchiques, regroupements, etc. La géométrie est là encore libre et les groupes se saisissent le plus souvent de la consigne de manière facile et libre.

C'est une opération qui fonctionne mieux en petits groupes. Il peut donc être très utile de réaliser plusieurs copies des fiches de catégorie et de laisser plusieurs groupes travailler la structure en parallèle. Dans ce cas, la mise en commun et la comparaison des différentes propositions de structure est souvent très riche.
La structure obtenue peut ensuite être mise au propre sous forme visuelle, ou servir de plan (par exemple pour un projet associatif).

Si l'on souhaite travailler la structure plus en détail, on peut effectuer le même type de travail pour les fiches à l'intérieur de chaque paquet.

Cet outil est composé de plusieurs étapes qui peuvent bien sûr être dissociées, selon les objectifs poursuivis.
Il existe d'autres méthodes pour réaliser ces opérations de classement et de tri, notamment ceux développés dans le cadre de l'Entraînement Mental.

Mind map 64.1

On est toustes capables de penser, et de manière intelligente et réfléchie, même si trop souvent notre parcours, scolaire notamment, nous a convaincu·es du contraire.
Par contre, on ne pense pas forcément de la même manière, avec les mêmes cheminements et les mêmes approches. Il y a notamment une différence fondamentale entre deux fonctionnements qui m'a beaucoup éclairé personnellement et professionnellement.
Certaines personnes pensent facilement et spontanément de manière linéaire. C'est-à-dire en enchaînant une idée après l'autre, dans l'ordre. Comme on écrit, ou comme on lit. C'est le plus souvent ce qui nous est appris et montré à l'école, et dans le monde de l'écrit en général.
Certaines personnes, à l'inverse, pensent en arborescence. Une idée en fait naître deux ou trois autres en parallèle, qui chacune vont donner naissance à d'autres. Comme un buisson, qui peut partir dans toutes les directions à la fois. Ce qui n'est ni moins efficace, ni moins bien. C'est par contre souvent moins compatible avec le fonctionnement scolaire, et ces personnes-là peuvent facilement se trouver en échec de ce fait. Et convaincues qu'elles ne sont pas capables de produire une pensée intellectuelle riche et ayant de la valeur. Ce qui est bien dommage, en particulier avec nos intentions d'émancipation de toustes.
Certaines personnes, enfin, sont bien sûr quelque part entre les deux

et jonglent entre ces deux fonctionnements avec des équilibres variés.

Nous avons tous et toutes, par le biais de l'école notamment, des outils, des méthodes et des repères pour organiser la pensée linéaire. Donc pour la rendre visible et la valoriser.
Pour la pensée arborescente, beaucoup moins, et je crois qu'il est utile d'en avoir. Pour soi si on est concerné·e. Et en animation de toute façon puisqu'on a toutes les chances d'avoir un groupe composé de personnes fonctionnant de manières variées, notamment en arborescence.

L'outil pour moi central pour faciliter et rendre visible la pensée en arborescence, c'est la Mind map. En français, carte heuristique, ce qui est malheureusement encore plus intimidant.
L'idée est très simple : on met à plat sur le papier les idées organisées en buisson, avec des traits pour les relier. On s'autorise donc simplement à dessiner et écrire la manière dont on pense.
Ce qui fait déjà du bien. Parce qu'on se rend compte que c'est riche, et qu'on peut le poser, enfin, d'une manière efficace.

Accessoirement, pour le mettre sur papier, je trouve beaucoup plus efficace et agréable de le faire vraiment sur papier, pour la facilité et la rapidité de mise par écrit (qui est en cohérence avec le fonctionnement de ce mode de pensée), et avec des couleurs et l'autorisation de faire des dessins, des pictos et des schémas plutôt que du texte (ce qui facilite l'émergence de contenus liés aux émotions, aux images, et enrichit). On se garde les logiciels de Mind map pour mettre au propre des versions finalisées et les transmettre ou les publier.

Une fois la mind map établie, on peut bien sûr y revenir, l'amender, la compléter. Et aussi, ce qui est souvent intéressant, la refaire de zéro maintenant qu'on a tout listé en vrac.
Et puis, on peut s'en servir pour trouver un cheminement linéaire quand

on en a besoin. Quand il faut produire un écrit par exemple. Ou un filage d'animation. Ou un contenu de formation.

On se choisit un point de départ qui nous semble logique, et qui nous
↝ 43 semble rattaché aux préoccupations de notre groupe, et on essaie de
tracer un chemin, en suivant les liens de notre mind map, pour passer
par toutes les étapes d'une manière logique. D'ailleurs, ça peut aider de
se raconter l'enchaînement, de verbaliser les transitions entre les différentes idées, pour vérifier que ça tient debout, que ça fait plus ou moins
↝ 42 une histoire.
On peut faire autant d'essais qu'on veut, pour trouver le cheminement qui nous plait le plus. Il y en a souvent beaucoup de possibles, voire d'efficaces.

C'est une méthode que je trouve agréable, et rassurante pour les personnes qui pensent en arborescence. Qui leur permet d'arriver plus facilement à construire un plan pour écrire ou pour structurer un contenu. Ce qui est une petite victoire non négligeable.

C'est d'ailleurs la méthode que j'utilise moi-même souvent. Par exemple pour construire la structure de ce livre.

À partir de cette idée, on peut aussi imaginer des outils d'animation
pour construire des mind maps collectivement, pour visualiser et mani-
↝ 64 puler ensemble de la complexité et des idées abstraites.

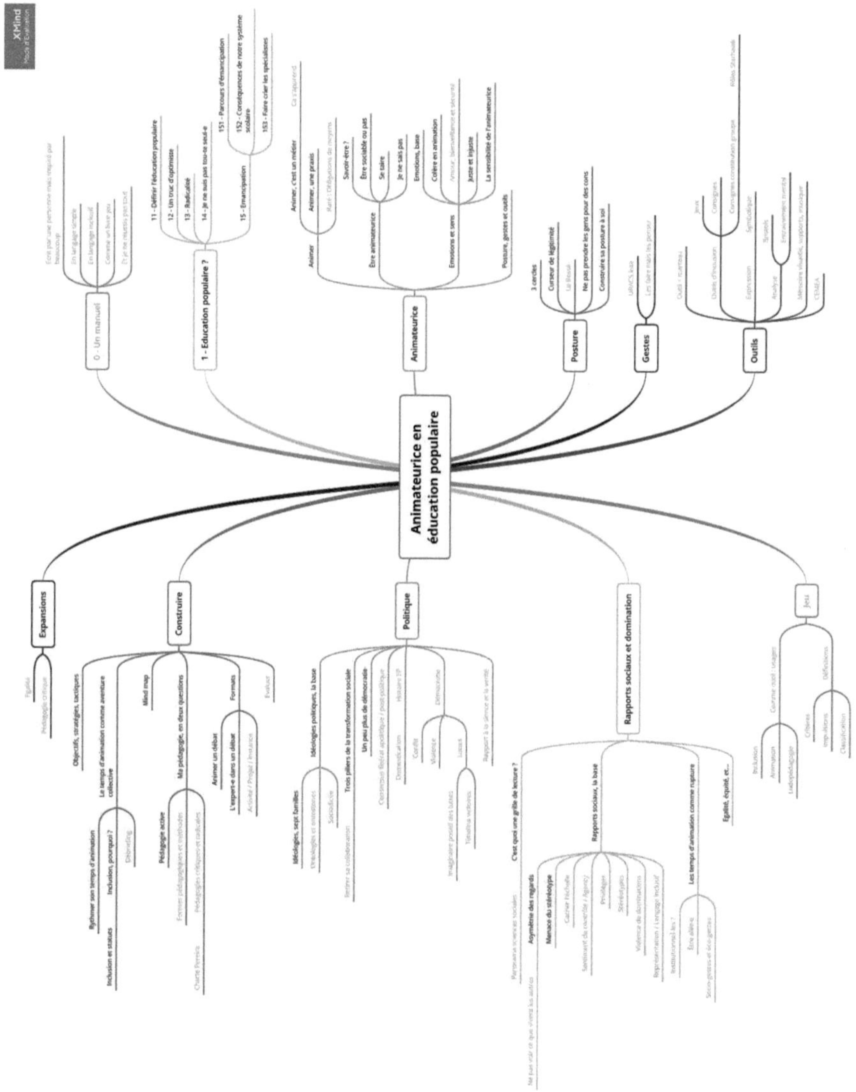
XMind
Animateurice en éducation populaire
0 - Un manuel
1 - Education populaire ?
11 - Définir l'éducation populaire
12 - Un truc d'optimiste
13 - Radicalité
14 - Je ne suis pas tou·te seul·e
15 - Emancipation
151 - Parcours d'émancipation
152 - Conséquences de notre système scolaire
153 - Faire crier les spécialistes
Animateurice
Posture
Gestes
Outils
Expansions
Construire
Politique
Rapports sociaux et domination
Jeux

Et pour toutes celles dont les complexes vies
Ne seront racontées qu'autour d'un verre à minuit
Que les voix s'élèvent qu'on prenne les arènes
Et que dans la nuit s'élève le chant des sirènes

Vous êtes souveraines
Vous êtes souveraines
Vous êtes souveraines
Femmes qui côtoyez la haine

Clara Ysé. Souveraines

De la prise de conscience, on essaie d'en produire à différentes étapes de nos animations et des parcours qu'on accompagne, indirectement, par petites touches, mais parfois, il est utile d'avoir des outils qui provoquent directement de la conscientisation.
Et ce ne sont pas forcément des outils complexes.
C'est le cas notamment des enquêtes conscientisantes, ou des groupes d'interviews mutuelles.

Le principe est simple : on propose une série de questions, un guide d'interview. Les participant·es s'assemblent en binômes. Dans chaque binôme, une personne interviewe l'autre en suivant les questions et en écoutant attentivement les réponses. Et réciproquement ensuite.
À l'issue du temps d'interview, qui est forcément un peu long parce qu'il faut laisser le temps de discuter et de réfléchir, on peut faire un temps de mise en commun en échangeant sur ce que ces questions nous ont fait questionner et réaliser.
Tout l'intérêt est dans le fait de se confronter aux questions. Qui ne sont donc pas choisies ni assemblées n'importe comment : elles permettent de faire un parcours. De prendre conscience de certaines choses simple-

ment en suivant un cheminement construit pour celà.

Il existe bien des manières de construire une grille d'interview mutuelle, et il existe des exemples depuis longtemps (au moins depuis les enquêtes conscientisantes proposées aux ouvriers par Marx). Celle dont je m'inspire suit dans les grandes lignes la logique suivante :

- Description : des questions pour décrire factuellement la situation dans laquelle je me trouve, ce que je vis et l'environnement dans lequel ça s'inscrit.
- Valeurs : questionnements sur les valeurs sous-tendant nos actions ou les institutions dans lesquelles nous agissons. Mise en mot et rappel du pourquoi.
- Confrontation : interrogations sur la manière dont ce que nous faisons et vivons est en accord avec les valeurs et intentions, ou pas. Et constat de ce que produisent ces contradictions et tensions.
- Issues : questions concernant les manières de faire un pas en avant, ce qu'on pourrait imaginer de différent. On travaille la capacité à se projeter, à ouvrir des possibles.

Un exemple :

Comment est définie ta fiche de poste en termes d'animation collective ?
Qui d'autre est missionné sur l'animation collective dans ta structure ?
De quel temps disposes-tu pour la préparation d'animations collectives ? Pour les réaliser ?
Qui te donne quels objectifs vis-à-vis des animations collectives ?
Quelles sont les animations collectives que tu mets en place ?

Comment sont-elles évaluées ?
Qu'est-ce qui est mesuré ? Comment et par qui ?
À qui ces données sont-elles transmises ?
À ton avis, à quoi servent-elles ?

Que valorise cette modalité d'évaluation ? À quoi donne-t-elle de la valeur ?

À quoi devrait servir ton métier, idéalement ?
Quels en seraient les objectifs ?
Quand ces objectifs sont atteints, au moins partiellement, comment t'en rends-tu compte ?
Est-ce que tu le racontes à quelqu'un ? Est-ce que tu le mets par écrit ou que tu en gardes une trace ?
Est-ce que ce serait intéressant d'en faire plus ? Est-ce que ça changerait quelque chose ? Quoi ? Pour qui ?

Comment pourrais-tu mieux repérer les moments où certains objectifs de fond sont atteints ? Quels outils ? Que te manque-t-il pour cela ?
Comment pourrais-tu le raconter, le montrer à d'autres ? Sous quelle forme ?
À qui faudrait-il réussir à le raconter ?
Qui faudrait-il impliquer pour que ça fonctionne ?
Par quoi commencer pour améliorer la situation ?

De manière beaucoup plus simple, l'IRESMO propose par exemple des questions conscientisantes, très courtes, pour mettre le doigt sur des contradictions, des tensions, des enjeux cruciaux. Une stratégie que je trouve inspirante et qu'on peut tout à fait adapter à de l'animation col-
№ 96 lective pour du travail en petits groupes par exemple.

Je possède des thunes
Je suis à l'aise financièrement
Je n'me plains pas
Les affaire marchent en ce moment
Ouais et du coup ?
Du coup j'achète des trucs
Et les gens voient que j'ai des trucs
I's'disent putain il a des trucs
Bah moi aussi j'voudrais des trucs
Et du coup j'suis content, tu vois ?
David Castello-Lopez. Riche.

L'éducation populaire, ce n'est pas de l'enseignement : le but premier n'est pas de transmettre des contenus et d'apprendre. Pour autant, dans un parcours d'émancipation, la connaissance est nécessaire à certaines étapes. Incontournable.
Se pose donc la question de réussir à transmettre des contenus. Et ce sans retomber dans des travers scolaires. En continuant à s'inscrire dans une démarche d'animation active, participative, accessible à toustes. Donc sans remettre les participant·es face aux blocages hérités de l'école, en particulier le stress de performance et d'évaluation, ou la confrontation à des monologues pleins de grands mots et de grands concepts.

La première stratégie possible est d'adapter la manière de raconter, tout en restant dans une intervention plutôt descendante. En travaillant la forme.
La seconde stratégie est d'utiliser des outils inspirés du jeu pour entrer ↝ 43.2
dans des contenus. Il y en a plusieurs que j'apprécie à ce titre.

Ils ont tous en commun de ne pas être des quizz ou des variantes de Trivial Pursuit. Parce que justement le Trivial Pursuit, ce n'est que de

l'évaluation et de la sanction de connaissance. De manière directe et brutale. D'où le fait que ça ne fonctionne qu'avec des personnes qui ont apprécié l'école et en groupes homogènes.
Les outils que j'utilise sont à l'inverse des jeux de connaissance dans lesquels il n'est pas nécessaire de savoir la bonne réponse : on peut deviner, hésiter, parier au hasard et collaborer. Et ça change radicalement la donne.

Pour aborder des contenus historiques : Timeline / Chronicards

Deux jeux qui existent en version commerciale, et basés sur le même principe : chaque carte correspond à un événement historique, et on joue à reclasser celles-ci dans l'ordre. En devinant, et en positionnant par rapport aux cartes existantes, pas en donnant une date exacte.
Ce sont des jeux qui deviennent spontanément coopératif, parce que personne n'a les réponses. Ce sont des jeux qu'on peut très facilement jouer en équipes lorsqu'on est en grands groupes.

Vous pouvez trouver des versions toutes prêtes donc, sur l'histoire de France (à différentes périodes), les femmes célèbres, les sports et loisirs, la musique, les grandes découvertes, et même les scènes de Star Wars. Certaines de ces versions sont donc directement utilisables en animation, pour peu que le thème colle à vos objectifs.

Mais, ce qui m'intéresse encore plus, c'est qu'il est très facile de s'en fabriquer soi-même des versions sur mesure sur un thème choisi. Parce que des cartes, c'est facile à fabriquer et à plastifier.
J'ai fait un jeu de cartes sur l'histoire de l'Éducation Populaire, un sur les avancées de l'égalité en France depuis deux siècles (qui se décline par types de dominations ensuite) et un sur la pandémie.
C'est alors très riche parce qu'on va à la fois amener les participant·es à se questionner sur certains événements et la manière dont ils se placent

(et s'articulent par rapport à d'autres) et se créer des fenêtres, avec certaines cartes, pour intervenir sur un petit bout de récit. À un moment où toustes sont donc curieu·ses et attenti-ves puisque le jeu les a amené·es à vouloir l'information en question.
Il faut simplement doser ses interventions pour ne pas trop ralentir le rythme et la dynamique de jeu.

Une fois la partie terminée, on dispose d'une frise chronologique très visuelle qu'on peut regarder ensemble pour essayer d'en tirer des conclusions globales, des réactions et des impressions. On peut éventuellement conclure avec un petit temps d'apports synthétiques sur l'ensemble de la thématique, en pointant les cartes et étapes importantes.

Sur certains thèmes, et avec certains publics, on peut craindre, malgré l'aspect détendu du jeu, de mettre des personnes en difficulté avec un sentiment d'ignorance totale. Dans ce cas-là, j'organise un temps de triche en début de partie : une fois les cartes distribuées, chacun·e dispose d'une minute ou deux avec smartphone pour aller chercher toutes les infos qu'il ou elle veut (et en équipe : à chaque équipe de se répartir le travail). Ensuite, on joue, avec ce qu'on a mémorisé. Et ça fonctionne très bien : on a produit un temps où les participant·es sont allé·es, activement et énergiquement, chercher les connaissances qu'on avait envie de leur transmettre. Ils et elles vont même avoir envie d'en raconter des morceaux aux autres en jouant leur carte.

C'est un outil que j'utilise vraiment beaucoup et que je trouve très riche. Il offre même une autre option. Après avoir joué avec une version ou une autre, on peut entreprendre d'en fabriquer un ensemble collectivement, sur un sujet qui nous concerne. L'histoire de notre territoire par exemple. Projet qui va donc mobiliser des temps de recherche, d'illustration, voire de rencontre avec des personnes ressources, âgées notamment.

Quitte ou Double (anciennement Gambit 7)

Ce jeu prévu plutôt pour des soirées entre amis propose d'estimer des valeurs chiffrées et de parier ensuite sur le panel de propositions faites par les différent·es joueurs et joueuses. Initialement avec des valeurs rigolotes et impossibles à deviner réellement, comme le nombre de poils sur un chat ou la plus grande pizza du monde.
Le système est vraiment basé sur l'évaluation un peu au pif, et ensuite sur une dynamique de pari qui fait penser à un jeu de casino. Ce qui est donc propice à une atmosphère détendue et dynamique.
Il est facile d'adapter le jeu en demandant simplement d'évaluer des chiffres en lien avec le thème. Sur l'égalité femmes-hommes, ça peut donc être l'écart de salaires moyens, le pourcentage de femmes élues mairesses, la proportion des tâches domestiques ou, moins léger, le nombre de viols chaque année. Sur les chiffres d'un bilan d'activités, voire d'un bilan financier, pour une AG, ça marche bien aussi.
En terme de transmission, on va enchaîner un temps de réflexion qui mobilise nos représentations, une confrontation aux représentations des autres, une seconde évaluation pour parier et enfin un moment de révélation. Ce qui permet de manière dynamique de faire évoluer des représentations. Et de questionner.
Après chaque question, c'est le moment idéal pour donner quelques éclairages et contenus pour comprendre ce que ce chiffre a à nous raconter. Après un rythme efficace entre temps de questionnement, de jeu, puis de révélation et explications.

Le giraffomètre

Basé sur le même principe que Quitte ou Double : évaluer des valeurs chiffrées. Ici, il s'agit d'en classer une série. De manière entièrement coopérative, en discutant. Ce qui est moins dynamique mais plus propice à la réflexion et aux échanges de fond.
De la même manière, il est facile à adapter à des contenus liés à une thématique choisie. Il est facile de commenter les chiffres ensuite avec

un public attentif parce qu'il s'est posé des questions sur ces chiffres.
Un avantage : il est à ce jour encore édité et facile à trouver en boutique.

De zéro à cent

Dans la même tendance que les précédents, un jeu dans lequel chaque équipe doit estimer une série de valeurs chiffrées, dans des registres différents, et parier sur la plus proche d'une valeur cible. Un principe qui peut s'adapter à n'importe quel contenu chiffrable et qui permet notamment de mélanger des carottes et des patates pour parler en même temps de choses dans des registres différents.
D'autre part : un fonctionnement en équipe mais avec une vraie dimension compétitive et tactique.

DES OUTILS POUR DÉCIDER 67

Prendre une décision ensemble, c'est toujours un enjeu et c'est rarement facile.
Prendre une décision, en termes simples, c'est classer. Donner un ordre de priorité ensemble qui permette de choisir.

Pour qu'une prise de décision soit légitime, il faut qu'a minima il y ait eu suffisamment de place pour que chacun·e exprime ses opinions et les discute en amont, et que les modalités de la prise de décision soient acceptées et claires.
Il existe des modes de prises de décisions très élaborées, incluant un processus complet, notamment dans la recherche de consensus. Mais dans les contextes que je pratique, j'ai rarement le temps et les conditions pour les mettre en place, même si je leur trouve des aspects très intéressants. ↝ 96
Cette idée du consensus est régulièrement présente dans les structures associatives, parce que ça semble toujours mieux d'arriver à un consensus. Ce qui peut être vrai, mais je crois cependant qu'une en-

vie de consensus, voire un impératif de consensus mal cadré, peut être contreproductif. En particulier, se donner comme objectif d'arriver au consensus sans avoir de modalités construites, c'est donner un pouvoir démesuré à la potentielle minorité (voire à la personne) en opposition avec le reste du groupe, puisqu'elle pèse autant que tout le reste du collectif par sa capacité à empêcher d'arriver au consensus si ce n'est pas à ses conditions. C'est pourquoi je ne suis pas contre le fait d'essayer, même sans méthode élaborée, d'arriver au consensus, mais avec un temps limité. Une fois ce temps écoulé, on passe à un autre mode de décision.

La prise de décision par vote uninominal me plait assez peu, parce qu'elle laisse peu de place aux subtilités et surtout parce qu'elle produit un groupe scindé entre les gagnant·es et les perdant·es. Pour autant, quand il n'y a que deux choix et que l'enjeu est modéré, ça a l'avantage d'aller vite et de sembler parfaitement légitime.
Je dis sembler parce que comme tout système de vote, celui-ci a des biais et d'autres alternatives peuvent être intéressantes.

J'utilise au final surtout, en animation, des variations autour du vote pondéré. En particulier dès qu'il s'agit de choisir parmi une liste, que ce soit pour choisir une, deux, trois, ou une liste d'options avec un ordre de priorité.
L'idée est simple : chaque personne dispose d'une quantité de votes qu'elle peut répartir entre les différentes propositions, à sa guise. Potentiellement en mettant tous ses votes sur une option qui lui semble incontournable, ou en les répartissant sur autant de choix qu'elle a de voix. Toutes les personnes ont bien sûr le même nombre de voix, dont la quantité dépend du temps qu'on veut y passer, du niveau de finesse qui nous intéresse et du nombre de propositions dans la liste.
Résultat : on peut voter en exprimant plus finement son positionnement, et beaucoup plus de personnes sont effectivement représentées par les choix gagnants.

Dans la forme, ça peut se faire très bien avec des gommettes, ce qui permet de distribuer le bon nombre à chacun·e sans qu'il y ait de contestation. Et c'est joli.
On peut aussi simplement faire des bâtons au stylo à côté des choix qu'on fait, ce qui demande moins de matériel.
Ou bien on peut vouloir faire plus mobile et amusant, notamment en grands groupes :
En faisant voter en posant ou lançant des boulettes de papier (que chacun·e froisse à partir, par exemple, de stocks d'impressions à recycler) devant les propositions réparties le long d'un mur. L'empilement des boules de papier est très lisible, ça permet de se déplacer et de se détendre en fin de temps d'animation.

En faisant avancer les propositions physiquement. Elles sont posées au sol (ou chacune sur une chaise) et chaque vote se traduit par une distance (un pas, une longueur de chaise, au choix selon l'espace disponible au total). Au fur et à mesure des votes, on assiste donc à une course au ralenti. En grand groupe, c'est très visuel et dynamique.

C'est une modalité qui peut aussi se prêter à des votes en petits groupes: chaque groupe ayant un nombre de votes à attribuer ensemble. S'il n'y pas d'enjeu formel sur la légitimité des mandats de vote en particulier. L'intérêt est de créer un temps de discussion supplémentaire en petits groupes.
Astuce ludique : Ne donnez pas un nombre de gommettes correspondant au nombre de personnes dans chaque petit groupe, il serait trop évident d'en placer une chacun·e sans discuter. Donnez-en une de plus si vous voulez être sûr·e que ça discute un peu (parce que chacun·e peut attribuer un vote et se mettre d'accord uniquement sur le dernier) ; une de moins si vous voulez que ça discute beaucoup (parce qu'alors tous doivent être discutés).

Un inconvénient de ce type de modalités : les plus lent·es vont pouvoir voter en ayant connaissance des votes précédents et donc des tendances se dessinant, et pourront être plus facilement décisi-ves. Pour des votes de tendance, ce n'est pas un problème. Pour des votes avec plus d'enjeu, il vaut mieux attendre que tout le monde soit décidé pour que les gommettes soient collées dans le même temps.

Enfin, vous pouvez combiner ce type de vote avec notamment des couleurs de gommettes, c'est-à-dire des significations différentes : une couleur pour ce qu'on veut, une couleur pour ce qu'on ne voudrait surtout pas. Ce genre de répartition permet de mettre en lumière des tensions, contradictions et questions.
C'est une logique qu'on peut notamment retrouver dans un système comme l'Abaque de Règnier, qui est une méthode très intéressante, mais très lourde, trop pour la plupart des cadres d'animation que je fréquente (je vous encourage quand même à découvrir ses principes, ça peut vous donner des idées).

La méthode des 7 points 67.1

Lorsqu'un grand groupe doit hiérarchiser un grand nombre de propositions, j'apprécie la méthode des 7 points, qui est dynamique et rassurante, avec un petit côté magique dans la manière dont des avis individuels vont s'assembler en une ordre collectif.

Une grande série de propositions (ou d'actions, ou de priorités, bref, de trucs à hiérarchiser) : chacune est inscrite sur une fiche bristol (et peut d'ailleurs être directement issue de la prise de notes lors d'un temps précédent de brainstorming ou d'expression).
Les fiches sont exposées sur une ou plusieurs tables, accessibles.
Chaque personne reçoit un stylo et vient choisir une fiche, celle qu'elle a envie de défendre comme étant importante.

On annonce alors selon quel critère nous allons arbitrer. Il est important que ce soit clair pour toustes.

- Ce que nous devons faire cette année en priorité
- Ce qui produira le plus d'égalité
- Ce qui correspond le mieux à nos valeurs
- Ce qui sera le mieux reçu par notre public
- Ce qui fera évoluer notre structure dans une direction que nous voulons
- etc.

Toustes se déplacent alors librement et, lorsqu'ils ou elles rencontrent quelqu'un·e d'autre, constituent temporairement un binôme.
Chacun·e présente alors à son ou sa partenaire sa proposition, en argumentant. On discute avec une question simple : de ces deux propositions, laquelle est la meilleure en fonction du critère choisi. Et dans quelles proportions. Puisque, pour rendre concret cet arbitrage, le binôme va répartir 7 points (une valeur de 7) entre les deux fiches.
Sur une fiche on notera 4 et sur l'autre 3, par exemple, si les deux sont proches. Ou 6 et 1, voire 7 et 0 si l'une est absolument essentielle par rapport à l'autre.
Une fois ceci fait, le binôme se sépare, les deux personnes recommencent à se déplacer et constituent un nouveau binôme avec quelqu'un·e d'autre.

Lorsqu'une fiche a reçu trois chiffres, elle est rendue à l'animateurice, qui additionne les trois chiffres. Lorsque toutes les fiches sont terminées, l'animateurice peut alors révéler (avec donc un côté un peu magique) le classement global. Ce que je fais généralement en mettant en scène le dévoilement, du plus petit au plus grand, sur une table centrale.
Pour finir, on confirme collectivement que ce classement fait sens.
Ou pas, car il existe certains biais à cette méthode, et parfois, on choisit collectivement de corriger un résultat étonnant ou aberrant avant de valider l'ensemble.

Le biais principal tient à la capacité à argumenter des personnes et à la dimension aléatoire des rencontres. On peut tomber sur des personnes très négociatrices, voire opiniâtres, trois fois de suite. De la même manière, on peut tomber à trois reprises sur des propositions essentielles, même si la nôtre n'était pas si mauvaise.
Pour réduire ces biais, on peut, si le temps le permet, laisser se passer plus de rencontres. Jusqu'à quatre ou cinq chiffres par fiche par exemple. C'est un outil qui s'adapte au temps disponible. Plus on dispose de temps, plus le résultat sera fin et complet. À arbitrer donc entre le temps que l'on veut y consacrer et notre exigence de détail.

Lorsque le temps est compté, toutes les fiches ne seront pas utilisées. Mais celles qui n'ont pas été choisies n'ont pas été mises en jeu pour une bonne raison, c'est donc significatif.

Lorsque le temps n'est pas trop limité, il est intéressant de laisser les personnes qui ont fini une première fiche en sélectionner une seconde et continuer l'exercice. Voire une troisième.
Ce qui permet aussi de réguler la vraie difficulté technique de cet outil : les rencontres se faisant aléatoirement, et chaque binôme ne discutant pas aussi longtemps : certain·es auront terminé leur première fiche très en avance, et d'autres n'auront peut-être plus personne pour terminer.

De manière générale, je donne en général un temps pour cet outil, et les personnes reprennent des fiches tant que le temps n'est pas écoulé. J'essaie de m'assurer que toustes puissent finir au moins une fiche avant d'interrompre les échanges.
Reste alors un choix à faire : les fiches partiellement utilisées (avec un ou deux chiffres) doivent-elles être laissées de côté ou faut-il arrondir le résultat à partir de ces données partielles ? Dans les deux cas, il y a un biais. J'ai tendance à arrondir pour celles où il y a deux chiffres et à laisser en bas de classement celles avec un seul. Lorsque beaucoup de fiches ont été complétées, il m'arrive de laisser de côté entièrement les

fiches incomplètes, considérant qu'il y a déjà bien assez de contenu trié.

C'est un outil qui ne permet pas nécessairement d'obtenir un classement que toustes considérerons valide formellement, ce qui fait que je ne l'utilise pas pour des décisions qui risquent d'être tendues et contestées. Dans des situations plus détendues et plus collégiales, c'est par contre un outil que j'aime beaucoup :
Parce qu'il est mobile et dynamique
Parce que les échanges se font en binômes, ce qui permet à la fois de faire plus de place aux timides, et de donner moins de pouvoir d'influence aux «grandes gueules».
Parce qu'à partir d'échanges en binômes, on obtient réellement une image de notre avis collectif.

LE JEU 68

Un jeu fini se joue pour gagner, un jeu infini pour continuer à jouer.
James Carr

Le jeu a sa place de longue date dans les pratiques d'éducation populaire. Le plus souvent pour les enfants. Ce qui n'est pas étonnant tant le jeu est associé à l'enfance, en particulier dans la culture française.
Alors que le jeu c'est pour tout le monde. Depuis toujours.
Notamment pour les adultes, ce qui est de plus en plus visible et accepté, notamment du fait de l'évolution à la fois du jeu vidéo et du jeu de société depuis quelques décennies.
Ce qui fait qu'il est de plus en plus facile et légitime de proposer des temps de jeu à des adultes. Notamment dans un cadre d'animation ou de travail.

En considérant que c'est un support légitime. Ce qui est le cas, puisque le jeu est un objet culturel au même titre que le théâtre, le cinéma ou la littérature. C'est-à-dire qu'il est produit par une culture dont il reflète et exprime les valeurs, et qu'il permet de faire réagir, penser et échanger.
En cela, je considère totalement légitime le jeu comme outil d'animation.
Par contre, au même titre que les autres formes culturelles, il demande pour être utilisé correctement une réflexion sur sa nature et ses fonctions, ainsi qu'une maîtrise technique.

Je défends l'idée que pour utiliser le jeu, il faut se former un minimum. Ce qui est à la portée de toustes, mais pas sans faire un minimum de travail de préparation. Comme pour le théâtre, le cinéma, etc.

On joue mais on joue à quoi ?
On joue à n'importe quoi.
Anne Sylvestre. Fabulettes.

Tu joues à la belote, à Minecraft ou au Uno ?
Tu joues un rôle, aux mots croisés ou aux Lego ?

Tu joues à 7 Wonders, aux cubes ou au Memory ?
Tu joues à séduire, à Warhammer ou au Monopoly ?

Tu joues à WoW, au bridge ou au sudoku ?
Tu joues à Magic, à League of Legends ou au PMU ?

Tu joues aux bouts rimés, à la marelle ou à Terra Mystica ?
Tu joues à Tetris, à Perplexus ou à Zelda ?

Tu joues à l'élastique, en bourse ou au chat et à la souris ?
Tu joues aux cowboys et aux indiens, au poker ou à la toupie ?

Tu joues à Squad Leader, à Runequest ou à Kikafé ?
Tu joues au cadavre exquis, aux échecs ou à l'awalé ?

Tu joues à Catane, au docteur ou au loto ?
Tu joues de la trompette, au Trivial ou au Picolo ?

Tu joues à Fortnite, à Pandémie ou à Pokémon ?
Tu joues à Donjons et Dragons, au foot ou au con ?

On peut jouer, ou ne pas jouer à tellement de jeux. Tellement qu'on se demande ce qu'ils ont en commun, ce qui peut définir le fait de jouer. Ce n'est pas le matériel, d'ailleurs parfois il n'y en a pas. On peut jouer

avec n'importe quoi, avec un jeu ou pas. Jouer, c'est d'abord dans la tête, c'est un état d'esprit.
Comment cet état d'esprit est-il différent de celui d'autres activités ?
On sait qu'on joue quand on commence à jouer, on sent la frontière entre le jeu et le non-jeu, mais il est difficile de mettre des mots dessus. Même certains grands philosophes ont eu du mal avec cette question. C'est intéressant de comprendre ce dont il s'agit pour s'en servir comme outil.

La définition la plus utilisée, et celle que j'utilise comme point de départ, est celle de Roger Caillois, qui donne six critères pour définir le jeu et le différencier des autres activités.

Le jeu est une activité séparée

Quand on commence à jouer, on sait que ça a commencé. Quand on arrête de jouer, on sait que c'est fini. On sait de la même manière où commence l'espace de jeu : plateau, terrain de sport, table, etc.

Le jeu est une activité incertaine

Quand on se lance dans un jeu, on ne sait pas ce qui va se passer. Dans le jeu, on fait des choix et ils ont un impact. Contrairement à un livre ou un film, le déroulement et la fin ne sont pas écrits à l'avance.
Souvent, l'incertitude concerne la victoire. Mais parfois, comme dans Tetris, tu es certain·e de perdre, l'incertitude est alors déplacée sur le score, la manière dont la partie se déroule.

Le jeu est une activité réglée

Pour jouer, il faut des règles. Elles peuvent être formalisées. Ou pas. Quand des enfants commencent à se disputer en jouant aux Lego et en s'écriant "tu n'as pas le droit", c'est qu'ils se rendent compte qu'ils et elles n'utilisent pas les mêmes règles. Pour que cela fonctionne, il faut que les règles soient partagées par toutes et tous.

Le jeu est une activité fictive

Jouer, c'est pour de faux. Quand on joue au Monopoly, on n'achète pas de maisons et d'hôtels, on fait semblant. En jouant, on fait toujours un peu semblant, on se plonge dans une fiction. C'est du second degré.

Le jeu est une activité improductive

Quand on joue, on ne produit rien.
Ce qui est inventé, fabriqué, réalisé dans le jeu reste et ne fait sens que dans le jeu.

Le jeu est une activité libre

Pour jouer, il faut choisir de jouer. Si on se force pour faire plaisir à d'autres, on va peut-être tenir des cartes, lancer des dés, mais dans notre tête on ne sera pas en train de jouer.

Toutes ces caractéristiques sont utiles pour comprendre ce qui se passe inconsciemment dans la tête des joueureuses. Les deux dernières, ceci dit, ne sont pas seulement inconscientes : le ressenti de liberté de ne pas jouer pour produire. Elles jouent sur le sentiment d'évasion et de plaisir. Ce qui veut dire que :
Quand on utilise des jeux dans un cadre de formation ou de travail, on a intérêt à ne pas souligner l'objectif productif. À laisser les joueureuses l'oublier, le temps de jouer. Sans les prendre pour des idiot·es : ils et elles savent que ça servira à quelque chose, mais ils et elles ont besoin de ne pas y penser activement. Ce qui veut dire qu'on joue et qu'ensuite on débriefe en faisant le lien avec le réel et la dimension utile et productive, pas l'inverse.

On ne peut pas forcer des personnes à jouer, ça ne marche pas. On peut proposer de jouer, et essayer de le faire d'une manière séduisante, mais si une personne ne veut pas jouer, tant pis. Plus précisément : tant pis pour le jeu, mais essayons de lui garder une place dans le groupe. Observateurice, arbitre, banquier·e, peu importe. Dans la plupart des cas, la personne va choisir d'entrer dans le jeu après avoir vu que c'était finalement sympa et pas intimidant (d'où l'intérêt, accessoirement, d'avoir des jeux, notamment pour l'inclusion, dans lesquels on peut rejoindre la partie n'importe quand).

Ces deux aspects sont essentiels pour utiliser le jeu dans un cadre d'animation, d'autant plus avec des visées éducatives.

L'autre définition du jeu que j'utilise beaucoup, c'est celle de Bernard Suits : **"Jouer, c'est choisir de dépasser des obstacles non-nécessaires."** On pourrait dire que c'est le plaisir de se compliquer la vie, d'une certaine manière.
Ce qui veut dire que toute activité peut devenir un jeu si :

- On choisit d'en faire un jeu
- On ajoute des contraintes qui ne servent à rien.

Faire la vaisselle n'est pas un jeu. Si j'ai envie d'en faire un jeu, il me suffit d'ajouter une contrainte inutile : sur un pied, en temps limité, les yeux bandés, il y a du choix. (Encore faut-il en avoir envie).
Je trouve cette définition vraiment importante sur la place de la contrainte en général, et de manière très opérationnelle sur la manière dont on peut du coup faire de n'importe quelle activité d'animation un temps ludique. Encore faut-il réussir à choisir les bonnes contraintes, et pour ça je me base sur la seconde moitié de définition liée au jeu : pourquoi a-t-on envie de jouer ?

Honte à cet effronté qui peut chanter pendant
Que Rome brûle, elle brûle tout l' temps
Honte à qui malgré tout fredonne des chansons
À Gavroche, à Mimi Pinson
Georges Brassens

Pourquoi jouons-nous ?
Parce que nous y prenons plaisir.
Mais : nous ne prenons pas toustes plaisir aux mêmes choses, ni pour les mêmes raisons.
Donc : nous n'aimons pas toustes les mêmes jeux, et pas pour les mêmes raisons.
Roger Caillois propose quatre grandes impulsions, quatre motivations pour jouer, quatre raisons d'y prendre du plaisir.

La compétition

Facile à comprendre. D'autant plus que notre culture actuelle la valorise beaucoup, et qu'elle est de fait omniprésente dans beaucoup de jeux.
Se confronter. Gagner. Éventuellement ensemble, mais toujours avec cette dimension de confrontation directe et de victoire.
Un jeu typiquement compétitif : les échecs.

Le hasard

Réussir à s'en sortir alors que ce n'est pas prévisible. Maîtriser ou avoir l'impression de maîtriser dans un environnement aléatoire. Avec, bien souvent, des dés, des tirages de cartes, ce genre de choses.
Un jeu de hasard typique : la roulette, ou le 421.

L'imitation

Faire semblant, jouer un rôle, se déguiser, mettre un masque pour être quelqu'un d'autre. Raconter des histoires, se plonger dans un autre uni-

vers. On peut même inclure le carnaval et les fêtes masquées si on élargit un peu.
Une famille typique : les jeux de rôle.

Le vertige

Cette sensation d'être à la limite de la perte de contrôle mais de s'en sortir quand même. Avec une dimension d'urgence et de panique. On la trouve parfaitement à la fin d'une partie de Tétris, juste avant de perdre.
Un jeu typique : Jungle Speed.

Et, malheureusement pour les animateurices : non seulement toustes ne sont pas sensibles aux mêmes impulsions, mais chaque impulsion peut avoir pour certain·es un côté repoussoir.
La dimension de compétition peut être essentielle pour certain·es, mais en bloquer d'autres.
Donc, non : il n'existe pas de jeu parfait que toustes vont trouver génial. Tant pis, ça vous obligera à varier les propositions et à écouter votre public.
Ces quatre impulsions sont d'ailleurs la grille de lecture que je trouve la plus utile pour choisir et conseiller des jeux. Peu importe qu'il s'agisse de cartes, de dés, de jeux complexes ou non, ce qui m'intéresse le plus est de savoir l'impulsion qui va motiver mon groupe. À partir de là, je sais dans quelle catégorie taper en priorité.

Utiliser le jeu en soi 68.3

Bon ça y est ! Full de brelan à la dame roquée ... et mat. Tu perds !! Voilà !
F'Murrr. Comme des bêtes.

La première manière d'utiliser le jeu en animation, c'est de ne pas trop se compliquer la vie et de l'utiliser en tant que jeu, directement. Dans ce cas-là, il s'agit de bien choisir ses jeux, mais sans essayer de les adapter ou de les détourner.

Le premier type de situation, ce sont les temps d'inclusion. Le jeu sert alors à impulser une ambiance détendue et informelle, et à permettre aux participant·es de rentrer en contact autour d'une activité dans laquelle ils et elles vont rire et s'amuser ensemble. ↝ 62.1

Le second type de situation, ce sont des temps d'animation dans lesquels on souhaite travailler avec le groupe un type de situation qui peut être expérimenté au sein même d'un jeu. Le temps de jeu sert alors à vivre ensemble, pendant le temps d'animation, une expérience partagée que l'on pourra ensuite analyser et discuter. Et à partir de ce temps de discussion post-jeu, on pourra élaborer une pensée commune ou proposer des apports organisés.
Ceci fonctionne très facilement avec des enjeux de communication (Teamwork, Imagine, Kosmopolit, par exemple) ou de collaboration (Hanabi, The Game, Panic Island entre autres) puisqu'il existe une large gamme de propositions de ce type dans l'édition contemporaine.
On peut également trouver des jeux thématiques sur des sujets variés : Conspirationnisme (Crazy Theory), Emotions (Feelinks, Totem), Rapports de classe (Kapital), Enjeux environnementaux (Terra), Montée du fascisme (Secret Hitler)... La liste est longue, et la production est pléthorique : n'hésitez pas à consulter des sites spécialisés ou à demander conseil en boutique.
Un jeu comme Privacy permet d'aborder des thèmes clivants et très variés, dans un cadre sécurisé et ludique. Il peut ainsi servir de prélude à bien des débats et projets au sein d'un groupe.
Enfin, en se tournant vers les jeux traditionnels, on peut également aborder les différentes cultures, leurs valeurs et leur richesse. Les guides très abordables de la Maison des Jeux de Grenoble peuvent constituer une excellente base pour commencer à découvrir la richesse de cette production culturelle.

Utiliser le jeu comme outil 68.4

« Il n'y a pas de raison de valoriser le jeu en tant que tel ; il y a des jeux pervers, des jeux pauvres où les enfants finissent par s'ennuyer, des jeux qui permettent d'exprimer de la violence ou la volonté de dominer les autres, des jeux sexistes, non en ce qu'ils fonctionnent sur l'identification sexuelle forte mais en ce qu'ils constituent un moyen de valorisation oppressive de certaines valeurs masculines au détriment d'autres valeurs, ou éventuellement l'inverse, mais cela va plus souvent dans le premier sens »

Gilles Brougère

La seconde manière d'utiliser le jeu en animation, c'est d'en faire un support pour se confronter de manière légère à des contenus qui ne le sont pas. L'idée est de ne pas modifier le jeu, de conserver ses règles et son fonctionnement, mais de modifier uniquement les contenus et le thème du jeu.
Il faut bien choisir son jeu. Il faut être certain·e que le mécanisme de jeu fonctionne pour notre public et qu'il porte effectivement l'attention du groupe sur les contenus. Ce n'est par exemple pas le cas des jeux de sept familles thématisés ou des monopoly localisés : tout le monde se fout de ce qui est écrit sur les cartes pendant le jeu.

La première famille de jeux qui fonctionne bien, pour ce type d'usage, est celle des jeux de connaissances. Avec un bémol important : il ne faut pas qu'il s'agisse uniquement d'un quizz, même s'il est habillé autrement (comme pour le Trivial Pursuit). Parce que dans ce cas, il s'agit avant tout d'un contrôle de connaissances, et c'est très impressionnant, voire rédhibitoire pour celleux qui ont un vécu scolaire négatif ou traumatique.
Pour peu qu'il s'agisse d'un jeu de connaissances qui permet de deviner, ou dans lequel il est impossible de savoir la réponse à la majorité des questions, tout va bien.

C'est le cas par exemple de Quitt ou Double, de Timeline et Cardline, mais également de iKnow, Tu te mets combien ?, Zéro à 100, Oucédonc en France, Fun Facts, etc.

La seconde famille de jeux qui peut fonctionner est celle des jeux immersifs dans lesquels les joueureuses vivent une expérience sociale spécifique. Si les relations créées dans le jeu sont adaptées à la réflexion que nous voulons travailler avec notre groupe, nous pouvons alors l'utiliser en changeant le thème ou le sujet.
C'est le cas par exemple de Loup-garous. Outre des variantes commerciales, je l'ai vu adapté de manière assez intéressante sur le thème du changement climatique, ou des camps de migrants (sous le titre Loup-Guéant, dans un version très réussie, et terrifiante). Dans la même idée, et presque sans besoin d'adapter, les jeux Terra de Bruno Faidutti, ou plus récemment In Extremis, des jeux Opla, peuvent vous donner des idées fructueuses.

Ludopédagogie 68.5

Règle n°5 : Tu t'es pris trop au sérieux.
A. Bloch.

L'idée de faire des jeux éducatifs, et des jeux pédagogiques, ça ne date pas d'hier. Pour autant, ce n'est pas un exercice évident, je dirais même que c'est un métier en soi. De la même manière qu'utiliser tout objet autre culturel.
Ceci étant, comme le jeu n'est pas vraiment considéré comme un objet culturel légitime, certain·es pensent parfois que n'importe qui peut concevoir un jeu pédagogique. Ce qui donne en général un jeu de sept familles, un jeu de l'oie ou un quizz. Trois options que je vous déconseille. Parce qu'elles fonctionnent très mal. Et pour la même raison : le mécanisme de jeu n'est pas en adéquation avec les objectifs.

Pour faire des jeux pédagogiques qui tiennent la route, il faut comprendre ce que c'est qu'un mécanisme de jeu (et en connaître un certain nombre donc). Le mécanisme de jeu, c'est l'ensemble des contraintes et moyens mis à disposition des joueurs et joueuses, ce qui conditionne les questions qu'ils et elles vont se poser pour faire des choix. La question centrale, c'est donc : à quelles questions vont-ils et elles être confronté·es ? À quoi vont-ils et elles devoir réfléchir ? Que vont-ils et elles devoir choisir ?

L'idée est donc de choisir un mécanisme de jeu qui corresponde aux questions que l'on veut travailler avec les personnes en termes pédagogiques. Que le type de questions que pose le jeu soient celles que l'on veut travailler.

Dans mes contre-exemples :
Des jeux des sept familles sont souvent conçus pour essayer de faire apprendre ce qu'il y a comme familles et comme contenus sur les cartes (les sept manières de recycler, les sept types d'écogestes, etc). Mais : en jouant, la question que se posent les joueurs et joueuses, c'est : dans la main de qui est la carte qui me manque ? Et peu leur importe ce que représente la carte, ils et elles peuvent l'ignorer complètement. Donc ça ne fonctionne pas.
Dans le jeu de l'oie, il n'y a aucun choix, aucune prise de décision. Pour le dire de manière rapide : passé l'âge de 6-7 ans maximum, le jeu de l'oie n'est plus un jeu.

Dans les quizz, on espère souvent faire apprendre des contenus. Mais la question que se pose le participant·e, c'est : est-ce que je le sais déjà ? Et pas : Comment l'apprendre ? ou Quel sens ça a ? Ce qui fait qu'on apprend très peu, voire pas. Au mieux, on rend curieu·se, et encore fautil ne pas être rebuté·e par la sanction directe et souvent brutale que représente le mécanisme de jeu.

Réussir à faire mieux, ce n'est donc pas une évidence.
Il faut d'une part être capable de poser clairement des objectifs pédagogiques, et de les découper suffisamment pour ne pas viser une usine à gaz.
Il faut d'autre part connaître suffisamment de jeux pour trouver un mécanisme de jeu qui corresponde. Ou le créer de toutes pièces, mais c'est une compétence encore plus longue et pointue à acquérir.
Une fois ces deux pré-requis établis, il faut tester et affiner pour que tout fonctionne, ce qui demande aussi une habitude des jeux et du temps.

Bref, la ludopédagogie, ça se travaille, c'est quasiment un métier en soi. Et, évidemment, je vous encourage à vous y confronter et à bricoler, essayer, parce que c'est riche et plein de potentiel. Mais sans croire que c'est quelque chose de simple et d'évident que vous réussirez du premier coup. En prenant le temps de tester le plus de jeux possibles dans ce qui se fait de bien en édition contemporaine. ↝ 66

Classification et ressources 68.6

Pour utiliser le jeu dans un cadre professionnel, il faut s'y connaitre un minimum en jeu. C'est, si ce n'est un métier en soi, en tout cas une compétence qui demande du temps pour la développer.
Parce que la production de jeux de société contemporains, aujourd'hui, c'est plus de mille nouvelles références chaque année. Autant dire que pour faire le tri, il faut quelques repères. De la même manière que pour s'y repérer dans la production littéraire, il faut quelques méthodes et ressources.

Se pose déjà la question, comme pour les livres, d'une classification qui permette de taper directement dans les catégories qui nous intéresseraient.

La mauvaise nouvelle, c'est qu'il n'y a pas de classification des jeux qui fonctionne vraiment de mon point de vue. En fait, il y en a un certain nombre, pour des usages spécifiques. Aucun qui fonctionne pour tous les usages et qui ait une cohérence d'ensemble.
Pour faire simple, les types de jeux qui vont le plus nous intéresser en animation, sont ceux que les éditeurs et boutiques nomment, de manière un peu floue : jeux d'apéro et party games pour ce qui est de l'inclusion, et petits jeux coopératifs pour les mécanismes d'animation.
Ce qui nous donne de grandes catégories, et c'est déjà pas mal, mais ça ne suffit pas. On peut ensuite ne garder que ceux qui correspondent à des temps de jeu courts et des tailles de groupe qui nous conviennent (et ça, c'est mentionné sur les boîtes).
Ensuite, comment savoir si les mécanismes vont nous convenir et si ce sont de bons jeux ?

Deux options :

- Se faire soi-même une culture ludique. Pour ça, il va falloir jouer et se renseigner. Avec deux ressources principales : les sites de fans de jeux qui commentent, critiquent et présentent, et les associations, bars ludiques et lieux de jeu (et chez vous avec vos potes, bien sûr).
- Demander conseil à des personnes qui suivent l'actualité et testent beaucoup de jeux. Et pour cela les ludothèques (et certaines médiathèques), les boutiques spécialisées (vraiment spécialisées, s'entend, pas les grandes surfaces jeux et jouets) et les associations de ↝ 96 jeux sont en général de bonnes ressources.

DEUX RESSOURCES ESSENTIELLES 69

Quitte à avoir un catalogue d'outils, autant qu'il soit bien fait, clair et organisé de manière intelligente. Celui-ci est de loin celui que je trouve le meilleur, bravo :
Boîte à outils d'éducation active. CEMEA Pays de Loire. Éditions Cafard.

Pour penser l'usage éducatif du jeu de manière large et très maline :
https://www.ted.com/talks/jane_mcgonigal_gaming_can_make_a_better_world?language=fr&subtitle=fr

↝ 96

Dans les conditions brutales et primitives de cette planète aujourd'hui, chaque personne que vous rencontrez doit être regardée comme debout mais blessée.
Nous n'avons jamais vu un homme ou une femme qui ne soit pas légèrement dérangé·e par l'anxiété ou la douleur.
Nous n'avons jamais vu encore un être humain totalement sain.

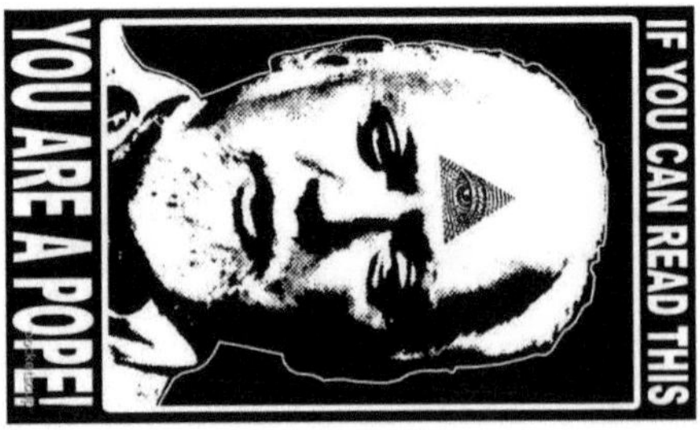

Robert
Anton
Wilson.

RAPPORTS SOCIAUX 7

L'écologie sans lutte des classes, c'est du jardinage.
Chico Mendez.
(Et l'éduc pop sans lutte des classes, alors, c'est quoi ?
Du macramé, de la zumba et de la bienveillance ?)

Faire de l'éducation populaire sans aborder de manière directe la question des rapports sociaux et des rapports de domination, c'est confortable, c'est du loisir et du vivre ensemble... mais de mon point de vue rater un des aspects les plus importants de notre travail. Nous avons besoin de comprendre ce qui fait les inégalités que nous constatons tous les jours, comment elles se perpétuent, et comment agir dessus. Sinon, à quoi on sert ?

Plonger dans ces questions, ce n'est pas confortable, ça peut donner l'impression de sauter dans le grand bain d'un coup, sans savoir nager (et l'eau est froide, en plus). Mais tentez le coup, c'est là qu'on retrouve le sens profond de ce qu'on fait. On va parler de comment il se joue plein de choses dans les relations entre les groupes sociaux dans notre société : entre les hommes et les femmes, les blancs et les non-blancs, les jeunes et les vieux, les riches et les pauvres, etc.

Si vous n'avez pas tellement l'habitude de parler de ça autrement que comme des impressions personnelles qu'il est tabou de mettre trop en avant... ce n'est pas votre faute individuellement. Notre culture professionnelle, collective, s'est malheureusement bien éloignée de ces questions.

D'abord, peut-être, parce que ce sont des contenus que nous avons arrêté de transmettre, collectivement, dans nos réseaux professionnels. Ils ne sont presque plus abordés dans le cadre des formations initiales, et des formations professionnelles en général. Depuis quelques décennies, progressivement, ils ont été abandonnés. Même dans la transmission informelle au sein des structures. Sans doute est-ce lié à l'évolution des
↗ 87.2 modes de fonctionnement et de financement de nos réseaux, et sans doute aussi à une culture dominante de plus en plus libérale et défiante
↗ 82.8 de la sociologie.
En réponse, il me semble nécessaire de réaffirmer l'importance d'une grille de lecture partagée du monde social dans nos métiers, une grille de lecture qui nous permette non seulement d'agir mais aussi de revendiquer une identité et des valeurs. De les traduire dans nos actions. Penser en termes de rapports sociaux, c'est essentiel à ce titre-là. Et être capable de le partager.

Ensuite, c'est probablement dû aussi à l'idée que ce sont des sujets trop compliqués pour les aborder correctement sans une formation longue et spécifique. Qu'il faut être très au point et spécialisé·e pour oser en

parler. Ce qui est sans doute lié à une partie du discours universitaire et ↝ 22.4
à notre rapport collectif aux savoirs et aux sachants.

Je crois que important, dans une logique d'éducation populaire, de mettre le pied dans la porte, de revendiquer notre capacité à vulgariser, à simplifier des réflexions de fond en partant d'éléments très directs et concrets. De dire, de montrer qu'il y a là un sujet, une matière à réflexion, et des ressources pour s'en saisir.

Et non, nous ne le ferons pas parfaitement. Oui, nous simplifierons parfois trop, parfois mal. Certaines choses seront mal comprises. Mais le ↝ 15.3
sujet sera abordé. Nous l'aurons fait. Imparfaitement, mais nous aurons commencé à avancer, à ouvrir le champ des échanges et des réflexions. Nous aurons rendu possible d'en parler et d'y penser. Ce qui est essentiel.

D'autant que l'alternative est d'attendre de savoir le faire parfaitement, et du coup, de ne jamais le faire. Ce qui est bien pire que de le faire imparfaitement.

Ces convictions posées, de quoi s'agit-il ? Comment l'aborder ?

Je ne prétend pas avoir une solution parfaite, loin de là, mais j'expérimente, je teste, j'en parle. Et ça fait parler, ça donne envie. Les retours les plus fréquents sont : "enfin, on peut parler de tout ça, merci". Ce qui me donne la conviction qu'il faut le faire. Le mieux possible, en expéri- ↝ 21.2
mentant, en écoutant les retours, même si au début c'est bancal.

Pour aborder la question des rapports sociaux, je pars d'une question, que je soumet en général au groupe en animation :
Aujourd'hui, en France, il vaut mieux être quoi que quoi ?

Et je précise à minima deux points :
Oui, on va se donner le droit de parler de tout ça. De manière directe, sans tourner autour du pot. Avec des mots simples. Ce n'est pas parce qu'on en parle qu'on est d'accord. On va commencer par décrire, et on va décrire plein de choses qu'on trouve moches et injustes, avec lesquelles on n'est pas d'accord, moi le premier.

Quand je dis : il vaut mieux être quoi que quoi, je parle de la manière dont les autres vous traitent, dont on vous regarde, dont on vous parle, dont on vous arrange ou pas ou quotidien. Je ne parle pas de capacités individuelles. Par exemple, si vous me dites : il vaut mieux avoir un troisième bras parce qu'on peut faire des trucs en plus, ce n'est pas le sujet. Mais si vous me dites : c'est embêtant d'avoir un troisième bras, parce que les gens me regardent de travers tout le temps, et je ne trouve jamais de vêtements adaptés, là d'accord.

En petits groupes, des listes s'élaborent. Rapidement. Avec un côté défoulement un peu jubilatoire. Un peu coupable aussi. Avec des échanges sur le fait que oui ou non, ce soit un avantage ou non.
Il m'arrive de relancer avec des questions. En particulier spour réussir à nommer la question des classes sociales, qui est rarement nommée directement (et l'est le plus souvent uniquement sur l'aspect économique).
En un quart d'heure maximum, on a en général des listes assez longues. On peut mettre en commun. Ce qui nous permet de faire un tableau :

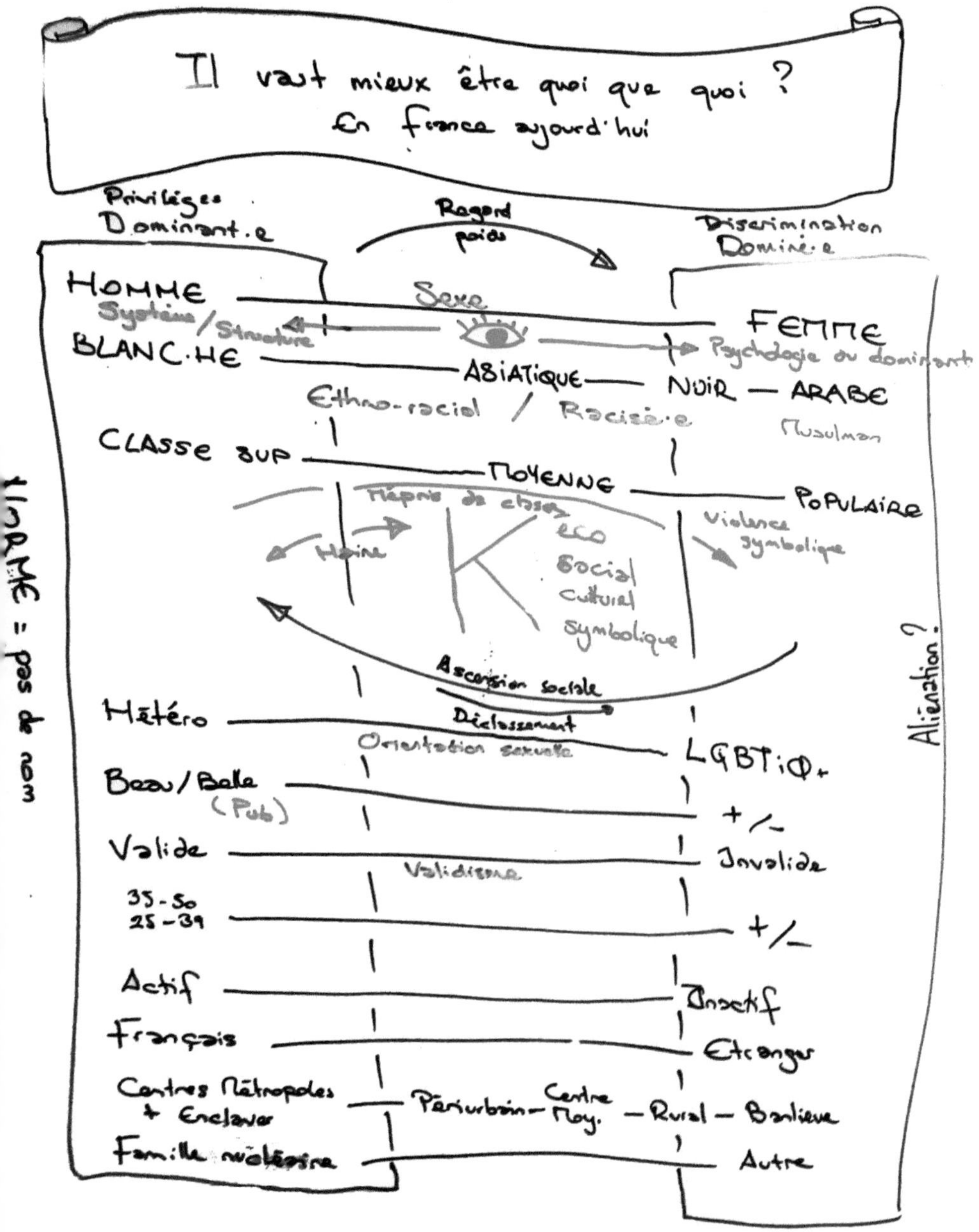

Il vaut mieux être quoi que quoi ?
En france aujourd'hui
Privilèges
Dominant.e
Regard
poids
Discrimination
Dominé.e
HOMME
Sexe
FEMME
Système / Structure
Psychologie ou dominant
BLANC·HE
ASIATIQUE
NOIR — ARABE
Ethno-racial / Racisé.e
Musulman
CLASSE SUP
MOYENNE
POPULAIRE
Mépris de classes
Violence symbolique
Haine
K
éco
Social
Cultural
Symbolique
Ascension sociale
Déclassement
Hétéro
Orientation sexuelle
LGBTiQ+
Beau/Belle
(Pub)
+/-
Valide
Validisme
Invalide
35-50
25-39
+/-
Actif
Inactif
Français
Etranger
Centres Métropoles + Enclaves
Périurbain
Centre Moy.
Rural
Banlieue
Famille nucléaire
Autre
Aliénation ?
HOMME = pas de nom

En faisant le tableau collectivement, je place Sexe, Race et Classe en haut, en plus gros, parce que ce sont d'eux que je vais parler un peu plus,
↝ 97 et qui sont de mon point de vue centraux.

Faire le tableau, c'est déjà important. C'est valider ensemble que ces rapports de domination existent, qu'on les constate, qu'on les partage. Je prends en général un petit temps pour éclairer la notion de classe. À minima en listant ensemble les différentes formes de capital, en montrant que ce n'est pas seulement une question d'argent, et en renvoyant à l'excellente BD “Riche, pourquoi pas toi ?”

Quand je peux, je dis quelques mots de plus sur le capital culturel, en demandant des exemples au groupe de pratique de Classe supérieure vs Classe populaire. En sports, en loisirs, en musique. Pour dire qu'il y a une culture plus valorisée que l'autre, alors qu'elles sont aussi riches. Et qu'on nous a transmis cette idée. Ce qui fait qu'inconsciemment, nous allons essayer de transmettre cette culture-là en animation, au détriment de la culture populaire. Et alimenter des formes de mépris de classe.
Je donne quelques exemples rapides : est-ce que vous avez une première réaction de rejet si un groupe vous demande de regarder Les Tuches, ou d'écouter Booba, ou de voir Rocky ? Pour dire qu'on a tous ces réflexes, mais que si on commence à en prendre conscience et à se décaler, ça peut nous aider dans nos pratiques. Je suis sincèrement persuadé qu'on peut faire un ciné-débat aussi riche avec Rocky qu'avec un film d'art et d'essai.
Et, attention, quand je dis qu'on ne la valorise pas, ça ne veut pas dire qu'on ne la mentionne pas. C'est parfois le cas, et parfois de manière très stéréotypée et stigmatisante, entre soirée couscous-danse orientale
↝ 72.1 et spectacle de rap.

En ajoutant les uns aux autres ces rapports de domination, on prend la mesure de ce qu'on savait déjà sans se le dire : ça existe, c'est structurant

dans nos vies, et c'est injuste. ↝ 23.4
Ne serait-ce que poser ça ensemble, c'est déjà une belle victoire en termes de prise de conscience et de partage. ↝ 15.1

Une fois le tableau posé, il y a quelques éléments que j'essaie toujours d'aborder, même très vite. J'estime qu'en 1h30-2h, je fais le minimum vital. Quand le temps le permet, on va plus loin.

Je pose les mots dominant d'un côté, et dominé.e de l'autre, que j'associe à privilège et discrimination. Je mentionne a minima que les privilèges sont souvent des choses qu'on ne voit pas. Parce que ce sont bien souvent des emmerdes qui nous sont épargnées plus que des cadeaux visibles.

Je donne parfois comme exemple les contrôles de police que je ne subis jamais. Et le fait que je n'en ai pas pris conscience avant d'écouter des personnes concernées. Avant, ça n'existait pas pour moi. Donc : on ne voit pas bien les discriminations qu'on ne vit pas. Il faut écouter pour en prendre la mesure. Prendre au sérieux ce qu'on entend.

En faisant le portrait-robot des critères de dominant, je demande au groupe si ça leur fait penser à quelqu'un ? Certains hommes politiques sont cités facilement. Les patrons du CAC 40 aussi. Je donne le terme de masculinité hégémonique, du super gagnant des rapports sociaux.
Je souligne que j'ai moi-même la majorité des critères. Pourtant, je n'en profite pas de la même manière. Ce qui me permet de mentionner que les déterminismes sociaux laissent une marge de manœuvre, de choix. Même avec un profil de dominant, on n'est pas obligé de jouer le jeu d'en profiter activement. (ça, c'est notamment les travaux de Raewyn Connell)

Dans la même logique, on se questionne sur ce que ça fait d'être de l'autre côté. Socialement et psychologiquement, ce que ça nous fait. Et comment on peut y réagir. Ce qui donne une liste approximative mais

qui permet de prendre un peu de recul et de comprendre qu'on puisse baisser les bras, ou souscrire au mythe de l'ascension sociale pour fuir, ou se mettre en colère. Et ça permet aussi d'aborder une stratégie essentielle : voir ces rapports de domination, partager ce regard et élaborer des stratégies collectives.
En bref : s'émanciper et faire changer la société.
Donc : notre métier.
Parce que oui, a minima, aborder les rapports de domination ainsi, c'est se redire que c'est de là que vient l'intention de l'éducation populaire. C'est de ces rapports de domination qu'on cherche d'abord à émanciper. La première étape, c'est de dire que ça existe, et de dire que ça nous concerne : parce qu'on n'est pas d'accord, parce qu'on trouve ça injuste.

Et ensuite ?
Ensuite, ça ouvre tellement de portes.
Pour creuser plus certaines dominations, en comprendre les mécanismes et les effets.
Pour sortir d'une vision du monde où tout repose sur la responsabilité et les compétences individuelles (il ne suffit pas pour tout le monde de traverser la rue).
Pour explorer l'histoire, les manières dont les dominations évoluent, les stratégies de lutte.
Pour penser la place du politique pour faire bouger tout ça.
Pour le partager avec d'autres.
Pour faire de l'éducation populaire politique, qui change le monde.

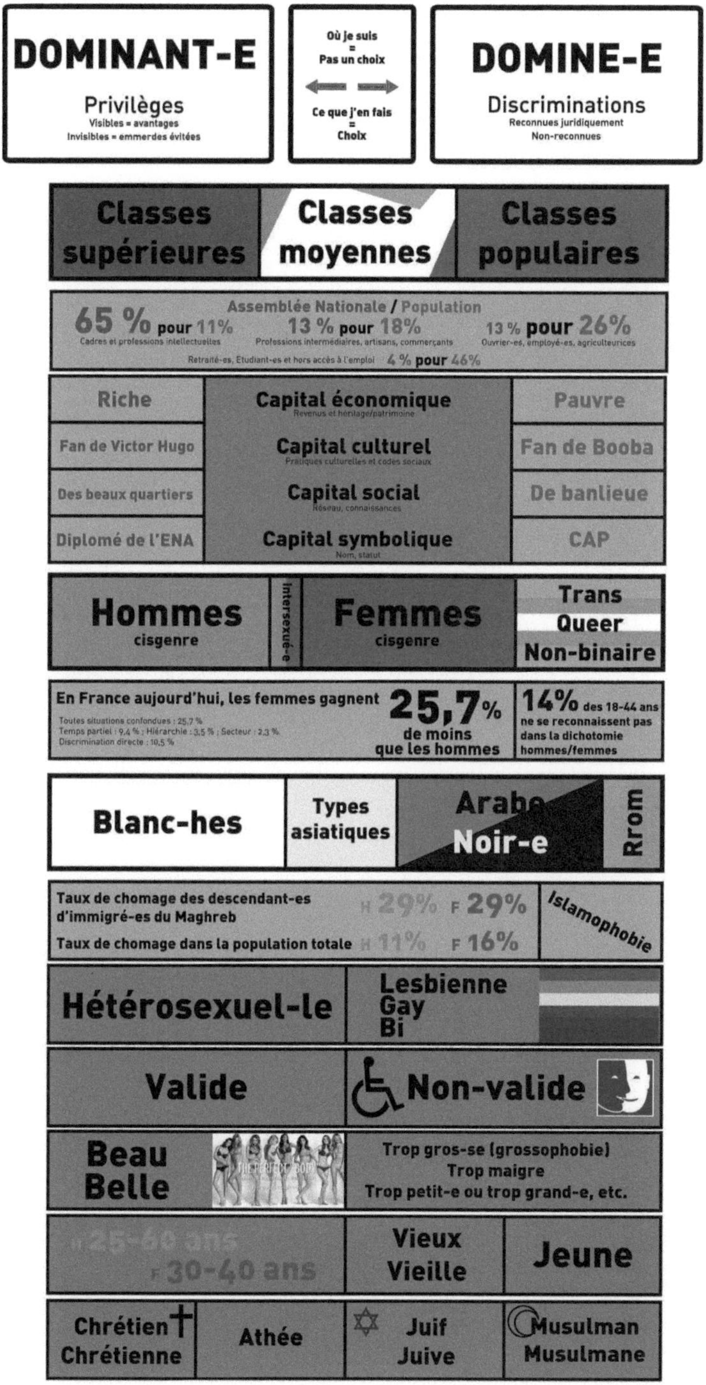
DOMINANT-E
Privilèges
Visibles = avantages
Invisibles = emmerdes évitées
Où je suis
=
Pas un choix
Ce que j'en fais
=
Choix
DOMINE-E
Discriminations
Reconnues juridiquement
Non-reconnues
Classes supérieures
Classes moyennes
Classes populaires
Assemblée Nationale / Population
65 % pour 11%
Cadres et professions intellectuelles
13 % pour 18%
Professions intermédiaires, artisans, commerçants
13 % pour 26%
Ouvrier-es, employé-es, agriculteurices
Retraité-es, Etudiant-es et hors accès à l'emploi 4 % pour 46%
Riche
Fan de Victor Hugo
Des beaux quartiers
Diplomé de l'ENA
Capital économique
Revenus et héritage/patrimoine
Capital culturel
Pratiques culturelles et codes sociaux
Capital social
Réseau, connaissances
Capital symbolique
Nom, statut
Pauvre
Fan de Booba
De banlieue
CAP
Hommes
cisgenre
Intersexué-e
Femmes
cisgenre
Trans
Queer
Non-binaire
En France aujourd'hui, les femmes gagnent 25,7% de moins que les hommes
Toutes situations confondues : 25,7 %
Temps partiel : 9,4 % ; Hiérarchie : 3,5 % ; Secteur : 2,3 %
Discrimination directe : 10,5 %
14% des 18-44 ans ne se reconnaissent pas dans la dichotomie hommes/femmes
Blanc-hes
Types asiatiques
Arabe
Noir-e
Rrom
Taux de chomage des descendant-es d'immigré-es du Maghreb H 29% F 29%
Taux de chomage dans la population totale H 11% F 16%
Islamophobie
Hétérosexuel-le
Lesbienne
Gay
Bi
Valide
Non-valide
Beau
Belle
THE PERFECT BODY
Trop gros-se (grossophobie)
Trop maigre
Trop petit-e ou trop grand-e, etc.
H 25-60 ans
F 30-40 ans
Vieux
Vieille
Jeune
Chrétien
Chrétienne
Athée
Juif
Juive
Musulman
Musulmane

VOIR LES DOMINATIONS 71

Je nourris un pauvre et l'on me dit que je suis un saint. Je demande pourquoi le pauvre n'a pas de quoi se nourrir et l'on me traite de communiste.
Dom Helder Camara

Quand on commence à nommer les dominations, on peut soudainement avoir l'impression de comprendre ce qu'il se passe, et ce que vivent les autres. Ce qui n'est qu'en partie vrai. On commence à voir autrement, à décrypter mais on ne voit pas ce que voient les autres, ce qu'ils et elles vivent pour autant.

Parce que le point de vue, la position qu'on occupe dans les rapports sociaux changent beaucoup ce qu'on vit et ce qu'on voit.
Il ne suffit pas de nommer les phénomènes pour comprendre ce qu'ils produisent chez les personnes au quotidien. Pour saisir comment on se construit différemment dans une position autre que la nôtre. Comment les micro-agressions et la violence symbolique sont présentes tous les jours. Comment on voit le monde et les autres, quels stéréotypes on véhicule et la manière dont on en use.

Posez-vous la question à l'inverse : est-ce qu'en connaissant votre position dans la société, quelqu'un·e d'autre peut comprendre ce que vous vivez concrètement ? Non, pas vraiment.

Du coup, voir les dominations, c'est un travail en soi, avec ses enjeux et ses difficultés. Et une attention pour écouter ce que vivent les autres, parce que ça reste la meilleure manière de le comprendre.

Que ça devienne un sujet 71.1

Qu'y puis-je ?
Il faut bien commencer.
Commencer quoi ?
La seule chose au monde qu'il vaille la peine de commencer :
La Fin du monde parbleu.
Aimé Césaire.

Face aux inégalités, si on a l'intention de s'y attaquer, il faut bien commencer quelque part. Sans se laisser arrêter par l'idée qu'on ne pourra pas régler le problème, qu'on n'a pas forcément un grand plan qui va tout résoudre (personne n'en a un).
Je trouve utile de se dire que de toute façon, quelle que soit la manière dont on peut ou veut s'y prendre, il y a une première étape incontournable : que le problème existe.
Donc, il y a un boulot à faire pour que l'inégalité en question devienne un sujet dont on peut parler, un sujet légitime.

Passer d'une situation dans laquelle le sexisme n'existe pas, dans laquelle on n'en parle même pas, à une situation où la parole peut se libérer et être écoutée, une situation dans laquelle cette question est devenue un sujet de discussion et de préoccupations.
Passer d'une situation dans laquelle les classes sociales, c'est un truc de marxistes périmé dont on se moque, à une situation où on peut nommer le fait que tout le monde n'a pas les mêmes avantages ni la même situation et que ce n'est pas juste.
Passer d'une situation dans laquelle on prétend que le racisme a disparu, ou n'a jamais existé vraiment dans notre beau pays, à une situation dans laquelle on peut dire le mot, pointer les endroits où ça se voit autour de nous, assumer que ça existe, voire que ça empire.

Et ça se fait progressivement, pour soi d'abord, et dans des groupes d'animation ensuite. Avec l'espoir que ça puisse ensuite être porté en dehors.

Et ça a l'air simple mais ça ne se fera pas sans résistances. Ce qu'on voit d'ailleurs bien dans les réactions de politicien·nes ou d'autres dominant·es : ce déni du fait que ce soit un problème, ces stratégies pour le rendre illégitime ou sans valeur, ce refus d'en faire un sujet.

Donc ça a beau être la première étape, et ça a beau sembler simple, c'est un vrai enjeu de travail en éducation populaire : faire des inégalités vé-
↝ 15.1 cues un sujet. Permettre de le nommer et d'en parler. Mettre des mots.

Et ça vaut le coup même si on ne sait pas ce qu'on va faire ensuite. Parce qu'on trouvera, une fois que c'est devenu un sujet. On trouvera la motivation pour aller chercher des informations, des analyses, pour rencontrer d'autres personnes concernées, qui auront peut-être déjà fait
↝ 84.5 une partie du chemin. Et il y en a.

On inventera les étapes suivantes, ensemble, parce qu'on aura fait de ce problème un sujet qui nous concerne, parce qu'on aura les raisons d'avancer à partir de là.

Puis peut-être que, une fois qu'on aura ouvert la parole sur ce sujet, d'autres viendront nous chercher, parce qu'on sera identifié·es pour.
↝ 73.31 Aussi bien à titre individuel qu'ensuite au niveau de notre structure. Ce sera une bonne nouvelle quand ce sera le cas, vu les finalités qu'on se donne en éducation populaire.

Égalité de droit et égalité de fait 71.2

Pour réduire les inégalités, ils sont prêts à tout, sauf à redistribuer les richesses.
Waly Dia.

C'est très simple, mais c'est très important.

Parce que certain·es n'en ont pas conscience et que ça les empêche de comprendre.
Parce que d'autres font comme si c'était la même chose pour désarmer avec beaucoup de mauvaise foi les revendications d'égalité.
Donc : l'égalité de droit, ce n'est pas la même chose que l'égalité de fait. Ce n'est pas parce que les textes de droit disent qu'on est égaux et égales, et que la loi ne fait pas de différence entre les citoyen·nes que, dans la vraie vie, au quotidien, sur tous les aspects nous sommes effectivement égaux et égales.
Le fait que juridiquement il n'y ait pas de différence entre un milliardaire très ami du gouvernement et un jeune racisé de banlieue sans emploi ne signifie en rien qu'ils sont égaux dans les faits. Très loin de là.

Parce que l'égalité se joue aussi à d'autres niveaux que la Loi. C'est important l'égalité devant la Loi, c'est même essentiel, mais ce n'est qu'une étape, qu'un morceau. Ensuite, il y a tous les rapports économiques, sociaux et politiques qui font la société, et là, il se joue beaucoup de choses qui créent ou maintiennent des inégalités.

Je ne peux pas m'empêcher de penser que c'est une évidence, bêtement. Sauf que non. Si je remonte en arrière, ce n'était pas le cas. Et si je repense aux animations que je fais sur les rapports sociaux, non, ce n'est pas une évidence pour toustes. Donc c'est important de le rappeler et de l'expliquer.

D'autre part, certain·es jouent exprès la confusion. Notamment les masculinistes et autres anti-féministes : l'égalité (de droit), elle est acquise, c'est bon, il faut arrêter de parler de féminisme et de sexisme !
Dans ce cas-là, ça vaut le coup de pouvoir argumenter aussi. Notamment avec des données chiffrées qui montrent que non, l'égalité, on n'y est pas. En étant capable de parler aussi de rapports sociaux, de ce que c'est. Ce qui est de toute façon au cœur de nos métiers.

[à propos du mot «exploité»] : Vous comprenez bien que c'est un mot très, très embêtant pour le pouvoir. Parce que c'est un mot qui vous permet de penser la situation de la personne, non pas comme un état, mais comme le résultat d'un processus qui s'appelle «l'exploitation». Si ce type-là est exploité, c'est donc qu'il y a un exploiteur quelque part!
Franck Lepage

Les rapports sociaux sont dans la plupart des cas hiérarchisés. Avec donc des dominant·es et des dominé·es. Donc une relation de pouvoir asymétrique.
Cette asymétrie peut être plus ou moins marquée, avec des effets plus ou moins importants.

A minima, s'il y a une hiérarchie, on parle de relation de domination. Avec donc des dominant·es qui ont des privilèges et des dominé·es qui subissent des discriminations.
Si on parle de validisme, c'est-à-dire des rapports sociaux entre les valides et les non-valides, on peut parler de domination, par exemple.

Si la relation est construite d'une manière qui permet aux dominant·es de contraindre les dominé·es activement, de réduire ce à quoi ils et elles ont accès, ce qu'ils et elles peuvent faire, on parle de relation d'oppression. Les dominé·es y sont contraint·es, limité·es.
Si on parle des relations sociales entre les communautés itinérantes et la population sédentaire, on peut parler (en tout cas jusqu'en 2017) de relation d'oppression puisque ces dernier·es étaient contraint·es de se soumettre à une réglementation spécifique en termes de papiers d'identité et de contrôle (livret et carnet de circulation), et également d'accès au droit de vote.

Si la relation est organisée pour que non seulement les dominé·es soient

limité·es, mais qu'en plus les dominant·es en tirent un bénéfice direct, qu'en plus les dominé·es bossent directement pour elles et eux, on parle de relation d'exploitation. On notera que si, pendant une période, on parlait en politique des exploité·es, avec l'idée que ça devait changer, ce n'est plus le cas (parce que quand on n'arrive même plus à nommer un problème, on ne risque pas de s'en saisir).
Entre les détenteurs de capitaux et les salariés, en particulier des classes populaires, on peut parler de relation d'exploitation puisqu'elles et ils sont contraints de travailler au bénéfice des dominant·es.

Ce sont des différences qui aident à comprendre à quel point une relation de domination peut être marquée, ce qui est utile, et qui permet aussi de nommer ce que l'on vit et ce que l'on subit, ce qui est encore plus utile pour travailler la prise de conscience des rapports sociaux et des dominations qu'on subit.

Asymétrie des regards 71.4

Attention, j'ai rien contre les bouseux...
D'habitude je mange pas avec, c'est tout.
Cryda de Tintagel, Kaamelott, écrit par Alexandre Astier.

Selon notre statut social, notre position dans les différents rapports de domination, nous ne regardons pas les autres, le monde social, de la même manière. Nous avons des priorités différentes. Donc des habitudes différentes et des compétences différentes. Même si nous n'en sommes pas conscient·es. Même si nous pensons que tout le monde fonctionne à notre manière.
La manière de regarder le monde social n'est pas symétrique entre dominant·es et dominé·es. Nous ne faisons pas le même travail d'interprétation des relations et des personnes.

Pour les dominé·es, la priorité, c'est de comprendre ce qui se passe dans la tête des dominant·es. De comprendre leur psychologie.
Pour une raison simple : nous en avons besoin pour survivre. Au sens propre ou au sens figuré, selon les cas.
Il y a une illustration marquante, historiquement. Lors de la période esclavagiste aux Etats-Unis, la plupart des noir·es travaillaient dans les champs de coton. Mais certain·es travaillaient dans les maisons des maîtres·ses blanc-hes. En tant que majordome, femme de chambre, etc. Celles et ceux qui étaient dans les champs les sollicitaient pour organiser secrètement des conférences dans lesquelles on leur demandait d'expliquer "comment ça pense un·e blanc-he", ce qu'il se passe dans la tête des maîtres·ses. Parce qu'il leur était vital de la comprendre, au sens propre, pour survivre autant que possible. C'est parce que le dominant·e à mes clés en main qu'il faut comprendre ce qu'il veut, comment il fonctionne, et comment ne pas se mettre en danger.
C'est un phénomène qui fonctionne, je crois, pour l'ensemble des rapports de domination. De la même manière, les femmes se préoccupent beaucoup plus de comment pensent les hommes, apprennent à le penser et développent plus cette compétence. Ce qui alimente la naturalisation de cette tendance et le fait de penser qu'elles savent le faire spontanément.

Les dominé·es assument cette charge d'interprétation de l'autre et de comment ils et elles pensent, de ce qu'ils et elles veulent et pourquoi.

À l'opposé, les préoccupations des dominant·es quand ils et elles regardent le monde social ne sont pas les mêmes. Leur attention est portée sur le système lui-même, ses mécanismes et son fonctionnement. Et la manière dont on peut naviguer dans ce système pour maintenir sa place et garder ses privilèges.
Des directeurs et directrices vont spontanément penser, et parler entre eux, des stratégies de gestion de leurs salarié·es, de comment se positionner face à des revendications, utiliser des dispositifs légaux, gérer

les relations avec le CHSCT, les syndicats, le droit du travail. Bien plus souvent et bien plus spontanément que de la psychologie ou des souhaits des salarié·es.
Sans nécessairement être conscient·es de ces priorités, ni les nommer pour ce qu'elles sont. Et sans être motivé·es par de la malveillance. Ils et elles vont le faire automatiquement, en pensant que c'est le fonctionnement normal, que c'est la logique que toutes et tous appliquent. Ce qui leur rend difficilement compréhensible que d'autres, en particulier les dominé·es, n'aient pas ces réflexes et ces compétences. Sans voir non plus ce qu'ils et elles vivent, sans faire le travail d'interprétation psychologique, et sans savoir le faire à l'extrême.

Ce fonctionnement de la part des dominant·es fait partie des éléments qui rendent difficile le travail de prise de conscience des privilèges et des différences de vécu dans les rapports de domination. Des effets en termes de construction de soi et d'estime de soi que provoquent un vécu de dominé·e. L'empathie et la projection à la place de l'autre n'est pas spontanée, et rencontre même des résistances. C'est utile de le comprendre pour pouvoir penser des stratégies dans notre travail d'animateurice accompagnant de l'émancipation.

En miroir, les dominé·es ont une compétence d'interprétation qu'il est utile de valoriser comme un vrai savoir populaire, et sur laquelle on peut s'appuyer. Mais ils ont peu, en tout cas si on en reste à des grandes lignes synthétiques, la compétence et le réflexe de penser le fonctionnement en termes de système et les stratégies qui peuvent en découler. C'est là aussi à prendre en compte et à accompagner dans une démarche d'émancipation.

L'instruction elle-même y concourt, qui permet de lire le même journal à tous les hommes. L'analphabète était bien obligé d'avoir ses idées personnelles, de disputer, de juger, de décider par lui-même .
Alexandre Vialatte

C'est quoi une grille de lecture ?
J'en parle souvent, et j'en propose, ça vaut sans doute le coup de le définir.

Une grille de lecture, c'est un outil intellectuel. Un filtre qui nous permet de décrypter ce qu'on voit du monde. Et comme tout filtre, il va limiter ce qu'on voit et lui donner un sens particulier. Des grilles de lecture différentes vont donner des significations différentes à la même chose.

Si on regarde un paysage par exemple, on voit des arbres, des champs, des chemins et des routes, des reliefs, des animaux, etc.
Si ma grille de lecture est celle d'un·e géologue, je vais par exemple décrypter ce paysage en comprenant comment il s'est formé, comme les reliefs sont apparus et ont évolué, et quels minéraux sont présents en sous-sol.
Si ma grille de lecture est celle d'un·e agriculteurice, je vais lire le paysage en fonction des espaces disponibles pour faire paître des animaux ou planter des cultures, et peut-être aussi avec une compréhension des endroits où l'on peut s'étendre.
Si ma grille de lecture est celle d'un·e randonneureuse, je vais voir les itinéraires possibles dans cet environnement, les endroits où il semble agréable de marcher, et je vais imaginer où il serait joli de regarder et de s'arrêter.
Si ma grille de lecture est celle d'un·e militaire, je vais voir les endroits où se mettre à couvert, les lignes de tir possibles, les possibilités d'em-

buscade et la manière de me placer pour contrôler les voies de circulation.
Si ma grille de lecture est celle d'un·e écologue, je vais voir les endroits où les humains sont intervenus, ce qui a été anthropisé, ce qui est encore à l'état naturel, les différents milieux et écosystèmes présents. Etc.
Chaque grille de lecture permet, en regardant le même paysage, de voir des choses différentes, de les comprendre selon certaines priorités et de se projeter dans des actions qui correspondent.

Dans le cadre de nos métiers d'éducation populaire, nous avons en particulier besoin de grilles de lecture du monde social et politique. Pour l'interpréter et le comprendre, pour pouvoir ensuite construire nos actions de manière pertinente et adaptée.
Ces grilles de lecture sont à choisir pour qu'elles soient en cohérence avec nos valeurs, et qu'elles nous permettent de nous projeter dans des actions qui tendent vers nos finalités.

Si de telles grilles de lecture, en particulier celles de la sociologie, ont longtemps été transmises systématiquement, je constate que c'est une habitude qui s'est perdue, pour différentes raisons. Pour autant, je crois ↝ 86.2
qu'elles sont toujours aussi nécessaires. Sans quoi nous serons dépourvus d'outils essentiels, et nous opérerons avec celles qui sont dominantes, et qui ne correspondent pas à nos valeurs et à nos finalités.
Nous risquons de lire le monde social avec la grille de lecture du libéralisme, qui postule que les inégalités sont d'abord le fait de trajectoires et limitations individuelles, qu'il suffit de vouloir pour pouvoir. De traverser la rue.
Ou celle de la logique sécuritaire, éventuellement orientée de manière raciste et classiste, qui va nous faire penser que oui, forcément, les jeunes de banlieue sont violents, et les pauvres trop ignorants pour qu'on leur fasse confiance.
Sans forcément nous en apercevoir d'ailleurs. Sans prendre conscience que nous regardons le monde d'une manière opposée à ce que nous vou-

drions. Et que nous agissons donc avec les biais et les priorités héritées de ces grilles de lecture.

À nous donc de comprendre pourquoi le fait de retrouver des grilles de lecture adaptées est essentiel, des grilles de lecture qui permettent de comprendre les inégalités, leurs effets et leurs sources.
À nous de nous les réapproprier au quotidien, de les utiliser pour questionner ce qui se passe et ce que nous faisons en réaction.
Et à nous de les transmettre le plus possible dans nos structures et nos réseaux, pour que ces manières de voir le monde prennent plus de place et permettent de changer les choses. C'est aussi une partie de la bataille ↝ 84.1 culturelle que nous avons à mener.

Sciences sociales ? C'est-à-dire ? 71.6

- Voilà : la lune est-elle une banane et dans ce cas, où se trouve l'épluchure?
- Ça n'est pas une question scientifique...
- Ben qu'est-ce qu'il te faut? !!!
F'Murrr. Les intondables.

Ce qui nous intéresse avant tout, en éducation populaire, c'est le monde social. Il y a pas mal de gens qui l'étudient. Avec des approches différentes. Du coup, ça me semble utile d'avoir une carte du territoire pour s'y retrouver, pour savoir où aller chercher quand on veut plus d'outils d'analyse et de théorie dans les sciences sociales.

La sociologie : c'est l'étude des groupes sociaux et de leurs relations. Historiquement, elle s'est beaucoup occupée de décrire les relations entre groupes sociaux. Elle a été le socle de la construction de grands courants d'éducation populaire, et on y trouve toujours des grilles de lecture fondamentales pour notre travail.

La psychologie : c'est l'étude des mécanismes de pensée et d'émotion. À l'échelle individuelle. Ce qui fait qu'elle est plus utile pour l'accompagnement individuel et le travail social, et moins pour les enjeux d'émancipation et de fonctionnement de la société. Elle peut aussi être utile pour se comprendre soi, tout simplement.

La psychologie sociale : c'est le croisement entre les deux précédentes, donc l'étude de la manière dont les mécanismes de pensée et d'émotions fonctionnent dans les groupes sociaux et leurs relations. C'est aussi un domaine qui se pose beaucoup de questions sur la manière de faire évoluer ces relations et de produire plus d'égalité, ce qui pour des professionnel·les de l'éducation populaire en fait un domaine passionnant et utile.

La psychiatrie : c'est une spécialisation de médecine, qui s'intéresse au traitement des pathologies mentales.

Les sciences de l'éducation : c'est l'étude des relations entre les enseignant·es et les apprenant·es, et du contexte d'apprentissage, principalement dans le cadre scolaire.

La didactique : c'est l'étude de l'enseignement de contenus disciplinaires, et c'est divisé par disciplines scolaires. En partant du contenu donc, et pas de la dimension sociale ou relationnelle.

Pédagogie critique : c'est la discipline qui étudie la manière de transmettre les enjeux des rapports de domination et d'inégalités. Et qui se pose des questions et étudient des méthodes très proches de l'Education Populaire. ↝ 43.5

L'économie : c'est l'étude de la production matérielle et de tous les échanges qui vont avec, notamment monétaires et financiers. Elle est actuellement dominée par le point de vue libéral (avec même une tendance à prétendre que l'économie, ce n'est que ce point de vue) et par une tendance à prescrire comment le monde devrait s'organiser pour favoriser le bon fonctionnement de l'économie libérale. Les économistes hétérodoxes sont plus en phase avec nos valeurs et intentions, notamment les économistes marxistes. Ou des collectifs comme les économistes atterrés.

Les sciences politiques : c'est l'étude des institutions politiques et des jeux de pouvoir formels, notamment au niveau des états. Et de la géopolitique. L'idéologie des auteurices influe encore plus que dans d'autres disciplines ce qu'ils et elles racontent.

L'anthropologie : c'est la science de l'humanité en général, dans son intention d'origine, en mêlant les aspects biologiques et culturels. Aujourd'hui, c'est principalement l'étude de petits groupes sociaux, en essayant d'en tirer des règles générales relevant de l'humain.

L'ethnologie : assez proche de l'anthropologie et de la sociologie, c'est l'étude de la structure, du fonctionnement et de l'évolution des sociétés. Elle donne souvent des éclairages intéressants sur ce qui est commun à des sociétés différentes et inversement.

À ce panorama, je peux ajouter une clé de compréhension supplémentaire : les sciences sociales critiques. Quand il y a critique dans l'intitulé d'un champ d'étude, ça veut dire qu'on s'y préoccupe de rapports sociaux et de rapports de domination, qu'on interprète les contenus concernés à la lumière de cette grille de lecture. Ce qui est toujours intéressant pour des praticien·nes de l'éducation populaire.

COMPRENDRE LES MÉCANISMES 72

J'ai le coeur qui palpite quand tu me parles révolution
C'est terrible, je suis sensible, que de l'amour dans nos chansons
Quand les mots qui nous accusent sont des mots pour nous faire taire
Mais nous on a Malcolm, Franz Fanon, Aimé Césaire

Ils veulent la guerre, nous on a que de l'amour
Je te répète qu'on s'entête, qu'on fera pas demi-tour
On a que du love que du love que de l'amour
Et ça on te le jure sur la tête de Zemmour

Sidi Wacho. Que de l'amour.

Au-delà de voir les dominations, il est important de s'outiller pour comprendre comment elles fonctionnent, quels sont les effets et les mécanismes de ce système. Autant nous voyons facilement les discriminations basées sur la haine et la violence, autant elles ne sont qu'une petite partie de cette mécanique. ↝ 97
Il y en a même tellement que ce sont des champs d'étude en soi, et qui n'ont pas fini, loin de là, de nous permettre de comprendre mieux ces phénomènes. ↝ 71.6

De manière très générale, la mécanique de domination peut s'aborder en deux temps :
Des éléments qui vont permettre de différencier les groupes sociaux. C'est-à-dire de mettre en avant un critère possible et de lui donner de l'importance (Focalisation) puis de s'en servir pour montrer que ça fait effectivement deux groupes qui n'ont rien en commun (Différenciation).

Des éléments qui vont ensuite œuvrer à hiérarchiser. C'est-à-dire à démontrer (faussement le plus souvent) qu'un des deux groupes est moins bon, est inférieur (péjoration) alors que l'autre a tout pour être au-dessus. Ce qui permet de rendre normales, voire légitimes les inégalités et de les amplifier (Légitimation).

C'est une logique qui peut s'appliquer à chacun des rapports de domination, même si elle a surtout été décrite et analysée pour le sexisme et le racisme.
Elle ouvre bien entendu la porte à des dérives de plus en plus graves en
↝ 73.11 termes de discriminations et de violences.

Les stéréotypes comme structure 72.1

Vos préjugés sont vos fenêtres sur le monde. Nettoyez-les de temps en temps, ou la lumière n'entrera pas
Terry Pratchett

Des inégalités, dans notre société, il y en a. Factuellement, on peut le constater. toustes n'ont pas les mêmes ressources, et ça va en s'accentuant. Et toustes n'ont pas les mêmes chances de les obtenir.
Ce n'est pas une question de chance individuelle, mais bien de qui nous sommes socialement : où nous sommes né·es, dans quel milieu social, avec quelle couleur de peau, quel sexe. Du groupe, voire des groupes auxquels on appartient. Ou auxquels on est identifié·es.

Il y a donc des groupes sociaux, qui ont des relations inégalitaires. Des relations de pouvoir, certains groupes ayant de l'influence sur d'autres. De manière plus ou moins visible et officielle. Donc ayant accès à plus de ressources (matérielles et sociales). Ce sont donc des inégalités matérielles qui existent.

Pour qu'elles existent, il faut qu'il y ait des moyens de les maintenir. Sinon, celles et ceux qui ont moins y mettraient fin très vite.
Les moyens, j'ai tendance à les classer en deux catégories :
Des éléments structurels, c'est-à-dire des mécanismes de la société. Les lois (avec des lois inégalitaires parfois, mais aussi simplement le fait que certain·es ont le droit de recourir à la violence et d'autres non), l'économie (le salariat par exemple), les institutions (la justice, la police et même l'aide sociale).
Des éléments culturels, c'est-à-dire des idées qu'on a toustes en tête et qui justifient le fait qu'il y ait des inégalités. Les stéréotypes en sont une grande partie, puisqu'ils permettent de penser sans difficulté que certain·es ne méritent pas plus, parce qu'ils et elles sont différent·es et moins méritant·es. On peut aussi mettre dans cette catégorie les discours sur le mérite et l'universalisme, ainsi que la psychologisation des rapports sociaux. ↝ 73.2

Ces moyens servent à maintenir et justifier les inégalités et les rapports de pouvoir tels qu'ils sont, ce ne sont pas eux qui les créent. C'est en tout cas le point de vue matérialiste, et c'est celui qui me convainc le plus (mais vous pouvez ne pas être d'accord). Ce qui veut dire notamment que ce n'est pas en déconstruisant les stéréotypes qu'on va réduire les inégalités. On va affaiblir une partie des justifications, certes, et ça peut être utile dans une stratégie plus large, mais ça ne suffira pas.

Lorsque la culture dominante est suffisamment pleine de stéréotypes et de justifications des inégalités, le système se maintient tranquillement. En douceur. Parce que peu de gens arrivent même à penser que c'est injuste et qu'on peut y faire quoi que ce soit. C'est pour ça qu'on peut parler de bataille culturelle : l'enjeu est de maintenir, ou de déstabiliser (selon votre camp) ce système de pensée pour pouvoir protéger, ou attaquer, les inégalités matérielles.
Par contre, gagner la bataille culturelle, au moins en partie, ce n'est pas avoir gagné la guerre. Parce que derrière, il y a des moyens de contrôle

moins en douceur, avec des forces armées, de la répression. Ce qui est en général signe que le système fonctionne moins bien pour les dominant·es, qu'ils et elles sont obligé·es de se maintenir par la force, avec moins de finesse. Ce qu'on peut appeler de la violence réactionnaire, qui a pour but de réagir pour empêcher des évolutions. Ce qu'ils et elles font rarement sans y être forcé·es parce que ça se voit que c'est pour maintenir des injustices, que ça nuit à leur image, et parce que ça coûte plus cher. Quand ça arrive, du coup, ce n'est pas une bonne nouvelle en pratique, mais c'est souvent un signe que les choses sont en train de bouger, que certaines équilibres vacillent. Et qu'on va peut-être vers plus d'égalité, ce qui ne se fait jamais sans lutte.

Assignation *72.11*

Soyez généreux, sire Samuel.
Traitez réellement tout le monde sur un pied d'égalité.
Accordez aux Klatchiens le droit d'être des salauds d'intriguants, hmm ?
Va-t-en-guerre de Terry Pratchett

Tiens, et si pour la fête du centre, on faisait une soirée festive. On demanderait aux mamans de préparer le couscous, on ferait une animation danse orientale et pour la fin de soirée, ce sera slam et rap. Trop cool, ça va leur plaire !
Est-ce qu'en tant que blanc, vous auriez envie qu'à chaque soirée qu'on vous propose, on vous demande de préparer une blanquette pour accompagner le concert d'accordéon, avant le bal musette ? Peut-être que c'est pas votre truc, peut-être que vous avez des goûts qui sortent un peu de la majorité, du stéréotype. Peut-être même que vous trouvez ça vexant qu'on vous pense aussi pauvre et avec aussi peu de goûts spécifiques, aussi peu de personnalité et de particularités. Peut-être, oui.
C'est un premier problème avec les stéréotypes : quand on les subit, on les voit bien. Quand on les fait subir aux autres, beaucoup moins. On se

dit, quand on les voit, que c'est bienveillant, et puis que c'est pas faux non plus, hein.

C'est un effet important des stéréotypes ; vous allez être assigné·e à un rôle, à une place dans la société, avec tout un panel de goûts et de comportements que vous êtes censé·e avoir. Et ce n'est pas vous qui aurez choisi du tout.
Ce qui est, vous l'imaginez bien, tout à fait épanouissant.
D'autant plus quand on vous assigne à une place de dominé·e, c'est-à-dire d'inférieur·e, avec son cortège de jugements négatifs, de compétences manquantes et de traits de caractère dévalorisants (les pauvres sont des flemmasses et des profiteur·ses, au hasard).
Et ça pose les bases de l'aliénation.

Du coup, autant il est utile d'avoir une grille de lecture des rapports sociaux, autant c'est une bonne idée de ne pas réduire les personnes aux catégories auxquelles on les assigne spontanément. Et de ne pas se baser sur ce genre d'assignation pour faire des présupposés sur ce qu'ils et elles aiment, ce qu'ils et elles aiment et ce qu'on peut leur proposer comme place ou comme activités. De ne pas renforcer les stéréotypes en d'autres termes.
Ce n'est pas plus compliqué de leur demander et d'ouvrir la porte à leurs goûts et leurs envies, en signifiant éventuellement qu'ils et elles ont le droit d'être origina·les, d'être des individus singuliers et que ce sera bienvenu. De ne pas donner l'impression qu'on attend de leur part qu'ils et elles rentrent dans la case qu'on a en tête. Parce qu'ils et elles en ont déjà bien trop l'habitude, et que si elles et ils s'y plient sans broncher, ce ne sera une bonne nouvelle ni pour nous ni pour eux et elles.

Les riches ne peuvent jamais être fous (ils sont excentriques),
ils ne peuvent pas non plus être grossiers (ils sont francs et directs).
Masquarade (1995), Terry Pratchett

Les stéréotypes conditionnent notre manière de voir les autres, dans des proportions qui peuvent surprendre. Une expérience maintes fois répétées le montre de manière marquante.

Un bébé, habillé d'un pyjama jaune (donc sans indice quant à son sexe) est filmé en train de jouer avec des jouets divers, puis se met à pleurer. Ce film est projeté à trois groupes : un auquel on mentionne qu'il s'agit d'une fille, un d'un garçon et un troisième pour lequel on ne donne pas d'indication.

On demande à chaque groupe de décrire l'enfant. Le premier groupe la décrit par exemple comme chétive, alors qu'il est costaud pour le second. Concernant le même enfant, donc, et sur des critères physiques. Ce qui montre à quel point les lunettes du stéréotype sont puissantes. On observe également plus de termes relevant de la beauté pour la fille, et de la curiosité pour le garçon.
Le troisième groupe donne des réponses mélangées.

On demande ensuite aux groupes pourquoi, à leur avis, le bébé pleure. Si c'est une fille, on pense plus facilement qu'elle est triste et qu'elle veut sa maman.
Si c'est un garçon, on pense qu'il est en colère et qu'il a quelque chose à dire.
Ces différences de regard ont bien sûr des conséquences directes sur les comportements que nous allons avoir en réponse, ce n'est donc pas seulement une question de regard.
Et, de manière toute aussi intéressante, le troisième va dans ce cas de-

mander s'il s'agit d'un garçon ou d'une fille. Parce que c'est pour elles et eux nécessaire pour interpréter son comportement. Ce qui montre à quel point ce critère et ces stéréotypes sont essentiels et intégrés.

La menace du stéréotype — *72.13*

Les préjugés ont une fonction. Ils servent à justifier le système de discrimination, qui a lui aussi une fonction : régulier de manière inégalitaire l'accès aux ressources. Les discriminations n'ont rien d'un dysfonctionnement, elles relèvent au contraire, dans une société comme la société française, du fonctionnement normal. Elles font système.

Fatima Ouassak. La puissance des mères.

L'intitulé d'une activité est un enjeu. Un enjeu en général, pour que ce soit clair et que ça fasse envie. Pour être sur un registre adapté au public. Mais c'est aussi un enjeu en termes de rapports de domination. Et de leurs effets.

Une expérience a été faite (en 1995 par Steele et Aronson), et répétée depuis de nombreuses fois, pour montrer l'impact de l'intitulé sur la manière dont elle est vécue.
Dans deux classes identiques, on fait faire le même exercice. Un exercice dans lequel on affiche quelques moments un dessin abstrait, que les élèves doivent ensuite reproduire de mémoire. On évalue la qualité des reproductions ensuite, la performance des élèves.
Dans la première classe, on annonce qu'il s'agit d'un exercice de dessin et qu'il va falloir reproduire le dessin.
Dans la seconde classe, on annonce qu'il s'agit d'un exercice de mathématiques, et qu'il va falloir reproduire une figure géométrique.

Que se passe-t-il ? Quelles différences ?
Entre garçons et filles en particulier ?

Dans le premier cas, le dessin, toustes sont également efficaces pour réussir la tâche. Ce qui accessoirement valide le fait qu'il n'y ait pas de différence de compétence.
Dans le second cas, par contre, si les garçons sont aussi performant·es que dans le premier cas, les filles non. Elles sont moins efficaces, elles réussissent moins bien la tâche.
Pourquoi donc ?
Ce n'est pas une question de compétence, comme le montre le premier cas. La seule chose qui a changé, c'est l'intitulé, la manière dont la tâche a été habillée. La différence est là.

En parlant de mathématiques, on active, involontairement et souvent inconsciemment, un stéréotype négatif : les filles sont moins bonnes en mathématiques.
Qu'elles le croient ou non, les filles connaissent ce stéréotype. Il les menace, les met dans une situation de danger, d'inquiétude. Du coup, une partie de leur cerveau, de leur disponibilité mentale, est occupée à combattre ce stéréotype négatif (pas forcément consciemment) et les émotions (négatives) qu'il provoque. Ce qui leur laisse moins de concentration, moins d'énergie mentale, pour accomplir la tâche. Qu'elles font donc moins bien.
Et, de manière ironique et un peu désespérante, elles confirment donc le stéréotype. Parce qu'elles sont en train de le combattre.

La même expérience a été faite pour d'autres populations et d'autres stéréotypes négatifs. Notamment avec des élèves noir·es aux Etats-Unis en comparant une tâche intitulée verbale ou d'intelligence.

C'est ce qu'on appelle la menace du stéréotype. On peut transposer cet exemple à d'autres cas de domination et de stéréotypes négatifs (comme celui qui disait aux Etats-Unis que les noir·es sont naturellement moins bon·nes en math).
Cette menace est activée par l'habillage de la tâche. Si l'activité a un

nom associé à un stéréotype, il va l'activer.
Si, sans changer l'activité, on change l'intitulé pour un intitulé moins marqué, on facilite la vie, et la performance des dominé·es. C'est important comme résultat pour un effort minimal.

Un exemple dans le monde de l'animation : dans un centre de loisirs, les animateurices conçoivent un parcours d'activité physique. Ils et elles l'intitulent parcours du combattant, pensant bien faire. Résultat : très peu de filles, et peu performantes.
Sans rien changer à l'activité, ils et elles le proposent ensuite sous l'intitulé : parcours d'agilité. Résultat : presque la moitié de filles volontaires et de bonnes performances.

Penser lorsqu'on intitule une animation aux stéréotypes, à ce à quoi sont associés les mots et concepts qu'on utilise est donc très utile si l'on veut concrètement, et simplement, prendre en compte les inégalités et essayer d'y travailler.
Ce qui fonctionne dans beaucoup de cas, notamment avec des adultes et sur des activités sérieuses. Je suis persuadé qu'il se produit les mêmes effets lorsqu'on affiche : soirée-débat sur la parentalité. Quelle classe sociale se sent spontanément concernée et compétente ? Quelles classes sociales se sentent illégitimes à participer à un débat ? D'autant plus sur un terme conceptuel comme parentalité ? Est-ce qu'une discussion sur le fait d'être parent produira les mêmes effets ?

Autre petite astuce sur le même sujet : si la menace sur le stéréotype a la vie dure, on peut quand même la réduire ponctuellement.
Si au début d'une tâche menaçante, on rappelle le stéréotype en le récusant, la menace est réduite. Pour un petit moment seulement, mais c'est déjà bien.
Par exemple : C'est un exercice de mathématiques. Certain·es disent que les filles sont moins bonnes en math. Des études nombreuses ont prouvé que c'était faux, et que c'était un stéréotype mensonger.

La peur est un terreau singulier. L'obéissance y pousse comme du blé, lequel croît en rangs où le désherbage est aisé. Mais il y pousse parfois des pommes de terre de la méfiance, lesquelles se développent sous terre.
Les Petits dieux de Terry Pratchett

Les rapports de domination provoquent de la violence directe, à la fois dans ce qui est imposé aux dominé·es que dans leurs mouvements de résistance, puis dans la répression. Mais ils sont également maintenus par une forme de domination moins directement visible, plus insidieuse : la violence symbolique.
Il s'agit d'une forme de violence qui se joue dans la communication, qu'elle soit verbale ou non-verbale. Tout un tas de messages plus ou moins petits pour rappeler la supériorité de certain·es, et l'infériorité d'autres, leur absence de légitimité à s'exprimer, voire à exister.

Ce sont des violences qui, quand on ne les subit pas, peuvent sembler anecdotiques. Après tout, il suffit de les ignorer, de passer au dessus, ce n'est pas grand chose.
Ce n'est pas grand chose si notre estime est solide et si c'est ponctuel. Parce que là, oui, il est facile de ne pas être touché·e.
Quand c'est quotidien, quand c'est un élément de plus dans un système de domination qu'on subit chaque moment de chaque jour, c'est tout autre chose à supporter. C'est pesant, blessant, et ça remplit son rôle de réduction des personnes.

Il peut s'agir de simples paroles : "C'est bien un truc de gonzesses...", "Comme tout le monde le sait..."
Il peut s'agir de regards, plus ou moins lourds et insistants, plus ou moins méprisants, plus ou moins objectifiants.
Il peut s'agir de postures de mépris : «Ça, monsieur, c'est de l'art !",

“On ne peut quand même pas mettre au même niveau Mozart et le rap, enfin.”
Dans tous les cas, ce sont de petits gestes qu'on prend dans la gueule, parce qu'elles viennent nous remettre à notre place, nous rappeler notre position de dominé·es.
Ce sont des micro-agressions permanentes. Et, si elles ne sont pas forcément le point par lequel commencer stratégiquement à lutter, elles méritent en tout cas d'être conscientisées comme des manifestations de domination, et prises en compte plutôt que dénigrées dans un travail d'accompagnement.

Norme 72.2

Le monde n'est absolument pas fou,
bien qu'il ne soit pas pour les hommes normaux.
Il est pour les normalisés.
Pensées échevelées. Stanislas Jerzy Lec

La notion de norme est un des mécanismes qui permet le maintien des dominations.
La norme de référence dans une société, c'est toujours la norme des dominant·es. Voire : la norme, c'est ce qui domine.

Le masculin, qui est la norme et donc qu'on peut prétendre représenter l'universel. Le blanc. Les bonnes manières et la culture des classes supérieures. La validité. La famille nucléaire. L'hétérosexualité.
Tout ça, c'est normal. C'est la norme.
Et le normal, ça ne se questionne pas, parce que c'est la référence. C'est à cette norme qu'on compare le reste.
Du coup, on n'a en général pas besoin de la nommer. Ce qui est nommé, c'est ce qui est différent de la norme.
Il y a les gens de couleur, et puis… les gens normaux quoi.

Ce qui n'aide pas à voir la norme pour ce qu'elle est, puisqu'elle est à la fois sans nom, évidente, et présentée comme différente par nature de tout le reste, de tout l'anormal. Or, en vrai, il n'y a aucune différence, si ce n'est que la norme, c'est l'identité, la culture, les valeurs et les représentations de celles et ceux qui dominent.

Partant de là, le monde est organisé et pensé en référence à la norme. Jusque dans les tailles de vêtements, ou les traitements médicaux qui sont d'abord testés et dosés pour des hommes de gabarit moyen.
Celles et ceux qui ne sont pas dans la norme vont facilement être rendu·es invisibles. On ne va pas les prendre en compte, on va passer sous silence leur existence, parce qu'étant hors de la norme, ils sont en dessous des considérations de bien commun. On peut même entendre qu'ils et elles sont symboliquement anecdotiques, minoritaires (même quand ce n'est pas du tout le cas en termes de chiffres, comme les femmes). Les personnes qui ne sont pas dans la norme, toutes celles et ceux qui sont dominé·es, vont donc facilement être invisibilisé·es par cette manière d'imposer la norme dominante.
Les sortir de l'invisibilité, c'est une stratégie politique qui peut correspondre assez bien à nos finalités d'émancipation collective.

Celles et ceux qui ne sont pas dans la norme sont aussi identifié·es comme anormaux. Ce qui n'est pas tellement positif dans l'imaginaire collectif.
On sent bien que ce sont des personnes qui ne devraient pas trop la ramener, voire qui devraient avoir un peu honte. Et surtout pas demander trop à être pris·es en compte : ils et elles devraient plutôt faire des efforts pour rentrer dans la norme. Ce sont des discours et des modes de pensée que nous avons donc à nommer et à combattre en éducation
72.5 populaire.

Ce qui rend les choses difficiles, c'est bien qu'on a toutes et tous plus ou moins intégré cette norme, et intégré le fait que c'était ça qui était

souhaitable, et qui était la référence. On se heurte donc souvent, même face à soi-même à : “oui, mais bon, si ielles étaient dans la norme, ielles n'auraient pas de problème” ou “essaie d'être normal·e”.
Il y a peut-être là aussi un truc à bosser, dans la reconnaissance et la valorisation de l'anormal, donc de la diversité et des cultures non-dominantes. ↝ 72.4

Se distinguer 72.21

LE CHIEN (parlant à un hibou) :
À ton avis, la culture rend·elle nécessairement idiot et orphelin ?
F'Murrr. Barre-toi de mon herbe.

Il se joue dans le rapport à la norme quelque chose de contradictoire.
Nous voulons être assez proche de la norme pour être reconnu·es. Mais assez différent·es pour être unique.
C'est particulièrement fort à l'adolescence, quand on se construit son identité sociale, mais je crois que c'est une question qui nous accompagne bien plus tard.

Il se produit la même chose entre les groupes sociaux.
Chaque groupe social veut être reconnu comme normal, mais veut aussi se distinguer des autres, en particulier de ceux qui sont en dessous de lui.
Par ses pratiques sociales, ses manières, les pratiques culturelles qu'il consomme, les lieux qu'il habite, les vacances qu'il prend, ses loisirs, ses manières de parler.

En résumé : être suffisamment différent pour être unique (et idéalement supérieur·e) mais pas trop, pour ne pas se trouver exclu·e ou irrécupérablement bizarre.

À ceux qui n'ont d'autre choix que de préparer leurs enfants à se battre.
Les livres de la terre fracturée, tome 2 : La porte de cristal de N. K. Jemisin

Quand on est dominé·es, en fonction d'un critère ou d'un autre, on subit des discriminations. C'est-à-dire qu'on va être emmerdé·es là où les autres ne le sont pas. On va avoir des boulets aux pieds que d'autres n'ont pas pour avancer dans la vie. On va subir des remarques, des refus et des pénalités parce qu'on est vu·e par le prisme d'un stéréotype et d'une catégorie sociale. On peut être discriminé·e en fonction d'un rapport social, ou de plusieurs à la fois.

Les discriminations peuvent prendre différentes formes, elles peuvent être une différence d'accès à des ressources (l'argent notamment), elles peuvent être une différence de traitement (pour trouver un emploi, dans l'espace public, par l'administration ou dans une structure privée) et elles peuvent être liées à la loi (ce sont alors des lois d'exception, qui sont interdites en droit français).
En principe, la discrimination est interdite en France.

Le contrôle au faciès est une discrimination, et l'état français a d'ailleurs été condamné à ce titre.
Se faire refuser un logement en fonction de sa couleur de peau, ou l'entrée en boite, aussi, mais ce n'est pas simple de prouver que c'était le cas, par contre.
Se faire siffler dans la rue et harceler est une discrimination que ne subissent que les femmes (et les homosexuel·les sous d'autres formes).
Ne pas accéder aux grandes écoles parce qu'on ne sait même pas qu'elles existent, aussi.
Devoir raconter sa vie et sa vie familiale pour prétendre à des aides qui sont des droits, c'est une discrimination, alimentée par le soupçon que les pauvres sont malhonnêtes.

Lister les discriminations qu'on subit, c'est un exercice qui peut être intéressant pour approfondir la prise de conscience des rapports sociaux dans lesquels on est pris·es et la manière dont ils nous impactent. Pour les faire changer, même si en faisant cette liste, on finit parfois déprimé·e plus qu'autre chose.
Lister seulement les discriminations, c'est aussi ne regarder que la moitié de ce qu'il se passe, et faire peser le poids des dominations, et du boulot à faire pour que ça change, du côté des dominé·es uniquement. Une fois de plus comme si de l'autre côté, il ne se passait rien, que du normal.
C'est pour ça qu'il me semble important de parler aussi, systématiquement, en miroir, des dominant·es et de ce qu'il se passe de leur côté.

Pour celles et ceux qui sont dominant·es, c'est l'inverse : ils et elles ne sont pas discriminé·es mais privilégié·es. Ils et elles ont des privilèges. Qu'ils et elles le veuillent ou non, qu'ils et elles fassent quelque chose pour ou pas. C'est la même chose que pour les discriminations : on ne les choisit pas, on n'y est pour rien au départ (mais en ensuite, oui, on peut faire le choix d'en profiter activement ou pas). 73.32
Privilège, ça vient de loi privée, avec l'idée à l'époque qu'il y avait une loi spécifique pour les nobles, différente de celle du reste du monde.

Un privilège, ça peut effectivement être une autorisation spécifique, le droit de ne pas être soumis·es aux mêmes contraintes que les autres. Sous la forme de "Ne vous embêtez pas avec ça" ou de "ça ira pour cette fois". Quand tu es fils de ministre et que tu te fais choper à fumer un pétard par exemple. Ou que tu es star de cinéma et que tu te fais contrôler pour excès de vitesse.
De la même manière, les privilèges, ça peut être des passe-droits, des avantages hérités de son statut. Notamment tout ce que permet d'avoir comme aides, relations, et facilités le capital économique, le capital social, et le capital culturel. Le fait de pouvoir appeler un ami de ses pa-

rents qui est avocat si on a une question ou un problème en lien avec la police ou la loi.

Mais les privilèges, c'est aussi une catégorie moins visible et pourtant très importante : tout ce qu'on n'a pas à subir parce qu'on ne fait pas partie de celles et ceux qui subissent ce genre de choses. Ce qui fait que ce sont des privilèges qui ne se voient pas facilement puisque ce sont des absences.
L'absence de contrôle d'identité quand on se promène autour de chez soi.
L'absence de doutes quant au fait qu'on va pouvoir entrer en boîte, ou trouver un appartement.
L'absence de sifflements et de remarques lourdes quand on se promène dans la rue.
L'absence de stress au moment de s'orienter parce qu'on sait qu'on sera conseillé·e correctement et que de toute façon, dans la famille, tout le monde accède à ce qu'il y a de meilleur.
Le fait de ne jamais avoir peur de se retrouver à la rue, parce que notre famille nous aidera, et qu'on héritera de toute façon au final, c'est un sacré privilège aussi en termes de sécurité matérielle, et du coup morale.
Tout ça se fait sans se dire, sans forcément se voir, sans dans beaucoup de cas que les personnes qui en profitent en aient conscience. Ou en tout cas sans qu'ils et elles aient conscience que ce n'est pas comme ça pour tout le monde, parce qu'ils et elles l'ont toujours vécu comme le normal.

Ce genre de privilèges, en particulier, sont intéressants à lister et à nommer. Parce qu'ils aident ceux et celles qui en bénéficient à prendre réellement conscience à la fois des leurs avantages, mais aussi de ce que subissent les dominé·es. Et de la mesure dans laquelle c'est potentiellement pesant et marquant dans la manière dont on se construit.
Le fait de grandir en pensant sincèrement que la police est avant tout là pour me protéger et pour me servir est un privilège dont j'ai pris

conscience tardivement. Par des échanges avec d'autres. Le fait de le reformuler comme ça est en soi une prise de conscience de ce que ça assied comme sentiment de sécurité et de tranquillité, et inversement de ce que ça provoque quand on vit l'inverse.

Prise de parole *72.31*

Que tu sois dominé·e ou dominant·e, tu ne prendras pas la parole dans un groupe dans les mêmes proportions, ni de la même manière.
Oui, quand on est dominé·es, on n'a pas les mêmes facilités à prendre de la place, à s'exprimer. Parce qu'on ne nous a pas appris comment et qu'on nous signale plus ou moins subtilement qu'on ne le fait pas bien, parce qu'on nous a fait comprendre qu'on n'est pas légitime, parce que d'autres savent tellement bien nous interrompre et nous remettre à notre place.
Ce n'est pas seulement une impression, ça a été observé et étudié. Les femmes parlent moins que les hommes dans un groupe mixte. Les ouvrier·es que les patrons. Je fais le pari que c'est applicable à tous les rapports de domination.
Ce qui justifie tous les efforts que nous avons à faire dans nos choix de postures, gestes et outils d'animation, pour remettre un peu d'égalité. ↝ 63

Pour autant, il est intéressant de souligner que nous avons tellement l'habitude du déséquilibre que nous ne le voyons pas.

C'est un résultat d'étude qui m'a marqué :
Dans un groupe, on se débrouille pour que la prise de parole soit répartie équitablement, 50% pour les hommes et 50% pour les femmes. On demande à la sortie quelle impression ont eu les personnes : tout le monde a eu l'impression que les femmes ont beaucoup plus parlé que les hommes. Tout le monde : les hommes comme les femmes.
Ce qui signifie qu'on est tellement habitué·es au déséquilibre qu'on

considère que c'est la norme. Que lorsqu'on arrive à l'équilibre, on a l'impression que ce n'est pas le cas.

En conséquence, nous n'avons pas seulement un boulot de rééquilibrage à faire, mais aussi potentiellement un boulot pour objectiver, pour rendre visible, pour nos publics comme pour nous, les inégalités de prises de parole.
Se dire que de temps en temps, ça vaut le coup de mesurer objectivement la répartition des prises de parole, même dans un groupe où on pense que tout roule, c'est potentiellement tout à fait justifié si tout le monde est prêt à faire l'effort de continuer à se remettre en cause et à avancer.

Ce qui n'est qu'un rappel de plus : on ne voit pas facilement les effets des rapports de domination. Pas tous. D'autant moins qu'on est du bon côté. Le fait de voir vraiment demande un effort, mais c'est un effort qui paie.

Humour *72.32*

Comment reconnaître l'humour anglais de l'humour français ?
L'humour anglais souligne avec amertume et désespoir l'absurdité du monde.
L'humour français se rit de ma belle-mère.
Pierre Desproges

L'humour, c'est chouette. On est toustes d'accord là-dessus.
Mais ça ne passe pas au-dessus de tout le reste. C'est une modalité de communication. Ce qui fait qu'utiliser l'humour pour dire de la merde n'en fait pas autre chose que de la merde. Juste de la merde habillée autrement.
Oui, parce que souvent, quand on commence à réguler certaines prises de paroles qui relèvent de la violence de domination, et qui se font sous

couvert d'humour, on s'entend dire qu'on ne peut plus rigoler, que ça devient trop triste, et que si c'est la censure à ce point, ça nous met du côté des méchant·es.
J'assume de réguler dans un cadre d'animation. Parce qu'autant utiliser un humour dégradant quand on est entre personnes dont on est absolument sûr·e et certain·e, sans aucun doute, que c'est pour de faux, que personne n'y croit : pourquoi pas. Mais ce n'est jamais le cas en animation. Et ça change tout. C'est d'ailleurs le fond de ce que dit Desproges dans son texte si souvent cité de manière malhonnête.

J'espère bien qu'on peut continuer à rigoler tout en étant attenti-ves à ne pas alimenter des dominations et de la violence symbolique. En étant, comme pour le reste de nos paroles et de nos actes, juste un peu plus exigeant·es sur les formes d'humour qu'on utilise.

Pour faire une distinction simple : il y a de nombreuses formes d'humour, et en particulier tout un registre où on fait rire en tapant sur les inférieur·es. En montrant bien que ce sont des con·nes et des boulets. Ce qui, quand on n'est pas concerné·es par les stéréotypes en question est tout à fait facile, voire rassurant (parce que c'est toujours rassurant de se rappeler que ce ne sont pas nous les con·nes et les méprisables). C'est donc une forme d'humour qui relève strictement de la violence symbolique, de la violence de domination. Une forme d'humour particulièrement facile, peu ambitieuse et lâche. Parce que taper sur les faibles, ça n'est jamais glorieux, on est bien d'accord...

Il se trouve qu'il existe bien d'autres formes d'humour. Il y a le choix.
En particulier, pour rester complètement en cohérence avec nos finalités, il y a un humour qui relève de la satire et de la critique des puissant·es. Et qui est tout aussi drôle, mais un peu plus engagé et courageux. Qui, certes, demande un peu plus d'effort quand on n'a pas cette habitude, mais on ne parle pas non plus d'efforts démesurés ou douloureux.

Donc oui, ayons de l'humour. Plein, tout le temps.
Avec l'ambition minimale de ne pas se reposer sur le registre de l'humour dégradant et du mépris pour les dominé·es. Parce que ce registre là n'est pas l'humour en général. Ce qui nous laisse largement de quoi nous amuser.

Ces privilèges qui devraient être des droits *72.33*

Dans autodéfense, il y a auto, autrement dit soi. Et c'est ce qu'il faut retenir : un soi qui vaut la peine d'être défendu.
Gloria Steinem.

Ces privilèges qui devraient être des droits : il y en a, mais pas tous.
C'est intéressant de se poser la question dans ces termes, en particulier pour celles et ceux qui ont des privilèges.
Parce que ça permet de faire un pas de côté en termes de culpabilisation, et de se poser des questions sur ce qu'on peut faire.

Certains privilèges existent aux dépens des autres, exclusivement parce qu'il y a des personnes dominé·es, voire exploité·es. Une fois qu'on les nomme ainsi, ils deviennent difficiles à assumer, et donc à défendre. Ce qui ouvre une perspective personnelle de distanciation : essayer de ne plus en profiter, de les refuser et de les dénoncer. Et une perspective politique : une transformation sociale qui les fasse disparaître.

D'autres privilèges en sont parce que d'autres n'en bénéficient pas, mais sans avoir besoin qu'ils et elles soient opprimées ou dominées. Ce sont des privilèges qui devraient être des droits pour toustes. Auquel cas il ne s'agit pas de s'en débarrasser et de viser un nivelage par le bas, il s'agit de pointer l'injustice et de lutter pour que toutes y aient également droit. En d'autres termes, il ne s'agit pas de culpabiliser de les avoir mais d'être en colère que d'autres en soient privé·es.

C'est une distinction que je trouve utile pour moi, mais aussi pour aider celles et ceux qui ont des privilèges à en prendre conscience et à agir en fonction.
Ceci dit, c'est une distinction qui a ses limites parce qu'il n'est pas toujours facile de trancher. Certains privilèges sont potentiellement entre les deux, selon le regard que l'on choisit, et la plupart se sont historiquement construits en s'appuyant sur la domination et l'exploitation. Malgré tout, c'est une question que je trouve utile pour faire réfléchir : quels privilèges devraient être des droits, pour toustes ?

Codes et capitaux 72.4

Un homme ne peut être riche qu'en refusant d'aider ceux qui sont dans le besoin.
Proverbe Mohave, dans Devereux 1996.

Si on reprend les bases de sociologie, chaque classe sociale dispose de différents types de capitaux. Plus elles sont dominantes / supérieures, plus ces capitaux sont importants.
On parle de capitaux, mais tous ne sont pas une question d'argent. Par contre, tous peuvent être utilisés pour obtenir une reconnaissance de sa place sociale et des privilèges. Ce sont aussi des manières de se distinguer.

Capital économique : c'est le plus simple à comprendre : l'argent dont on dispose. Ce qui est composé par ce qu'on gagne en fonction de son métier mais aussi, et c'est d'autant plus vrai pour les classes supérieures, de l'héritage.
C'est une part importante de la classe sociale, et c'est pour ça qu'on peut avoir une bonne approximation de celles-ci en regardant les CSP, mais ce n'est pas du tout l'ensemble de ce qui constitue la classe sociale.

Capital social : ce sont les gens qu'on connaît, les relations, le carnet d'adresses, familial notamment. C'est ce qui fait qu'on peut ou pas appeler un ami avocat de ses parents pendant le week-end pour demander un conseil ou un coup de main, parce qu'on part régulièrement en vacances avec. Ou qu'on n'a même pas besoin de demander pour se voir proposer un stage valorisant.

Capital symbolique : ce sont les endroits «classes» sur lesquels il y a potentiellement le nom de ta famille. Une rue, ou mieux un boulevard, un musée, une bibliothèque, un château. Le truc qui te dit et qui dit aux autres que tu ne viens pas de nulle part, que tu es porteu·se d'une tradition qui a de la valeur, qui est reconnue. C'est le fait d'avoir un nom à particule, un titre, voire certains types de diplômes.

Capital culturel : c'est tout ce qu'on a appris de culture formelle, mais aussi de manière de parler et de se tenir : les fameuses bonnes manières. C'est le fait de parler un français comme à l'école ou pas, avec un accent ou pas (et ça fait bien sûr une différence dans la manière dont on nous regarde et dans les portes qui s'ouvrent ou pas).
C'est le fait d'avoir des pratiques culturelles qui sont celles des grands musées et des cours d'histoire de l'Art, ou pas. D'être allé·e à l'Opéra ou pas. D'être capable de citer de manière évidente des auteurs classiques, ou pas. Et, attention, il n'est pas question de dire que les classes populaires n'ont pas de culture, ni qu'elle soit moins intelligente, moins sensible ou moins riche : elle est seulement moins reconnue et valorisée. Quand on a la culture qui est reconnue, on a sa place dans les endroits où ça compte, pas quand on est calé·e sur le rap ou le bal-musette (même si c'est aussi riche).

Il y a quelque chose d'important dans cette notion de capital culturel pour nos pratiques d'éducation populaire, d'autant qu'elles ont pour habitude d'utiliser la culture comme outil.

Si, pétri·es de bonnes intentions et influencé·es par les habitudes que nous a données l'école (voire par nos propres pratiques), nous nous contentons de travailler avec des films, livres et musiques issus de la grande culture (sous prétexte qu'il faut élever nos publics), je pense qu'on ne les aide pas tellement. Parce qu'on va continuer à leur transmettre l'idée qu'il n'y a qu'une culture qui a de la valeur, et que ce n'est pas la leur. Que tout ce qu'ils et elles peuvent espérer, c'est de s'y acclimater, c'est de rattraper un bout de ce qui leur manque (mais jamais tout, ils et elles voient bien qu'ils et elles partent de trop loin).
Il me semble utile d'apprendre à travailler aussi avec des films, livres et autres objets culturels issus des cultures populaires. Pour faire des choses aussi riches et intelligentes, sans perdre en ambition. Je suis persuadé par exemple qu'on peut faire un ciné-débat aussi riche et intéressant avec Rocky ou une série moderne qu'avec un film d'art et d'essai. Avec un morceau de rap qu'avec une chanson de Brel. Idéalement même avec les deux et en comparant.
Histoire de valoriser les cultures populaires, et de partir de références familières et maîtrisées par nos publics. Et de références qui parlent de ce qu'elles et ils vivent, produites par des personnes qui leur ressemblent plus.

En tant que professionnel·les de l'éducation populaire, il y a un truc qui parfois nous met dedans. Souvent, nous avons fait un parcours d'ascension sociale, au moins partiel : nous nous sommes trouvé·es professionnellement notamment par l'accès à la culture, à la connaissance. Par l'adoption d'une partie de cette culture.
Nous n'appartenons plus vraiment (pour celles et ceux qui l'ont été) aux classes populaires culturellement (et même économiquement dès que nous avons des diplômes et des CSP de classes moyennes). Nous sommes attaché·es à ce qui nous a permis ces progrès. Nous pouvons donc avoir tendance à penser que nous sommes toujours au même endroit que nos publics (alors que non) et que toustes devraient intégrer ces éléments culturels parce que c'est ce qui va les sauver (comme nous).

Et pas forcément. En tout cas pas sans rendre compréhensible ce dont il s'agit et comment on peut aussi avoir un regard critique sur cette culture officielle. Et une fierté de sa culture de dominé·es, même si elle est moquée par d'autres.

Mépris de classe 72.41

Dans nos familles... : Je vous rappelle gentiment que nous ne sommes pas du même milieu.
Comment parler à Neuilly, Auteuil, Passy, Philippe Vandel

Les pauvres sont vraiment des crétins ! Comment peut-on aimer Patrick Sébastien ? Comment peut-on comparer les musiques qu'on entend aujourd'hui à la radio avec de la grande musique ? Comment peut-on lire Marc Lévy ? Comment peut-on être assez inculte pour ne pas comprendre l'art contemporain ?
Le mépris de classe donc : cette tendance des classes supérieur·es à mépriser la culture des classes populaires, et les classes populaires en général.
Ce qu'on pourrait à mon avis étendre aux autres rapports de domination, d'ailleurs.

Le mépris de classe, après des années et des années d'une école qui nous enseigne le respect voire l'adoration pour la culture des classes supérieures et la moquerie ironique des cultures populaires, on en porte toutes et tous une part.
Et puis, ça permet de se sentir supérieur de penser que les autres, en dessous, ne comprennent vraiment rien et ont des goûts de chiotte.

Donc, oui, je crois que même en éducation populaire, on se laisse piéger, on en fait parfois. C'est dommage mais on ne va pas supprimer toutes nos habitudes en un coup.

Par contre, on peut les changer petit à petit, et prendre l'habitude de se poser la question : c'en était ou pas. J'ai rejeté cette idée, cette chanson, ce support par réflexe, par mépris de classe, ou parce que j'ai un vrai argument pour dire que ce n'était pas adapté à ce que je voulais qu'on fasse.
On peut prendre l'habitude, en particulier quand on travaille sur des supports culturels, de regarder objectivement en fonction de quoi on les classe et on les hiérarchise. D'interroger nos critères, et d'amener les participant·es à les interroger. C'est tout de suite intéressant et riche, parce que ça permet de se questionner sur l'intérêt qu'on trouve aux objets culturels, et parce que ça fait une entrée pour parler de culture de classe et ensuite de classes sociales.

Cacher l'échelle 72.42

Elle nous aura au moins rappelé que certaines élites sont en réalité des médiocres, qui tiennent leur position à coup d'héritages, de pots de vin, de passe-droits. Ces élites-là sans la triche, elles seraient devant la boite d'intérim, comme tout le monde, mais pour l'instant c'est eux qui doivent gérer le pays.
Waly Dia.

Une des stratégies renforçant les dominations, et l'idée qu'elles sont justifiées, c'est de cacher l'échelle.
C'est-à-dire, pour celles et ceux qui sont monté·es en haut, de prétendre que ça s'est fait comme une évidence, parce qu'ils et elles avaient le don, parce qu'ils et elles y étaient destinées, par essence.
Donc de ne pas montrer, surtout pas, les privilèges dont ils et elles ont bénéficié, les coups de main (en particulier ceux qui sont dus à leur statut social), les coups de chance aussi, et les échecs.
Bref, ils et elles cachent l'échelle qu'ils et elles ont eu à gravir, échelon après échelon, et la manière dont ils et elles ont été aidées pour le faire.
Pour ne garder que l'idée qu'ils et elles sont à leur place tout en haut.

Ce qui a pour conséquence directe le fait que, pour celles et ceux qui les regardent d'en bas : il n'apparaît aucun chemin qu'ils et elles pourraient suivre, aucune histoire dans laquelle ils et elles pourraient se reconnaître, s'imaginer ou se projeter. Ils et elles en concluent donc, consciemment ou non, qu'ils et elles ne font pas partie des élu·es destiné·es à atteindre ce type de position.

↝ 725 Ce qui contribue donc au maintien des inégalités, et à l'aliénation.

Pour celles et ceux qui, comme nous en éducation populaire, essaient de travailler dans l'autre sens, ça donne une piste intéressante : montrer l'échelle.

Montrer donc, le parcours de celles et ceux qui ont réussi, à des degrés divers. Ce qui peut servir de révélateur des inégalités et des privilèges, et donner des perspectives d'actions, individuelles ou collectives. Pour aller plus haut ou pour faire changer le système.
Certain·es seront sans doute partant·es pour collaborer. Celles et ceux qui partagent nos convictions peuvent être invité·es à en parler.
Et vous aussi, ou les autres professionnel·les de votre structure, pouvez faire attention à rendre visible leur parcours, à faire un CV de leurs échecs avant d'y arriver par exemple.
Bref, à ne pas cacher l'échelle.

Il y a trois sortes de violence.
La première, mère de toutes les autres, est la violence institutionnelle, celle qui légalise et perpétue les dominations, les oppressions et les exploitations, celle qui écrase et lamine des millions d'hommes dans ses rouages silencieux et bien huilés.
La seconde est la violence révolutionnaire, qui naît de la volonté d'abolir la première.
La troisième est la violence répressive, qui a pour objet d'étouffer la seconde en se faisant l'auxiliaire et la complice de la première violence, celle qui engendre toutes les autres.
Il n'y a pas de pire hypocrisie de n'appeler violence que la seconde, en feignant d'oublier la première, qui la fait naître, et la troisième qui la tue.
Hélder Câmara, évêque brésilien (1909-1999)

Bernard Arnault nous parle des règles générales et des nécessités de l'économie.
Emmanuel Macron nous parle du bien commun et du peuple français.
Pascal Praud nous parle de la civilisation européenne, des traditions et de ce qui fait notre identité.
Alain Finkielkraut et Raphaël Enthoven nous parlent de tout ce qui leur passe par la tête avec une assurance totale et une confiance en eux qui confine à l'imbécilité.
Tous ces hommes blancs de classe supérieure sont légitimes à parler ainsi au nom de tous. Tous sont considérés comme capables d'une neutralité qui les place au-dessus de la mêlée, d'une hauteur de vue qui les autorise à parler au nom de nous tous, ou au nom de grands principes abstraits.
C'est le propre des dominants que de dire l'Universel, de prononcer des vérités absolues qui ne sont liées ni à un contexte ni à leur personne.
Enfumage et foutage de gueule : ils n'en sont pas plus capables que qui que ce soit d'autre. Ils parlent de leur place et au nom de leurs intérêts,

au moins autant que les autres. Mais leur position de dominant leur confère ce pouvoir magique : parler au nom de toustes.
À l'inverse, quand Assa Traoré nous parle d'humanité, de valeurs démocratiques et de justice sociale... elle est renvoyée à ses intérêts particuliers. On la soupçonne de ne parler qu'au nom des noir-es des quartiers populaires, de ne pas être capable de voir plus loin que le bout de son nez, de feindre qu'elle pense au bien commun alors qu'elle défend des intérêts communautaristes, voire sécessionnistes.

Il est puissant cet effet :
Les dominants parlent par défaut pour l'Universel, et l'incarnent
Les dominé-es sont considéré-es comme incapables de s'extraire de leurs petits intérêts et de nommer des enjeux collectifs.
Il est puissant et il est très moche. Pour ce qu'il empèche d'écouter et pour ce qu'il fait taire de constats pertinents et de paroles politisées (et politisantes). Il est présent dans nos structures, dans nos groupes.
Par exemple quand un membre du CA, homme blanc de soixante ans, tacle une jeune animatrice racisée qui essaie de parler des problèmes de racisme et d'islamophobie dans le quartier, et des enjeux démocratiques que ça soulève, qu'il lui explique qu'elle ne voit que par le petit bout de la lorgnette et qu'il faut penser vivre ensemble, laïcité et respect des instances associatives.
J'essaie, dans ma tête en premier lieu, de faire taire cette voix qui dévalorise et qui soupçonne la parole des dominé-es, et ce n'est pas toujours facile. J'essaie ensuite de soutenir et d'amplifier l'expression de leurs regards politiques, de leurs discours sur le commun, de leurs points de vue politique. Pas parce qu'ils sont forcément bons, mais parce qu'ils doivent avoir une place juste pour qu'on puisse en débattre. Pour que le récit qui fait commun soit tissé des voix de toustes et pas confisqué par la catégorie des légitimes par défaut (qui n'ayant pas d'efforts à faire pour l'être peuvent aussi penser de manière particulièrement paresseuse et plate, mais c'est une autre question).

Avec son p'tit chapeau
Avec son p'tit manteau
Avec sa p'tite auto
Qu'aimerait bien avoir l'air
Mais qu'a pas l'air du tout
Faut pas jouer les riches
Quand on n'a pas le sou
Jacques Brel – Ces gens-là

L'aliénation, c'est une des conséquences d'un système de domination. D'un système donc qui passe beaucoup de temps à raconter que ceux et celles qui sont en haut sont formidables (et méritent donc bien d'être là), et à relayer leurs préoccupations et leurs points de vue comme s'ils étaient vrais, indiscutables et les meilleurs pour toustes (genre : c'est les seul·es qui ont suffisamment de hauteur pour penser correctement au bien commun).
Quand, dans un système comme ça, on est en bas, on va, malheureusement, intégrer ce qu'on nous répète partout. Et bien souvent se mettre à y croire.

La première conséquence, c'est qu'on va se voir comme un·e moins que rien, comme quelqu'un·e qui est en bas parce qu'il ou elle l'a mérité. On va donc avoir une image de soi faite

- de honte de soi : je suis vraiment un·e naze, je suis trop nul·le, je devrais me cacher et pas la ramener
- et de haine de soi : parce que les pauvres sont vraiment des connards, et que ce sont eux et elles qui causent tous les problèmes et ruinent notre belle société (ou les arabes, les femmes, les jeunes, au choix).

La deuxième conséquence, c'est d'adopter le point de vue, les valeurs et les priorités des dominant·es. Parce qu'on nous a dit mille fois qu'ils

et elles savaient, étaient très intelligent·es et que même si nous ne le sommes pas assez pour comprendre pourquoi : il faut penser comme ça. Ce qui fait des ouvrier·es exploité·es, voire licencié·es en masse, qui vont quand même défendre la priorité aux entreprises et à la croissance économique. Voire à la dérégulation pour être compétitif et créer de l'emploi (tout à fait indépendamment du fait que ça produit l'inverse et qu'ils et elles viennent de le vivre en direct, douloureusement).
En bref, les dominé·es se retrouvent à penser en mettant les intérêts des dominant-·es avant les leurs et à les défendre à leurs dépends.

Être aliéné·e, c'est donc se trouver nul·le et défendre le point de vue et les intérêts de celles et ceux qui nous dominent (voire nous oppriment, voire nous exploitent).
C'est moche.
C'est fréquent, d'où le fait qu'il est important de le voir, le nommer et le comprendre.

Pour en sortir, pour aider à le déconstruire et à s'émanciper. D'ailleurs, s'émanciper, en général, on peut dire que c'est pour une bonne partie sortir de l'aliénation. En en prenant conscience et en comprenant notamment les rapports de domination. Ce qui, une fois de plus, est au cœur de notre travail..
Certains contenus et sujets que l'on travaille en éducation populaire contribuent directement à réduire l'aliénation :

- La prise de conscience des rapports sociaux et de notre place là-dedans. Donc l'appartenance à un groupe dominé, et l'idée que ce n'est pas la faute du groupe, mais d'un système.
- La valorisation du groupe en question et de sa culture. ↝ 72.4
- L'appropriation de l'histoire des luttes sociales et des victoires qui vont avec et donc la conviction qu'on peut se battre pour faire changer les choses.
- La déconstruction de l'image des dominant·es comme êtres supérieurs.

- La déconstruction des mythes des dominant·es, et en particulier aujourd'hui du libéralisme et donc de la psychologisation et du mythe du mérite et de l'ascension sociale. ↝ 81.2
- Le travail sur la démocratie et la place du conflit et de la prise en compte des intérêts des différents groupes sociaux de notre société.

Sentiment de contrôle 72.51

Je suis le fils du fils de celui qui n'a plus rien
Le mauvais garçon face au karcher à la main
Un apprenti Mesrine en culottes courtes
Prêt à dégainer au moindre doute
Qu'importe la carte ou même l'identité
Quand on a le faciès et le droit d'la fermer
Quand on a presque rien et rien fait pour ça
Dans la douce France du petit Nicolas
Les fatals picards. La France du Petit Nicolas.

En position dominé·e, c'est le stress permanent, pour faire face, pour assurer sa sécurité. Tout simplement parce qu'on est jugé·es et évalué·es en permanence et le plus souvent de manière négative. Or le stress d'évaluation sociale est donné pour un des plus importants dans nos vies actuelles. Parce qu'il nous donne l'impression de ne pas avoir prise, d'être à la merci des autres, de leurs avis et de leurs opinions. Parce qu'il menace notre identité et notre image de soi.

Ce stress a un impact en termes de bien-être, mental évidemment, mais aussi de santé en général, puisqu'on constate une différence d'espérance de vie en fonction de la classe sociale. Même au sein d'une même classe sociale, pour la même raison : plus on se sent en contrôle, plus on est protégé de ce type de stress (voire du stress en général, selon certaines recherches de l'Université de Californie).

C'est bien la question du sentiment de contrôle qui fait la différence. Pas forcément le contrôle effectif. À des postes inférieurs égaux, une personne ayant la conviction qu'elle a le contrôle de son temps et de ses moyens aura des niveaux de stress bien moins élevés.
Le sentiment de contrôle, il peut se baser sur de petites choses, de petites marges de manœuvre, qui peuvent correspondre à ce qu'on alimente en éducation populaire dans les démarches de développement du pouvoir d'agir.

Reprendre du contrôle sur son environnement, même par petites touches, c'est donc bien un enjeu. Avec cette idée de commencer par de petites prises de pouvoir pour alimenter les suivantes et restaurer ce sentiment de contrôle.
Ce qui souligne aussi l'importance de donner aux personnes de la place et des choix dans nos démarches, nos postures et nos structures. Et pas seulement individuellement, ce qui rend donc essentiel la transmission et l'appropriation par la pratique et l'expérimentation de méthodes d'organisation collective.

AGIR : CE QU'ON FAIT PAR RAPPORTS AUX DOMINATIONS 73

Plan A : rester digne.
Plan B : tout démonter.
Petite Poissonne

Un plan en quatre points pour intégrer la question des rapports sociaux dans ses pratiques d'animation :

- Faire de chaque temps d'animation un espace inclusif, c'est-à-dire le plus sécurisé possible pour chacun·e, c'est-à-dire animer pour atténuer les effets et les manifestations des dominations. ↝ 83.12 ↝ 42.7
- Montrer qu'on a fait le point 1, notamment au moment de la prise de recul ; ou utiliser toute autre occasion en animation pour faire prendre conscience de l'existence des rapports sociaux en s'appuyant sur leurs effets : en faire un sujet.
- Répondre aux interrogations et aux réactions du 2 en proposant des temps de réflexion, d'apport et de compréhension des rapports sociaux.
- Changer le monde.

Et hop.

Les temps d'animation comme rupture 73.1

L'être humain a inventé la race et le genre. L'être humain peut les désinventer.
Gloria Steinem.

Nous vivons toutes et tous dans un monde structuré par des relations de dominations, de violence (symbolique, économique ou physique) et de compétition. En un mot, nous vivons dans un monde capitaliste.

Ce constat a tout intérêt à être partagé le plus souvent et le plus simplement possible en animation. Parce que ne pas nommer, c'est au mieux ignorer, au pire valider et cautionner par le silence ce système.

Une des caractéristiques centrales de notre société, au croisement des trois aspects que j'évoque ci-dessus, est l'exploitation des vulnérabilités. Chacun·e, s'il ou elle est vulnérable, est d'autant plus susceptible d'être exploité·e, maltraité·e, ou laissé·e de côté.
Notre société est donc largement insécurisante. Nous ne nous y sentons, de manière générale, pas facilement en sécurité. De manière plus ou moins marquée selon notre position sociale, bien sûr. Mais je ne crois pas que les mieux loti·es, les plus dominant·es, se sentent tranquilles et en sécurité. En témoigne d'ailleurs le marché grandissant des dispositifs de sécurité, des emplois permettant de garantir la sécurité des habitations ou quartiers ultra·sécurisés.
Cette insécurité généralisée alimente soupçons réciproques, et violence. Notamment de la part des dominant·es inquiet·es de perdre leurs privilèges.

Je ne crois pas que cela puisse être corrigé par de petits ajustements. Ni par plus de sécurité au sens sécuritaire du terme. Au contraire, je crois que cela ne peut changer qu'en changeant de manière de penser et fonctionner ensemble. En rétablissant une confiance réciproque et du collectif. Du commun même.

Ce qui nous ramène aux questions d'animation.
Parce que je pense qu'une des missions fondamentales de l'animation collective est la création, temporaire, d'un groupe qui fonctionne avec d'autres règles que celles de la société que je décris, et dans lequel on peut, temporairement, fonctionner vraiment autrement. Ce qui ne fait que renforcer l'importance de la rupture qu'est le temps d'inclusion en animation. C'est une rupture qui va idéalement au-delà du simple passage à un ensemble. C'est le passage à un ensemble avec d'autres règles

que celles que nous pratiquons au quotidien (en tout cas pour la plupart d'entre nous).
Il y a donc dans le passage au groupe, dans le temps d'inclusion, un vrai enjeu à bâtir la confiance réciproque. À créer les conditions dans lesquelles on peut toustes se dire : ok, là je peux me sentir en sécurité, et laisser de côté au moins un peu mes habitudes de compétition, de domination et de violence, parce qu'on me donne à penser que je ne suis pas menacé·e.
Je ne dis pas que c'est simple, ni qu'on le réussit à tous les coups. Parce qu'outre une posture et des outils adaptés, ça demande aussi de réussir à dire cette intention, et à intervenir sur les rapports de domination ↝ 42.4
dans le groupe. ↝ 63
De manière générale, ça rejoint un point essentiel dans l'animation des prises de parole et des relations au sein du groupe : compenser les rapports de domination préexistants. Remettre un peu le terrain à niveau. Pour prendre soin de toustes pendant le temps d'animation, leur faire ↝ 73
une place plus égale.
On peut même en parler en termes d'amour. Au sens où on se propose de participer au bien commun, à faire un effort pour que le groupe fonctionne et grandisse. Qu'il soit mieux. ↝ 23.3

Si ça fonctionne, on entre alors collectivement dans un espace social réellement différent. Dans lequel on peut penser et pratiquer un autre fonctionnement commun. Dans lequel on peut aussi se vivre autrement, se découvrir dans un environnement sécurisé et protégé. Et constater peut-être qu'on arrive alors à être autrement, en soi et avec les autres. Ce qui ouvre potentiellement des perspectives. Et peut être un déclic en termes d'émancipation. ↝ 15
Dans l'idéal, ces éléments sont transparents pour le groupe. Peut-être pas lors d'un premier temps d'animation, peut-être pas aussi vite avec tous les groupes, mais l'animateurice devrait pouvoir les rendre visibles et compréhensibles. Pour que le groupe en prenne conscience et se l'approprie.

Pour que le groupe prenne conscience de ce que ça change d'expérimenter ce type de fonctionnement. Pour le plaisir et ce qu'on gagne à le vivre ici et maintenant. Sans doute aussi pour ce que ça alimentera potentiellement de changements futurs.

En cela, le temps d'animation devient un espace de contre-attaque aux systèmes de domination. De refus et d'alternatives à leurs logiques et aux habitudes qu'ils nous ont imposés, en grande partie inconsciemment.
De toutes les dominations, si on veut que le travail soit fait pour toutes et tous et pas seulement pour certain·es. Sinon on ne fait que renforcer certaines dominations en les excluant du travail de critique et de contre-attaque en cours. Ce qui inclut, si on pense la question jusqu'au bout, la place et la domination potentielle de l'animateurice par l'usage de son autorité. Autorité qui reproduirait une domination dans cet espace qui vise autre chose.

Faire tout ça, c'est au cœur de notre métier. Pour le faire de manière plus utile, et avec plus d'impact, il faut le donner à voir le plus possible, le montrer. Montrer que l'on a fait quelque chose de différent en termes de relations, et de rapports sociaux. Montrer comment on l'a fait. Montrer ce que ça produit chez nous, collectivement et individuellement. On peut le faire à tout moment, quand la question se pose, quand il se passe quelque chose de particulier, quand une prise de ↝ 42.6 parole en dit quelque chose. On peut le faire en fin d'animation, dans le temps de débriefing. J'essaie en tout cas de le faire systématiquement à ce moment-là, que ça ait pu être mentionné en cours d'animation ou non. Pour l'ancrer, et créer les conditions de le refaire plus facilement et mieux la fois suivante.

Pour mesurer à quel point la discrimination est marquée dans une société, le psychologue Gordon Allport propose une échelle en cinq étapes. Qui fait franchement peur parce qu'elle permet de prendre la mesure de la manière dont les choses peuvent s'enchaîner, la manière dont ce qui semble au départ un peu anecdotique peut servir de marchepied pour justifier plus grave, bien plus grave.

Degré 1 : Discrimination verbale.

On se permet largement des blagues à thème basées sur les discriminations. Sur les femmes, les arabes, les juifs, etc.

Degré 2 : Évitement et mise à l'écart.

On observe des phénomènes d'exclusion sociale vis-à-vis de la communauté en question, sans qu'elles deviennent obligatoires ou légales : on évite les contacts, les échanges, les mariages, et on évite d'habiter aux mêmes endroits, avec des quartiers moins mixtes.

Degré 3 : Discrimination et ségrégation.

Les stratégies d'évitement sont renforcées, et deviennent obligatoires, et souvent appuyées par des mesures juridiques. Ce qui permet d'empêcher aux communautés discriminées d'accéder à des services : éducation, logement, emploi, etc. On parle du coup de lois d'exception, c'est-à-dire de lois qui visent spécifiquement une communauté, qui ne sont pas appliquées également à toustes.

Degré 4 : Agression physique.

Certains individus ou groupes de la communauté dominante vont exercer de la violence physique contre la communauté discriminée ou contre ses biens (lynchages, pogroms, expulsions, incendies, etc).

Degré 5 : Extermination de groupe.

L'objectif devient ici ouvertement l'élimination de l'ensemble de la communauté discriminée.

Oui, ça fait peur.
Mais ça permet de comprendre comment chaque étape pose les bases qui rendent la suivante possible, acceptable socialement. Comment le fait de faire de manière répétée des blagues qui vont accentuer des stéréotypes, les rendre acceptables et intégrés, tout en rendant leur cible méprisable, ridicule, ou pire, va permettre de rendre acceptable, voire évident d'éviter le plus possible ces personnes au quotidien.
Et ça, c'est important pour nos métiers, pour notre pratique professionnelle, parce que ça nous rappelle pourquoi intervenir dès les blagues discriminantes, dès le début de l'échelle, ça a de l'importance. Pour éviter l'engrenage. Ou en tout cas pour le freiner à tous les niveaux dans notre pratique quotidienne.

(Et ça ne veut pas dire être contre l'humour. Seulement contre l'humour discriminant qui tape sur les faibles et les discriminé·es. Ce qui laisse tout un tas d'autres formes d'humour possibles. On restreint juste une forme d'humour parmi les plus faciles et les moins créatives.)

↝ 97 On trouve dans les publications et sur le site web du Camp des Milles une version plus élaborée et plus détaillée du même type d'enchaînements de discriminations, ce qui peut être utile pour celles et ceux qui veulent travailler ces questions, individuellement ou en animation avec des groupes.

L'égalité, c'est une des valeurs qui fait le cœur de l'éducation populaire (entre autres). ↝ 11
C'est un objectif. Un idéal.
Mais ce n'est pas forcément une méthode.
Pour atteindre l'égalité, il ne faut pas forcément traiter toutes et tous de manière égale. Parce que dans les faits, nous ne sommes pas à égalité aujourd'hui.
Si on veut atteindre l'égalité, est-ce qu'il faut donner les mêmes droits et les mêmes contraintes au loup et à l'agneau ?

L'égalité, c'est un objectif, avec une question : comment aller dans cette direction, alors que par défaut, l'égalité, on n'y est pas.

L'égalité, ce serait toutes et tous au même niveau. Avec les mêmes ressources, les mêmes droits, les mêmes libertés et les mêmes privilèges. Et ce sera chouette quand on y sera.
Et ça ne suppose pas qu'on soit pareil. L'égalité, ce n'est pas l'identité. Je peux être l'égal de quelqu'un d'autre sans devoir être sa photocopie ou son clone. Il ne s'agit pas de rendre les gens toustes pareil·les, mais de leur permettre les mêmes choses.

L'équité, c'est de donner à chacun·e ce qui permet de compenser les inégalités existantes. De donner plus à celles et ceux qui n'ont pas assez, ou qu'on empêche d'avoir autant. Et moins à celles et ceux qui ont déjà beaucoup plus, et éventuellement les moyens d'avoir sans effort tout ce qu'ils et elles veulent, et plus encore.
Ce n'est donc pas traiter les personnes de la même manière. C'est les traiter pour se rapprocher de l'égalité. Les traiter différemment pour corriger le tir. Les traiter à égalité, alors qu'ielles ne le sont pas, c'est malhonnête.

L'équité, c'est une méthode pour se rapprocher de l'égalité. En tenant compte des inégalités qui existent. Sans faire comme s'il suffisait de dire égalité pour qu'on partent toustes à zéro, sans ce qui s'est passé avant.

Il y a un petit dessin pour ça qui circule souvent.

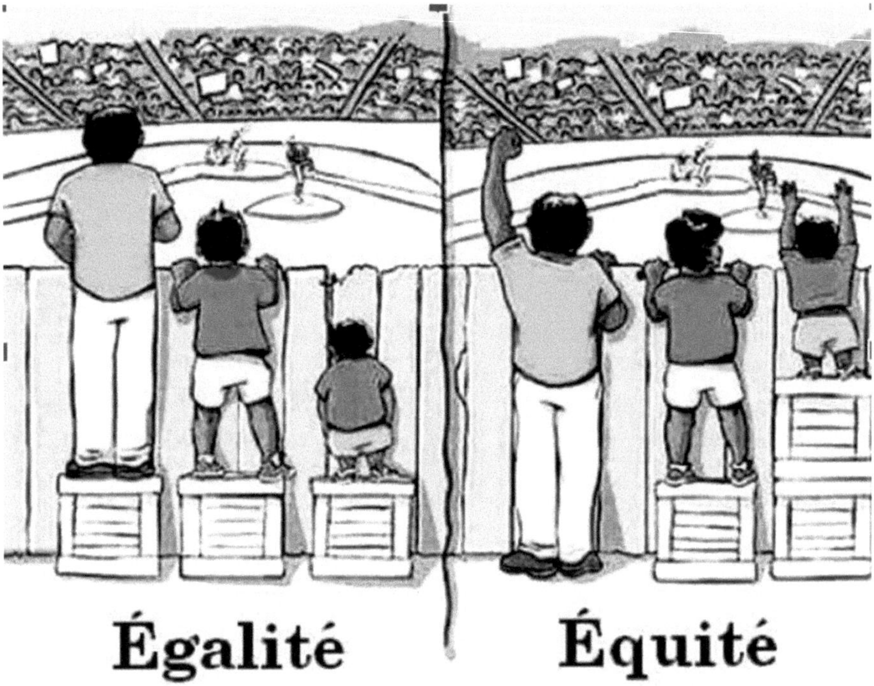

Alors, déjà, une remarque importante : comme représentation de l'équité, ça fonctionne, ok. Par contre, prétendre que la première image, ce serait l'égalité, c'est du foutage de gueule : personne ne peut prétendre que c'est de l'égalité. C'est un traitement semblable pour toustes, ok, mais ce n'est pas de l'égalité, tout le monde peut le voir. Sauf dans un
↝ 82.5 contexte : en langage politique libéral, ça s'appelle "égalité des chances" : et là, on voit bien en quoi cette "égalité des chances" relève du foutage de gueule (ou du déni si je suis gentil) et ne produit en rien de l'égalité. Souvent on s'en arrête là, avec ce dessin. Sauf que la barrière est tou-

jours là. Les inégalités sont toujours là, tout comme leurs causes.
Si on veut penser l'éducation populaire jusqu'au bout, avec sa finalité notamment d'égalité, il ne suffit pas de compenser temporairement les inégalités. Il faut envisager de s'attaquer à leur existence même, à leurs origines.
Ce qui fait qu'on peut rajouter un autre petit dessin, et ajuster les titres.

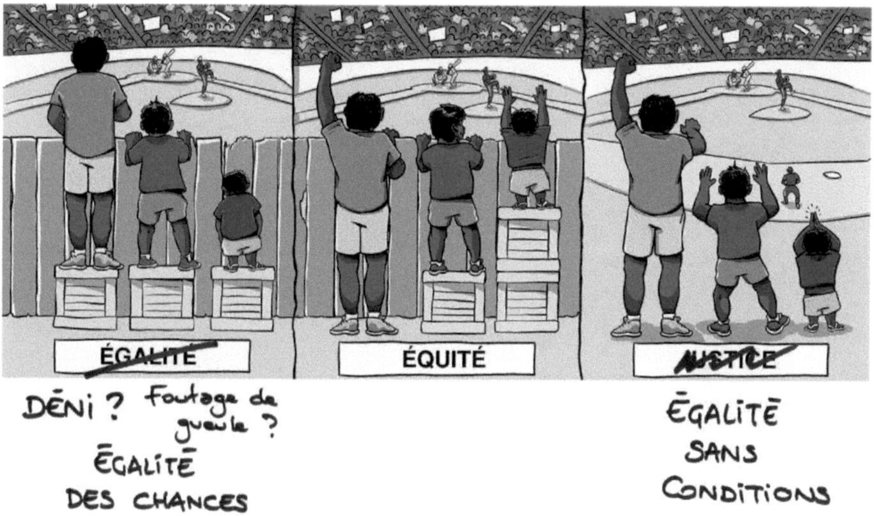

On se positionne du coup dans une approche radicale. C'est-à-dire une approche qui vise à attaquer les racines des problèmes, et pas seulement à mettre des pansements (même si ça vaut le coup de mettre des pansements en attendant).

Pour viser réellement l'égalité, l'équité c'est très souvent mieux que l'égalité de traitement, comme méthode au quotidien. Mais c'est une méthode en attendant d'avoir avancé sur le fond, d'avoir travaillé à la transformation et à la justice sociale, à la résolution des inégalités.
Ce qui suppose a minima d'expliquer pourquoi on choisit l'équité

comme méthode avec l'égalité comme finalité, et pourquoi l'équité ne suffira pas.
Ou, pour le dire autrement : tant qu'on a besoin d'user d'équité, c'est qu'on n'est pas arrivé·es à l'égalité sur le fond. C'est qu'il y a un travail radical à faire, en plus de l'équité, pour y arriver un jour.

Psychologisation des rapports sociaux 73.2

Ils veulent tomber la pluie sans l'orage et le tonnerre
Ils veulent changer les choses sans la rage et la colère
Ils veulent des roses sans épines, des raisins sans pépins
Des livres scolaires sans le massacre des indiens
Ils veulent faire bronzette en toute tranquillité
Sans se soucier de l'autochtone colonisé
Ils nous emmerdent, ils nous irritent
Ils nous fatiguent à en péter des durites
Sidi Wacho. Ils nous emmerdent.

Concernant les inégalités, on entend deux discours dominants (enfin, un plus que l'autre quand même, je vous laisse deviner lequel).
D'un côté, appuyé·es sur la sociologie, celles et ceux qui disent que les inégalités sont dues à des questions de structure de la société et aux rapports entre des groupes sociaux (les ouvrier·es, les jeunes, les femmes, les hommes, les personnes racisé·es, les classes supérieures, etc).
De l'autre côté, appuyé·es sur la psychologie, celles et ceux qui disent que les inégalités sont dues à des questions de parcours individuels, de capacités des personnes et de motivation. En résumé : traverse la rue, tu trouveras du boulot. Traduction : si tu n'as pas de boulot, c'est que t'es vraiment une flemmasse incapable.
Deux salles, deux ambiances.

L'éducation populaire s'est construite sur une grille de lecture sociologique, sur une compréhension des rapports sociaux. Donc sur une analyse des inégalités en fonction des rapports sociaux. Elle se donne pour finalité notamment de permettre à toutes et à tous de comprendre cette grille de lecture, de se positionner et d'envisager de faire changer les rapports sociaux pour réduire, voire supprimer, les inégalités.
Mais, j'imagine que vous l'avez deviné, ce n'est pas la grille de lecture et le discours qu'on entend le plus souvent de nos jours de la part des médias et dans le discours politique. Ce qui fait que ce n'est pas non plus la grille de lecture que la plupart des personnes auxquelles nous nous adressons ont en tête. Ce qui ne nous simplifie pas la tâche.
Et c'est tout sauf un hasard ou un effet de mode.
C'est bien le résultat de stratégies politiques et de stratégies de discours des milieux libéraux. Depuis au moins les années 80 (en tout cas, c'est à ce moment-là que ce discours a pris le dessus et s'est imposé, merci notamment à Reagan et Thatcher).

Thatcher disait : "Il n'y a pas de société". Sous-entendu : il n'y a que des individus qui poursuivent leurs intérêts égoïstes. Ce qui est très raccord avec les fondamentaux du libéralisme. ↝ 82.5
Dans la même veine, Manuel Valls s'attaquait à la sociologie en la traitant de "culture de l'excuse".
Il y a bien une stratégie derrière tout ça, et on peut lui donner un nom : la psychologisation des rapports sociaux.
C'est-à-dire : faire disparaître la grille de lecture des rapports sociaux pour la remplacer par une lecture uniquement centrée sur la psychologie individuelle.
Pourquoi donc ? Parce que quand on a une lecture en termes de rapports sociaux, on constate des inégalités, on analyse qu'elles sont dues à des rapports de pouvoir entre des groupes (qui prennent des formes structurelles ou culturelles) et la seule issue logique, c'est de faire changer les rapports de pouvoir dans la société pour produire de l'égalité.
Quand c'est toi et tes potes qui ont le pouvoir, l'idée de changer les rap-

ports de pouvoir dans la société, elle t'arrange pas tellement.
C'est beaucoup plus pratique de dire et de faire dire que c'est la faute de ceux qui n'ont rien parce qu'ils et elles ne se sont pas assez sorti les doigts.
Ce qu'on entend donc beaucoup et que tout le monde ou presque a intégré au moins en partie.
Cette tendance à psychologiser va à l'inverse de ce que nous visons en éducation populaire.
Elle renforce des dynamiques d'aliénation. Elle empêche de penser les rapports sociaux. Elle rend difficile le fait de construire des solidarités et de penser des luttes collectives. Elle désarme les luttes pour l'égalité et l'émancipation.
Parce que si t'es dans la merde, c'est de ta faute. Et la bonne méthode pour en sortir, c'est le coaching et l'accompagnement individuel.

Plus spécifiquement, c'est aussi problématique dans la manière dont ça peut changer nos manières de penser au sein de l'éducation populaire et du coup nos méthodes de travail (encouragé·es en ce sens là par les projets qui nous financent parfois).
Face à des jeunes racisé·es de banlieue, on va en arriver à penser que oui, ce dont ils ont besoin c'est d'ateliers pour faire de meilleurs CV et de groupe de motivation de recherche d'emploi. Alors qu'avec leur nom et leur adresse sur le CV, c'est pas ça qui va faire la différence pour trouver un job (qui d'ailleurs n'existe peut-être juste pas).
Face à des filles qui se font siffler dans la rue, on va même en arriver à penser que l'action à mettre en place, c'est un accompagnement psychologique pour qu'elles le vivent mieux et en souffrent moins. (Ne rigolez pas, je l'ai entendu en vrai...)
Bref, tous ces réflexes que l'on prend sans y faire attention et qui vont nous éloigner du travail de prise de conscience des rapports sociaux et d'émancipation pour ne penser que par l'accompagnement individuel et psychologique.

Nous sommes dans une période où cette dynamique de psychologisation des rapports sociaux est forte, et nous avons tout intérêt à en avoir conscience et à aller à contre-courant.

Réactions quand on y confronte nos publics 73.21

Le monde n'a pas vocation à être silencieux et calme.
L'être humain à l'occasion, en des circonstances choisies ou nécessaires.
L'être social, pas souvent. L'être en devenir, le moins possible.
Intranquilles. Telle est notre enviable destinée.
Baroque Sarabande. Christiane Taubira.

Travailler la prise de conscience des rapports sociaux, surtout de manière rapide et directe comme on peut le faire en animation, ça provoque des réactions. Pas toutes positives et faciles, parce qu'on va venir remettre en cause des convictions, créer des dissonances, de l'inconfort, bref, amener les personnes à mettre le nez dans des choses pas très réjouissantes, pas très faciles à entendre. Des choses qu'on n'avait pas vues jusque-là, ou pas entièrement, ou qu'on avait choisies d'ignorer.
Et, en préambule de tout travail sur le sujet, je trouve qu'il est utile de rappeler que ça ne va pas être confortable et qu'on va décrire des réalités qui ne nous plaisent pas, avec lesquelles on n'est pas d'accord mais qu'il faut pourtant regarder si on veut les changer un jour.

De mon expérience, les réactions après une présentation directe et synthétique des rapports sociaux peuvent être de plusieurs types (avec des variations très largement conditionnées par le vécu de domination des personnes), et c'est a priori utile d'en avoir une idée pour ne pas trop se faire surprendre et pouvoir les accueillir au mieux.

Pour certain·es, c'est d'abord de la tristesse. De la tristesse de constater que le monde est plus injuste et plus dur encore que ce qu'ils et elles

imaginaient. Voire du dépit en voyant le boulot qu'il y a. Cette tristesse, elle mérite d'être accueillie, parce que oui, c'est un deuil à faire. Un deuil nécessaire si on veut accepter que la réalité sociale est bien celle-là. Avant de vouloir la changer.
Pour des personnes dominé·es et avec des enfants, c'est souvent pire, du fait de ce qu'ils et elles projettent comme expériences vécues à venir. Et c'est très légitime.

Pour certain·es, c'est d'abord de la colère. Une incompréhension du fait que ça puisse être comme ça, que le monde puisse l'accepter. Elle est précieuse, cette colère, c'est un moteur, pour peu qu'on l'oriente au bon
↝ 23.2 endroit.

Pour certain·es, c'est du déni, un refus que les choses soient vraiment comme ça. Avec une mise en cause de la légitimité de l'animateurice ou des contenus qu'il ou elle expose. Dans ce cas-là, il est utile d'avoir quelques sources ou références à proposer, et de pouvoir expliquer de
↝ 71.6 quelles disciplines scientifiques c'est issu et avec quels partis pris.
Je pense qu'il est mieux de ne pas essayer de convaincre frontalement, en force, parce qu'on vient de produire trop de dissonance pour que ce soit possible. Je préfère valider le fait que la personne peut ne pas être d'accord, et la laisser digérer, quitte à y revenir plus tard.
Ce refus, dans mon expérience, peut se manifester surtout dans trois cas :

- Des personnes ayant plutôt un profil de dominant·e (tout en étant potentiellement allié·e professionnellement ou de manière militante des dominé·es) et pour lesquels le trait est trop forcé, pour
↝ 73.2 lesquelles c'est moins structurel que ça, plus individuel, ou tout simplement plus anecdotique.
- Des personnes ayant un profil plutôt dominé·es et qui vivent la description des domination comme une assignation à une place de victime. Qu'ils et elles refusent, à raison. Dans ce cas-là, je trouve important d'expliquer que le fait de partir avec des pénalités ne suf-

fit pas à nous définir, à faire de nous quoi que ce soit : nous gardons libre-arbitre et choix, mais avec la contrainte de devoir faire plus d'efforts. En bref : c'est injuste mais ça ne condamne pas, en particulier à une identité de victime. De manière plus fine, ça ouvre la porte à des discussions et apports sur les questions de déterminisme social, mais pas dans l'émotion.

- Des personnes ayant un profil de dominé·es en s'en étant sorties par des efforts et un parcours individuel, ayant réussi au moins partiellement une ascension sociale. Qui peuvent alors avoir un discours très libéral, et confirmé par leur vécu : il suffit de vouloir pour s'en sortir, c'est une question de volonté individuelle. Dans ce cas-là, je n'ai rien de mieux que de valider et apprécier le parcours, tout en soulignant que beaucoup n'y arrivent pas même en le voulant, et qu'il n'y a de toute façon pas de la place pour tout le monde. Ce que je trouve partiellement satisfaisant, en attendant de trouver mieux…

Pour certain·es, ce n'est pas vraiment une découverte, juste une confirmation, et une mise en lien d'éléments disparates qu'ils et elles avaient déjà constaté. Ce qui les renforce dans leurs convictions et leur donne une grille de lecture d'ensemble dont ils et elles voient tout de suite en quoi ça va leur être utile et leur permettre de mieux agir et de mieux expliquer. Pour l'animateurice, c'est le moment de simplement en profiter et de se confirmer que ça vaut le coup de faire ce boulot de transmission.

Pour certain·es, enfin, c'est une vraie révélation. Plutôt joyeuse. Un peu émerveillée. “Mais pourquoi on nous a jamais parlé de ça clairement avant ?” Et, oui, ça fait du bien.
Ce qui se double parfois d'un zèle missionnaire de nouveau converti, d'une envie de le transmettre très vite, le plus possible. Tant mieux : allez-y. Faites-le. Au pire, vous le ferez maladroitement, mais vous l'aurez fait. Faites simplement attention à ne pas essayer de forcer les autres à penser comme vous.

Ce matin il est arrivé une chose bien étrange
Le monde s'est dédoublé
Je ne percevais plus les choses comme des choses réelles
Le monde s'est dédoublé
J'ai pris peur j'ai crié que quelqu'un me vienne en aide
Le monde s'est dédoublé
Clara Ysé

Lorsque l'on découvre un nouveau point de vue, une nouvelle perspective qui nous semble plus juste, ou plus à même de rendre le monde plus juste, ça produit potentiellement de l'enthousiasme. Parfois beaucoup. Parfois même un peu trop.
C'est ce qu'on appelle le zèle des nouveaux et nouvelles converti·es : une envie irrépressible de porter la bonne parole, de convaincre les autres de ce nouveau point de vue. Voire de ne plus tolérer que les autres ne l'adoptent pas. Là, maintenant, parce que c'est juste. Parce qu'on en est tellement convaincu·es, tellement enthousiastes.
C'est là que je considère que ça peut être trop.

Si on en reste à de la motivation, à de l'énergie pour creuser la question, rencontrer, comprendre, rien à redire, ça alimente complètement le parcours d'émancipation et ça n'emmerde personne.
Si on s'en tient à transmettre, raconter aux autres, ça ne me pose pas tellement de problème non plus, même si ça peut être fatiguant. Et du coup d'une efficacité douteuse parce que transmettre à des personnes qui vous trouvent saoulant·e, c'est pas gagné.
Si ça va jusqu'à ne plus vouloir tolérer que les autres fonctionnent autrement ou pensent autrement, ça devient problématique. Parce qu'on va tendre vers une position rigide et intransigeante. Et que ça pose des problèmes dans un fonctionnement collectif.

Quand je dis tout ça, c'est potentiellement pour les animateurices qui découvrent notamment les questions de rapports sociaux, mais surtout parce que ça peut arriver régulièrement de la part des groupes auxquels l'animateurice transmet ces points de vue et grilles de lecture. Parce que ça peut vraiment être une révélation marquante, voire bouleversante pour certain·es. Et provoquer cet élan, ce zèle, le partager, changer le monde ici et maintenant, vite !
Et il vaut mieux alors y être un peu préparé·es. Et orienter cette énergie d'une manière qui ne soit pas nocive pour le groupe ou pour la structure.

Il ne s'agit pas d'éteindre l'enthousiasme que l'on a créé, mais d'essayer de ramener à une pensée un peu stratégique pour mettre l'énergie à un endroit efficace.
Il s'agit avant tout de discuter avec là ou les personnes.
Avec dans mon expérience quelques pistes de réflexion :

Si l'envie est effectivement, de manière assumée, de militer de façon intransigeante, ce qui est défendable, il peut être adéquat d'accompagner les personnes à trouver le collectif approprié. Tout en expliquant clairement pourquoi le mandat et les missions de la structure dans laquelle on est ne sont pas adaptées à ce type de stratégie. Sans prétendre qu'elles ne sont pas les bonnes dans d'autres contextes.

Si l'envie est de convaincre d'autres personnes et leur transmettre ce qu'ils et elles ont découvert de motivant, voire de bouleversant, c'est plutôt une bonne nouvelle, parce que c'est très compatible avec nos missions d'éducation populaire. Il s'agit alors plutôt de parler pédagogie et discuter leur efficacité pour amener à une prise de conscience. Elles sont rarement frontales et prescriptives. Ce qui renvoie à pas mal ↝15.1
d'éléments de fond abordés précédemment. ↝ 33

Si l'envie est de bouleverser la structure pour la rendre compatible avec les nouvelles motivations et grilles de lecture découvertes, c'est intéressant mais ça demande là aussi un travail d'accompagnement. Qui recoupe le point précédent sur les questions de transmission, mais qui va aussi demander de faire un travail de pédagogie sur le fonctionnement associatif et les équilibres politiques (et financiers éventuellement) de la structure. En mettant en avant le fait qu'il est nécessaire de comprendre ce genre de choses si on veut être efficaces, si on ne veut pas se prendre des murs et finir toustes vexé·es.

Les nouveaux et nouvelles converti·es, c'est réjouissant et enthousiasmant, parce que ça montre qu'une prise de conscience a eu lieu, et à produit quelque chose d'énergique et de dynamique, mais ça demande à être accompagné, c'est un vrai boulot. Enfin, c'est la suite du boulot d'accompagnement de la prise de conscience.

Une sorte de fossé *73.23*

Pourquoi y a-t-il tant de vieux dans nos conseils d'administration qui malgré leurs bonnes intentions et leur ancrage politique rejettent en bloc, et souvent bêtement, des revendications féministes, ou anti-racistes, ou... ?
Ce n'est en général pas parce qu'ils sont contre l'égalité ou pour le maintien des dominations. Ce n'est en général pas non plus pour garder la main sur l'ordre du jour et la direction donnée précédemment.
Ils disent souvent que c'est parce que c'est secondaire, qu'on se trompe d'endroit ou de combat. Comme tout moment de mecsplication, du coup ça donne plutôt envie de les envoyer chier. Ce qu'on peut faire, hein, mais au-delà de ça, je me dis qu'il y a un truc là derrière qui nous concerne toutes et tous. Une idée un peu nocive qu'on se trimballe culturellement.

Cette idée, c'est : l'école c'est là qu'on apprend, qu'on se forme, qu'on se construit.
Avec son corollaire donc : une fois que tu auras fini l'école (avec option études supérieures si affinités), tu auras fini d'apprendre et de te former. Question construction de soi, ce sera bon, tu auras plus ou moins fait le tour, il ne te restera plus qu'à faire quelque chose de tout ça.
Or donc : la vision du monde que j'ai eue, arrivé·e à la fin de mes études est légitimement celle que je peux compter utiliser toute ma vie. Mes grilles de lecture sont construites, mes priorités et valeurs définies. Le reste, c'est du fignolage.

Ces dernières décennies, il y a eu de vraies avancées dans les luttes pour l'égalité, et dans la manière de les penser, notamment dans les théories et apports des sciences sociales. Si les plus ancien·nes en restent là où on en était il y a quarante ans : d'une part ils et elles ratent des trucs intéressants et utiles, d'autre part ils n'arrivent plus à bosser avec des plus jeunes qui ont les mêmes valeurs et les mêmes ambitions, mais pas les même repères et outils intellectuels. C'est tout de même bien dommage. Je ne vous en rajoute pas une couche sur le monde qui change vite, et la crise écologique, et le besoin de plus en plus vital de tenir compte des dernières études et conclusions. En d'autres termes : avant que les personnes au pouvoir aient été remplacées par celles à jour des avancées récentes (ne serait-ce que parce que d'ici là, elles seront largement périmées aussi). Ce qui nous parle aussi de la formation de nos élites politiques, vous l'aurez bien noté.

Il me semble intéressant donc de penser autrement, de se penser avec une nécessité de mises à jour permanentes, d'adaptation choisie et intelligente. De ne pas faire des mises à jour que sur son téléphone et son ordinateur, mais aussi dans sa tête.
Ce qui passe par la nécessité de démonter cette idée de la manière dont on se forme. D'introduire plus souvent peut-être l'idée qu'il est vital de se former, de se mettre à jour toute sa vie. Sur potentiellement plus ou

moins tout ce qui nous intéresse mais je pense particulièrement à ce qui a trait à nos choix politiques collectifs.
Donc de mettre en place des moyens communs, et pas seulement une injonction à l'effort individuel, pour ce faire.
Ce qui, ô surprise, me ramène à l'éducation populaire, à une partie de son rôle historique et au fait qu'elle a du pain sur la planche (mais elle n'est pas nécessairement le seul secteur concerné, hein). Ce n'est peut-être pas pour rien qu'en Belgique, elle s'appelle éducation permanente...

Langage inclusif et représentation *73.24*

Est-ce qu'un petit garçon noir peut facilement s'imaginer être un super-héros ? Jusqu'à Black Panther, pas tellement, puisque tous les modèles qui lui étaient présentés étaient blancs, et ne lui ressemblaient donc pas. Difficile de s'identifier à un Autre. Quand on voit l'impact qu'a eu Black Panther sur l'imagination des enfants noirs, difficile de penser que ce genre de chose n'a pas d'impact.

Ce qui nous est donné à voir, et plus exactement qui nous est montré dans quel rôle, a un impact important sur la manière dont nous pouvons nous imaginer. Sur les places dans lesquelles nous pouvons facilement nous penser.
Un jeune homme blanc de famille versaillaise peut très facilement se rêver ministre, chef d'entreprise du CAC40, super-héros, astronaute ou acteur hollywoodien. Que ce soit accessible réellement ou non, il peut penser que c'est possible. Ce qui est de toute façon un préalable incontournable au fait que ça devienne possible.
Un jeune homme racisé du 93 pourra facilement s'imaginer dealer ou rappeur, puisqu'on lui montre à longueur de journée que c'est ce que deviennent ceux qui lui ressemblent, mais il lui faudra de sacrés efforts de conviction et d'imagination pour se rêver ministre ou astronaute.
De la même manière que s'imaginer cheffe d'orchestre pour une petite

fille, ou chirurgienne (alors qu'infirmière si), ce n'est pas gagné.

Le fait de se sentir représenté·e dans certaines places et fonctions va avoir beaucoup d'impact sur nos ambitions et notre image, sur ce vers quoi on peut se projeter. Donc sur la manière dont on va se définir, maintenant et pour l'avenir.

Et ça se joue bien sûr dans les images qu'on nous montre, les livres qu'on nous lit mais aussi dans les jouets avec lesquels on nous fait jouer.
Il y a donc un enjeu à travailler, dans nos métiers, la manière dont on illustre nos propos, en essayant de montrer tous types de personnages dans tous types de fonctions. En variant, ou en multipliant les personnages pour un même rôle.
C'est aussi, au-delà des images et des histoires, présent dans la manière dont on parle.

Quoiqu'en disent, avec une certaine mauvaise foi, les tenants des inégalités en place (dont ils bénéficient) : quand je dis "un médecin", l'image qui vous vient en tête est celle d'un homme. Ce n'est pas neutre, c'est un médecin. Si je m'adresse à un auditoire en disant "Messieurs", je parle aux hommes et ils s'y reconnaissent. Et les femmes ont l'habitude mais elles entendent bien qu'elles auront un rôle de seconde zone dans ce qui va suivre.
C'est une des raisons pour lesquelles je crois qu'il est important, au vu de nos valeurs, en éducation populaire, de faire l'effort de la langue inclusive. Pour inclure, tout simplement, toutes celles et ceux qu'on veut impliquer.
Pour réparer une injustice, aussi, parce qu'il ne s'agit pas de féminiser la langue, mais bien de la démasculiniser (elle a été masculinisée de manière tout à fait volontaire et politique, pour que ça ait un impact socialement, vous pouvez lire Eliane Viénot). De la rendre donc à nouveau plus égalitaire et inclusive. N° 97
Et, oui, ça demande quelques efforts et quelques inconforts, mais chan-

ger le monde demande quelques efforts et quelques inconforts de toute façon. Et ceux-là ne sont pas les plus gros.
Si je le dis plus méchamment : si vous n'êtes pas prêt·es à cet effort-là (et à entendre de la part des concerné·es que oui, ça fait une différence pour elles) pour avancer en termes d'égalité, je ne sais pas ce qu'il vous reste de moins difficile (ou alors des gestes symboliques ponctuels et sans effort, mais aux effets tout aussi symboliques et anecdotiques).

Je dirais : peu importe que vous le fassiez bien du premier coup. Ce qui importe c'est de montrer qu'il y a là un enjeu que vous avez identifié et que vous essayez d'avancer là-dessus. À petits pas, en faisant des erreurs, et c'est pas ça qui posera problème. Ce qui compte, c'est que ce soit un sujet, et qu'on essaie de faire mieux.
Typiquement, ça fait quelques temps que j'essaie d'intégrer la langue inclusive, et il y a encore bien des fois où j'oublie, où je me demande comment tourner mes phrases. Et alors ? Et alors on s'en amuse et on progresse ensemble.

Dissonance cognitive *73.25*

Alors que beaucoup de romans ont pour ambition de rendre ce monde dégueulasse plus supportable aux yeux du lecteur, les miens poursuivent un but contraire : fabriquer des lecteurs jugeant ce monde à ce point odieux et intolérable qu'ils le jetteront à bas, lui mettront le feu, pisseront sur ses cendres et avec cette boue construiront quelque chose de neuf. Je souhaite que ma littérature, montrant le nihilisme sans en mimer la factice défaite, devienne une arme pour le détruire réellement, en soi ou hors de soi.

Christophe Siébert.

La dissonance cognitive, c'est un mécanisme psychologique vraiment intéressant. Notamment parce qu'il permet d'expliquer certains comportements sociaux et certaines formes de rapports sociaux.

On a toustes une image de nous-même. Globalement, elle dit qu'on est quelqu'un·e de bien.
Pour autant, parfois, il nous arrive de faire des choses pas bien, pas en accord avec la manière dont nous nous voyons.
Ce qui nous met en dissonance, pour employer de grands mots. En contradiction interne.
Cette dissonance, on va devoir la résoudre.
On pourrait croire que la manière la plus logique, ce serait de changer notre image de nous-même pour intégrer le fait qu'on n'est pas si bien que ça, que ça nous arrive de faire des trucs moches. Sauf que ça, en fait, c'est difficile psychologiquement, c'est coûteux et on va tout faire pour l'éviter.
On va appliquer l'autre solution : changer la manière dont on se raconte ce qu'on a fait, pour pouvoir dire qu'on a bien fait de le faire, que c'était une bonne chose. On va se dire qu'on a bien fait au final, de lui mettre une tarte, parce qu'elle l'avait bien méritée, parce que c'est pour son bien et qu'on n'avait pas le choix. Ce qui va nous permettre de ne pas remettre en cause du tout la manière dont nous nous voyons.
Je fais tout de suite un parallèle avec l'aspect social : si je pense que je suis quelqu'un de bien (comme tout le monde) mais que je vis une vie facile, voire une vie de luxe, alors que d'autres vivent dans la rue et n'ont rien à manger, il va falloir que je trouve une manière de concilier cette dissonance. Je pourrais regarder cet écart et accepter le fait que je suis privilégié et que c'est injuste, que je ne l'ai pas mérité mais que c'est comme ça. Sauf que ça, ça me demande de changer radicalement mon image de moi. Il va être bien plus efficace et bien plus économique de souscrire à une vision du monde qui m'explique que je suis là où je suis par mérite, et que ceux et celles qui sont à la rue le sont parce qu'ils et elles le méritent aussi.
Ce n'est pas le seul cas où ce mécanisme joue dans nos relations, et c'est pour ça que je trouve utile de le connaître.

- Donc, pour résumer, je suis souvent victime des colibris, sous-entendu des types qu'oublient toujours tout, euh, non... Bref, tout ça pour dire, que je voudrais bien qu'on me considère en tant que tel.

- Bon ben je vais voir ce que je peux faire.

Perceval et Arthur, Kaamelott, écrit par Alexandre Astier

Nous travaillons dans une perspective d'égalité et d'émancipation. En faveur des dominé·es en particulier. Mais, dans la plupart des cas, sans en être nous-mêmes (ou, pour celles et ceux qui en viennent, en ne l'étant plus complètement du fait de notre statut d'animateurice dans l'éducation populaire). Ce qui nous amène à nous positionner non pas en tant que personnes directement concernées, mais en tant qu'allié·es. Et être allié·e des dominé·es, ça s'apprend, ça demande un certain nombre d'attentions.

D'abord, il faut apprendre à écouter. Ecouter les vécus sans les remettre en cause, sans se sentir visé personnellement (et donc mettre le pied sur le réflexe de répondre : oui, mais pas tous les hommes, pas tous les blancs, pas moi...).
Écouter et valider donc ce qui est vécu et ce qui est dit. Sans dénigrer, sans interrompre et surtout sans essayer d'expliquer aux personnes ce qu'elles vivent et ce qu'elles devraient en faire. Quand on subit une domination, le fait d'entendre une personne qui ne la vit pas, dominant·e en particulier, le valider, ça fait vraiment du bien, ça rassure sur l'humanité.

Avec en particulier un truc à éviter, dans notre position d'animateurice : mecspliquer. En anglais : mansplaining.
C'est cette tendance, en tant qu'homme, à expliquer aux femmes comment elles doivent lutter, comment elles doivent vivre et analyser leur situation. En partant du principe qu'on le sait mieux qu'elles. Et qu'on

leur évitera de choisir de mauvaises stratégies de lutte.
C'est insupportable à subir, c'est violent symboliquement. De se faire faire la leçon par ceux qui n'ont rien vécu de ce qu'on subit au quotidien, qui nous prennent de haut et qui en plus vont nous encourager à lutter moins fort, en faisant moins de bruit, en y allant plus doucement... bref, à ne pas trop lutter en fait, et surtout pas à des endroits où ça dérangerait assez pour faire bouger les choses.
Donc, si vous comptez être allié·es de dominé·es, ne faites pas ça.
Et ça vaut pour toutes les dominations, même si le terme vient des milieux féministes. C'est exactement la même chose quand en tant que blanc-he, on explique à des personnes racisées comment elles devraient vivre le racisme, voire ce qu'est le racisme, et surtout qu'on leur fait la leçon en critiquant leurs manières de lutter parce qu'elles sont trop.

Ensuite, ça vaut le coup de faire soi-même le boulot d'information et de déconstruction. Ne pas attendre des personnes dominé·es qu'elles fassent le boulot à votre place. Vous n'avez aucun droit particulier pour exiger qu'elles et ils prennent le temps de vous expliquer et de vous ré·expliquer les bases de la domination et de ses effets. Ni de vous en convaincre.
Les sources ne manquent pas, sous des formes variées (blogs, podcast, vidéos, livres, etc) pour que vous puissiez faire le boulot vous-même.
Ce qui n'empêche pas ensuite d'aller poser des questions et d'échanger, pour éclairer, pour compléter, pour avoir un point de vue incarné. Mais après avoir fait soi le gros du boulot, d'information et de compréhension de la manière dont ça nous concerne : de déconstruction donc.

Enfin, à partir du moment où on a des privilèges, ça vaut le coup de se demander de quelle manière ils nous impactent dans notre position d'allié·es, et de quelle manière on peut s'en servir.
Ce qui veut dire en prendre conscience et essayer de ne pas en bénéficier dans les collectifs et les espaces où on est avec des dominé·es, à essayer de les aider. Ne pas prendre toute la place dans les discussions

donc, ne pas monopoliser la parole, parce que c'est tellement facile et automatique. Ne pas se retrouver du même coup porte-parole, représentant·e des dominé·es.
Au contraire, profiter de ces privilèges dans la prise de parole pour passer le micro aux dominé·es elleux-mêmes, faire une place à ce qu'elles et ils ont à dire directement. Ou, quand on ne les a pas sous la main, relayer leurs prises de parole et de position, plus que les notres. Contribuer à les rendre visibles et audibles. Relayer, amplifier.
Et puis, puisqu'on a accès à d'autres espaces, puisque notre parole est reçue dans des endroits et par des personnes qui n'écouteraient pas les dominé·es directement, faire l'effort de parler aux dominant·es et aux oppresseurs et oppresseuses, pour dénoncer, expliquer, se positionner clairement en tant qu'allié·es.
Enfin, soutenir les actions, les revendications et les demandes, tout simplement, même si nous, on aurait fait autrement. Parce que ce n'est pas de nous dont il s'agit en premier lieu, parce que dans ces luttes nous sommes là en tant qu'allié·es, pas acteurices placé·es au centre, pour une fois.

Institutionnel·le *73.31*

Il est certain que casser un carreau n'est pas un argument ; mais si l'opinion, sourde aux arguments, n'est sensible qu'aux carreaux cassés, que faire ? Les casser évidemment.
Madeleine Pelletier

Nos structures d'éducation populaire sont pour une grande partie encadrées, voire gouvernées indirectement par les institutions qui les financent (que ce soit des mairies, des collectivités, la CAF, etc). De cette manière, elles ont tendance elles-même à s'institutionnaliser, à adopter des modes de fonctionnement, des codes et des contraintes semblables à celles des institutions.

Elles en prennent du coup en bonne partie l'image.
Parce que les habitant·es voient la dimension bureaucratique, voire la subisse, voient la communication lissée et ressemblant de plus en plus à celle des institutions, voient la manière dont certains sujets ne sont pas bienvenus, ou inquiètent, voient la manière dont la structure peut relayer des messages officiels des ministères ou de l'état, et voient aussi, tout simplement, ce qui est affiché sur la façade des structures. Sur la façade, bien souvent, il y a en gros le logo de la mairie, de la CAF, du département, etc.
Pour beaucoup d'habitant·es, je crois donc que nos structures sont assimilées aux institutions, qu'elles sont vues comme telles.

Il se trouve que pour beaucoup d'habitant·es, en particulier celles et ceux qui sont les moins favorisé·es, qui sont les plus dominé·es, les institutions, ce ne sont pas des ami·es. Et même, pour le dire plus directement : ce ne sont pas des structures qui bossent pour elles et eux, ce sont des structures qui bossent pour les puissant·es et que les dominé·es subissent.
Ce qui fait que c'est un peu problématique, pour des structures d'éducation populaire, d'être mises dans le même paquet. Parce que ça ne nous place pas dans une position d'allié·e, spontanément, ni dans une position permettant facilement d'engager un travail émancipateur.

Je crois donc qu'il y a un enjeu à travailler la question de la tendance institutionnelle de nos structures, et peut-être plus encore de leur image d'institution.

Je ne prétends pas que c'est complètement simple, parce que nous sommes collectivement pris·es dans des contraintes, de financement notamment. N°87.2
Mais le fait d'être conscient·e que c'est un enjeu, et que nous avons avantage à pouvoir en parler, et en tenir compte dans la manière de nous présenter, ça peut aider. Aider à saper cette idée que nous sommes des

institutions. Pour nous rappeler et rappeler que nous sommes en principe d'abord au service des habitant·es, et même en alliance avec elles et eux. Potentiellement, du coup en opposition aux institutions elles-mêmes, quand nous pouvons nous le permettre.

Pour le dire encore plus directement : si on veut que les dominé·es pensent qu'ils peuvent nous faire confiance, il va falloir sortir du camp et du service des dominant·es, pour être avec elles et eux. Et le rendre visible.

Marges de manœuvre 73.32

Conserver la puissance est, pour les puissants, une nécessité vitale, puisque c'est leur puissance qui les nourrit ; or ils ont à la conserver à la fois contre leurs rivaux et contre leurs inférieurs, lesquels ne peuvent pas ne pas chercher à se débarrasser de maitres dangereux.

Simone Weil - Réflexions sur les causes de la liberté et de l'oppression sociale

Notre position dans les rapports sociaux dépend assez peu de nos choix. Pour la plus grande partie, ça dépend de là où on est né·es, de la manière dont on a été élevé·es. Ce qui conditionne une grande partie de notre vécu et de notre place sociale. Mais ça ne nous retire pas notre capacité à agir et choisir. Ce n'est pas un déterminisme total. Ni pour les dominé·es, qui ne sont pas par nature des victimes sans initiative ; ni pour les dominant·es, qui ne sont pas par nature des oppresseureuses sans conscience.

Chacun·e est en mesure, individuellement, de se positionner, de faire bouger les choses, d'agir. Quand on est au départ plutôt du côté des dominant·es, on peut appliquer des stratégies différentes.

On peut jouer pleinement le jeu et profiter à fond de notre place et de nos privilèges pour arriver au sommet. Pour s'en mettre plein les poches, pour être le plus possible au-dessus des autres. On en voit assez : des noms nous viennent facilement à l'esprit. Pour aller pleinement dans cette direction, il vaut mieux avec la panoplie complète de la domination, à minima homme blanc de classe supérieur.

Si on est un peu moins ambitieu·se, ou un peu moins privilégié·e, on peut se faire complice des dominant·es. Et en être récompensé·e. Activement en soutenant, voire en servant de caution. Ce qui peut facilement être le cas quand on est l'arabe de service, ou la seule femme du conseil d'administration d'une entreprise. On n'est pas là pour faire des vagues ou pour dénoncer, mais bien pour montrer que les dominant·es sont sympas et ouverts, ceux-là en tout cas, et qu'ils nous font une place. On peut être complice aussi de manière relativement passive. Simplement en ne dénonçant pas, en laissant passer les blagues racistes ou sexistes, et donc en les cautionnant. ↝ 72.32

On peut également se trouver en position marginale, le cul entre deux chaises. Soit qu'on ait certains traits dominés (homme blanc de classe supérieure, mais gay), soit qu'on ait commencé à déconstruire certaines dominations et certains stéréotypes. Ce qui amène à une position pas forcément choisie, parfois subie, et inconfortable. Dans laquelle on oscille, on essaie de se positionner un peu en marge sans être exclu·e. Et dans laquelle on pourra avoir tendance au bout d'un moment à pencher vers une stratégie de complice ou une stratégie de résistant·e.

La dernière stratégie possible, dans les grandes lignes, c'est celle de résistant·e. De celui ou celle qui va donc trahir sa position d'origine pour dénoncer, pour défendre la suppression de privilèges, pour être allié·e des dominé·es. Ce qui est louable, et chouette, mais qui n'est pas sans ↝ 73.3
coût. Parce que dans cette position, on fait chier. Et quand on fait chier, on nous le fait payer. Parfois de manière très directe dans des cadres professionnels notamment, parfois de manière plus subtile dans les in-

teractions sociales. Ce qui fait que c'est fatiguant, usant émotionnellement. Et parfois risqué.

Je trouve ça intéressant de se dire, à partir de ces catégories très générales (et inspirées du travail de Raewyn Connell sur la masculini-
№ 97 té), qu'on a le choix, donc. Mais plus encore qu'on a des choix, et qu'ils
peuvent être différents selon les moments. Je crois, pour celles et ceux
qui sont dans ces positions, ce qui est beaucoup notre cas en éducation
populaire, il est légitime de se dire qu'on passe régulièrement d'une position à l'autre. Que c'est stratégique d'être capable de jongler entre ces
positions, que ce n'est pas moralement condamnable.

J'entend par là que si on est directeurice d'une petite structure d'éducation populaire, et que le délégué du préfet fait une blague sexiste pendant une réunion, peut-être que oui, malgré tout, on se mord la joue et on sourit. Alors qu'on aimerait réagir, plus ou moins violemment. Mais ce n'est pas le moment, stratégiquement. Alors on va être complice, ici. On reprendra une position de résistant·e quand on pourra se le permettre. Quand on en aura la force aussi. Peut-être que lors d'une réunion avec des partenaires, on jouera des artifices du dominant pour faire passer un projet qui nous semble essentiel. Sans se dire que c'est formidable de le faire, mais en se l'autorisant parce qu'on en a besoin à ce moment-là.
Ce qui n'est pas une perspective en noir et blanc, donc, mais une manière de ne pas vivre dans le déterminisme, et pas non plus dans un vécu sacrificiel qui nous obligerait à être en position de résistant·e en permanence, peu importe le coût. Avec la liberté de choisir et de penser sa position.

Abdul aime les fesses,
Abdul aime le jambon,
Abdul n'est pas gentil car il n'aime pas sa religion !
Les VRP. Abdul.

Quand on cumule les dominations, le message qu'on reçoit du monde, de la société n'est pas positif. Du tout. C'est même souvent très violent : les interactions quotidiennes, tout comme les médias et les politiques, nous renvoient à une identité très dévalorisée, très négative. De manière répétée, permanente, à coups de signaux visibles et de micro-agressions : ce qu'on reçoit en permanence comme message, c'est : vous faites partie des petit·es, des minables, des nul·les, voire des dangereu·ses, des nuisibles. Notre estime de nous-même est en danger de s'effondrer à force d'être assaillie et érodée,

Dans cette situation, difficile de ne pas se voir comme une merde. Mais nécessaire.
Parce que tout le monde a besoin de sentir qu'il ou elle veut quelque chose pour se regarder dans le miroir, pour tenir debout, pour garder un bout d'estime de soi.
Une solution est de se rabattre sur ce qu'il nous reste de critères potentiellement valorisés socialement. Même s'il n'en reste qu'un. Du coup, on va le sur-investir et appuyer toute notre identité, toute notre estime de soi bien malmenée sur cet élément là.

Par exemple, pour un jeune de banlieue, de classe populaire, pas blanc, il reste le fait d'être un homme. Et surinvestir la masculinité, c'est une manière d'appuyer son estime de soi sur un pilier, celui qui reste. Qui peut se mêler avec celui de l'hétérosexualité, parce que les deux se renforcent.
Vu de l'extérieur, on peut facilement trouver ça idiot d'investir de cette

manière la masculinité. Parce qu'on se dit que ce n'est pas très fin, que ça ne contribue pas à l'égalité, ni au combat contre les dominations. Certes. Mais de l'intérieur, ça n'a pas le même sens, c'est une stratégie de survie, fut·elle en partie inconsciente. C'est une stratégie nécessaire à la survie, vitale parfois faute d'alternatives.

C'est important de comprendre ce mécanisme quand on est animateu-rice et qu'on essaie d'accompagner de l'émancipation, parce que ça évite de faire une grosse erreur. Que j'ai faite, je sais de quoi je parle : essayer d'attaquer par cet angle-là, essayer de leur faire déconstruire la masculinité, la critiquer.
C'est une erreur parce que ça ne marche pas du tout, certes, mais c'est surtout une erreur parce que c'est très violent. C'est attaquer le seul élément d'identité qui permet à ces personnes là de se voir sous un jour pas seulement négatif. Pas étonnant qu'on se fasse jeter violemment dans ce cas-là : c'est nous qui avons commencé à être violent·es.
Pour envisager d'amener à déconstruire ces codes, il va falloir avant renforcer d'autres éléments d'identité. Il va falloir faire que ce ne soit plus seulement ce pilier qui permette à l'ensemble de tenir debout avant d'envisager de le saper.
↝ 73.4 Ce qui peut passer par des retournements de stigmate, l'inscription dans une identité collective, la réalisation d'actions et de projets valorisants, l'accompagnement dans un parcours professionnel ou personnel, il y a le choix. Mais il faut commencer par là.

Si je prends l'exemple de la masculinité pour ce public, c'est à la fois parce que c'est un enjeu récurrent dans nos structures et une situation que j'ai vécue, mais ce mécanisme ne se limite pas à cette situation.

Grammaire : Système de pièges délibérément préparés pour faire trébucher l'autodidacte, tout au long du chemin sur lequel il progresse vers la distinction.
Le dictionnaire du diable de Ambrose Bierce

Il était une fois un petit enfant né dans les classes populaires. Qui semblait condamné à une vie difficile et discriminée. Mais il écouta bien sa marraine libérale : travailla bien à l'école, fut bien sage et traversa la rue. Et, Ô miracle, il connut l'ascension sociale et tout fut arrangé.

Oui, je crois que l'ascension sociale est un mythe. Non pas qu'il n'y en ait pas : il y en a un peu. Quelques pour cent. Assez pour en montrer du doigt et dire : regardez, mais si, ça marche, j'en connais. Mais pas assez pour changer quoi que ce soit collectivement, au niveau de la société et des rapports sociaux.
D'ailleurs, les proportions des différentes classes sociales évoluent peu. Il y a toujours besoin d'autant d'éboueurs et de femmes de ménage : tout le monde ne peut pas être médecin. Il y a toujours autant de pauvres... ah non, plus.
Pour autant, c'est un mythe qui continue à être bien relayé. Il faut dire qu'il permet aux dominé·es de penser qu' ils et elles peuvent s'en tirer sans avoir à envisager de changer la société. C'est pratique et c'est rassurant. Par contre, ça aide assez peu à produire de l'émancipation, et surtout de l'égalité. Ce qui fait que c'est un mythe très favorable aux idéologies libérales et conservatrices mais beaucoup moins à l'éducation ↝ 82.5
populaire. ↝ 82.6

Au-delà du mythe, à l'échelle individuelle, des parcours d'ascension sociale existent. Notamment dans nos réseaux, où on essaie de moins discriminer, de former, d'accompagner des parcours. Et tant mieux.
Mais ça mérite sans doute de se rendre compte que les personnes en question peuvent vivre trois choses particulières, et pas forcément

consciemment, qui méritent d'être accompagnées.

D'abord, elles peuvent facilement penser que, si elles ont vécu cette ascension, c'est la solution pour toustes. Qu'il suffit de le vouloir pour s'en sortir, comme elles. Ce qui peut facilement les amener à défendre voire relayer un discours libéral autour de l'ascension sociale. Ce qui est compréhensible mais contradictoire avec les finalités de l'Educ Pop.

Ensuite, elles risquent d'être confronté·es, comme toute personne en ascension sociale à :
Je me retrouve le cul entre deux chaises dans ma classe d'arrivée. J'ai ↝ 72.4 le métier, et les revenus, mais pas encore les codes sociaux et culturels. C'est la position du nouveau riche, de l'embourgeoisé qu'on regarde toujours un peu de travers, parce qu'il n'en est pas encore vraiment même s'il ou elle voudrait bien.
Je peux être considéré·e comme un·e traître dans ma classe d'origine. Parce que j'ai laissé tomber les copains, les copines et la famille, que j'ai abandonné un peu l'accent et les codes sociaux, qu'on trouve que j'ai changé, que je me la raconte. «Comme si ce que tu étais jusque là, ce qu'on est nous, ce n'était plus assez bien !"

Bref, vivre l'ascension sociale, ce n'est pas forcément confortable. De l'extérieur, on peut nous signifier que c'est formidable, qu'on devrait en être heureu·se et fier·e. De l'intérieur, ce n'est pas forcément si simple et ça peut valoir le coup d'en tenir compte.
Enfin, notamment pour des professionnel·les étant monté en responsabilité et en salaire dans l'Educ Pop, on peut être persuadée de toujours faire partie des classes populaires. Même en étant directeurice de structure. Alors que non. Dans la plupart des cas, et même quand on en est issu·e, notre statut de professionnel·le fait qu'on n'en est plus (Profession intermédiaire du social = classe moyenne). Ce n'est pas grave de ne plus en être, ce n'est pas une trahison, d'autant qu'on bosse pour. Mais c'est important d'en prendre conscience pour ne pas penser qu'on

les représente encore, qu'on pense et qu'on est encore comme ça. Non, puisque on veut les accompagner et les éduquer : on n'en est plus, on est avec, aux côtés de.
C'est important pour ne pas parler à leur place, savoir à leur place et mieux qu'elles et eux : pour ne pas oublier de toujours les écouter et les considérer comme légitimes et expert·es de leur vécu. Plus que nous, même si on en vient et qu'on est formé·es sur le sujet.

Stratégies de dominé·es 73·4

Une des questions centrales à laquelle nous devons nous confronter est celle de la transformation des postures rebelles en postures révolutionnaires qui nous engagent dans un processus radical de transformation du monde. La rébellion est un point de départ indispensable, une explosion de la juste colère, mais elle n'est pas suffisante.
Paulo Freire.

Du côté des dominé·es, la vie est moins facile, ce n'est rien de le dire. Quand on vit une accumulation de dominations, et donc de discriminations et de freins, il faut bien trouver des manières de faire face, de garder autant que possible une estime et une image de soi, de ne pas être une victime mais toujours un·e acteurice. Ce qui suppose donc des choix, des stratégies différentes.
Sans prétendre en faire une liste exhaustive, loin de là, il me semble utile de se faire une idée des stratégies possibles du côté des dominé·es.

Pour certain·es, parmi nos publics notamment, la seule issue est malheureusement la résignation. L'abandon face à une situation trop ancrée, à des injustices trop nombreuses. Bref, on baisse les bras, on se dit que c'est une fatalité, et que ce sera moins difficile, moins insupportable en arrêtant de croire à mieux. Ce qui relève de la dépression d'une certaine manière, ou d'une forme d'aliénation très pessimiste. ↝ 72.5

Dire que c'est une stratégie est peut-être un peu exagéré, mais c'est en tout cas une réaction qui est malheureusement fréquente. Il est important d'en prendre la mesure, de comprendre en quoi c'est aussi une réaction de protection, avant d'essayer de faire bouger et de redonner de l'espoir, au moins celui d'être entendu·e, de pouvoir dire pour commencer.

Un autre panel de stratégies tourne autour de la communauté dominé·es à laquelle on appartient. De s'y reconnaître, de s'appuyer sur elle. Pour se protéger d'abord, parce que c'est un environnement social plus sûr, avec des valeurs et des vécus en commun. Ce qui donne a minima du répit.
C'est aussi un espace dans lequel on peut nommer ce qu'on vit, en non-mixité, pour avancer en termes de prise de conscience collective, et aller plus loin ensuite.
Dans ce cadre, on peut également mettre en place des stratégies de retournement du stigmate : on réinvestit nos caractéristiques de dominé·es comme éléments positifs. On retourne ce qui nous est reproché, ce qui sert à nous marquer comme inférieur·es, pour les valoriser et appuyer dessus une identité positive. Ce qui a été notamment le cas avec des mouvements historiques de valorisation de la culture ouvrière par exemple.
Il est intéressant de noter que ce sont des stratégies qui sont efficaces pour se donner du pouvoir. Qui sont donc souvent craintes par les dominant·es. Qui vont notamment rapidement les décrédibiliser en les nommant, par exemple, communautarisme. Alors que les mêmes phénomènes de solidarité, de classe notamment, ne sont jamais nommés de
n° 97 manière négative quand il s'agit des dominant·es.

De manière plus individuelle, il existe toute une série de stratégies qui relèvent de la fuite : quitter sa position dominé·e, seul·e et le plus vite possible. Ce qui peut se faire en adoptant une position de complice des dominant·es et/ou un parcours d'ascension sociale par des chemins variés. Ce qui peut se faire avec un parcours d'émancipation ou au contraire une aliénation renforcée. ↝ 72.2 ↝ 72.5

Il est possible bien sûr d'être également dans une stratégie de révolte et de rébellion. Parce que c'est trop, parce qu'aucune autre issue ne semble possible. Ce qui est très compréhensible, quand on prend la mesure de ce qui est vécu et subi. Mais qui ne semble pas forcément très productif au-delà du soulagement individuel, voire potentiellement auto-destructeur, étant donné les violences réactionnaires que cela provoque en général.
La question se pose bien sûr différemment si cette révolte est articulée avec une visée et une stratégie de transformation sociale.

Le dernier type, ce sont les stratégies de transformation sociale, de fait. Qui sont aussi celles que nous avons le plus tendance à vouloir accompagner dans l'éducation populaire. Les manières de contribuer à la transformation sociale sont nombreuses et laissent de grandes marges de manœuvre. L'éducation populaire en est une d'ailleurs. ↝ 84.1

Mixité et non-mixité *73.41*

Oui, le seuil de tolérance des femmes envers la connerie des hommes est en train de baisser drastiquement.
Anne Akrich.

La mixité, c'est un bel objectif, je ne le conteste pas. Et même, je le défends.
Par contre, je vais contester le fait d'utiliser systématiquement la mixité comme moyen. Parce qu'une finalité et un moyen, ce n'est pas la même chose, et à les confondre, on fait des bêtises.

Dans un groupe social où tout le monde n'a pas le même statut, il se joue des relations de domination. Même quand ce n'est pas voulu, même quand ce n'est ni actif ni conscient.

La présence même d'un·e dominant·e, son regard, a une influence sur les dominé·es. Le fait que votre patron soit présent·e dans la pièce va changer votre comportement, va limiter ce que vous allez oser dire, les attitudes que vous allez vous permettre, la manière dont vous vous sentez. Plus ou moins, et pas forcément consciemment mais n'empêche, ça change. Le regard du dominant a un poids et il va notamment amener à une certaine auto-censure dans l'expression, et au maintien d'un certain nombre de stratégies de protection de soi, psychologiquement.

Du coup, si on veut créer des espaces, dans nos temps d'animation, dans lesquels chacun·e s'exprime vraiment librement et se livre aux autres... ben la présence d'un·e dominant·e ne va pas aider. D'autant plus quand il s'agit justement de parler des rapports sociaux directement liés à cette domination là.

Parler de ses conditions de travail librement et ouvertement en présence de sa hiérarchie, ça ne fonctionne pas. C'est pour ça qu'il y a des temps syndicaux, par exemple, ou qu'on le fait dans des temps de pause ou après le boulot.

C'est pareil pour les autres rapports sociaux. Parler de violences sexuelles, ou simplement de sexisme quotidien, en présence d'un homme (même très bien intentionné) ce n'est pas la même chose. Parler de vécu de discrimination raciste en présence d'un·e blanc-he non plus.

Or les personnes qui sont dominé·es ont besoin, vraiment, de temps pour parler de ce qu'elles vivent. Pour partager, pour échanger en confiance et à la fois prendre conscience et constituer un collectif. C'est
↝ 15.1 essentiel dans un parcours d'émancipation. Et c'est notre boulot d'accompagner des parcours d'émancipation.

Donc c'est notre boulot d'être capable de proposer des espaces non-

mixtes. Pour que ces échanges puissent avoir lieu.
Ce qui va demander d'en être convaincu·e, et de convaincre les autres (et c'est un des objectifs de ce texte de remettre ça à plat simplement).

Pour beaucoup, ce n'est pas une évidence.
Parce qu'ils et elles confondent la finalité de mixité avec l'obligation de mixité en permanence.
Parce qu'ils et elles ont peur que des dominé·es s'organisent et développent du pouvoir, pour ensuite venir demander plus d'égalité d'une manière qui ne les arrange pas et qu'ils et elles ne maîtriseront pas.
Parce que leurs financeureuses sont contre.
Bref, il faudra le défendre.

Mais ça permettra de produire des échanges précieux et de contribuer vraiment à de l'émancipation. Avec du coup, ensuite, la possibilité d'aller vers de la mixité en ayant les moyens de l'établir plus à égalité. De s'être renforcé·es en non-mixité pour pouvoir ensuite entrer en relation avec d'autres de manière plus solide, plus assumée, en prenant sa place.

Parce que, oui, la non-mixité est un moyen, mais elle sert au final à produire de la mixité. Une mixité plus égalitaire et mieux construite.

Solidarité entre dominé·es 73.42

Les rapports de domination, c'est un système. Pour le remettre en cause, il ne faut pas être tou·te seul·e, il faut l'attaquer à tous les niveaux. Il faut être le plus possible ensemble. Donc il ne faut pas se tirer dans les pattes entre dominé·es, entre personnes qui subissent le plus gros des conséquences.

Facile à dire, mais en pratique pas toujours si facile à faire.

Parce qu'il nous est souvent montré nos différences entre dominé·es, qu'il nous est souvent soumis l'idée que si nous souffrons, c'est de la faute d'autres dominé·es, plus que de celle des dominant·es. En bref : diviser pour mieux régner. Ce qui marche, parce que tant qu'on lutte séparé·es, on ne tape pas au bon endroit, et même quand c'est le cas, on ne le fait pas avec assez d'impact pour que le système change. Il reste en faveur des mêmes.

↝ 72.5 Parce que nous intégrons des stéréotypes, des jugements et des priorités qui ne sont pas forcément les nôtres sans en être nécessairement conscient·es. Ce qui peut facilement nous amener à juger d'autres dominé·es, durement, avec les critères des dominant·es, et à alimenter le système. Involontairement, mais efficacement. En servant de relais, de rappel à l'ordre, de flics de la norme.
Ce qui peut être le cas quand certaines femmes vont juger de la bonne tenue ou non d'autres femmes, du fait qu'elles soient trop sexy, ou pas assez, ou ci, ou ça.

Je crois que face à ces difficultés, il y a un travail important à faire de solidarité par principe entre dominé·es. De soutien, de validation. D'être allié·es des autres dominé·es même si on n'est pas d'accord sur tout, même si on ne fait pas les mêmes choix de priorités. Parce qu'on lutte dans le même sens au final, parce qu'on a besoin d'être ensemble pour avoir ne serait-ce qu'une chance.

Chacun·e gardera son point de vue, son regard. Chacun·e continuera à vivre plus directement certaines dominations, et donc à les trouver prioritaires en termes de lutte et d'engagement. Mais en évitant, peut-être, d'aller jusqu'à penser que ça dévalorise celles des autres, qu'elles devraient être mises en sourdine ou ignorer parce qu'elles sont moins importantes. Elles le sont toutes, mais pas forcément pour les mêmes personnes. Ce qui ne les empêche pas d'être compatibles. Parce qu'il n'y a pas de raison valable de les mettre en concurrence.

Parce que ce n'est pas en expliquant aux femmes et aux personnes racisées que leurs vécus sont secondaires et devront attendre la fin de la lutte des classes qu'on va s'en sortir.
Il n'y a pas de hiérarchie dans les dominations subies. Il y a par contre bien des priorités stratégiques, dont chacun·e est libre, en fonction de ses priorités et de son vécu. Et qui n'empêchent en rien de soutenir celles des copains et des copines plutôt que de les dévaloriser ou de leur tirer dans les pattes (il y a assez de gens qui s'en occupent, merci bien).

Si on veut garder l'espoir que ces luttes pour l'égalité mènent quelque part, l'énergie est à mettre dans les luttes mêmes, pas dans les divisions. Dans un travail sur la solidarité. Un travail qui relève donc de la bataille culturelle et potentiellement de l'éducation populaire.

Vivre ensemble *73·43*

Hey debout, debout là d'dans, motive tes troupes, ta clique
on lève le camp dis-leur!
Qu'on veut pas d'commentaires, que des combattants dis-leur!
Qu'on veut pas d'militaires, que des militants!
Ministère des Affaires Populaires – Debout là d'dans

Vivre ensemble, ça fait des années que j'en entends parler dans les milieux de l'éducation populaire. Produire du vivre ensemble, dans les projets et les financements. Le "vivre ensemble", même.
Des années que j'en entends parler, et des années que je me demande ce que ça veut dire.
S'il s'agit simplement de partager un territoire, voire un pays, c'est déjà le cas. C'est un peu toujours le cas, même sous une dictature.
Si c'est plus ambitieux, ce n'est pas très clair : s'agit-il de démocratie ? De mixité ? De paix sociale ? D'interculturalité ? De bonheur ? De tolérance ?

Plus ou moins tout ça, dans mon expérience. Enfin, tout dépend à qui on demande. C'est même ça l'essence de la chose : un truc mou que chacun·e saisit de manière différente.
Un concept opérationnel : une formule dans laquelle chacun et chacune met ce qu'il veut, ce qui permet de faire comme si on était d'accord sans l'être et sans se poser la question. Mais toujours avec un écho positif. On ne sait pas vraiment ce que ça veut dire mais c'est bien, par définition. Qui oserait refuser de faire du vivre ensemble ?

On ne sait donc pas forcément de quoi il s'agit. Mais au sens négatif, si, on connaît les fautifs et les fautives : on sait pointer du doigt ceux et celles qui ne vivent pas bien ensemble. Ceux et celles qu'il faut amener à vivre ensemble. Ceux et celles pour lesquel·les on doit en tant que professionnel·le·s produire du "vivre ensemble". Ceux et celles donc qui sont soupçonné·e·s, voire accusé·e·s, de ne pas vivre ensemble. Pas assez, ou pas assez bien en tout cas. Ceux et celles sur lesquel·les on va faire porter cette injonction de devoir vivre ensemble.

Et, surprise, ce sont toujours les mêmes. Les habitant·e·s des quartiers, des classes populaires. Ces fameux publics sociaux. Des pauvres donc.
Ce que m'a joliment formulé une personne directement concernée :
«C'est toujours aux mêmes qu'on demande de vivre ensemble. Moi, je voudrais bien devoir vivre ensemble avec les 100 personnes les plus riches de Lyon !»

Ce vivre ensemble est donc avant tout une injonction faite aux classes populaires de bien se tenir. Avec ce sous-entendu évident qu'actuellement ils et elles ne vivent pas ensemble, tout au moins pas comme il faudrait. Se déchirent. Font du bruit. Posent des problèmes. Sont un problème, même, dans la pensée, voire le discours de certain·e·s.
Parce qu'on ne demande pas aux classes supérieures qui vivent entre elles dans les quartiers favorisés de faire du vivre ensemble. D'être plus démocrates, de produire de la mixité. On ne leur demande pas de s'en

justifier, parce qu'ils et elles ne se déchirent pas, ou en tout cas pas d'une manière qui risquerait de remettre en cause le bon fonctionnement de la société.
L'injonction au vivre ensemble sonne de plus en plus à mes oreilles comme une injonction à la pacification des quartiers populaires. Sous une forme ouvertement positive aux échos de mixité joyeuse et démocratique, certes, mais pour autant une injonction portée par les discours politiques et relayées par les structures d'éducation populaire.

Pour autant, est-ce une injonction problématique ?
Certes, vivre ensemble de manière pacifiée est une bonne chose. Mais encore faut-il que la situation permette réellement d'envisager un fonctionnement pacifié, et qu'il ne s'agisse donc pas d'une injonction à étouffer le conflit et les difficultés pour présenter un vivre ensemble de surface construit artificiellement. Voire imposé comme une nécessité pour qui voudrait rester reconnu comme un·e bon·ne citoyen·ne légitime.
C'est là que ça coince, à mon sens.
Dans le fait que justement, cette injonction est toujours faite aux mêmes.

Aux classes populaires donc, voire à la portion la moins favorisée, socialement et économiquement, des classes populaires. Et, donc, lorsque l'on observe les conséquences du fonctionnement capitaliste de ces dernières décennies, ceux et celles qui sont les plus impacté·es par les crises économiques et la mise en concurrence dérégulée.
D'une part, ce sont ceux et celles qui se trouvent à disposer de moins en moins de revenus, et surtout qui sont de plus en plus mis·es en concurrence entre eux et elles pour des emplois.
D'autre part, ce sont ceux et celles qui, du fait de la mondialisation et de l'aménagement urbain, se trouvent le plus confronté·es à une mixité de fait dans leurs quartiers. Une mixité d'origines géographiques, culturelles, ethno-raciales, religieuses, qui n'est pas initialement choisie mais potentiellement subie.

Ce sont donc des populations qui ont de plus en plus de mal à vivre ensemble du fait de ces conditions de plus en plus difficiles, d'une mixité imposée et d'une concurrence imposée avec leurs voisins et voisines.
La difficulté à vivre ensemble est donc en ce sens un symptôme d'un fonctionnement économique et politique. Dont ils et elles sont victimes. Dont, accessoirement, certains et certaines se servent pour créer ou alimenter des tensions sociales, ethno-raciales et autres à des fins notamment électoralistes.

De ce fait, cette injonction au vivre ensemble prend à mes yeux un autre sens : reporter sur les opprimé·e·s la charge de pallier aux conséquences négatives qu'ils subissent. À elles et eux de se prendre en main pour gommer ces problèmes et vivre ensemble joyeusement malgré les circonstances. Donc, surtout, sans pointer du doigt les problèmes de fond ou essayer de changer quoi que ce soit au système.
Vivre ensemble, bien vivre ensemble, pour ne pas lutter. Pour subir avec le sourire.
Comme une manière de dire que le problème n'est pas la situation vécue par ces populations mais la manière dont ils et elles la vivent. Ces pauvres qui ne savent pas subir dignement et en continuant à s'entendre, franchement, il faut leur construire du vivre ensemble !

Je ferais volontiers le parallèle avec les logique sde coaching et de bien-être dans le monde de l'entreprise : charge aux salarié·e·s, individuellement, de trouver les solutions pour mieux vivre leur situation (sans questionner le fait qu'elle soit merdique ou non, supportable ou non) pour rester productifs et productives avec le sourire.
Le vivre ensemble comme injonction à gommer les conséquences sans s'attaquer au problème, sans remettre en cause la situation, donc. Qu'ils et elles vivent mal, ce n'est pas la question, on leur demande de vivre ensemble, sans se battre et sans faire de vagues. Sans quoi, vraiment, ce ne sont pas des gens civilisés, ce ne sont pas des citoyen·ne·s dignes et démocrates.

Plutôt que de travailler à les faire vivre ensemble, n'avons-nous pas, actrices et acteurs de l'éducation populaire, un autre rôle à jouer ?
Ne pouvons-nous pas, en nous rappelant de nos racines, nous donner d'autres priorités, avec les mêmes publics, avec les mêmes problèmes ?
"Ce qui manque à l'ouvrier, c'est la science de son malheur" disait Fernand Pelloutier. C'est un point de départ. Comprendre ce qui alimente ces difficultés, comprendre ce qui fait ces situations dans lesquelles il est ardu de vivre ensemble. Voir, dans nos situations, ce qui fait commun, ce qui fait ensemble justement.
Et lutter ensemble, avant de vivre ensemble dans une situation qui le permettra vraiment.

Sociogestes et écogestes 73.5

Sans organisation autonome des quartiers populaires, seuls les quartiers pavillonnaires décideront de la manière de gérer la crise écologique et ils le feront en fonction de leurs seuls intérêts

Fatima Ouassak. Pour une écologie pirate.

Parlons de radicalité... avec une petite comparaison taquine :

En écologie, on parle beaucoup des éco-gestes : trier ses déchets, réduire ses emballages, ce genre de choses.
Dans une analyse radicale, ça ne change rien au problème, ça ne résout rien de décisif. Parce que la majorité des émissions sont dues à la production industrielle, au modèle économique dans lequel nos sociétés fonctionnent, et à des choix (ou des absences de choix) politiques.
En d'autres termes, les éco-gestes, c'est sympa, ça réduit un tout petit peu les conséquences, et ça permet éventuellement de se donner l'impression de changer les choses, mais ça ne vient en rien toucher au fond du problème.

Si je vais au bout, je dirais même que ça nous éloigne collectivement de la résolution du problème en nous faisant croire que c'est à l'échelle des éco-gestes individuels que ça se joue et pas en termes de choix politiques.

Pour ce qui est des inégalités sociales, j'ai parfois l'impression que c'est la même chose.

Qu'on nous oriente vers des socio-gestes : travailler sur soi et ses stéréotypes, donner pour de bonnes causes, signer des pétitions et être gentil·les avec les défavorisé·es.

Je crois que ça ne change pas grand-chose aux problèmes de fond et aux causes des inégalités. Comme les éco-gestes.

Et que ça nous donne l'impression que c'est là que ça se joue, alors que non.

D'où, de mon point de vue, l'importance du travail sur les dynamiques sociales et les questions politiques, et l'orientation vers l'action collective émancipatrice.

RESSOURCES ESSENTIELLES 79

Pour comprendre tout en rigolant ce que sont des classes sociales, une BD incontournable :
Riche ! Pourquoi pas toi ? De Marion Montaigne, Monique Pinçon-Charlot et Michel PInçon.

Les inégalités de sexe, comment ça se construit, comment ça nous impacte, comment faire bouger ? En une série de petites BD efficaces et très pédagogiques :
Sea, sexisme and sun. Marlene Spaak.

Les discriminations et inégalités raciales, abordées en discutant et en mélangeant témoignages vécus et éclairages théoriques, un podcast de référence :
Kiffe ta race

№ 97

Renverser le capitalisme,
mettre à bas le pouvoir étatique
ce sont des choses que l'on
peut se représenter
"Éliminer les inégalités", en revanche,
on ne voit pas très bien
ce que cela veut dire.

David Graeber

Répéter que l'Europe est à la
source de tous les aspects
louables ou positifs de notre
monde garantit d'être lu
comme un apologiste rétrospectif
du génocide.

POLITIQUE 8

- Pourquoi il était en prison ?
- On met nos hommes politiques en prison dès qu'ils sont élus. Pas vous ?
- Pourquoi ?
- On gagne du temps.
Le Dernier continent de Terry Pratchett

Quand le politique cache la Politique

Ca peut sembler évident mais pour parler politique en animation, sans se heurter à trop de réactions de rejet et de défi, il faut différencier, et aider les participant·es à différencier entre :

- La politique au sens des idéologies, des projets de société et valeurs. Et donc : quelle société on veut ? À quoi on croit ? Ce qu'on est prêt·es à défendre, à mettre en avant, et avec quelles priorités ?

- La politique au sens du système qui permet de prendre le pouvoir et de s'y maintenir. Et donc : les jeux électoraux, la communication politique, les personnes et leurs caractères, défauts et postures.

En pratique, les deux sont liées, bien sûr. Par le biais des institutions et du cadre légal et juridique, qui définissent comment est organisé l'affrontement entre les idéologies. Comment nous avons choisi de nous organiser collectivement pour arbitrer entre nos différentes visions de la société et les manières de la construire et de la faire évoluer.

Faire cette distinction, ça permet d'entendre les critiques et la défiance de beaucoup quant au fonctionnement de la politique aujourd'hui (avec notamment l'impression de ne pas pouvoir avoir confiance, de ne pas être représenté·e, etc), et même de les valider, sans remettre en cause l'intérêt de discussions, de débats et d'avis sur l'idéologie et les visées du champ politique.

Faire cette distinction, ça permet aussi, tout simplement, de structurer les temps d'animation qu'on peut proposer autour des questions politiques, pour ne pas tout mélanger. Parce qu'il est tout aussi intéressant et utile de travailler en éducation populaire :

- Les idéologies, ce qu'elles défendent et ce qu'on en pense
- La communication politique et la manière dont elle conçue pour obtenir des voix et du soutien, mais pour faire réfléchir ou débattre
- Les institutions et la manière dont elles créent ou non des contre-pouvoirs et des garde-fous efficaces. Ce qui mène sur des questionnements riches sur le pouvoir, les règles et le collectif.
- Le système électoral, voire les systèmes électoraux et ce qu'ils produisent. Ce qui peut faire des liens riches avec le fonctionnement associatif et celui de petits collectifs.
- La personnalisation de la politique et la manière dont différents systèmes l'ont encouragée ou découragée et pourquoi.

En bref, ce n'est pas parce que le fonctionnement actuel de notre système politique est merdique que ça invalide le champ politique et l'intention de travailler comment on vit et fonctionne ensemble. Toustes ensemble.
Donc : l'expliquer pour ne pas rester bloqué·es sur le rejet et le désarroi, pour pouvoir critiquer la politique mais penser et croire en la Politique. Pour nos publics comme pour nous.

PENSER LA SOCIÉTÉ 81

Est démocratique tout ce qui renvoie en dernière instance à l'absence de légitimité de la domination. Jacques Rancière.

C'est quoi la société ? Comment ça fonctionne ? Comment ça tient debout ?
Ce sont des questions qu'on peut tous et toutes se poser, avec l'impression de ne pas avoir de réponses, de bricoler. Effectivement, je ne crois pas qu'il y ait de réponses définitives. Mais je ne crois pas non plus que nous fonctionnions au quotidien sans réponse du tout à ces questions. On a toutes et tous, de manière partielle, un bout de récit, un bout de schéma qui est notre idée de la société et de pourquoi elle est comme ça.

Au moyen-âge, la même question occupait, mais avec une entrée théologique et un dilemme : si Dieu est tout-puissant, comment ça se fait que ce soit autant la merde pour nous au quotidien ? Il se construisait en réponse une théodicée, un récit en mesure de réconcilier les deux.
Aujourd'hui, on entend des récits équivalents qui ont pour fonction de nous expliquer pourquoi si les gens sont bons c'est quand même la merde, ou pourquoi si notre politique est la bonne c'est toujours la merde. Des histoires pour réconcilier les deux, qu'on adopte en partie, ou pas, ou avec lesquelles on se bricole la nôtre. Ce sont des récits qui essaient de résoudre une dissonance cognitive collective : comment par-

↝ 73.25 ticiper à une société qui n'est pas bonne tout en continuant à penser qu'on est bon·nes. Et qu'on peut appeler, si on a envie de termes intellos, des sociodicées.

Ces récits sont importants, parce qu'ils incorporent souvent des valeurs fondamentales (ontologiques, si vous aimez les gros mots). Sans forcément les nommer, mais ce sont bien des socles sur lesquels on construit ensuite des valeurs plus opérationnelles et des positionnements politiques. D'où l'intérêt d'en prendre conscience et d'être capable de les faire apparaître pour les questionner et amener nos publics à les questionner.

J'aime bien cette idée que ce soit avant tout des récits, parce que c'est moins impressionnant et aussi utilisable en animation. Qu'on puisse les raconter, et voir quels en sont les éléments constitutifs : sur l'intelligence et la bonté de l'humanité, sur la justice, sur la légitimité et la compétence des puissant·es, sur le fait que le monde soit en évolution ou pas et que ce soit une bonne chose ou pas. C'est potentiellement une
↝ 82 manière de lier les valeurs qui sous-tendent les idéologies, les questions de luttes, de démocratie, de pouvoir, bref une bonne partie du champ politique.

Et toi, comment tu racontes le monde ? Comment tu le penses ?

Un monde juste 81.1

Et tant pis s'il faut que j'lise le Figaro dans l'métro
Ca m'gène pas si je dois être le seul à Tryo qu'applaudis pas !
Et puis merde, je vote à droite !
Fini d'être culpabilisé !
Fini l'partage, vive le mérite, ceux qui foutent rien ben on les pique
Ça boostera les statistiques.
Les fatals picards – Et puis merde, je vote à droite

On a toutes et tous envie de croire qu'on vit dans un monde juste. Parce que ce serait plus simple et plus beau. Parce que ce serait plus rassurant, que ça tiendrait debout. Parfois aussi parce que c'est ce qu'on nous a appris, par notre culture, voire notre religion.

Cette croyance a des conséquences.
Si on croit qu'on vit dans un monde juste, alors celles et ceux qui sont dans la merde l'ont bien mérité. Quand on les voit, on cherche ce qu'ils et elles ont qui fait qu'ils et elles l'ont bien mérité, parce qu'il y a forcément quelque chose.
De la même manière que si on est dans une position privilégiée, on va se dire que c'est juste donc qu'on l'a mérité. Qu'on a quelque chose en plus, qu'on est supérieur·e d'une manière ou d'une autre.
Dans les deux cas, c'est assez dangereux socialement, et tout à fait opposé à une lecture du monde en termes de rapports sociaux et d'inégalités construites socialement.

Pourtant, cette idée de monde juste, on peut facilement se la trainer de manière inconsciente, et se laisser entraîner dans des manières de penser ou de traiter les autres qui vont être en contradiction avec nos objectifs d'émancipation et nos grilles de lecture.
D'où le fait que je trouve important de l'examiner ouvertement, cette idée, et de la déconstruire, idéalement. Même si ça ne fait pas plaisir.

En tout cas, ça m'a permis de débloquer quelque chose dans ma pratique et ma manière de penser. Dans ma manière de comprendre pourquoi certaines personnes, dans les groupes que j'anime, peuvent défendre des points de vue que je trouve contradictoires. En particulier pour celles et ceux qui sont dans des positions dominées socialement mais qui pensent que ceux et celles qui en sont là, l'ont bien mérité (et donc eux et elles aussi, ce qui est assez dévastateur en termes d'image et d'estime de soi).

↝ 72.5

Donc, oui, je vis dans un monde injuste, et ça m'importe de le penser comme ça. Tout autant que ça m'importe de vouloir le changer.

↝ 23.2

Des con·nes comme les autres 81.2

Avec cette grande naïveté dont je ne me suis jamais départi,
j'imaginais que mes supérieurs m'étaient supérieurs.
San Antonio. Frédéric Dard.

Ceux qui nous gouvernent sont bien plus malins que nous. Mais oui, sinon ils ne seraient pas là où ils sont. Et puis pour comprendre les questions d'économie, et de politique, et tout ça, il faut être vraiment très intelligent. D'une manière qui n'a rien à voir avec les gens normaux.

C'est très présent chez beaucoup : cette idée que ceux (et celles, mais elles sont moins nombreuses, et rarement présentes dans les représentations dominantes) qui nous dirigent (élu·es ou à la tête des grands groupes industriels, médiatiques et financiers) sont vraiment trop fort·es.
C'est un énorme frein pour notre travail émancipateur.
Parce que ça renforce la dynamique d'aliénation : ça accentue l'idée qu'on est des nazes et qu'on devrait avoir un peu honte.
Parce que ça empêche de questionner le système de pouvoir et de domination : il est pensé comme justifié du fait de la supériorité des per-

sonnes au pouvoir.
Parce que ça ôte toute envie de se mêler de questions de politique : ce n'est que pour des personnes élues et très au-dessus des autres, pas pour nous.

Il y a donc un enjeu dans notre travail d'éducation et de prise de conscience politique : montrer que ceux et celles qui nous dirigent sont des con·nes comme les autres.

Montrer que leur parcours n'est pas plus incroyable et exigeant que la plupart des parcours universitaires. Et qu'il ne touche pas à tout, très loin de là.
Montrer qu'ils et elles arrivent à ces postes par le biais de réseaux et de privilèges.
Montrer qu'ils sont assisté·es et conseillé·es.
Montrer que nous aussi, qui que l'on soit, sommes capables de comprendre les grands enjeux de la politique et d'avoir un avis.
Montrer qu'ils et elles se trompent, même s'ils et elles l'enrobent à coups de communication politique rodée.
Montrer qu'ils et elles sont humain·es, tout simplement.

Dans la foulée, montrer aussi que ce n'est pas grave.
Que la démocratie, c'est justement s'organiser pour pouvoir mettre n'importe quoi au pouvoir sans que ça se casse la gueule. C'est ne pas avoir besoin de super-héros autoritaires aux positions de pouvoir.

Complotisme et domination 81.3

Il y a deux erreurs par rapport à la théorie du complot. La première c'est d'en voir partout et la deuxième c'est de n'en voir nulle part.
Franck Lepage

Manque de repères politiques, de grilles de lecture sociales, aliénation, discours politiciens pleins de faux·semblants : quand on cumule l'ensemble, il devient très difficile d'avoir une vision du monde cohérente. Tout est confus, il n'y a pas de récit qui nous permette de décoder le monde et de nous y situer. Ce qui est passablement angoissant parce que nous avons toustes besoin de repères et de clés de compréhension de notre environnement pour savoir où nous sommes, qui nous sommes (individuellement et collectivement) et envisager d'agir.
Ce manque de repères touche beaucoup de personnes

Il touche encore plus fortement les personnes les moins favorisées, les plus dominées. Parce que dans ce monde confus et inquiétant elles reçoivent au moins un message clairement : vous n'êtes pas les bienvenu·es, vous ne faites pas partie du collectif, en tout cas pas de manière valorisée.

Ces deux facteurs sont à mon sens un bout d'explication quant au succès des théories complotistes.
Qui proposent :

- Une explication du monde, simple et en un seul coup
- Une communauté de gens qui savent et qui peuvent se reconnaître et se valoriser dans cette identité

(À noter que ça fonctionne pour toutes les formes un peu sectaires, en particulier les logiques fascistes, qui sont d'ailleurs souvent dans le voisinage quand on parle complotisme).

Ce qui me fait dire que les personnes qui adhèrent à ces théories du complot ne sont pas des con·nes. Pas plus que les autres, pas plus que nous qui avons tendance à leur donner des leçons. Mais ce sont bien des gens qui se posent des questions, qui ont besoin de comprendre, qui sont éventuellement face à des dissonances qu'ils et elles n'arrivent pas à résoudre.

Des gens qui se posent des questions tout en étant dominé·es, je trouve que ça ressemble carrément à un public idéal pour de l'éducation populaire.
Si on est capables de ne pas les prendre pour des con·nes, si on est capables d'entendre leurs questions et leurs doutes, de les prendre au sérieux pour les accompagner.
Et je ne dis pas que c'est facile, parce que oui, quand on part sur les reptiliens, moi-même, j'ai du mal à ne pas prendre les personnes de haut pour leur expliquer bien gentiment qu'ils et elles sont vraiment trop bêtes. C'est donc un vrai exercice en termes de posture et de méthode. En complète cohérence avec tout le reste de ce qu'on fait en Éduc Pop mais en plus extrême.
Si vous êtes pessimistes, vous pouvez voir cette vague du complotisme comme une forme d'échec de l'Educ Pop, un retard à rattraper.
En optimiste, je vois ça comme une belle opportunité de faire notre boulot à plein, et d'être soutenu·es pour.

Un projet collectif, un projet associatif par exemple, c'est supposé mobiliser des valeurs. En faire un socle, une raison partagée de faire, de s'engager. Ce qui semble tout à fait sensé (même si c'est parfois oublier d'autres leviers d'engagement et de motivation).

Mais en pratique ? En pratique, j'ai très longtemps galéré avec cette question des valeurs. Comment définir ce qu'est une valeur ? Comment les nommer ensuite ? Trop souvent, je me suis retrouvé avec des listes de trucs mélangés, tous plus ou moins chouettes et motivants, mais pour autant, s'agissait-il de valeurs ou seulement d'intentions, d'actions, de bouts de stratégies, ou de mots creux ?

J'ai essayé de clarifier (et c'est toujours un travail en cours) :

- Une valeur, c'est quelque chose pour laquelle on est prêt·e à se bouger le cul. On lui accorde un prix important.
- Une valeur, on peut s'y opposer. Et cette opposition est sensée, elle est viable. Si tout le monde est d'accord, c'est du rien, du vide, c'est inutile politiquement (ou alors, c'est une valeur si universelle qu'elle est périmée en termes d'utilité pratique). Quand notre premier ministre se donne comme cap de libérer le potentiel français, c'est du rien : tout le monde est d'accord, donc ça ne dit strictement rien (cf Clément Viktorovitch).
- Une valeur, c'est plus ou moins général. On peut remonter à des valeurs de premier ordre, et pour ça le travail de S. Schwartz me semble utile et éclairant, et les décliner de manière plus spécifique. Ce qui permet de donner à ces valeurs spécifiques plus de sens, de nommer le pourquoi qu'il y a derrière. Une valeur, ça nous dit pourquoi faire.
- Une valeur, ça permet de trier et d'arbitrer. Ça permet de choisir entre des alternatives celle qui répond le mieux à une valeur, ou celle qui y contribue versus celle qui la dessert. Une valeur, ça se

hiérarchise par rapport à d'autres valeurs pour choisir ensuite quoi faire. Je préfère l'égalité à la propriété donc je veux taxer les riches. Je préfère la liberté à l'égalité donc je défends l'égalité des chances.

Avec ces quatre critères, on a de quoi, dans mon expérience limitée, nommer ensemble ce qui nous motive et nous définit collectivement. On peut se donner un bout d'identité de groupe.

Je me sers pour y réfléchir ensemble de la roue des valeurs de S. Schwartz. Elle a le mérite d'être visuelle et de fournir une liste structurée de valeurs de premier et de second ordre, et qui plus est de valeurs stables culturellement. C'est déjà une bonne base pour trier et organiser les idées qui sortent spontanément au sein d'un groupe, en raccrochant les expressions spontanées à la roue et en discutant.
Le fait que des trucs, que certain·es considèrent comme des valeurs (la laïcité, au hasard), ne soient pas présents peut aussi questionner et permettre de discuter et de clarifier de manière utile (non, la Laïcité n'est pas une valeur de la République, ni une valeur universelle, mais une loi, très très française au demeurant).

Son second mérite est de présenter les valeurs comme toutes positives mais en conflit, en opposition. Ce qui signifie qu'un conflit de valeurs n'est pas Bien contre Mal, mais quelle priorité entre ces deux valeurs toutes deux également défendables. C'est précieux pour nos conflits internes comme pour nos conflits collectifs : toutes les positions ont potentiellement un sens, une légitimité, mais nos valeurs donnent des priorités, permettent de trancher des dilemmes partagés (et pas de faire des leçons de morale surplombantes).

Une fois les valeurs triées, nommées et hiérarchisées, reste à se poser la question de leur transmission. On se confronte alors à la question de la langue de bois et de la manière dont certains mots, en particulier dans le champ des valeurs, sont détournés et utilisés de manière stratégique dans le champ de la communication politique (les petits ouvrages de la collection Anamosa peuvent être très utiles pour faire le tri de ces questions de sens et de bataille culturelle). Ils deviennent alors des étiquettes, c'est-à-dire des armes rhétoriques, et ne portent plus beaucoup de sens. En tout cas, pas un sens univoque ni dépourvu d'échos émotionnels parasites. Il y a donc un enjeu à trouver des formulations plus claires et plus directes. Dire pourquoi, en phrases simples, ce principe nous importe, est une piste. Le fait de donner des exemples aussi : cette valeur nous fera choisir ceci plutôt que cela ; cette action passée illustre ce que nous y mettons, et nous disons pourquoi.

Ceci fait, il reste à trouver une mise en forme et un endroit de partage pour que ces valeurs soient affichées et accessibles, qu'elles ne restent pas en en-tête d'un projet associatif que personne ne lit. Toutes et tous pourront se les approprier et les discuter. Ce sera clivant, ce sera vivant, et ça contribuera à constituer un collectif doté d'une identité, d'un positionnement, et donc d'un élan collectif.

J'en propose une version découpée en puzzle et mise en couleurs, pour pouvoir la recomposer et animer collectivement autour (ci-contre), et
↝ 98 vous trouverez en biblio un site très vulgarisé et efficace sur le travail scientifique qui a permis de construire cette roue..

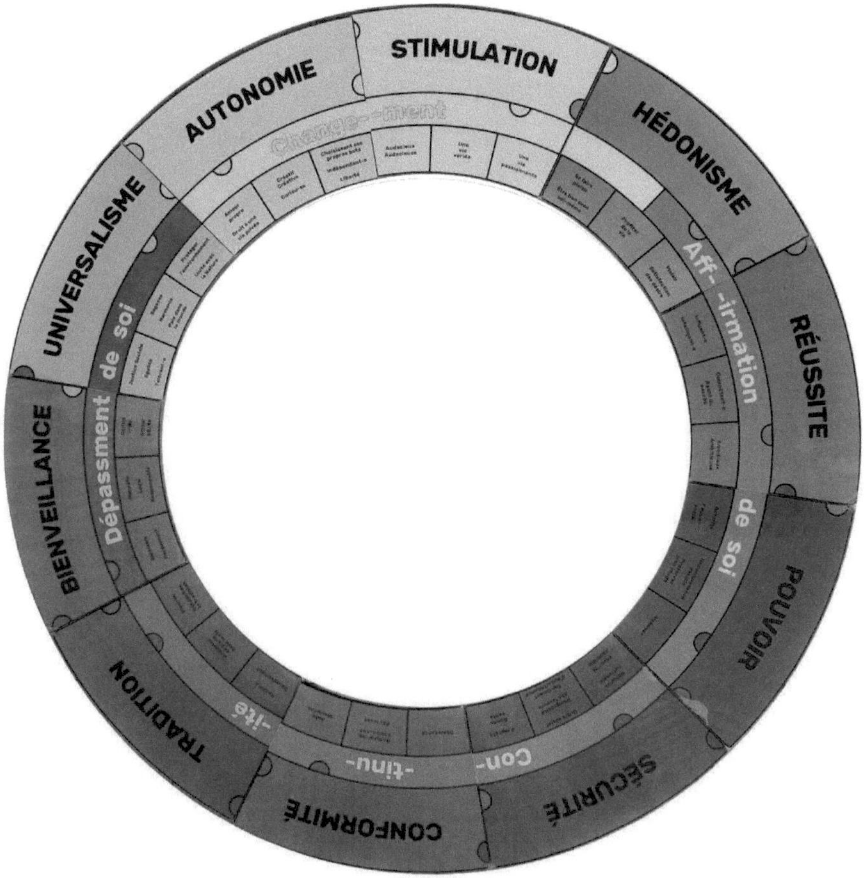
STIMULATION
AUTONOMIE
HÉDONISME
UNIVERSALISME
RÉUSSITE
BIENVEILLANCE
POUVOIR
TRADITION
SÉCURITÉ
CONFORMITÉ
Change- -ment
Aff- -irmation de soi
Dépassement de soi
Con- -tinu- -ité

En fait, l'idée qu'il faut posséder des qualifications spéciales pour parler des affaires du monde n'est qu'une escroquerie de plus. C'est un peu comme le léninisme (et l'idée d'un parti d'avant-garde) : il ne s'agit que d'une nouvelle technique pour faire croire à la population qu'elle ne sait rien, qu'elle devrait rester en dehors de tout ça et laisser des types intelligents s'occuper de tout. Pour cela, il faut prétendre qu'il s'agit d'une sorte de discipline ésotérique et qu'il faut être docteur ès quelque chose pour pouvoir en parler.
Mais c'est de la blague.
Noam Chomsky - Comprendre le pouvoir

Pourquoi se préoccuper de politique en éducation populaire ? *82.01*

Les objectifs fondamentaux de l'éducation populaire sont politiques.
Parce que l'émancipation collective, l'égalité, la justice sociale, passent par une modification de la société, pas par des changements individuels uniquement. Ils imposent une transformation sociale : une manière de faire société autrement. Ce qui est politique, sans aucun doute.
Nos finalités nous posent la question de constituer une communauté politique. Pas une unité, mais bien une communauté capable de faire
↝ 83.1 des choix ensemble.

Ce vers quoi nous tendons est donc Politique. Pas avec un petit p, mais avec un grand P. La politique comme réflexion sur l'organisation de la société et les choix qui en découlent. Les valeurs qui orientent ces choix. Nous avons donc besoin d'être à l'aise avec la dimension politique si nous voulons faire notre travail complètement. Si nous voulons accompagner nos publics sur l'ensemble de leur parcours, et si nous voulons vivre nos valeurs pleinement.

J'ajouterais que même si nous nous limitons dans nos actions à accompagner l'émancipation individuelle, nous avons besoin de compétences politiques. Parce que l'émancipation individuelle suppose une capacité à comprendre la société au niveau politique pour oser y agir. Pour penser et agir. On ne développe pas du pouvoir d'agir pleinement sans se réconcilier avec son rôle dans la société. Notamment son rôle citoyen. Qui est politique. Ce qui passe par le fait de se sentir capable de parler d'idées sur la société, d'envies, de valeurs. De se positionner, de se projeter, de dire une direction qui nous fait envie. Pour au final explorer des directions ensemble, en parler et choisir le cap de nos vies et de nos sociétés. ↝ 83

À tous points de vue, donc, nous avons besoin d'intégrer la dimension politique dans nos manières de faire et d'animer en éducation populaire.
Nous avons besoin de nous situer, et de décrypter le champ politique. Et de le transmettre..
Nous avons donc besoin d'une grille de lecture du champ politique.
Nous en sommes malheureusement souvent dépourvu·es.

Un manque flagrant, même pour nous professionnel·les 82.02

Nous ne sommes pas formé·es au champ politique. Nos publics non plus. Très peu de personnes le sont, au final, dans notre société aujourd'hui. Aucune éducation politique n'est mise en place collectivement. L'éducation civique, dans le cadre de l'éducation nationale, se cantonne à un apprentissage scolaire du fonctionnement de certaines institutions, ce qui est très limité et assez peu engageant.

Pour le reste, il faut compter sur la transmission familiale, quand il y en a. Elle est alors le plus souvent la transmission des valeurs des parents

plus que d'une capacité à comprendre et à décrypter. Si ce n'est dans certains milieux communistes où une tradition de formation politique a existé et s'est maintenue.
Pour la majorité d'entre nous, donc, le champ politique semble un chaos incompréhensible. Les plus intéressé·es se bricolent une compréhension au fil de rencontres et de lectures, tant bien que mal. Les autres considèrent que c'est inaccessible, ou réservé à des spécialistes.
Quand la majorité abandonne la politique pour cette raison, c'est assez dangereux, et à l'opposé des intentions de l'éducation populaire et d'une
↝ 87 partie de son histoire.
Si on y ajoute le fait que pour beaucoup la politique ça ne fait pas envie, l'éloignement devient encore plus massif.

Se ressaisir de la politique et de l'éducation au politique m'a donc semblé, depuis longtemps, essentiel. J'ai voulu m'en saisir. Ce qui m'a confronté à mon absence de construction théorique sur le sujet, malgré mon intérêt et mes lectures. Et surtout à une absence de grille de lecture générale. Je n'avais aucune vue d'ensemble. Aucun outil pour situer les idées, les tendances, les idéologies.
Poussé par la nécessité de transmettre, je me suis donc attelé à en construire une, en bricolant, en regroupant, et en expérimentant.

Par quel bout prendre la question ? *82.03*

Pour parler politique, j'ai d'abord choisi de dissocier différentes dimensions, pour les traiter séparément.
Je fais la différence entre les idéologies, les tactiques politiciennes et tout le cadre médiatique actuel. Ce qui permet d'y voir plus clair, mais qui permet aussi de mettre de côté une partie de la défiance liée aux formes actuelles de la politique de la part de nos publics et d'aborder avec elles et eux la question des valeurs de manière plus facile et plus motivante.

D'abord, je propose de s'intéresser à ce en quoi croient les personnes, les mouvements et les sociétés. Ce qu'ils et elles défendent. Pourquoi ils et elles se battent. Ce qui nous parle plus facilement, puisque nous avons des valeurs, des envies pour le monde.
Une idéologie, c'est un ensemble de valeurs, associées à un bout de stratégie sur la manière de faire société autour de ces valeurs.
Parlons donc de ça, en premier.

Ensuite, on pourra parler du fonctionnement politicien actuel. De la place des valeurs ou non. De la manière dont les tactiques électorales et médiatiques prennent le pas dessus.Si la forme actuelle nous va ou pas. Mais ce sont deux dimensions différentes, et un peut faire envie alors que l'autre non.
Commencer avec les idéologies, c'est redonner à la politique son sens premier, et parler aux personnes présentes de ce à quoi elles croient ou non. Ce qui peut toucher tout le monde, fait sens et donne envie de s'impliquer.

Une grille de lecture en sept tendances *82.04*

Telles que je les présente, j'ai choisi sept grandes idéologies. Qui ont chacune leurs valeurs, organisées en un tout cohérent, et une stratégie en termes de modèle de société.
Ces sept idéologies ont chacune une histoire, avec des événements et des personnages.
Certaines peuvent être facilement proches, d'autres non.

Je les présente sous forme d'îlots, répartis sur une table. Ce qui peut composer une sorte de Mind map et donc quelque chose à la fois de visuel et de non-linéaire. ↝ 64.1

Le premier intérêt, c'est bien sûr de comprendre la logique interne de chaque idéologie. De pouvoir imaginer, dans les grandes lignes, comment on pense dans ce cadre de référence là. Et comment, quand on croit en ces valeurs, ça tient debout, ce n'est pas de la mauvaise foi. En soi, pour beaucoup, ce sont déjà de grandes découvertes. J'en liste une version résumée ci-dessous.

Le second intérêt, c'est de sortir d'une vision à une seule dimension, avec un pôle à droite et un à gauche, ou tout se lirait sur une ligne.
Cette vision droite-gauche est très réductrice, en termes de complexité et de compréhension. Et qu'elle fait la part belle aux deux courants qui, à chaque période, s'auto-déclarent représentants de la droite et de la gauche. Avec éventuellement suffisamment peu de différence pour décourager de trouver en politique quoi que ce soit qui nous ressemble ou qui nous fasse envie (le fameux tous pourris).
Accessoirement, ce classement droite-gauche étant hérité de l'ordre dans lequel se sont assis les représentants de différentes factions sur leurs sièges, il n'a pas non plus une légitimité importante en termes de sens.

Troisième point intéressant, en sortant justement de la logique linéaire, c'est de donner une autre place aux extrêmes. Dans une lecture droite-gauche, il ne peut y avoir que deux extrêmes, un à chaque bout. Qu'on peut ensuite, avec suffisamment de mauvaise foi ou d'ignorance, mettre sur le même plan.
Avec sept idéologies, on peut faire apparaître que chacune des sept peut avoir des courants et des positions extrêmes. Notamment le libéralisme. Ce qui, en termes de compréhension du monde et de capacité à nommer ce qui nous arrive et ce qui nous entoure, est important.

Enfin, cette vision complexe permet de voir qu'il existe de nombreuses positions intermédiaires. De voir que notre position peut, elle-même, être à l'intersection de plusieurs idéologies. Que nous pouvons nous reconnaître en partie dans celle-ci, mais aussi dans celle-là. Et composer avec. Tout en comprenant mieux comment dans certains cas ces intermédiaires sont confortables parce qu'issu de tendances compatibles, et dans d'autres cas moins.

Avec la même logique, on peut apprendre à positionner ensuite les partis et mouvements politiques, ce qui est très éclairant sur la lecture de la politique politicienne au sens large. Et accessible.

Pour chaque idéologie, je vous propose donc une version texte, avec les termes et définitions les plus fréquemment proposés dans les références, et ensuite deux versions de l'outil d'animation que j'utilise, une généraliste (et j'espère accessible) et l'autre plus orientée vers des publics jeunes.

L'anarchisme, c'est l'ordre moins le pouvoir.
Emma Goldman

Définition formelle

Doctrine politique qui érige en principe de gouvernement l'absence de toute autorité.

Valeurs principales

- Anti-autoritaire : opposé à l'idée que le pouvoir coercitif et la domination soient nécessaires à la société
- Abolition de l'Etat (et de toutes les institutions coercitives, en particulier l'armée et l'Eglise)
- Émancipation individuelle ou collective opposée à la domination et à l'exploitation
- Internationalisme
- Anti-militarisme

Citations représentatives

- Ni dieu ni maître
- “ L'anarchisme est la forme la plus aboutie de l'ordre. ” Elisée Reclus
- “ On ne le dira jamais assez, l'anarchisme, c'est l'ordre sans le gouvernement ; c'est la paix sans la violence. C'est le contraire précisément de tout ce qu'on lui reproche, soit par ignorance, soit par mauvaise foi. ” Hem Day

Musiques

- L'Internationale (le texte correspond à l'époque où Socialisme, Communisme et Anarchisme ne sont pas encore différenciés, donc on retrouve des éléments des trois, mais les tendances générales sont assez explicites).

- Les Anarchistes, de Léo Ferré
- La makhnovtchina, des Béruriers noirs
- Le triomphe de l'anarchie, chant traditionnel.

Personnages et événements

- Louise Michel
- Elisée Reclus
- Mikhail Bakounine
- Nestor Makhno
- La guerre d'Espagne
- La commune de Paris

Symboles

- Drapeau noir (qui est un anti-drapeau, un chiffon noir)
- Etoile Noire
- A barré

Compléments à explorer

La différence fondamentale, mais pas forcément visible quand on regarde de loin entre Libertaire et Libertarien

La place particulière de l'anarchisme individuel, que certain·es ne reconnaissent d'ailleurs pas comme faisant réellement partie de l'anarchisme.

Livres et BDs

Viva l'anarchie !

L'ordre moins le pouvoir, de Normand Baillargeon

Hommage à la Catalogne, de George Orwell

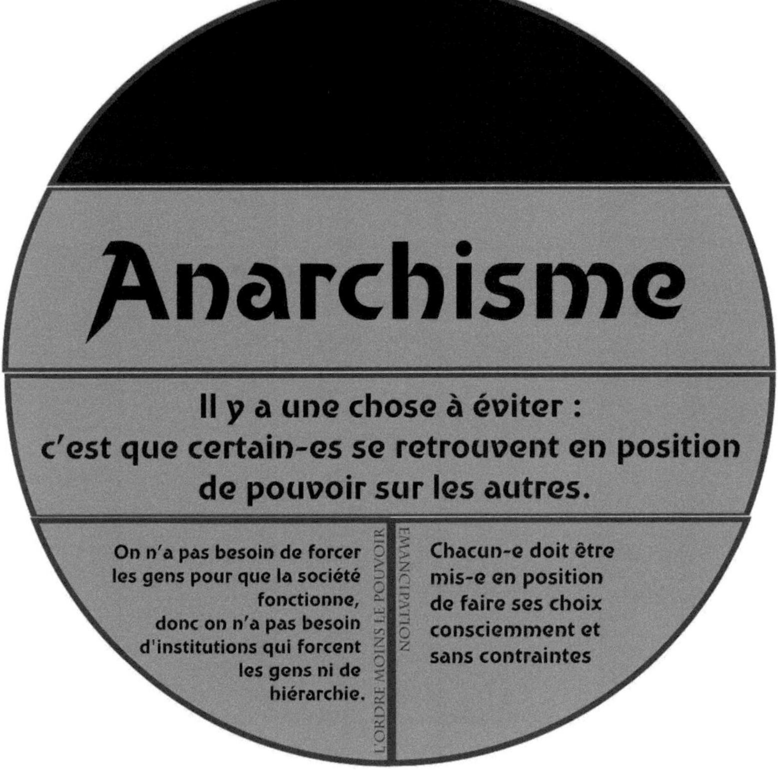
Anarchisme
Il y a une chose à éviter : c'est que certain-es se retrouvent en position de pouvoir sur les autres.
On n'a pas besoin de forcer les gens pour que la société fonctionne, donc on n'a pas besoin d'institutions qui forcent les gens ni de hiérarchie.
L'ORDRE MOINS LE POUVOIR
EMANCIPATION
Chacun-e doit être mis-e en position de faire ses choix consciemment et sans contraintes

Société
idéale
Des groupes auto-gérés et auto-organisés, regroupés librement en fédérations
Le drapeau noir comme anti-drapeau, opposé au nationalisme
Emma Goldman (1869-1940)
L'anarchisme, c'est l'ordre moins le pouvoir.
Pas de rapports de pouvoir
Ce qui passe avant tout le reste, le plus important
Première ligne (2013)
Si tu savais à quel point
On cultive l'espoir, l'entraide
et l'esprit de révolte
J'en peux plus de ta lâcheté,
j'supporte plus ta bêtise
Patrons, patronnes, chefaillons, chefaillonnes
Comment
on lutte
Syndicalisme autogestionnaire, édition de livre et éducation

C'est qu'au fond, il n'y a qu'une seule race : l'humanité.
Jean Jaurès

Définition formelle

Doctrine qui préconise une socialisation sociale et économique, condamnant les inégalités sociales et la propriété privée des moyens de production.

Valeurs principales

- Défense du progrès social (repose sur l'idée de progrès même).
- Obtenir l'égalité sociale ou une réduction des inégalités
- Obtenir une organisation sociale et économique plus juste
- Orientation de la production en vue de satisfaire les besoins individuels et collectifs
- Remplacer la libre initiative des individus par l'action concertée de la collectivité dans la production et la répartition des richesses
- Contrat social / Contractualisation
- Condamnation de l'exploitation de l'Homme par l'Homme

Citations représentatives

“ Oui, Messieurs, c'est la guerre entre les riches et les pauvres : les riches l'ont voulu ainsi ; ils sont en effet les agresseurs. Seulement ils considèrent comme une action néfaste le fait que les pauvres opposent une résistance. Ils diraient volontiers, en parlant du peuple : cet animal est si féroce qu'il se défend quand il est attaqué. ” Extrait de la défense d'Auguste Blanqui en Cour d'Assises, 1832

Musiques

- L'Internationale (le texte correspond à l'époque où Socialisme, Communisme et Anarchisme ne sont pas encore différenciés, donc on retrouve des éléments des trois, mais les tendances générales sont assez explicites).

- "Changer la vie" Hymne du PS en 1977
- Saludo Revolutionario, de Sidi Wacho

Personnages et événements

- Jean Jaurès
- L'association internationale des travailleurs (Première Internationale) et les Seconde et Troisième Internationale pour comprendre les liens historiques et généalogiques entre Socialisme, Communisme et Anarchisme.
- Léon Blum et le Front Populaire

Symboles

Le drapeau rouge (en commun avec le communisme)

Compléments à explorer

Il ne faut pas confondre le socialisme et le parti socialiste français aujourd'hui. Depuis 1983, le parti socialiste français a choisi la voie de la sociale-démocratie, proche du libéralisme. Pour comprendre ce changement, voir Le tournant de la rigueur en 1983.

Livres et BDs

La guerre des classes, de François Ruffin
Les fantômes de l'Internationale, d'Elise Thiébault et Baudouin

Socialisme
Pour atteindre plus de justice et d'égalité, l'agriculture et l'industrie appartiennent à la collectivité et sont dirigées de manière démocratique.
ÉCONOMIE PLANIFIÉE
Tout le monde doit avoir la même richesse et les mêmes ressources. C'est la collectivité qui décide de quoi elle a besoin et de ce qui doit être produit à l'avance.
CONTRAT SOCIAL
On se met d'accord à égalité sur la place de chacun-e et ses obligations. Personne ne doit profiter du travail de quelqu'un-e d'autre.

Société idéale
Une république sociale dans laquelle on décide ensemble
Jean Jaurès (1859-1914)
Nous avons conquis le suffrage universel. Il nous reste à conquérir la souveraineté populaire.
Le drapeau rouge = le drapeau de la Sociale, des luttes sociales
Réduire les inégalités
Ce qui passe avant tout le reste, le plus important
Médine (1983-)
On veut la justice sociale, on veut combattre l'extrême droite, on veut en finir avec les mécanismes d'oppression qui frappent à la fois les populations LGBT, à la fois les racisés, à la fois les féministes
Comment on lutte
Partis de masse prolétaires internationalistes et réformes sociales

Mon conseil à la jeunesse : lire Karl Marx.
Emmanuel Macron

Définition formelle

Idéologie qui prône un système économique et social basé sur l'élimination de la propriété privée au profit de la propriété collective.

Valeurs principales

- Collectivisme : mise en commun des biens matériels et des moyens de production et d'échange, répartition des biens produits suivant les besoins de chacun
- Révolution et Révolution permanente
- Dépassement du capitalisme par la lutte des classes et extinction de l'État qui devient l'administration des choses
- Analyse économique des rapports de production
- Opposition de classes entre bourgeoisie et prolétariat

Citations représentatives

- " La condition essentielle d'existence et de suprématie pour la classe bourgeoise est l'accumulation de la richesse dans des mains privées, la formation et l'accroissement du capital ; la condition du capital est le salariat. Le salariat repose exclusivement sur la concurrence des ouvriers entre eux." Marx et Engels
- " La révolution n'est pas un dîner de gala ; elle ne se fait pas comme une oeuvre littéraire, un dessin ou une broderie ; elle ne peut s'accomplir avec autant d'élégance, de tranquillité et de délicatesse, ou avec autant de douceur, d'amabilité, de courtoisie, de retenue et de générosité d'âme. La révolution, c'est un soulèvement, un acte de violence par lequel une classe en renverse une autre." Mao Zedong
- «Que les classes dominantes tremblent devant une révolution communiste. Les prolétaires n'ont rien à y perdre que leurs chaînes. Ils

ont un monde à gagner. Prolétaires de tous les pays, unissez-vous !»
Karl Marx

Musiques

- L'Internationale (le texte correspond à l'époque où Socialisme, Communisme et Anarchisme ne sont pas encore différenciés, donc on retrouve des éléments des trois, mais les tendances générales sont assez explicites).
- Sans la nommer, de Georges Moustaki.

Personnages et événements

- Rosa Luxembourg
- Karl Marx
- La révolution russe de 1917

Symboles

Drapeau rouge / Etoile rouge
Faucille et marteau (Paysan·nes et ouvrier·es)

Compléments à explorer

Distinguer le communisme de l'URSS et pour celà, regarder ce qui se passe dans les premières années de l'URSS avec la suppression des soviets et l'avènement (nommé comme tel à l'époque) du capitalisme d'État
Le fait que le communisme se revendique comme forme scientifique du socialisme

Livres et BDs

10 questions sur le communisme. Julien Chuzeville. Libertalia.
Le manifeste du parti communiste en BD, dessiné par Martin Rowson.
Les fantômes de l'Internationale

Communisme

Tout est mis en commun, il n'y a plus de propriété privée, et tout est géré collectivement.

LUTTE DES CLASSES

Il y a ceux et celles qui possèdent : les bourgeois ; et ceux et celles qui sont obligé-es de vendre leur travail à la bourgeoisie pour avoir de quoi vivre : les prolétaires. Ces deux groupes sont toujours en lutte.

LE GRAND SOIR

A force de luttes entre les classes, il y aura une révolution et la société changera : tou-tes seront à égalité. Chacun-e recevra ce dont il ou elle a besoin.

Société idéale
Une société où tout est partagé entre égaux et égales
Karl Marx (1818-1883)
La propriété privée nous a rendus si stupides et si bornés qu'un objet n'est nôtre que lorsque nous le possédons.
Le rouge des luttes sociales, le marteau des ouvrier-es et la faucille des paysan-nes
Adèle Haenel (1989-)
Il y a un an je ne me serais pas définie comme anti capitaliste. Maintenant, ça me semble une évidence qu'aucune émancipation n'est possible dans le cadre du capitalisme et qu'il faut mettre en place un autre système
Mettre tout en commun
Ce qui passe avant tout le reste, le plus important
Partis populaires et révolutionnaires, Syndicats
Comment
en lutte

Une croissance indéfinie est impossible, nous n'avons qu'une seule Terre, mais une civilisation du bonheur est possible.
René Dumont

Le fait de classer l'environnementalisme (ou l'écologisme) comme une idéologie politique est discutable. C'est un courant qui est apparu sur le terrain politique bien plus récemment que les autres idéologies. Beaucoup disent qu'il n'a pas fini de se constituer politiquement, et qu'il pourrait prendre des formes très différentes. J'ai choisi de le mentionner malgré tout, avec toutes les contradictions internes et incomplétudes que vous pourrez y lire.

Définition formelle

L'orientation de l'activité politique ou parapolitique vise au respect, à la protection, la préservation ou la restauration de l'environnement dans une forme poussée.

Valeurs principales

Décroissance / Développement durable
Respect des équilibres naturels
Lutte contre la dégradation, la fragmentation et la destruction des habitats et des écosystèmes au sens le plus large
Faire stopper ou réguler l'exploitation des ressources
Opposition au développement technologique

Citations représentatives

- " Nous n'héritons pas la terre de nos parents, nous l'empruntons à nos enfants." Antoine de Saint Exupéry

- “ Nous devons apprendre à respecter la vie sous toutes ses formes: il ne faut détruire sans raison aucune de ces herbes, aucune de ces fleurs, aucun de ces animaux qui sont tous, eux aussi, des créatures de Dieu.” Théodore Monod

Musiques

Le paradis blanc, de Michel Berger
Respire de Mickey 3D
Je veux, de ZAZ
Noces à Grenelle, d’Abd al Malik
Niquons la planète, de HK et les saltimbanks

Personnages et événements

François d’Assise
Michel Serre
Les soulèvements de la Terre

Symboles

La couleur verte

Compléments

Les autres idéologies : libéralisme, socialisme, voire conservatisme et nationalisme, ont tendance à intégrer certains enjeux écologiques dans leurs programmes, et ainsi à prétendre que c’est un enjeu commun, mais ces enjeux ne sont jamais prioritaires.

Livres et BDs

Françoise d’Eaubonne et l’écoféminisme
On ne dissout pas un soulèvement.

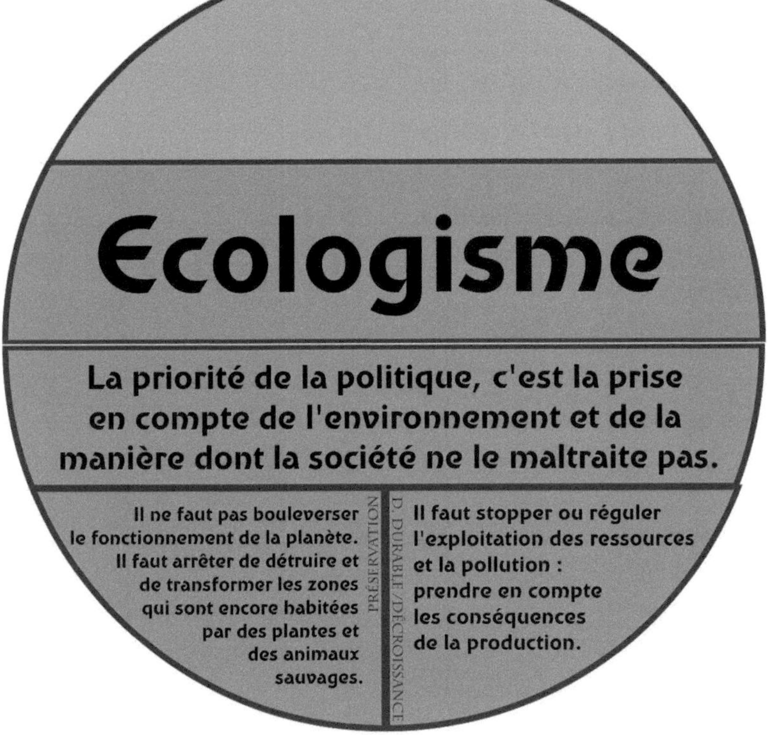
Ecologisme
La priorité de la politique, c'est la prise en compte de l'environnement et de la manière dont la société ne le maltraite pas.
PRÉSERVATION
Il ne faut pas bouleverser le fonctionnement de la planète. Il faut arrêter de détruire et de transformer les zones qui sont encore habitées par des plantes et des animaux sauvages.
D. DURABLE / DÉCROISSANCE
Il faut stopper ou réguler l'exploitation des ressources et la pollution : prendre en compte les conséquences de la production.

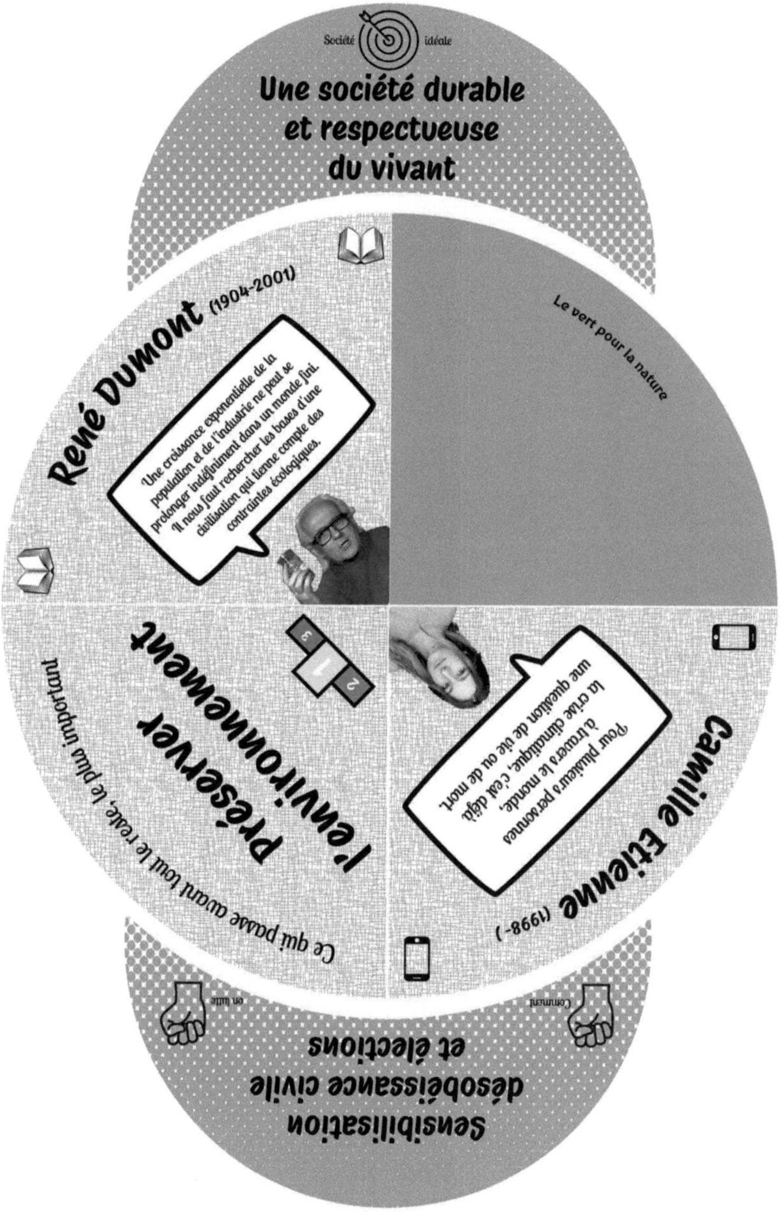
Société idéale
Une société durable et respectueuse du vivant
René Dumont (1904-2001)
Une croissance exponentielle de la population et de l'industrie ne peut se prolonger indéfiniment dans un monde fini. Il nous faut rechercher les bases d'une civilisation qui tienne compte des contraintes écologiques.
Le vert pour la nature
Préserver l'environnement
Ce qui passe avant tout le reste, le plus important
Camille Étienne (1998-)
Pour plusieurs personnes à travers le monde, la crise climatique, c'est déjà une question de vie ou de mort.
Comment on lutte
Sensibilisation désobéissance civile et élections

Ce n'est pas de la bienveillance du boucher, du brasseur ou du boulanger que nous attendons notre dîner, mais plutôt du soin qu'ils apportent à la recherche de leur propre intérêt. Nous ne nous en remettons pas à leur humanité, mais à leur égoïsme.
Adam Smith

Définition formelle

Le libéralisme a historiquement deux sources : une basée sur la philosophie, en particulier celle de la liberté et du libre-arbitre ; une basée sur l'économie et le besoin de ne pas réguler le marché et l'économie. Doctrine économique qui s'oppose aux théories protectionnistes ou étatistes.
Doctrine civile et politique suivant laquelle il faut donner aux citoyens le plus de libertés possible et le plus de garanties possible contre l'ingérence de l'Etat ou l'arbitraire du gouvernement.

Valeurs principales

Droits naturels indépendants de la société : droit à la liberté, droit à la propriété. Principe morale central : Tu ne violeras pas les droits naturels d'un autre être humain.
Liberté comme principe politique suprême
Réussite individuelle / Initiative privée / Entreprenariat
Mondialisation / Globalisation
Libre-échange / Économie de marché
Concurrence libre et non-faussée

Citations représentatives

- “ There Is No Alternative. ” “ Il n'y a pas d'autres choix que le marché, le capitalisme et la mondialisation. ” Margaret Thatcher
- “ There is no such thing as society. ” “ Il n'y a pas de société. ” Margaret Thatcher

- “ La progression de l’histoire humaine, envisagée comme un combat entre des idéologies, touche à sa fin avec le consensus sur la démocratie libérale qui tendrait à se former après la fin de la guerre froide.” Yoshihiro Francis Fukuyama, La fin de l’histoire ?
- “ N’attendre de l’État que deux choses : liberté, sécurité. Et bien voir que l’on ne saurait, au risque de les perdre toutes deux, en demander une troisième” Frédéric Bastiat
- “ Personnalité, Liberté, Propriété [...] sont antérieures et supérieures à toute législation humaine.” Frédéric Bastiat

Musiques

Free will, de Rush
Ma liberté de penser, de Florent Pagny
Taxman, des Beatles

Personnages et événements

Ayn Rand
Adam Smith
Margaret Thatcher

Symboles

Le MEDEF
BFM TV

Compléments

Le néolibéralisme, c’est la déclinaison plus moderne et plus agressive, qui vise en particulier à mettre l’État et les ressources collectives au service des intérêts privés.

Livres et BDs

Le mythe de la croissance, entretien avec Jean Gardrey, éditions Fakir.

Libéralisme
Il ne faut pas réguler, freiner ou contrôler l'économie. Il faut limiter la place de l'État pour que chacun-e puisse faire vraiment ce qu'il ou elle veut.
La liberté et la propriété c'est au dessus de tout le reste, dans une catégorie à part et protégée.
DROITS NATURELS
PSYCHOLOGISATION
Il suffit de vouloir pour pouvoir.

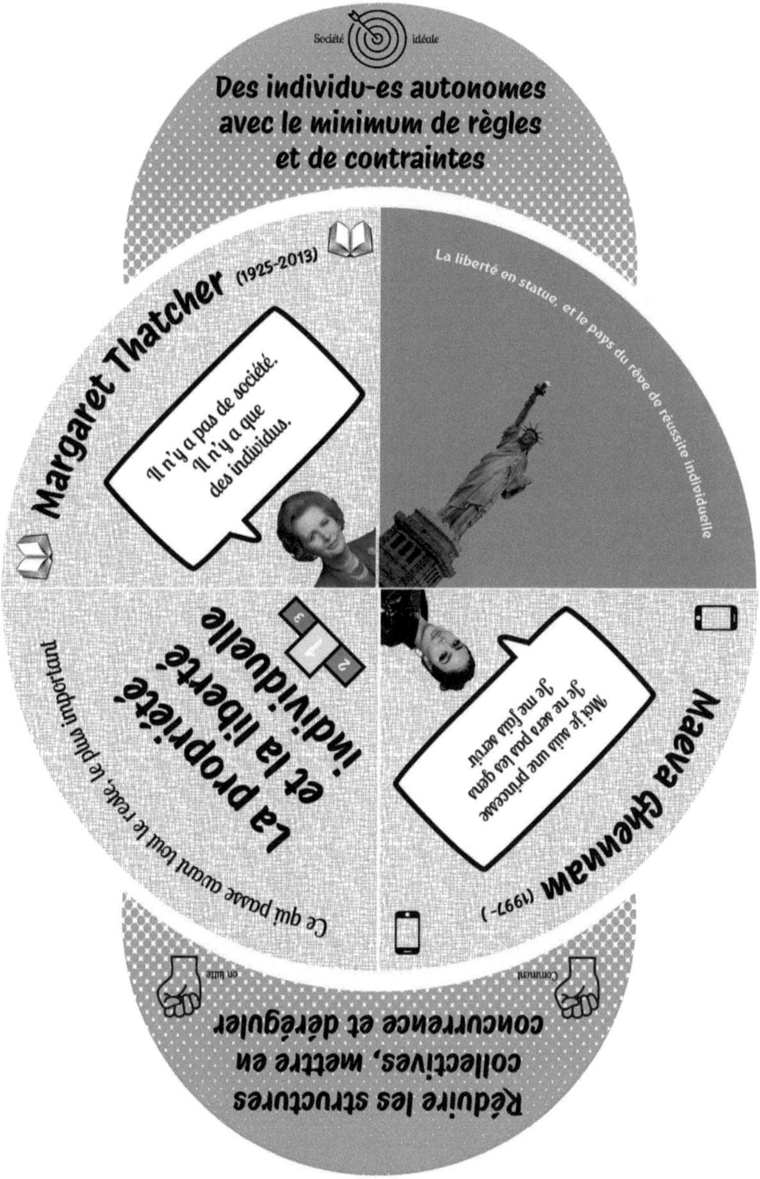
Société idéale
Des individu-es autonomes avec le minimum de règles et de contraintes
Margaret Thatcher (1925-2013)
Il n'y a pas de société. Il n'y a que des individus.
La liberté en statue, et le pays du rêve de réussite individuelle
La propriété, et la liberté individuelle
Ce qui passe avant tout le reste, le plus important
Maeva Ghennam (1997-)
Moi je suis une princesse Je ne sers pas les gens Je me fais servir
Comment
en lutte
Réduire les structures collectives, mettre en concurrence et déréguler

Défendre la nécessité de la religion, la sagesse de la tradition, l'autorité de la famille, les avantages d'une monarchie légitime, et le besoin constant de maintenir les digues politiques, morales et économiques contre la mer toujours houleuse de l'ignorance populaire, de la cupidité, de la violence, du barbarisme et de la fertilité.

W. et A. Durant

Définition formelle

Idéologie politique qui prône le statu quo social, culturel et religieux.

Valeurs principales

Tradition comme source de sagesse au-delà de ce qui peut être démontré

Refus du relativisme moral et de l'égalitarisme culturel. "Clarté morale"

Chacun à sa place, selon les conventions

L'ordre social est indépendant de la volonté humaine

Essentialisme : L'individu est tributaire de quelques déterminismes dont il ne peut pas commodément s'extraire et qui le définissent donc en partie.

Citations représentatives

" Mettre le conservatisme en bouteille et l'étiqueter est comme essayer de liquéfier l'atmosphère... La difficulté vient de la nature de la chose. Le conservatisme est moins une doctrine politique qu'une habitude de l'esprit, une manière de ressentir, un mode de vie." R.J. White

Musiques

Dieu sauve le roi

Sweet Home Alabama, de Lynyrd Skynyrd

Vivent les chouans !

Je suis pour. Charles Aznavour.

Personnages et événements

George Bush Junior et Dick Cheney (Néoconservatisme)
Benoît XVI
Christine Boutin

Symboles

La famille royale d'Angleterre
Fleur de Lys
Triskell
Symboles religieux traditionnels (obscurs, parfois, comme les pantoufles du pape)

Compléments

Néoconservatisme : " L'essence de notre pensée affirmait que l'Amérique incarnait une puissance de Bien dans le monde et qu'elle n'était pas responsable de l'antiaméricanisme, cette haine irrationnelle que notre pays inspirait à l'étranger. Nous défendions les États-Unis contre les critiques émises à gauche et nous soutenions un rôle actif de notre puissance sur les affaires du monde, afin de répandre la liberté et la démocratie partout où cela était possible." Norman Podhoretz

Le conservatisme a une doctrine sociale, qui consiste de manière générale à laisser les structures traditionnelles prendre en charge les questions sociales, et pas l'État. En particulier les églises et les associations qui y sont liées, dans des logiques généralement caritatives.

Livres et BDs

Qu'est-ce que le conservatisme ? (Ce n'est pas une lecture facile, il faut vraiment être intéressé·e).

Conservatisme
Il ne faut pas que ça change.
C'est bien parce qu'on a toujours fait comme ça
et ça ne se discute pas.
On ne choisit pas sa position dans la société, et on ne peut pas la changer. C'est le fait que tu sois né-e femme/noir-e/pauvre/riche/etc qui décide ce que tu pourras faire et pas faire de ta vie.
ESSENTIALISME
CLARTÉ MORALE
Ma tradition dit la vérité, ce qui est Bien et Mal. Les autres cultures ne sont pas au même niveau, elles ne peuvent pas être traitées à égalité.

Société idéale
Une société stable avec des hiérarchies traditionnelles
Alain Peyrefitte (1925-1999)
"L'assimilation est la seule "intégration à la française" possible ; la seule conforme aux traditions historiques de la France, à ses valeurs et même à sa nature."
Les symboles de la tradition, dépendant de la tradition de référence
La tradition et l'autorité
Ce qui passe avant tout le reste, le plus important
Thaïs d'Escuffon (1999-)
"On a essayé le féminisme, les résultats ne sont pas très concluants. Finalement, nos ancêtres n'étaient-ils pas plus heureux grâce au patriarcat européen que nous avons oublié ? Leur héritage est là, dans nos veines, il ne demande qu'à se réveiller."
Comment on lutte
Réseaux religieux, groupes caritatifs et de loisirs traditionnels

Dans le mouvement incessant du monde, toutes les doctrines, toutes les écoles, toutes les révoltes, n'ont qu'un temps.
Le communisme passera. Mais la France ne passera pas.
Charles de Gaulle

Définition formelle

Sentiment qui consiste dans l'exaltation de l'idée nationale, doctrine politique basée sur ce sentiment.

Valeurs principales

Supériorité d'un peuple d'un groupe culturel ou d'une race
Maintenir ou retrouver les valeurs fondatrices de la nation
Légitimer l'existence d'un "État-nation" pour chaque peuple

Citations représentatives

- " Dans le mouvement incessant du monde, toutes les doctrines, toutes les écoles, toutes les révoltes, n'ont qu'un temps. Le communisme passera. Mais la France ne passera pas." Charles de Gaulle
- " De toutes les libertés humaines, la plus précieuse est l'indépendance de la patrie. " Charles Maurras
- " Notre racisme n'est agressif qu'à l'égard de la race juive. Nous parlons de race juive par commodité de langage, car il n'y a pas, à proprement parler, et du point de vue de la génétique, de race juive [...] La race juive est avant tout une race mentale [...] Une race mentale, c'est quelque chose de plus solide, de plus durable qu'une race tout court. Transplantez un Allemand aux États Unis, vous en faites un Américain. Le Juif, où qu'il aille, demeure un juif. C'est un être par nature inassimilable. Et c'est ce caractère même qui le rend impropre à l'assimilation, qui définit sa race. Voilà une preuve de la supériorité de l'esprit sur la chair ! " Adolf Hitler

Musiques

La Marseillaise
Bleu blanc rouge, la France est de retour ! Chanson du Front National
Maréchal nous voilà.
Vive les camelots du roi.
Les brigandes : l'ensemble de leur discographie.

Personnages et événements

Charles de Gaulle
Adolf Hitler, et les conditions de son élection (alliances électorales)
Ataturk (Mustafa Kemal)
Le pan-arabisme de Nasser

Symboles

Drapeaux nationaux
Francisque et faisceaux
Symboles impériaux romains (Aigles, etc…)

Compléments

La Présidente - BD
Umberto Eco - Reconnaitre le facisme
L'amour à trois

Nationalisme
La Nation doit passer avant les personnes ou les groupes qui la composent
SUPRÉMATIE / PRÉFÉRENCE
Mon peuple, ma culture, voire ma race n'est pas comme les autres. Elle est différente et supérieure.
ÉTAT-NATION
Chaque peuple dans son propre pays, sans se mélanger.

Société idéale
Un pays fort et indépendant avec un grand chef
Charles de Gaulle (1890-1970)
La France ne peut être la France sans la grandeur.
Les symboles de la patrie, et de la souveraineté, dont le drapeau
La grandeur de la Nation
Ce qui passe avant tout le reste, le plus important
Papacito (1986-)
Nos ancêtres ont toujours vaincu le djihad parce que nos ancêtres n'avaient pas peur de mourir, c'était Allah Akbar contre Deus Vult
Leaders charismatiques, groupes armés et partis
Comment on lutte

Je ne dirai plus syndicat
je dirai partenaires sociaux
je ne dirai plus patronat
je dirai partenaires sociaux
je ne dirai plus mon amour
je dirai partenaires sociaux
je ne dirai plus gadget
je dirai révolution
je ne dirai plus autre chose
que ce que l'on me dit
Erwan Pinard. Je ne dirai plus.

Une fois cette grille de lecture présentée, il est possible, et même raisonnablement facile, de l'utiliser comme une boussole. Les sept idéologies sont disposées en cercle, sur une très grande table, comme sept directions. On peut alors positionner différents éléments au sein de cette boussole, et notamment dans des positions intermédiaires entre idéologies.

On peut positionner des partis et personnalités politiques, bien sûr. Il faut pour cela avoir des éléments concrets pour discuter. Enfin, c'est faisable avec des publics politisés à partir de leurs connaissances préalables, mais il faut être prêt·e à arbitrer beaucoup de points de vue divergents et d'interprétations personnelles. Idéalement, à faire avec les programmes des partis avant une élection : on peut objectivement se baser sur les propositions et priorités (sans forcément s'épargner une discussion sur ce qui a des chances d'être réellement fait et ce qui n'est qu'un effet d'annonce (exercice pour lequel une consultation des votes à l'Assemblée et des bilans peut être utile si on souhaite creuser)).
On peut positionner de la même manière des associations et autres mouvements défendant des valeurs. Qu'il s'agisse de nos propres struc-

tures (avec nos projets associatifs comme base), de nos partenaires ou de collectifs concernant de près ou de loin nos territoires et publics. On peut positionner des organes de presse. C'est assez facile à animer avec une revue de presse papier (tant qu'on prend soin d'avoir l'ensemble des tendances politiques représentées) puisqu'on peut physiquement les manipuler ensemble et les placer ensuite. L'exercice est plus difficile à animer, en termes de matériel, mais tout aussi intéressant avec des chaînes de télé, des chaines Youtube et des influenceureuses.

On peut enfin positionner des termes, ou plus exactement des éléments de langage. Charges ou cotisations sociales ? Exploité, salarié ou collaborateur ? En bref, on peut travailler les questions de langue de bois politique, mais aussi de notre jargon professionnel. Mettre en lumière les enjeux de vocabulaire dans la bataille culturelle, en d'autres termes. Une chose par contre, que je déconseille de faire en animation collective : demander à chacun·e de se positionner devant les autres. Parce que c'est intimidant et que ça va sans doute alimenter des clivages artificiels et des débats caca. Laisser chacun·e réfléchir à son positionnement, en validant complètement le fait de se retrouver dans plusieurs idéologies et de ne pas avoir un positionnement entièrement cohérent et fixe.

Idéologies et rapports sociaux 82.9

La sociologie, c'est la culture de l'excuse.
Manuel Valls.

Cette manière de donner à voir le champ des idéologies politiques en grand panorama pose une question intéressante, lorsqu'on l'anime avec certains publics : et dans tout ça, lesquels sont féministes, anti-racistes, égalitaires ? Lesquels ont mis ces questions au cœur de leur idéologie ? Peu d'entre eux historiquement, et c'est intéressant de le constater, même si certain·es essaient mieux que d'autres de les intégrer.

Si je tente résumer de manière très sommaire le regard de chaque idéologie sur le tableau d'ensemble des rapports de domination :

- Anarchisme : Ces rapports de domination sont des rapports de pouvoir, donc il faut tous les supprimer.
- Communisme : Il y a un rapport social essentiel, c'est celui de la lutte des classes. En alimentant ce conflit, on résoudra l'ensemble au moment de la révolution.
- Conservatisme : C'est très bien tout ça, c'est ce qui fait la société, donc il faut maintenir ces rapports de domination, voire les renforcer.
- Environnementalisme : Tous ces rapports de domination ont pour fondement la domination de l'Humain sur la Nature, c'est là qu'il faut commencer à corriger les choses.
- Libéralisme : Les rapports sociaux n'existent pas (la sociologie, c'est la culture de l'excuse), il n'y a que des relations et des parcours individuels (on parle de psychologisation des rapports sociaux quand on aime les grands mots. En d'autres termes : traverse la rue, tu trouveras du boulot).
- Nationalisme : Il y en a un d'important là-dedans, c'est la question de l'ethnie, de la race, de la nation, il faut tout baser là-dessus.
- Socialisme : Toutes ces inégalités doivent être réduites et compensées, en premier lieu par des réformes.

De manière générale, on peut quand même dire que les grandes idéologies politiques se sont d'abord construites autour de la question du partage des richesses (et du pouvoir matériel et économique). Elles sont
↝ 713 donc structurées autour d'enjeux de rapports de classe en priorité.

Cette observation ouvre la voie à une perspective motivante et complexe : comment construire, ou reconstruire une ou des idéologies politiques avec au cœur la question de l'ensemble des rapports de domination ? Une idéologie politique qui se donnerait comme modalité première l'égalité de manière intersectionnelle, avec une lecture globale des rapports sociaux. En se dotant de vraies stratégies appuyées sur

cette connaissance.
Ce n'est certes qu'une perspective, mais elle me semble constituer un questionnement non seulement motivant, mais aussi très en lien avec l'Éducation Populaire, surtout si on envisage de le partager et de le travailler directement avec nos publics.

Un consensus post-politique 82.91

There is no alternative
Margaret Thatcher

"Il n'y a pas d'alternative"
Au capitalisme et au libéralisme, donc. C'est de Margaret Thatcher. Elle n'est pas la seule à l'avoir dit, loin de là. On retrouve même cette idée de manière très développée dans un livre qui a marqué les esprits : la Fin de l'Histoire. C'est une rengaine qui nous est répétée depuis les années 80. Les idéologies politiques et les affrontements à ce sujet seraient périmés, inutiles, parce qu'on aurait trouvé le seul système qui fonctionne et qu'il ne s'agirait plus que de le gérer au mieux.
C'est un peu comme si au milieu d'un match, une équipe déclarait : "C'est bon, on arrête là, on mène 2-0, ce n'est pas la peine de finir le match. Ni d'en faire d'autres, on a gagné définitivement".

C'est une idée très dangereuse et avec laquelle je ne suis absolument pas d'accord. Je dirais même qu'il n'est pas possible de faire de l'éducation populaire en étant d'accord avec cette idée que le politique est dépassé, que les questions de valeurs et d'idéologies n'ont plus de raison d'être.
Parce que s'émanciper, c'est considérer qu'on a le pouvoir et la légitimité de choisir les valeurs qui doivent présider la société, et croire qu'on peut inventer un système qui fonctionnera mieux pour toustes. À partir de luttes, de débats et de conflits qui seront politiques, qui seront sur la base de valeurs à défendre.

Pour autant, cette idée que tout cela est périmé est très présente. Dans la société, et donc dans nos têtes et celles de nos publics.
Et elle est dangereuse parce qu'elle peut réussir à nous convaincre collectivement de ne plus nous intéresser à la politique, de ne plus nous impliquer dans les choix de société, et de ne plus parler de valeurs et ↝ 85 d'idéaux.

On retrouve cette idée en particulier dans tous les discours qui parlent de post-politique, ou de dépassement des clivages droite-gauche, de se situer au-delà. Ce sont en général des discours libéraux ou néolibéraux, avec toujours cette mauvaise foi à prétendre que le match est fini, et qu'il s'agit maintenant de gérer quelque chose de non-politique. Alors qu'il s'agit bien de gérer au sein de l'idéologie politique aujourd'hui dominante.
Ce positionnement en tant que mouvement post-politique se retrouve dans des mouvements issus d'idéologies et de groupes traditionnellement libéraux et conservateurs, comme La République en Marche, mais aussi issus de milieux traditionnellement écologistes voire socialistes, comme Les colibris. Dans les deux cas, ce sont bien des positionnements politiques, pas du tout neutres, mais qui se prétendent au-delà de ces questions.

Cette tendance à ne plus croire aux politiques et aux idéologies est aussi alimentée par une certaine déception, voire une défiance vis-à-vis des institutions et des personnes qui les incarnent.

Avec tout ça, on peut avoir l'impression qu'un consensus autour de l'idée que c'est mieux de ne plus parler de politique, de ne plus croire que ça puisse changer quoi que ce soit. Voire avoir l'impression qu'il est malvenu, malpoli voire vulgaire d'aborder de tels sujets. Parce qu'on n'en serait plus là, que les personnes intelligentes auraient dépassé ces questions. C'est bien le cœur de cette tendance forte au post-politique, ou à l'apolitique dans les discours dominants de nos sociétés.

Il me semble important de comprendre cette tendance et de la dénoncer. C'est-à-dire de continuer notre travail d'éducation politique et de dévoilement. En parlant de valeurs et de projets de société, et en donnant des grilles de lecture du politique. Pour ne pas nous faire piéger nous, d'abord, et pour ré-ouvrir le champ des possibles pour nos groupes ensuite, pour leur redonner la possibilité d'investir ce domaine en lui accordant de la valeur et du sens.
En d'autres termes pour refaire du champ politique quelque chose d'important et de légitime. Et de conflictuel. Et ça, c'est un élément important de la bataille culturelle, et c'est notre boulot. ↝ 84.1

Quelques grands clivages idéologiques *82.92*

Les valeurs fondamentales des idéologies politiques conditionnent différentes manières de voir le monde : certaines permettent de prendre en compte les rapports sociaux, d'autres non ; certaines permettent d'en faire quelque chose, d'autres moins.
À défaut d'être capable de détailler toutes les questions que ça soulève (ce que je laisserai volontiers à des universitaires), je crois qu'il m'est tout de même possible de proposer un débroussaillage grossier. En établissant des lignes de fracture basées sur des valeurs et des manières de voir fondamentales. ↝ 81
Quels éléments fondamentaux de valeurs et de récit influent sur la prise en compte des rapports sociaux ?

L'essentialisme : si je crois que toute personne est déterminée par sa nature, son essence, ça ne laisse pas de place pour l'idée qu'on se construit en fonction de la société et des rapports de pouvoir qui s'y jouent. La question des rapports sociaux n'a donc pas de sens dans les idéologies essentialistes, c'est une opposition de fond.

Tradition vs Progrès : les idéologies basées sur l'idée que la vérité, la bonne marche du monde sont données par la tradition peuvent envisager qu'il existe des rapports sociaux mais uniquement dans une logique de description de ce qui est. Et doit rester à l'identique, voire revenir en arrière. Ce qui est donc très différent d'idéologies qui considèrent que la société évolue et que les rapports sociaux s'y construisent et se modifient. Et peuvent donc être modifiés par choix.

Clarté morale : toute idéologie se revendiquant d'une morale révélée, d'une vérité supérieure et indiscutable, rend difficile la compréhension des rapports sociaux. Parce que pour prendre en compte les rapports sociaux, il faut envisager et accepter des points de vue et des regards différents. № 71 Il faut accepter un relativisme social et culturel. Si cette tendance à un point de vue moral et fixe est présente de manière évidente dans le conservatisme et le nationalisme, on peut la retrouver de manière différente dans d'autres idéologies. Je crois que la tendance de certains partis et syndicats marxistes à décréter que seule la lutte des classes est réelle et prioritaire, au détriment des enjeux de racisme et de sexisme obéit à la même logique et crée les mêmes obstacles.

Compétition vs coopération : si je considère que le moteur de la société (ef du progrès) est la concurrence et la compétition, je me dois de les laisser jouer à plein. De ne pas fausser le jeu. Donc il est inacceptable d'essayer de compenser ou de corriger : on doit laisser chacun·e profiter au maximum de ses avantages et privilèges. Les rapports sociaux sont alors au mieux un guide pour mieux identifier ses avantages et possibilités de triche. À l'inverse, des idéologies défendant l'idée d'un contrat social dans lequel chacun·e choisit de s'engager, voire l'idée de coopération globale, sont en mesure de voir les rapports sociaux comme quelque chose qu'il faut réguler et égaliser pour permettre une opération plus volontaire parce que plus juste.

Individu·e VS Collectif : si je pense que tout se joue à l'échelle individuelle, les rapports sociaux sont un obstacle surmontable par la volonté, voire une excuse (coucou Manuel Valls). Si je pense que chaque personne est le fruit de son environnement social, donc le produit d'un collectif, les rapports sociaux sont une manière de comprendre ce collectif et ses impacts. Il devient alors légitime de penser à agir sur le collectif pour le bien des individu·es, que ce soit par le biais d'actions locales ou d'une régulation au niveau de l'État.

Le matérialisme : l'approche matérialiste, ça peut faire un bon joker dans le champ idéologique. Le matérialisme, c'est l'idée de regarder dans la société, en premier lieu, les inégalités réelles de richesses et de conditions matérielles. De considérer que c'est ça qui dit, en premier, ce qui se passe : on peut difficilement ignorer les rapports sociaux puisqu'on voit leurs effets et leurs répercussions. Ce qui ne résout pas tout, et en particulier pas ce qu'on en fait, mais au moins on part du bon bout.

L'universalisme : c'est l'idée qu'il y a un modèle du bon citoyen et qu'il faut que toustes viennent à y ressembler. Alors tout ira bien et on sera toustes éga·les. Ce qui donne aux différent·es, aux dominé·es la responsabilité de gommer leurs différences pour s'intégrer dans le modèle (républicain). À l'inverse de modèles qui partent de constats des différences pour se demander comment faire ensemble avec, dans une multiplicité et pas une unité.

Dit autrement : si je pense que toustes doivent se couler dans un modèle universel, les rapports sociaux sont au mieux une manière de désigner celles et ceux qui sont en faute parce que trop «autres». À l'opposé, si je pense que la société est et doit être un patchwork, les rapports sociaux sont une grille de lecture pour penser la manière d'assembler les différents morceaux (avec plus ou moins d'égalité, mais au moins sans nier leur légitimité à exister).

DÉMOCRATIE 83

On ne peut se diriger que vers un idéal. L'idéal est tout aussi irréalisable que le rêve, mais, à la différence du rêve, il a rapport à la réalité ; il permet, à titre de limite, de ranger des situations ou réelles ou réalisables dans l'ordre de la moindre à la plus haute valeur.

Simone Weil - Réflexions sur les causes de la liberté et de l'oppression sociale

La démocratie, c'est un enjeu important, et une question qui revient souvent quand on parle d'éducation populaire.

Qu'en dire ? Le premier réflexe de beaucoup, et ça a été le mien pendant longtemps, est de dire que la démocratie, c'est ce qu'on a chez nous, que c'est bien et qu'il faut la défendre.

Ce n'est pas complètement faux, mais ce n'est pas complètement vrai non plus. D'abord parce qu'en le disant comme ça, on fait deux hypothèses, qui sont discutables et qui posent problème :

On suppose que la démocratie, c'est un état fini. On y est ou on y est pas, point.

Et du fait de ce qu'on nous a transmis, en particulier à l'école, on considère que nous y sommes. Que ce que nous vivons est la démocratie, qu'il n'y a pas forcément besoin de la définir plus qu'en disant que c'est notre système.

Un des problèmes importants dans notre pratique d'animateurice, quand on en reste là : si notre public trouve que notre système actuel n'est pas bon, et c'est largement défendable, alors il ne peut que conclure que la démocratie, ça ne marche pas pour lui. Qu'il n'est donc pas favorable à la démocratie.

Dit autrement : on me dit que la démocratie, c'est ça. Je trouve que ça, ce n'est pas bien pour moi (que c'est plein d'inégalités, que je ne me sens

pas représenté·e ou pris·e en compte, etc). Donc la démocratie, c'est pas bien.
C'est la raison principale pour laquelle je pense qu'il faut prendre la question de la démocratie autrement qu'avec le discours moralisateur de l'instruction civique (mais pas la seule).

Et si on disait que ce n'est pas un état, mais une destination ?
Plutôt que de dire que la démocratie, c'est un système qu'on peut définir. Plutôt que de dire qu'on sera en démocratie clairement quand on aura atteint ceci ou celà, si on disait que la démocratie, c'est un horizon, un idéal dont on essaie de se rapprocher. Mais qu'on n'atteindra jamais pleinement (ou alors dans très longtemps, en étant optimiste).
Ce qui permet de se dire qu'on est, selon les pays et les époques, plus ou moins en démocratie. Qu'on a des morceaux, mais pas tout. Ce qui permet de regarder quelles parties on a, ou on n'a pas, ou pas assez. De se demander ce qui nous convient, et comment aller vers plus de démocratie.
De fait, dans cette perspective là, on peut assez rapidement constater et confirmer que dans le cadre de notre démocratie représentative, on en a des morceaux mais pas tout. Ce qui est intéressant tout court, et particulièrement pour faire un travail éducatif politique d'éducation populaire.
On peut même dire que l'idée de la démocratie est tellement ambitieuse que personne n'est encore arrivé à la mettre en place complètement. Elle est et elle restera sans doute un horizon vers lequel aller, et c'est très bien comme ça.
Je parle d'horizon, d'objectif, mais on peut aussi, de manière un peu plus élaborée, dire avec Majo Hansotte qu'il s'agit d'une visée régulatrice : une finalité qui nous permet d'ajuster ce qu'on fait. ↝ 98
Accessoirement, on peut aussi rappeler que ce n'est pas parce qu'un Etat se nomme démocratique qu'il l'est. On peut penser à la République Démocratique de Corée du Nord, et à quelques autres plus ou moins flagrants.

Et pour la définir…
J'utilise plusieurs définitions complémentaires, selon les cas et les objectifs d'animation que je poursuis, avec des perspectives différentes.

La première perspective, c'est de revenir aux fondements grecs.
Parce que c'est bien de là que part l'idée telle qu'on l'utilise aujourd'hui. Et même si elle est élaborée dans un cadre où elle n'inclut que les hommes riches et citoyens.
L'objectif est franchement ambitieux et tient en deux idées simples : tout le monde est légitime à manier le pouvoir politique, à décider de comment on dirige la société ; tout le monde est capable de le faire.
Quand on s'interroge soi-même, on se dit déjà qu'on n'est pas forcément totalement convaincu. Ou en tout cas pas sans quelques préalables. Ce qui est intéressant pour pouvoir se dire ensemble que l'idée est belle mais qu'on ne l'atteindra pas tout de suite.
L'idée est à l'époque très mal reçue. Notamment par Platon, qui nous est donné, avec la République, comme le théoricien de la démocratie. On me l'a en tout cas fait étudier comme ça à l'école. Mais Platon n'est pas un démocrate, il écrit même La République pour s'opposer à cette idée de démocratie. Il propose la République comme alternative : quelques éléments de démocratie, dont le vote, mais un système organisé pour être sûr que ce ne soit pas n'importe qui qui dirige (et comme Platon est philosophe : dans son modèle, à la fin, c'est forcément un philosophe-roi le chef). Cette définition de la république comme un système qui cherche à maintenir les mêmes élites au pouvoir avec des morceaux de démocratie m'a beaucoup éclairé et je m'en sers régulièrement en formation.

La seconde perspective que j'utilise, c'est celle de Paul Ricoeur (synthétisée). Je fais souvent décortiquer sa grande définition de ce qu'est une société démocrate :
«Est démocratique, une société qui se reconnaît divisée, c'est-à-dire traversée par des contradictions d'intérêt et qui se fixe comme modalité,

d'associer à parts égales, chaque citoyen dans l'expression de ces contradictions, l'analyse de ces contradictions et la mise en délibération de ces contradictions, en vue d'arriver à un arbitrage»
En petits groupes, en prenant le temps, on arrive bien à en extraire les idées principales. On peut alors se dire qu'on a été capables de se coltiner une définition de philosophe, accessoirement, ce qui n'est pas perdu.
Ce que j'en tire, de manière reformulée :
Au point de départ, il faut reconnaître que toustes n'ont pas les mêmes intérêts, et qu'il y a nécessairement des conflits, et que c'est bien. Une société sans conflits, qui n'accepte pas activement les contradictions internes, c'est une société totalitaire. ↝ 83.1

On se donne comme règle du jeu prioritaire d'associer toutes et tous à toutes les étapes du processus (et c'est typiquement un point sur lequel on peut regarder de manière critique et facile à comprendre la démocratie représentative). Ce n'est pas facile, on est bien d'accord.

On se donne une méthode, en associant donc toutes et tous à chaque étape :

- Dire et aider à dire les conflits, les oppositions d'opinions, mais aussi d'intérêts concrets
- Analyser ces conflits
- Discuter et décider ce qu'on fait, comment on tranche ou on trouve des compromis (avec la possibilité de méthodes variées qui ne sont pas définies ici).

Cette définition est pour moi utile pour comprendre, mais c'est aussi un bon outil de travail. Ne serait-ce que parce qu'il justifie, dans une perspective de démocratie, le fait de pointer, exprimer et analyser les conflits, et donc les rapports sociaux et les inégalités. Elle dit qu'on ne fera pas de démocratie, ou en tout cas qu'on n'ira pas dans cette direction, si on ne fait pas ce travail de rendre visible et d'aider à parler. Notamment pour celles et ceux qui n'en ont pas facilement les moyens

ou la place.
Ce qui repositionne donc bien toute une partie du travail d'éducation populaire dans une perspective démocratique. Et, plus précisément : dans une perspective d'idéal démocratique, mais pas nécessairement dans une perspective de mise au service du système actuel.
Au contraire, ça permet de comprendre, et ça justifie, qu'on puisse faire le travail de démocratie tout en étant critiques du système actuel. Justement parce qu'il n'est pas assez démocratique. Pour notre problème de défiance vis-à-vis de notre modèle de démocratie (défendu comme idéal), c'est extrêmement utile et efficace. En particulier pour travailler avec des publics discriminés, avec qui on peut alors être en alliance pour plus de démocratie. Sans se faire la voix de l'institution et les braquer
↝ 73.31 contre la démocratie en elle-même.

Conflit 83.1

Marcher d'un même pas, c'est l'objectif du despotisme et de la tyrannie.
Les hommes libres, eux, vont dans tous les sens.
La Vérité de Terry Pratchett

Dans l'éducation populaire, on est plutôt des gentil·les, des optimistes. On a facilement tendance à se dire que tout le monde peut s'entendre, que les choses peuvent se faire en douceur. Ce qui fait qu'on a facilement tendance à penser que le conflit est quelque chose de négatif. Et c'est un problème.

Problème qui est renforcé par les discours sur le post-politique. Et par
↝ 82.8 l'idée de l'universalisme français : cette conception d'un universel dans lequel toustes se reconnaissent, voire s'identifient, et qu'il ne faudrait pas remettre en cause sous peine d'attenter à l'unité nationale. Ce qui ne laisse pas de place légitime aux différent·es, aux autres, et donc pas aux conflits.

Mais le conflit est nécessaire à la démocratie, à la prise en compte d'intérêts et de points de vue différents, à leur confrontation.
Les sociétés dans lesquelles le conflit est interdit, ce sont des sociétés totalitaires.
Nous avons donc besoin de nous réconcilier avec la notion de conflit, d'en faire quelque chose d'utile et de positif (comme le proposent les auteurices de Eloge du conflit).
Ce qui demande de modifier ses représentations. Nº 98

D'une part, il m'a été utile de prendre conscience que la perception que nous avons du conflit, personnellement, émotionnellement, est très liée à notre milieu familial. Pour celles et ceux d'entre nous qui ont grandi dans des environnements polis où on parle doucement (en particulier dans les classes supérieures) ont tendance à prendre toute opposition directe comme un danger, un risque de violence, quelque chose qu'il faut éviter. Se rendre compte de cette part inconsciente de nos réactions aux situations conflictuelles aide à prendre du recul et à réfléchir le fond de la question.

D'autre part, dans ce qu'expliquent Miguel Benasayag et Angélique del Rey, il y a l'idée qu'on peut différencier conflit et violence, que ce sont deux choses différentes.
C'est un conflit quand on s'oppose mais en continuant à considérer qu'on a en face de nous une personne légitime, quelqu'un·e qui mérite de s'exprimer et d'être là, même si on n'est pas d'accord. Bref, en face, il y a un·e Autre qu'on accepte comme tel·le.
C'est de la violence quand on considère que la personne en face ne mérite pas d'exister et d'être prise en compte. Quand on ne cherche pas à l'entendre et la comprendre mais à l'éliminer. Même si ce n'est que symbolique : quand on veut juste qu'elle ferme sa gueule, quand on refuse qu'elle s'exprime.
C'est une distinction que je trouve utile parce qu'elle est rassurante et

qu'elle permet de manière très opérationnelle de poser un cadre, des limites à ce qui est acceptable dans un contexte d'animation : du conflit, oui, mais pas de la violence.

Et même : du conflit pour éviter la violence. Parce qu'une part non-négligeable de la violence est provoquée par l'absence de conflit. Quand on ne fait pas de place aux opinions divergentes, quand on fait taire les dominé·es ou qu'on les empêche, il ne reste plus d'issue à leur colère et leurs revendications que celle de la violence. Donc oui, il faut travailler le conflit pour pouvoir arriver à des résolutions qui éviteront des impasses de violence.

Pour reprendre une formule que je trouve éclairante : nous avons besoin, dans une société démocratique, d'agents de conflictualité. De personnes et de structures dont la fonction est de faire émerger les conflits, d'aider à les mettre en mots et les débattre.
Ce rôle d'agent de conflictualité est théoriquement pris en charge par les partis politiques, en partie, et il me semble relever logiquement des fonctions essentielles de l'éducation populaire.

Parce que c'est par ce biais notamment qu'on pourra faire dire les inégalités et les injustices. L'absence de conflit sert les dominant·es. Temporairement en tout cas, jusqu'à ce que ça éclate éventuellement.
№ 71

Qui vous emmerdez ? 83.11

Moi en général, je lui réponds merde, en principe ça colle avec tout.
Léodagan. Livre IV épisode 2. Alexandre Astier.

En partant de deux principes :

- Notre société est traversée de conflits de valeurs et d'intérêts
- L'éducation populaire politique défend activement des valeurs

Une conclusion s'impose : tout le monde ne va pas être d'accord avec ce qu'on fait.
C'est inévitable.
Je dirais même : c'est une bonne chose. C'est signe que nous faisons réellement le boulot que nous prétendons faire : nous montrons les inégalités, nous les nommons et nous accompagnons les personnes concerné·es à se saisir du problème pour viser plus d'égalité.
Et ça n'arrange pas tout le monde.

D'où une question importante : avec ce que vous faites en éducation populaire, est-ce que vous allez à l'encontre des intérêts de certain·es ? Et lesquel·les ?
Parce que oui, je crois que si notre objectif n'est pas directement d'emmerder, nos visées l'imposent, le rendent incontournable.

Pour autant, ce n'est pas forcément facile à vivre. Ce n'est pas forcément facile d'entendre et de recevoir les réactions négatives à ce que nous faisons. D'autant plus lorsqu'elles sont agressives, voire haineuses, ou qu'elles usent de procédés rhétoriques plus ou moins désagréables pour nous déstabiliser ou nous décrédibiliser.

Il est important de se rappeler que cette part de conflit est incontournable et nécessaire, voire qu'elle nous confirme dans la bonne direction de notre action. Ça fait partie de ce travail de réconciliation avec l'idée même de conflits et de luttes qui est indissociable de la transformation sociale.

Il faut aussi savoir mettre des mots sur ceux et celles qui nous attaquent. Les situer. Se rappeler que si ce sont elles et eux qui gueulent le plus fort, c'est souvent parce que ce sont des dominant·es, avec les codes, la capacité à s'exprimer et les relais qui vont avec.
Il est utile dans cette idée-là d'identifier les processus d'argumentation, les mots et les concepts employés, comme des armes de domination et

de violence symbolique. Pour les distancier et les comprendre en tant que tels et ne pas se laisser blesser aveuglément.

Notre travail n'est pas d'être au service des dominant·es, ou de leur plaire en priorité. Vouloir trop plaire à toustes, et en particulier à celles et ceux qu'on entend le plus, c'est justement prendre le risque d'en devenir les complices.

Alors oui, je crois qu'il faut apprendre à assumer de déplaire à certain·es. Demandez-vous qui vous emmerdez, et osez vous dire que, oui, ça peut être une bonne nouvelle.

Convivial et conflictuel *83.12*

Bien sûr que je veux que les personnes que j'accueille se sentent bien. Bien sur qu'ielles ont besoin de refuges vu la gueule du monde. Bien sûr que je veux créer des conditions égalitaires avec le moins d'agressions possibles.
Mais je ne suis pas leur mère. Ni leur doudou.

La convivialité, c'est chouette, oui, bien sûr. Les moments sympas, les bouffes, les loisirs et la détente. Ok. C'est pas pour rien qu'il existe une industrie complète de la convivialité.
On peut proposer ça. On peut être la version gratuite pour les pauvres. Le pansement. La compensation des frustrations et des blessures.
Mais je ne suis pas leur infirmière. Ni leur animal de compagnie.
Il en faut, oui, mais ce n'est pas mon boulot.
Parce que ça ne change rien au monde. Ah, ça amortit et ça facilite le quotidien. Peut-être même que ça le rend plus vivable. Et du coup plus acceptable, plus confortable. Sauf que le monde que je vois, j'ai envie de le changer, sévèrement, pas de le rendre acceptable tel qu'il est à coups de pansements.

Donc la convivialité, ok, mais je n'en fais certainement pas une finalité. Moi, je veux que ça change pour qu'on puisse accéder à une convivialité évidente et égalitaire, à terme. Ce sera un bon indicateur, par exemple, du fait qu'on aura avancé.
Pour ça, faut que ça bouge.
Et pour que ça bouge, faut que ça frite. Faut que tout·e le monde dise son mot, gueule là où ça mérite, et qu'on avance ensemble avec ça. Pas en faisant taire les pauvres en leur offrant des refuges vaguement conviviaux pendant un petit moment. En faisant changer les choses. Ce qui sera moins confortable, à court terme.

Il faut donc se dire, et apprendre à se dire, où ça ne va pas. Il faut faire face au racisme, au classisme, au sexisme, à tout ce qui blesse, réduit, maltraite. Pour que ça change.
Et ça, c'est du conflit. Nécessaire. Vital même.
Et on ne sait pas bien faire. Et ça fait peur. Et ça ne se fait pas dans le confort et la tranquillité.

Pour autant, si on passe notre temps à se gueuler dessus, ça ne va pas bien marcher. Il faut qu'ielles s'y retrouvent et aient envie de venir. Que nos lieux soient des lieux qui donnent envie. Des lieux conviviaux.
Des lieux conviviaux, ça peut vouloir dire qu'il faut un équilibre entre convivialité et conflictualité, ok. Un peu de détente et un peu de conflit, des aller-retours, des moments de pause et de régénération avant de replonger dans des grandes discussions. Avec un peu de métier en animation et un peu de technique, c'est une question de cadre et de rythme, d'alternances.

Des lieux conviviaux, ça peut aussi vouloir dire qu'il faut faire du conflit lui-même un truc convivial. apprendre en faire un plaisir en soi, une richesse partagée. Dans cette idée de partager, il y a une passerelle vers Ivan Illich qui dit qu'un truc convivial, c'est un truc qu'on peut faire sien, un outil qu'on peut adapter et bricoler, à l'inverse d'un outil dont on est dépendant et qu'on utilise tel qu'il est. Donc du conflit convivial, c'est du conflit qu'on fait à notre sauce, qu'on s'approprie : dans ses formes en particulier. Et là je me dis que si on réussit ça, si on réussit à faire des temps de conflit des temps conviviaux, on aura bien avancé. On sera débarrassé·es de cette tension entre convivialité et conflictualité, sans en perdre une des deux, et on sera ensemble à un endroit prometteur pour faire une société qui fonctionne pour toustes.

Je ne suis pas ta mère mais je veux bien être l'emmerdeur qui te veut du bien, si tu veux bien.

Une éducation au conflit ? 83.13

L'éducation populaire, c'est le travail de la culture dans la transformation sociale.

L'éducation populaire, c'est de la bataille culturelle.

Oui, mais ce n'est pas juste de la culture qui se regarde elle-même, ni de la bataille culturelle qui tourne en rond à échanger des idées.

L'éducation populaire, c'est travailler les idées, la culture au sens large, collectivement. Mais pas pour le plaisir de la travailler, même si c'est cool. Pour l'inscrire dans une dynamique de transformation sociale.

Donc en lien avec des enjeux de rapports de force et d'alternatives.

Ce qui ne veut pas seulement dire : avec des allié·es dans ces champs vers lesquels renvoyer nos publics motivés.

Ce qui veut dire : travailler la place du rapport de force et de l'alternative dans la culture, en tant qu'enjeux culturels.

Donc : travailler la place du conflit, la capacité au conflit. Le fait de former des leaders en mesure de porter une parole et de mener des luttes. Apprendre ensemble la capacité à revendiquer et à s'opposer. Partager une culture qui valorise les rapports de force passés, présents et futurs, qui leur fait une place valorisée et qui en donne les clés et les pratiques culturelles.

Donc : s'ouvrir à des alternatives qui en sont vraiment. Aller vers des altérités radicales et les comprendre, faire une place dans notre culture à la possibilité de telles altérités, et à leur légitimité. Les regarder, voir leurs valeurs et les confronter aux nôtres, dans une pratique dialogique. Ne pas en rester aux alternatives gentilles et rassurantes qui aménagent avec un peu plus de rondeur nos servitudes, s'ouvrir à celles qui sont étranges et dérangeantes parce que réellement autres (coucou l'anthropologie, coucou la confrontation réelle et active à nos peurs des autres). Travailler activement, dans nos pratiques culturelles, les passerelles vers les rapports de force et les alternatives. En faire un enjeu central si d'aventure on est sérieu·ses quand on parle de transformation sociale.

Et, d'accord, on n'est pas financé·es pour ça. Pas pour former à la revendication et aux alliances radicales. Mais : il faudrait réussir à le vendre, non ? Et à être un peu stratèges.

Se faire financer pour faire émerger des leaders dans les quartiers qui soient en mesure de faire émerger une parole et une dynamique collective contre les dealers et les islamistes, ça semble pensable. Comme pour décloisonner et sortir les jeunes des mauvaises influences locales pour aller rencontrer des gens différents. L'argumenter sur les peurs médiocres du moment et l'orienter en fait contre le pouvoir et les dominations. Si dans nos pratiques concrètes, on les forme aussi (d'abord ?) à s'opposer au pouvoir, aux institutions et aux dominations en sachant qu'ielles ne sont pas seul·es... ce sera seulement alors qu'on verra apparaître, sous la veste institutionnelle de l'éducateurice populaire, la peau nue de l'anarchiste.

Jamais dans l'histoire la violence n'a été initiée par les opprimé·es. Comment pourraient-ils en être l'origine, alors qu'ils et elles sont le résultat de la violence ? Il n'y aurait pas d'opprimé·es s'il n'y avait pas eu auparavant une situation de violence pour mettre en place leur domination.
Paulo Freire – Pédagogie des opprimés

Quand on parle violences, on pense vite voitures qui brûlent, jeunes qui se tabassent et effondrement de la civilisation.
Pour le dire rapidement, la violence, il est acquis que c'est mal, que ce n'est jamais légitime (sauf dans les mains de l'État) et que ça concerne surtout les pauvres. Enfin, les dominé·es en général. Parce que les dominant·es sont bien trop civilisé·es pour être violent·es. Posé comme ça, ça m'interpelle parce que ça questionne sur ce qu'on perçoit comme de la violence, et ce qu'on ne voit même pas.

Ce n'est pas dans mes habitudes de citer des évêques, mais je trouve que Don Camara propose une grille de lecture très efficace et très intelligente. Ce qui permet accessoirement de rappeler à quel point le catholicisme social a pris part à certaines luttes pour l'égalité et irrigué une partie de l'éducation populaire.

«Il y a trois sortes de violence. La première, mère de toutes les autres, est la violence institutionnelle, celle qui légalise et perpétue les dominations, les oppressions et les exploitations, celle qui écrase et lamine des millions d'Hommes dans ses rouages silencieux et bien huilés.
La seconde est la violence de la résistance, qui naît de la volonté d'abolir la première.
La troisième est la violence répressive, qui a pour objet d'étouffer la seconde en se faisant l'auxiliaire et la complice de la première violence, celle qui engendre toutes les autres.
Il n'y a pas de pire hypocrisie de n'appeler violence que la seconde, en

feignant d'oublier la première, qui la fait naître, et la troisième qui la tue. »
Dom Helder Camara, évêque catholique brésilien (7 février 1909 – 27 août 1999)

Oui, il y a une violence des riches (titre d'ailleurs d'un très bon livre sur le sujet), mais on ne la nomme pas comme telle. Je crois que c'est im- ↝ 98 portant de le faire pour éviter que le stigmate de la violence soit utilisé comme une arme de plus contre les dominé·es, qui ne seraient du coup pas assez civilisé·es et mériteraient bien leur place.

En complément, et au niveau des relations interpersonnelles, j'utilise une grille de lecture des types de violence qui permet de se positionner en termes de réaction. Sans que ce soit une recette miracle, mais dans des cas très concrets dans les structures, ça peut aider à être un peu moins dépourvu·es.
Certains comportements, ou paroles violentes, relèvent de la psychopathologie. S'en occuper, c'est un métier, complexe. Ce n'est pas le nôtre. Le mieux qu'on puisse viser dans ce cas, c'est de se mettre en sécurité et de passer le relais à des personnes compétentes.

D'autres relèvent de stratégies de domination, de manière à intimider des dominé·es pour les remettre à leur place (la première, dans la définition de Camara). Dans nos positions d'allié·es des dominé·es, l'idéal ↝ 73.3 est ici de s'opposer. A minima d'exprimer son désaccord pour ne pas être complice.

Certaines expressions violentes, enfin, relèvent de la saturation. De la goutte d'eau qui fait déborder le vase. Pour des personnes dominé·es, en général, qui en ont trop subi. Quand ça éclate dans nos structures d'éducation populaire, il faut faire l'effort d'écouter, de recevoir, de prendre le temps que ça sorte et qu'on puisse parler de ce qu'il y a derrière. Et je ne dis pas que c'est facile ou agréable, mais c'est utile, et ça peut être le point de départ d'un vrai cheminement d'émancipation. Accessoirement, le fait que ça arrive dans nos structures, c'est aussi le signe que les personnes savent qu'elles peuvent se le permettre chez nous, qu'elles sont assez en confiance pour que ça sorte d'une certaine manière. C'est désagréable, mais ce n'est pas uniquement mauvais signe quant à notre positionnement.

Au-delà de ces grilles de lecture, il reste potentiellement beaucoup de grandes questions autour de la violence, de sa place et de sa légitimité dans la lutte et la transformation sociale. Et ça vaut le coup de regarder dans l'histoire de nos luttes collectives la place qu'ont eu la violence et la non-violence, et leurs effets. Pas nécessairement pour arriver à une position ferme, mais peut-être simplement pour finir de sortir d'une vision simpliste dans laquelle toutes les formes de violence sont condamnables par principe.

L'escargot est naturellement héroïque: l'escargot ne recule jamais.
Dernières nouvelles de l'homme. Alexandre Vialatte

Ce n'est pas que ça me fasse plaisir de le voir comme ça, mais à force de regarder comment l'histoire s'est déroulée jusque là, je ne peux pas conclure autre chose : toutes les avancées de l'égalité ont été obtenues par des luttes. Tous les progrès sociaux ont été conquis, par des rapports de force. Ils n'ont jamais été gracieusement accordés suite à une argumentation logique et touchante.

Parce que personne ne lâche ses privilèges sans y être poussé·e, voire ↝ 86 contraint·e. Parce que quand on a du pouvoir, on cherche d'abord à le garder. Pour conserver ses avantages, pour rester en sécurité avec le plus de marge possible. On ne concède du pouvoir que sous la pression, à l'issue d'une lutte qu'on risque de perdre.
Donc on n'obtient de pouvoir, d' égalité que par la lutte. Pas forcément violente, mais la lutte : donc de la confrontation, des efforts, des rapports de force et de la stratégie.
Toutes choses qui ne se font pas par hasard et qui ont toutes un pré-requis : accepter que la lutte est nécessaire et y travailler.

Donc : faire le deuil d'un imaginaire dépourvu de conflit dans lequel toustes seraient généreu·ses et prêt·es à se mettre en quatre pour les autres, à perdre volontairement pour avantager les autres.
Ce qui est triste. J'aimerais beaucoup qu'il en soit autrement. Peut-être peut-on se donner ce rêve comme horizon à l'issue d'une longue bataille culturelle. Mais aujourd'hui, on en est loin. Il va falloir lutter pour s'en rapprocher, et pour transformer le monde dans la direction de nos idéaux.

Ce qui suppose de se réconcilier avec cette notion de lutte, avec au moins trois entrées à travailler en éducation populaire :

- D'un point de vue stratégique, en comprenant la place des luttes dans les dynamiques sociales. En comprenant qu'il n'y a pas d'acquis sociaux, mais seulement des conquis.
- D'un point de vue historique, en refaisant nôtre l'héritage que nous portons de combats, gagnés comme perdus. Parce que nous ne venons pas de nulle part, nous sommes dans la continuité d' une identité forte et riche.
- D'un point de vue émotionnel, parce que ces luttes sont des valeurs et de l'espoir en action. Parce qu'elles sont belles et touchantes, plus que beaucoup de fictions, et que se les réapproprier, c'est se donner de l'élan et de la vie.

Trois piliers de la transformation sociale 84.1

On pourrait délaisser nos blondes
Et ce comptoir une seconde
Si tu voulais
On pourrait se jouer de la montre
Se souvenir qu'un autre monde
On y croyait

Même si j'vois biens que dans nos yeux
Y'a moins de flamme y'a moins de feu
Moi j'aimerai
Revenir un poing levé
Dans un ciel de 1er mai
Les Fatals Picards. Dans un ciel de 1er Mai.

C'est chouette de vouloir changer le monde (en mieux), mais encore faut-il savoir par quel bout prendre le problème. Je me suis longtemps

posé la question de ce qui permet de faire avancer les choses. Ce qui fait qu'il y a des progrès et des victoires, qu'à un moment ça bascule.
Ce sont des questions que je me pose encore, bien sûr, mais j'ai trouvé dans Timult une chouette manière d'avoir une vue d'ensemble de la transformation sociale et de ce qui y contribue. Ce qui permet d'inscrire nos actions dans une pensée stratégique d'ensemble, en cohérence et en alliance avec d'autres actions.

↝ 98

L'idée, c'est qu'il y a trois piliers à la transformation sociale, et que c'est quand les trois se rejoignent, bossent ensemble dans la même direction que ça a une chance de produire des résultats.

Le premier pilier, c'est le rapport de force. Pour que les choses changent, il faut forcer les dominant·es à lâcher du pouvoir et des privilèges. Ils et elles ne lâchent jamais par bonté d'âme, seulement quand il y a suffisamment de rapport de force pour imposer un changement. Et pour leur faire peur, en général, au moins un peu. Parce qu'on n'abandonne pas son confort et ses privilèges sans y être poussé·e, voire contraint·e.

Le rapport de force, c'est une question de nombre et d'organisations. Ce sont les mouvements syndicaux, les manifestations, et aussi les actions violentes parfois, ou leur menace. C'est le moment et le lieu où on se compte et où on montre qu'on ne reculera pas. C'est le bras de fer.
Sans rapport de force, on ne fera rien changer d'important, parce qu'on n'attaquera pas les vrais lieux de pouvoir.

Le second pilier, ce sont les alternatives. Pour avoir d'autres modèles à proposer, pour montrer qu'on peut faire autrement et que ça peut fonctionner. Pour prouver et expérimenter.
Parce que sans un imaginaire alimenté et crédible, on ne peut pas vraiment viser une transformation, seulement des aménagements à minima.
Les alternatives, elles se construisent et s'expérimentent dans bien des lieux et sous bien des formes. Des petites communautés isolées de l'Ar-

dèche aux grands SCOP, à l'agriculture bio, aux monnaies locales et aux accorderies, au monde associatif et non-marchand en général, à des pratiques égalitaires collectives. La Sécurité Sociale et certaines formes de mutuelles sont des alternatives au système capitaliste.
Sans alternatives, on ne fera rien changer vraiment, parce qu'on ne fera qu'aménager, mettre des pansements, on ne passera pas à autre chose.

Le troisième pilier, c'est la bataille culturelle. C'est l'affrontement pour influer sur qu'on a tous et toutes en tête comme valeurs et comme modèles. Ce qui se fait notamment de manière très visible dans la culture officielle, au sens large, et dans l'éducation.
Le travail d'éducation populaire en fait partie de manière centrale, historiquement.
Avec nos valeurs, ça veut dire apprendre à faire ensemble, à coups de co·éducation, de rencontre, de définition commune d'une culture qui nous appartienne et qui permette de nous penser ensemble et de faire ensemble. Pour amener toutes et tous à être non seulement pris en compte dans la transformation sociale, mais à la choisir et à la définir. C'est construire du collectif, de l'égalité et de la solidarité. De l'envie et de la capacité à être acteurs et actrices d'un monde qu'on se sent capables de choisir et de changer ensemble.
Sans bataille culturelle, on ne fera pas avec et pour toutes et tous, et on court le risque de dérives autoritaires et totalitaires.

Quand ces trois piliers sont solides et fonctionnent en alliance, on a des chances de faire bouger les choses. Ils sont en alliance dès lors qu'ils partagent les mêmes objectifs de fond. Dès lors qu'ils visent le même monde, au moins dans les grandes lignes.
Le fait de se dire que ce sont trois piliers complémentaires, ça permet justement de se dire qu'on est allié·es à partir du moment où nos finalités sont compatibles, même si nos stratégies et nos actions ne sont pas les mêmes. Même si la stratégie des allié·es est une stratégie que nous ne pourrions pas ou ne voudrions pas adopter.

Pour prendre un exemple clivant : si nous voulons la chute du capitalisme, il n'y a aucune raison dans cette logique de ne pas considérer les black blocs comme des allié·es. Même si leur stratégie n'est pas la nôtre. C'est important parce qu'au final, il n'y a rien de plus facile, ni de plus nuisible à la transformation sociale, que de se diviser sur des questions de stratégie et de tactique alors qu'on partage les mêmes finalités. En d'autres termes, il vaut mieux éviter de planter des couteaux dans le dos de nos allié·es pour des questions de méthode. Et se concentrer sur nos actions, en les menant en parallèle, vers le même horizon.

Cette manière de définir trois piliers me semble utile pour éviter certains pièges. Deux en particulier :
Attendre le grand soir, le moment où tout sera en place pour que ça bascule. Ne rien faire tant qu'on ne peut pas tout faire parfaitement. Avançons, avec notre stratégie, nos méthodes, et contribuons à un changement dont on ne peut jamais vraiment prévoir le point de basculement.

Ne faire que des petits trucs dans son coin sans perspective globale, sans conviction ou preuve que ça contribue à un changement d'ensemble. Parce que c'est à la fois démotivant et avec une tendance à nous refermer sur des mini-actions, satisfaisantes parfois mais pas forcément utiles. Ce serait un peu les socio-gestes, équivalents des éco-gestes. ↝ 73.5

Dans cette lecture-là, il n'y a pas besoin de changer l'éducation populaire pour qu'elle contribue à la transformation sociale, c'est ce qu'elle est censée faire. Et tant mieux.
On peut par contre mieux voir et dire comment on s'inscrit dans une perspective d'ensemble, comment on essaie de contribuer à changer la société, à la rendre plus juste et plus égalitaire.
On peut aussi plus facilement penser les alliances et les interactions avec d'autres mouvements, d'autres piliers, d'autres stratégies, avec peut-être plus de clés pour en parler.
On peut se nourrir des idées venant des alternatives pour faire réfléchir,

apprendre de nouvelles manières de faire et expérimenter avec nos publics, leur montrer que c'est possible voire les pointer vers d'autres lieux et d'autres mouvements.
On peut s'inspirer des luttes en cours ou des luttes passées pour décrypter ensemble ce qu'elles ont produit, et ce qu'elles ont raté, notamment après les luttes gagnées ; et on peut avoir des allié·es et des relais pour les moments où nos animations collectives donnent envie de s'engager, de trouver un débouché dans l'action et dans la lutte, en sachant où on met les pieds.

Cette grille de lecture en trois piliers est à mon sens simple et éclairante pour penser au global la transformation sociale, pour ne pas être perdu·es face à la perspective impressionnante de faire changer le monde. Ou en tout cas un peu moins. Avec une manière de s'y positionner un peu plus clairement.

Dans une perspective plus large, elle permet aussi de penser celles et ceux qui nous résistent, qui ne veulent pas de transformation sociale, ou en tout cas une transformation sociale très opposée à la nôtre.
Le néolibéralisme par exemple vise très activement la transformation sociale. Il gagne en s'activant sur les trois axes, les trois piliers, de manière très efficace et concertée.

Alternatives : les politiques disruptives et la valorisation de l'innovant, avec une expérimentation permanente. C'est la start-up nation, on teste de nouveaux modèles dans tous les sens et on développe ceux qui fonctionnent (selon nos critères).

Rapport de force : Renforcement du pouvoir centralisé, notamment dans les entreprises, et affaiblissement des syndicats, CHSCT, etc. Augmentation de la violence et de la répression en manifestation (un message de force).

Bataille culturelle : Modèles de réussite dans les médias et l'imaginaire (films et tv notamment) autour de l'individu exemplaire et conquérant, souvent riche ou qui le devient parce que c'est ça la réussite. À l'inverse, peu de modèles collectifs et collaboratifs. De la même manière, un récit historique autour de grands hommes qui ont innové seuls et sont devenus les leaders de l'industrie et de la culture.

Pour ça aussi, cette grille de lecture est utile : pour comprendre où et comment se font les manœuvres qui ne vont pas dans notre sens. En particulier : comment ils et elles œuvrent aussi à la bataille culturelle. Parfois mieux que nous. Ce qui, si ça ne fait pas plaisir, permet là aussi de mieux voir, de mieux se positionner, et de mieux savoir pourquoi on fait notre boulot. Et comment on peut mieux viser.

Retirer sa collaboration 84.2

L'essentiel n'est pas d'être utiles aux dominés, mais nuisibles aux dominants.
Franck Lepage

C'est obligatoire d'établir un rapport de force pour obtenir plus d'égalité ? Dans l'absolu, peut-être pas, mais quand on regarde l'histoire, ça ne s'est pas souvent fait autrement. J'aurais tendance à dire jamais, mais je ne suis pas assez calé en histoire pour être aussi catégorique.

Établir un rapport de force pour faire changer les choses, ça veut dire mettre la pression à ceux et celles qui ont le pouvoir. Leur faire peur, en somme. Suffisamment pour qu'ils et elles envisagent de lâcher du lest, de perdre un peu de pouvoir et de privilèges. Ce qu'on imagine souvent de manière directe, genre on arrive à plusieurs centaines avec des torches et des fourches et on va brûler ton château, Frankenstein.

Mais dans la société telle qu'elle est aujourd'hui, c'est assez rare que ça ressemble à ça. Parce que les positions de pouvoir sont plus diffuses sans doute, et parce que nous vivons dans une société très interdépendante, dans laquelle il est difficile de cramer des châteaux sans que ça fasse basculer d'autres choses de manière chaotique.

Ce qui n'empêche que construire des rapports de force, c'est nécessaire pour transformer la société, en les menant jusqu'au point où on obtiendra gain de cause. C'est-à-dire au moment où ceux et celles qui ont le pouvoir seront assez inquiet·es et menacé·es pour lâcher du lest.
Menacé·es soient parce que le mouvement de contestation devient capable de les renverser directement, soit, et c'est intéressant, parce que la contestation les affaiblit face à leurs concurrents, qu'elle leur fait craindre de se faire piquer leur place par d'autres dominants aux aguets.

Il y a une idée que j'aime bien, pour penser la manière d'établir un rapport de force (sans cramer des châteaux, donc, le plus souvent), c'est de se dire que créer un rapport de force, c'est montrer qu'on peut déstabiliser le système. Ce qui est pas mal inquiétant pour ceux qui en profitent le plus dans sa forme actuelle, parce que ce sont ceux et celles qui ont le plus envie et le plus intérêt à la garder stable et fonctionnel.

Dans cette perspective, le moyen d'action principal pour déstabiliser le système, donc créer du rapport de force, c'est simplement le fait de retirer sa participation. Arrêter de contribuer au bon fonctionnement du système et de la société.
Sauf que la participation de toustes ne vaut bien sûr pas la même chose et aura des impacts variables. Le fait de retirer sa participation n'a pas le même impact dans tous les cas. Parce que nous ne sommes pas toustes essentiel·les, du point de vue des dominant·es et du système qu'ils et elles veulent maintenir en tout cas.

Si c'est l'ensemble des hauts fonctionnaires qui se met en grève, normalement ça fait bouger les choses assez vite. Les transports aussi, parce que ça perturbe beaucoup. Les profs beaucoup moins. En tout cas beaucoup moins vite. J'ai même plutôt l'impression qu'aujourd'hui, il y a peu de professions qui sont en position de créer rapidement un rapport de force en se retirant (et, surprise, elles sont souvent bien traitées par les dirigeants). Ce qui explique peut-être que les grèves ont de moins en moins d'impact. Parce qu'entre l'organisation du travail et la baisse de participation, elles ne sont plus très crédibles en termes de déstabilisation rapide du système social et économique.

Et les chômeur·ses, les pauvres, les dominé·es alors ? Pour la plupart, ce n'est pas en arrêtant de contribuer au fonctionnement économique que ça va faire peur. Tristement, ils et elles ne pèsent pas facilement, sont mal placé·es pour construire du rapport de force dans la perspective que j'évoque ici. Ce qui est cohérent avec le fait qu'ils et elles soient peu pris en compte.

Sauf que.

Sauf qu'il reste une forme de participation qu'ils et elles peuvent retirer : leur participation à l'ordre public. Ils et elles peuvent arrêter d'être bien élevé·es, arrêter de bien se tenir, arrêter de maintenir la paix sociale. Parce que c'est un moyen de créer du rapport de force. Peut-être bien le seul à leur disposition.

Accessoirement, c'est d'autant moins difficile et moins culpabilisant d'envisager ce type d'actions quand on est de toute façon dans un ressenti d'exclusion et de désaffiliation. La perception qu'on en a, et la manière dont on condamne ou non ce mode d'action semble en tout cas très lié à la position sociale.

Ce sont des éclairages qui m'ont aidé dans ma pratique, à la fois à décrypter mieux certains phénomènes politiques, à penser la transformation sociale et ses stratégies (ce qui inclut les choix que chacun·e est prêt·e à faire) et à comprendre aussi un peu mieux les réactions, envies et manières de voir les choses de certains publics.

(Avoir une quelconque fidélité, critique notamment, au projet de ce Manifeste est) être convaincu·e de certaines conclusions dont le capitalisme et ses idéologues préfèrent nous voir douter : que l'inégalité et l'oppression ne sont pas des états naturels ; que notre réalité sociale est contrôlée par une minorité ; qu'elle est contrôlée en opposition aux besoins et aux droits de la majorité ; que nous assez capables pour ça vaille le coup, a minima, de tenter de changer le monde. Que si nous réussissons, ce sera mieux pour la vaste majorité. Ce sont les éléments minimaux pour des alliances (sans lesquelles l'activité entre camarades et l'analyse radicale sont fonctionnellement impossibles). China Miéville

En pensant que la transformation sociale est une question de lutte, on peut tomber dans un piège : nous seul·es contre le reste du monde. En d'autres termes : prendre des positions tellement intransigeantes qu'on va se couper de toustes allié·es potentiel·les et s'isoler. Ce qui est rarement productif et parfois épuisant.
La question est de savoir comment se positionner pour trouver des allié·es sans se trahir, sans aller trop loin dans la compromission. Ce qui est utile aussi quand on accompagne un groupe qui veut faire changer les choses que, parfois, pour se positionner dans des dynamiques et questionnements internes à une structure.

Il y a un petit outil qui m'accompagne pour penser cette question, et ↝ 98 que j'ai trouvé dans le très bon “Joyeux Bordel”.

Si on se représente, sur une question clivante, les positions des différent·es acteurices sous la forme d'un camembert avec cinq positions :

- Nous et celles et ceux qui sont déjà activement impliqué·es à nos côtés.
- Celles et ceux qui sont d'accord avec nous mais inacti-ves.
- Celles et ceux qui s'en foutent.

- Celles et ceux qui ne sont pas d'accord mais qui n'agissent pas.
- Celles et ceux qui s'opposent activement à nous.

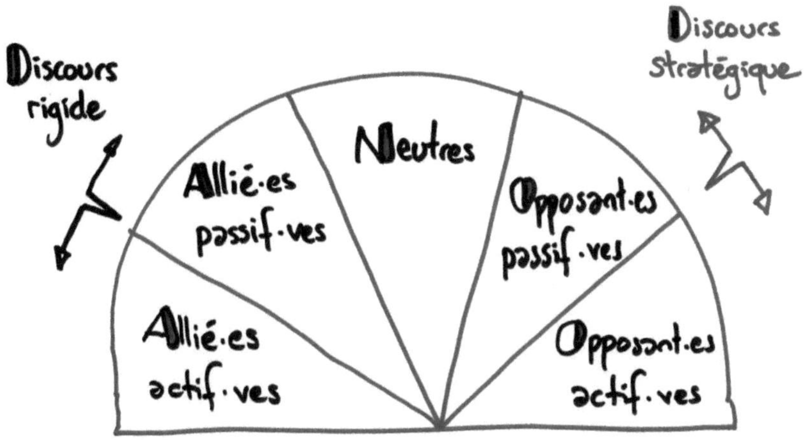

On peut faire deux constats :
Si on se positionne de manière très intransigeante, on risque d'éloigner de notre position toustes celles et ceux qui ne sont pas déjà impliqué·es. Et de renforcer directement ou indirectement l'autre bord. Ce qui ne ressemble pas à une stratégie gagnante.

Celles et ceux qui s'opposent activement à nous ne changeront pas d'avis ou de positionnement. Pas plus que nous. Inutile donc de dépenser de l'énergie à tenter de les convaincre.
Ce qui ouvre une piste de stratégie générale : se positionner d'une manière qui fasse bouger tout·e le monde, si ce n'est le dernier quartier. Amener les d'accord à s'engager, les neutres à se dire qu'ils nous soutiennent de loin, et les pas d'accord à douter suffisamment pour ne pas se positionner. Ce qui laissera nos opposants plus isolé·es et nous plus soutenu·es. C'est drôlement mieux que l'inverse.

Un imaginaire positif des luttes 84.4

On comprendra peut-être mieux les affaires humaines s'il est clairement dit que ce ne sont pas des gens fondamentalement bons ou fondamentalement mauvais qui sont à l'origine des plus grands triomphes ou des plus grandes tragédies de l'Histoire, mais des gens fondamentalement humains.

De bons présages de Terry Pratchett

Développer, pour nous comme pour nos groupes, un imaginaire positif des luttes : voilà un beau programme pour animer et transmettre.
Le contenu existe, mais massivement sous la forme de livres. Il se trouve que ce n'est pas le format le plus adapté pour le transmettre facilement, particulièrement à nos publics. La question est donc aussi bien de savoir quels contenus viser que des formats pour les faire découvrir.

Sur cette question, j'ai recours en premier lieu à une adaptation de Ti-
↝ 66 meline, construite autour de luttes, remportées ou non, pour l'égalité.
Pour les raconter d'abord.
Pour les mettre en lien entre elles ensuite. Ce qui permet notamment, et c'est très important, de montrer que oui, sur la longueur, ça progresse. De redonner de l'espoir parce qu'à l'échelle historique, de progrès, il y en a eu des gros, et régulièrement.
Pour les analyser ensuite, en essayant, même rapidement, de comprendre les facteurs qui ont permis que ça avance, qui ont permis de
↝ 84.1 remporter certaines luttes.

En construisant un tel outil, il peut être utile de reprendre les différents rapports de domination pour donner des événements et exemple en touchant le plus possible :

- Sexisme : les luttes pour le droit à la contraception puis à l'avortement. L'obtention du droit de vote, notamment en le comparant à d'autres pays.

- Racisme : les étapes et débats sur l'esclavage et son abolition, en plusieurs étapes et avec des allers et retours sont passionnants. La lutte pour l'indépendance d'Haïti également. La décolonisation en général. Le Bumidom et sa disparition.
- Classicisme : la manière dont ont été obtenus les conquis sociaux des Accords de Matignon de 1936. Le programme du CNR et la mise en place de la Sécurité Sociale.
- Homophobie : la fin du fichage des homosexuels par la police française. La loi sur le mariage pour toustes. La commune de Paris toujours.
- Territoires et agriculture : la lutte pour le Larzac. Le démontage du McDo de Millau.
- Validisme : la déclaration de droits des personnes handicapées par l'ONU, puis la lutte pour la mise en place d'une allocation spécifique en France.
- Jeunesse : les manifestations contre le CPE.
- Sédentarité : la suppression du livret et du carnet de circulation.

Ce n'est qu'une liste, et elle est loin d'être exhaustive, mais ce sont de premières pistes pour trouver des exemples pleins d'espoir et de vie. Des directions à partir desquelles aller par exemple lire une page wikipedia, ou trouver un autre média.

Oui, c'est important pour nos publics de trouver des médias adaptés.
En format vidéo, on trouve des contenus passionnants. Les films de Gilles Perret sur la résistance et la sécurité sociale sont par exemple incontournables. En entier ou à partir d'extraits pour travailler avec un groupe.
De la même manière, on trouve aujourd'hui des historien·nes brillant·es qui vulgarisent sur Youtube ou en podcasts.
On peut même envisager, pour peu qu'on soit familier·es du format, de proposer des temps de jeu de rôle autour d'un événement historique qu'on souhaite travailler.

Notre histoire 84.5

Nous qui sommes sans passé, les femmes,
Nous qui n'avons pas d'histoire,
Depuis la nuit des temps, les femmes,
Nous sommes le continent noir.
L'hymne des femmes

Les dominé·es ont tendance à être à l'arrière-plan de l'Histoire. Quand ils et elles sont mentionné·es, ce qui n'est même pas toujours le cas. L'Histoire a longtemps été racontée exclusivement du point de vue des dominant·es, des puissant·es, des dirigeant·es. C'est bien souvent de cette manière-là qu'elle nous a été racontée à l'école : les grands hommes qui ont présidé aux grands événements, qui en sont la source principale, ↝ 81.2 voire unique.

Ce qui est à la fois une manière de voir et de raconter. Et qui est très largement discutable et critiquable.

Parce qu'on peut aussi penser que les grands événements et les grands changements de l'Histoire sont avant tout le résultat de dynamiques collectives, d'évolutions culturelles, de mobilisations des dominé·es. C'est une première raison de raconter et de regarder l'Histoire autrement.

Le fait de raconter l'Histoire comme celle des grands hommes, c'est aussi sous-entendre que si l'on n'en fait pas partie, on n'est pas acteurices de l'Histoire, on n'est pas concerné·es. En dessous de ça, d'une certaine manière. Ce qui permet à Nicolas Sarkozy, par exemple, de dire qu'il est temps que l'homme africain entre dans l'Histoire. Parce qu'il n'en aurait pas fait partie, qu'il n'aurait pas d'Histoire, parce que ce serait réservé aux grands de ce monde.

C'est la seconde raison de vouloir raconter l'Histoire autrement : qu'elle puisse être la nôtre et pas seulement la leur.

Deux raisons donc de vouloir s'intéresser à l'Histoire en changeant de point de vue : en la regardant et en l'interrogeant du point de vue des dominé·es.
C'est une idée qui est apparue formellement avec Marc Bloch et Lucien Febvre en 1929 et qui a depuis été développée.
Il existe aujourd'hui tout un courant qui se nomme Histoire Populaire et qui fait ce travail : raconter l'Histoire comme le résultat de mouvements collectifs et populaires, et raconter la place des différents groupes dominés dans ces événements. Aussi bien pour l'Histoire en général que pour des thèmes spécialisés (comme l'histoire des sciences, ce qui permet de montrer comment les découvertes sont aussi le fruit de cheminements collectifs).
C'est un champ qu'il est utile de découvrir pour alimenter une manière de voir l'Histoire plus compatible avec l'éducation populaire. Une manière de raconter l'Histoire qui alimente un sentiment d'identité collective, de fierté populaire et de solidarité.

Regardez les avant
D'atteindre sa chimère
Plus d'un l'aile rompue
Et du sang plein les yeux
Mourra. Ces pauvres gens
Ont aussi femme et mère
Et savent les aimer
Aussi bien que vous, mieux
Pour choyer cette femme
Et nourrir cette mère
Ils pouvaient devenir
Volailles comme vous
Mais ils sont avant tout
Des fils de la chimère
Des assoiffés d'azur
Des poètes des fous
Les oiseaux de passage. Poème de Jean Richepin.
Mis en musique par George Brassens

Oui, les idéologies politiques sont des utopies. Le fait même de penser que le monde peut être meilleur, autrement, c'est de l'utopie.
L'utopie, c'est bien. C'est ce qui permet de penser un horizon, de rêver mieux, de se projeter.
Je crois qu'il faut réhabiliter l'utopie.
Parce que sans utopie, il ne nous reste plus qu'à gérer la situation merdique dans laquelle on est. Et à laisser ceux et celles qui gagnent actuellement continuer à gagner et à creuser les inégalités. Il y a plus séduisant..

Nous avons besoin d'utopies pour penser le politique, pour oser, pour nous projeter collectivement. Pour que notre travail continue à avoir un sens. Pour que nous continuions à avoir de l'énergie. De l'espoir. Et à en transmettre.

Donc, oui, je défends l'idée de parler d'utopies, de montrer que nous en rêvons, que nous ne les dévalorisant pas par principe, et se dévoilant donc un minimum, pour donner l'exemple.

Des utopies, on en trouve dans les textes de penseurs et de penseuses politiques, et il y en qui rafraichissent, qui redonnent envie, pour peu qu'on ose y remettre les pieds. Plutôt des anciens, on parlait plus ouvertement d'utopies il y a quelques décennies. Dans différents courants, il y a le choix et on peut comparer, discuter.

Des utopies, on en trouve aussi dans la littérature de fiction, et en particulier la science-fiction. Ce qui fait un point d'entrée plus léger mais potentiellement tout aussi riche pour en parler et se donner de l'espoir et des idées.
Il faut sélectionner, par contre, tant nos productions actuelles produisent de la dystopie plus que de l'utopie. Ce qui est significatif, et un rappel de plus de l'intérêt de la bataille culturelle que nous avons à mener dans l'éducation populaire.

Et puis, des utopies, on peut en inventer, si on ose. C'est possible, si on se le permet, de proposer des temps d'animation pour rêver directement un monde meilleur, à petite ou à grande échelle. On y produit facilement des idées, des images. On peut ensuite se demander comment ça fonctionnerait en pratique, et puis quelles étapes, quelles priorités pour en arriver là. Ce qui fait qu'on parle politique, pour de vrai, et sans être dans des échanges lourds et déprimants.
Au-delà de la question politique, parler d'utopie, penser un futur, ça alimente la capacité à se projeter personnellement dans l'avenir, et ça, ça fait partie des déclics qui permettent d'avancer sur le chemin de l'émancipation, de lever des blocages.

POUVOIR 86

Ceux qui détiennent pouvoir et privilèges ont souvent le sentiment qu'une terrible responsabilité pèse sur leur épaules, mais en fait, pour l'essentiel et la plupart du temps, la caractéristique principale du pouvoir, c'est ce dont on n'a pas à se soucier, ce que l'on n'a pas à connaître et ce que l'on n'a pas à faire.
Bureaucratie de David Graeber

En éducation populaire, on parle de dynamique de groupe, on parle de démocratie, on parle de rapports sociaux et on parle de politique. Au milieu de tout ça, il y a la question du pouvoir, de manière assez centrale. Ce qui est un sujet large, et éventuellement philosophique, dans lequel nous avons donc besoin de mettre les pieds, même si c'est dans un premier temps de manière synthétique.

L'animateurice face à son groupe occupe une position de pouvoir, plus encore si elle apporte des connaissances et fait un travail de formation, qu'il soit formel ou non.
Au sein des structures, il y a des relations de pouvoir, formelles entre les membres des équipes salariées, et avec le CA, et informelles avec les publics.
Entre nos structures et leurs financeurs et tutelles politiques, aussi.
Partout dans la société en fait. Parce que le pouvoir est d'abord une relation, et une relation inégale. Et notre vie sociale est faite de relations, en grande partie inégales.

Beaucoup ont dans nos métiers une vision très négative du pouvoir. Ce qui est en contradiction avec l'idée de développer du pouvoir d'agir et d'émanciper.
Il faut donc sans doute se réconcilier avec l'idée du pouvoir et comprendre en quoi il nous pose problème.

Avoir du pouvoir, pour reprendre une définition simple que je trouve utile, c'est être en capacité de faire faire à quelqu'un·e d'autre quelque chose qu'il ou elle n'aurait pas fait autrement, ou de l'empêcher de faire quelque chose qu'il ou elle aurait fait.
Ce qui relève bien de la relation. Et qui peut se faire avec des moyens plus ou moins contraignants et visibles.

Cette définition est en opposition avec une distinction qu'on fait parfois entre pouvoir de et pouvoir sur. Je pense que dans la plupart des cas, avoir le pouvoir de faire changer des choses qui nous importe nécessite du pouvoir sur d'autres, sur des institutions, sur des éléments extérieurs et les personnes qui les incarnent.
Il ne reste dans le pouvoir de que des éléments qui relèvent de la construction de soi, et que j'ai tendance à penser plutôt dans la catégorie de l'épanouissement et du développement de soi que dans la catégorie de l'acquisition d'un pouvoir.
Développer du pouvoir d'agir, c'est amener des personnes à avoir prise sur leur environnement et leur vie, et donc d'avoir du pouvoir sur, du pouvoir tout court dans ma manière de voir.

Donc, avoir du pouvoir, c'est utile, c'est bien pour ça qu'on se bat pour. Sauf qu'avec nos visées d'égalité, ce que nous cherchons c'est d'abord d'en redonner à celles et ceux qui en manquent, et réduire en conséquence celui de ceux et celles qui en ont beaucoup.

Ce qui suppose donc à la fois de se réconcilier, mais aussi de devenir un peu compétent·es sur le pouvoir lui-même, la manière dont il fonctionne et dont on l'utilise. Que ce soit pour s'en servir ou pour y résister. Vaste sujet donc.

Quelques pistes pour se faire une culture du pouvoir :

Dans les recherches en psychologie et en psychologie sociale, on trouve des travaux passionnants qui montrent la manière dont le fait d'avoir du pouvoir change nos manières de penser et de voir le monde. Ce qui peut confirmer l'idée que le pouvoir corrompt, ou en tout cas qu'il nous transforme d'une manière qui n'est pas forcément positive.
Ce que ça fait d'avoir du pouvoir (inspiré de The Winner Effect, livre malheureusement toujours pas traduit mais passionnant sur la recherche en psychologie et neurologie autour des questions de pouvoir) : Avoir du pouvoir, et dominer en général, ça met dans des dispositions pour remporter plus facilement les prochains affrontements. Biologiquement et psychologiquement. Ce qui est la manière dont certain·es expliquent la mise en place de hiérarchies (chez toutes les espèces) : celui ou celle qui a la chance de gagner une première confrontation et de prendre l'ascendant à un avantage pour la suivante, etc.

Avoir du pouvoir, ça amène à voir plus facilement les choses de son point de vue, et moins facilement du point de vue des autres. Il peut suffire d'être dans un ressenti de pouvoir pour vivre cet effet-là. Repenser de manière attentive une situation dans laquelle on avait du pouvoir (faire passer un entretien par exemple), la revivre, va nous amener à voir le monde de notre point de vue. Revivre une situation dominée produit l'inverse : on voit plus le monde du point de vue des autres, en fonction de leurs intérêts. Avec un effet qui va en s'amplifiant dans des positions de pouvoir importantes.

En lien direct avec l'idée précédente : dans des positions de pouvoir, on fait moins d'erreurs, on est plus efficaces dans l'action. Mais on perd en écoute des autres et en prise en compte de tous les signaux périphériques et de la complexité. Ce qu'on admire parfois chez des leaders mais qui a ses risques et ses limites.

Avoir du pouvoir, ça donne un sentiment de contrôle. Potentiellement de manière disproportionnée. On constate que des personnes dans des positions de pouvoir importantes peuvent penser qu'elles sont en mesure de contrôler, par leurs seules décisions, ce qui va se passer. Même quand il s'agit d'éléments objectivement incontrôlables, comme par exemple le changement climatique. Avec un côté presque caricatural de «T'inquiète, je gère, ça va bien se passer."

En position de pouvoir, on a un impact sur les autres, parfois négatif. Pour autant, on a besoin de continuer à se considérer comme quelqu'un·e de bien. On peut donc assez facilement reporter la faute sur les autres, ↝ 73.24 celles et ceux sur qui on a du pouvoir, et glisser dans un certain mépris. Ce qui est une pente glissante vers des comportements abusifs. C'est malheureusement encore plus le cas pour des personnes en position de pouvoir mais qui ne s'y sentent pas légitimes.

Toute personne atteignant une position de pouvoir importante y est arrivée parce qu'elle est attirée par le pouvoir en question. Parce que la compétition est rude et on n'y arrive pas sans se battre. Cet attrait est de deux types : je peux être attiré·e par le pouvoir pour moi, pour mon égo, ma sécurité, ma gloire ; je peux être attiré par le pouvoir pour en faire un usage collectif et idéologique, pour une communauté. S'il n'y a que le premier, la dérive vers des usages et comportements pathologiques est fréquente. S'il y a les deux dans un relatif équilibre, les dérives sont en grande partie évitées. Ce qui semble important à prendre en compte pour choisir les personnes au pouvoir... et qui se sent notamment dans la manière de parler en Je ou en Nous.

Contre-pouvoirs et institutions :

Une tendance incontournable des positions de pouvoir : les personnes qui les occupent cherchent de manière prioritaire à protéger leur pouvoir, à ne pas le perdre. Une des manières les plus efficaces est de le faire

croitre. Activement, et avec des moyens qui de l'extérieur peuvent vite sembler condamnables.
De ce fait, il y a depuis longtemps des réflexions en droit et en sciences politiques sur la manière de construire des institutions permettant d'éviter les débordements, et des contre-pouvoirs. L'idée même de constituer et d'alimenter des contre-pouvoirs est intéressante dans le cadre de l'éducation populaire.
Sur ces questions d'organisation sociale et de place du pouvoir, l'ethnologie a également des choses très intéressantes à raconter. En particulier les ethnologues proches des mouvements libertaires (sans surprise, puisque la question du pouvoir y est centrale), comme Pierre Clastres ou David Graeber.

Jeux et techniques de pouvoir

Il est également intéressant de regarder du côté de ceux et celles qui ont le pouvoir et des méthodes et techniques qu'ils et elles ont développées pour le conserver. Ce qui permet de copier ces techniques, ou de s'en protéger.
Dans le champ du débat et de la prise de parole, c'est tout l'art de la rhétorique, dont la priorité n'est pas de faire apparaître la vérité, ou d'arriver à se mettre d'accord, mais bien de l'emporter, de prendre l'ascendant sur son opposant·e. Clément Viktorovitch fait un travail efficace et facile de décryptage de ces techniques.
Les techniques de communication et de propagande sont également un champ spécifique de techniques au service du pouvoir. Les associations de critique des médias, voire certains ouvrages destinés aux communicants sont éclairants (Propaganda de Bernstein).
Enfin, on peut également s'intéresser à la manière dont des stratégies de pouvoir sont construites à l'échelle géopolitique, et travaillées pour être acceptables par toustes. Noam Chomsky est un bon guide pour
N° 98 comprendre ces dimensions.

Dans “Au commencement était…”, David Graeber et David Wengrow postulent qu’il existe trois sources au pouvoir, trois champs dans lesquels on peut construire un pouvoir et le maintenir. Ils pensent cette structure dans le cadre des états, donc à grande échelle.

- La Force : la capacité à imposer ou menacer de manière directe, et donc la violence.
- Le Savoir : le fait de comprendre et connaître plus que d’autres.
- Le Charisme : la capacité à incarner, à séduire et à être un modèle, une figure remarquable.

Dans le cadre des états, ces trois dimensions se traduisent par :
- Le monopole de la violence, en particulier par le biais de l’armée et de la police. On peut y inclure le système judiciaire et pénitentiaire, et potentiellement la menace et la violence économique.
- Les rouages administratifs, aussi bien dans ce qu’ils incluent de connaissance et de surveillance des personnes, que de la construction de dispositifs dont la complexité ne permet pas d’être autonome mais de devoir s’en remettre à des autorités compétentes.
- La mise en scène d’une arène politique compétitive dans laquelle sont construites des personnalités médiatisées qui cherchent à démontrer qu’elles sont incontournables et en mesure de remporter des débats et autres compétitions symboliques.

Dans le cadre des états toujours, les auteurs montrent comment historiquement certains états ont été de premier ordre (basés sur une seule dimension), de second ordre (deux dimensions étant incarnées par l’état et la troisième en général renvoyée à une sphère divine) ou de troisième ordre. Nous vivons actuellement dans des États occidentaux de troisième ordre, dont le pouvoir est donc particulièrement solide et complet.

Si l'on transpose cette même idée dans le cadre des petits groupes et des enjeux de développement de pouvoir de petits (ou moins petits) collectifs dans une perspective de transformation sociale, on peut se poser la question de la manière dont ces groupes peuvent à la fois construire un pouvoir propre, et attaquer le pouvoir institutionnel (dans la perspective notamment d'un rapport de pouvoir permettant une négociation). Ce qui aurait une fonction d'utilité, mais aussi de réussir à convaincre et motiver les personnes à construire ou intégrer des collectifs.
Pour s'inspirer, ça vaut le coup d'aller regarder les manières de penser et d'inventer d'Alinsky sur ses premières actions, sur la manière de donner de la visibilité à un contre-discours. Ou chez Majo Hansotte pour les pratiques artistiques et impactantes. C'est toujours intéressant de savoir faire rire et de se moquer des puissants (d'être du coté de la vie).

On retrouve avec ces perspectives l'idée de trois champs stratégiques. À cette échelle, ils correspondent assez bien aux trois piliers de la transformation sociale

- Rapport de Force
- Bataille culturelle : centrée autour du savoir, des idées et du dévoilement, sociologique notamment.
- Alternatives : la capacité à proposer des récits et expériences compétitifs et inspirants, donc charismatiques.

Au-delà de cette échelle collective, ces trois leviers de pouvoir se retrouvent aussi à l'échelle individuelle, dans l'établissement d'un pouvoir personnel, au sein d'un groupe par exemple. Il est intéressant de le pointer de cette manière, pour gérer ces pouvoirs émergents, que l'intention soit de faire émerger des leaders ou au contraire d'éviter l'apparition de lieux de concentration de pouvoir (ou de trouver un équilibre attentif, quelque part entre les deux).
La menace directe et le harcèlement. Les mises en scène masculinistes et virilistes, notamment symboliques, dans les postures ou choix de modes

d'action (notamment le récit ou la démonstration qu'on est en mesure de se lancer dans des actions plus dangereuses ou radicales sans avoir peur). L'utilisation du conflit interpersonnel comme intimidation, avec la démonstration que ça ne nous fait pas peur, qu'on peut crier plus fort. Le fait de dire ou sous-entendre qu'on lancera des dynamiques d'exclusion, qu'on est en mesure d'influer sur l'ensemble du groupe pour le faire agir contre une personne. L'appropriation des tâches et des récompenses les plus valorisées, et le fait d'attribuer des tâches aux autres. La maîtrise de connaissances utiles au groupe et le fait de la garder pour soi. D'en faire la démonstration, en bluffant ou pas, avec des jeux de posture ou pas. Le fait de garder certaines informations secrètes ou réservées à une élite identifiée. Le fait de ne pas définir certains processus, de ne pas formaliser et contractualiser les places au sein du collectif. La capacité à politiser et à donner le sens collectif, voire à valider l'orthodoxie idéologique au sein du groupe, ou d'attaquer d'autres sur cette base.

Les jeux compétitifs lors de débats ou d'affrontements verbaux, avec l'usage éventuel de ressorts rhétoriques, d'attaques ad hominem. La mise en avant de soi en tant que porte-parole ou interlocuteurice vers l'extérieur ou dans des négociations. La mise en avant de ses succès ou de ses apports spécifiques aux réussites du groupe. Se mettre au centre des interactions, sociales notamment, ou comme arbitre. Le fait de demander des marques de subordination, dont l'utilisation de formes de politesse, de titres ou de statuts.

Quand nous essayons, en régime capitaliste, ce renversement des fins éducatives dont nous avons vu la nécessité, nous connaissons d'avance les obstacles devant lesquelles nous nous dressons [...]
Nous ne nous étonnerons donc pas si nos efforts sont rarement couronnés de succès. Nous montrerons du moins, face aux conceptions ridiculement étriquées de l'éducation populaire en régime capitaliste, les possibilités inouïes de ce qui sera un jour la véritable éducation. Nous aiderons le peuple à se forger un idéal socialiste qui fera mieux sentir chaque jour l'iniquité sociale.
Célestin Freinet.

Faire l'histoire de l'Éducation Populaire... vaste programme... qui, d'ailleurs, n'a pas été entrepris tant que ça... faut croire que ça n'est pas assez prestigieux.
Enfin, si : il y a le travail de thèse incontournable d'Alexia Morvan, qui justement nous redonne accès à une histoire importante et politique (et
↝ 91 qui a inspiré notamment la conférence gesticulée de Franck Lepage).

Pour en transmettre quelques éléments qui me semblent importants,
↝ 66 j'utilise en animation un jeu adapté de Timeline/Chronicards. Ce qui permet à chacun·e de se questionner et d'échanger sur des morceaux aléatoires d'histoire, et au final de disposer d'une chronologie d'ensemble, à partir de laquelle on peut donner quelques éclairages d'ensemble.

Dès ses origines, l'intention de l'Éducation Populaire est politique : il s'agit de travailler à changer les personnes pour changer la société, et le monde.
Enfin, ses origines... je fais comme s'il y avait un début officiel à l'éducation populaire. Mais non, pas plus qu'il n'y a de définition unique et officielle.

En fait, il y a des pratiques, certaines lointaines, qu'on peut qualifier d'éducation populaire.
Ensuite, il y a une pensée politique qui donne un sens à ce type de pratiques, et qui leur donne une direction globale.
Enfin, il y a un certain nombre de mouvements, constitués, qui se revendiquent de ces idées et intentions.

En termes d'intentions politiques, j'aime bien l'idée générale proposée par Condorcet. Au départ, on lui a demandé ce qu'il proposait comme plan pour l'instruction publique (la future éducation nationale donc), et il a visé haut. Ce qui fait que son projet n'a pas été retenu et que l'Etat a fait l'éducation nationale à partir d'autres priorités. Dommage, certes. Mais du coup, j'aime bien penser, et dire, que l'éducation populaire, ça pourrait être tout le reste de ce que propose Condorcet, toute cette partie qui ne fait pas partie des missions et des pratiques de l'éducation nationale. Ce qui fait que les deux pourraient se penser complémentaires plutôt qu'opposées, voire se nourrir réciproquement.

En un extrait, donc, l'idée centrale de Condorcet :
« Offrir à tous les individus de l'espèce humaine les moyens de pourvoir à leurs besoins, d'assurer leur bien-être, de connaître et d'exercer leurs droits, d'entendre et de remplir leurs devoirs ; assurer à chacun la facilité de perfectionner son industrie, de se rendre capable des fonctions sociales auxquelles il a le droit d'être appelé, de développer toute l'étendue des talents qu'il a reçus de la nature ; et par-là, établir entre les citoyens une égalité de fait et rendre réelle l'égalité politique reconnue par la loi. Tel doit être le premier but d'une instruction nationale et, sous ce point de vue, elle est, pour la puissance publique, un devoir de justice.»
On est bien d'accord que c'est politique, puisqu'avec une population qui reçoit une instruction de ce type-là, ça change profondément la société !

On retrouve ce type d'intentions ensuite dans différents courants
№ 87.1 d'éducation populaire, de manière plus ou moins rentre-dedans, plus ou moins énervée.
En fait, je crois que l'éducation populaire connaît des hauts et des bas, en fonction du contexte social et politique.
Quand c'est la crise, l'éducation populaire, qui est en contact avec celles et ceux qui en chient le plus, se réveille et s'énerve. En tout cas, se rappeler que travailler à l'égalité, changer les choses, ça fait partie de ses ambitions. Bref, on se bouge, on revendique une visée politique.
Quand tout va mieux, et pour peu que les pouvoirs publics financent les structures, on se calme, voire on s'endort. On fait plus d'activités culturelles, ou de loisirs.

Dans les années 1870, ça bouge.
Dans la commune de Paris est mis en place l'enseignement intégral, primaire et professionnel, laïque et gratuit, incluant les arts et la culture pour tous, filles et garçons (et c'est une nouveauté à l'échelle mondiale). Avec pour finalité de développer la transmission du savoir, base de l'égalité sociale. Pas mal pour une expérience politique qui dure trois mois et qui est pilotée en direct par le peuple de Paris.
Fernand Pelloutier donne pour mission aux Bourses du Travail : Instruire pour révolter. En justifiant : ce qui manque à l'ouvrier, c'est la science de son malheur. (Ce qui manque aux dominé·es, c'est de comprendre pourquoi ils et elles sont dans la merde : ça n'a pas vieilli !)

Dans les années 20 et 30, on retrouve ce type de dynamiques, toujours dans un moment de crise sociale. Avec notamment des temps forts liés au catholicisme social, qui promeut et permet des avancées importantes. Avec la JOC et la JAC notamment.

Au sortir de la Seconde Guerre Mondiale, gros moment de réveil de l'éducation populaire et de ses finalités politiques, parce qu'on vient de voir que l'école, ça ne suffisait pas à faire des démocrates : les alle-

mand·es étaient très instruit·es, ça n'a pas empêché un génocide.
Peuple et culture pose à cette époque les bases d'outils essentiels de l'éducation populaire, notamment l'Entraînement Mental. ↝ 44.4

Et aujourd'hui, alors ?

L'actualité politique récente dessine aussi un contexte particulier pour l'éducation populaire.
Le rattachement à l'éducation nationale annonce une nouvelle dilution institutionnelle et une possible perte d'identité et de capacité de négociation.
Dans la même veine, mais avec un impact bien plus large, l'obligation de signer le contrat d'engagement républicain est une réduction des libertés associatives très directe, et une menace ouverte. Menace déjà mise à exécution contre des collectifs écologistes, message clair envoyé au monde associatif. Le Mouvement Associatif fait une analyse très claire de ces enjeux.
Enfin, les tentatives répétées de mise en place du SNU et de recrutement des réseaux d'éducation populaire, dans une démarche fondamentalement nationaliste et autoritaire, rendent visibles les lignes de fracture idéologique et le rapport de force en cours.
Pourtant, aujourd'hui, je constate, et je ne suis pas le seul, une envie et une demande de repolitisation de beaucoup de grands réseaux d'éducation populaire. Ce qui est cohérent avec la tendance historique à la repolitisation lors des moments de crises sociales. Alors certes, le contexte n'est pas brillant, mais l'envie et la conviction ne sont visiblement pas perdues, reste à trouver les stratégies, les alliances, et la culture de lutte qui permettra de faire front.

Aujourd'hui, question crise : oui, on y est. Et j'ai bien l'impression que, oui, l'éducation populaire se réveille, retrouve des intentions politiques. Tant bien que mal, parce qu'elle n'est pas dans une situation facile pour le faire. Mais n'empêche. Il y a de l'envie de reparler valeurs, intentions, ↝ 87.2

politique, démocratie. De faire des liens avec d'autres mouvements. De redire qui nous sommes.
J'espère que c'est bien le cas et j'espère contribuer à alimenter cet élan.

Ce n'est pas une histoire, ces petits extraits, ce sont des petits morceaux pour intriguer, pour donner envie d'aller se renseigner, avec quelques idées qui peuvent rester dans un coin de la tête et donner envie d'avancer. Allez piocher dans la biblio ou plongez directement dans Wikipedia à partir de ce que j'évoque bien trop vite ici.

Trois familles de l'Educ Pop 87.1

La meilleure manière de défendre la démocratie, c'est de la faire marcher.
Tommy Douglas.

↝ 11 L'éducation populaire n'a jamais eu de définition officielle et unifiée et elle est faite historiquement de mouvements nombreux et parfois très différents. Pas toujours facile de s'y retrouver entre différentes histoires, différentes idéologies et différents champs d'action et de pratique. D'autant plus que tous ces mouvements ont évolué et se sont pour beaucoup dépolitisés.
Alexia Morvan propose de classer les mouvements d'éducation populaire en trois grandes familles.

La famille caritative : chrétienne et sociale

La priorité est de permettre à des populations en difficulté de lutter contre la misère et la pauvreté. Historiquement, souvent avec une pos-
↝ 33 ture de sauveureuse héritée de tendances caritatives et religieuses. Si on caricature, c'est le côté dame patronnesse.
Les postures et pratiques sont souvent liées aux métiers et formations du travail social plus qu'aux métiers de l'animation, même si les deux peuvent se mêler.

On peut classer dans cette famille par exemple les Centres Sociaux, les mouvements liés au scoutisme.

La famille laïque et républicaine

La priorité est de permettre à toustes de s'émanciper de l'emprise de la religion et de l'éducation religieuse. Historiquement dans un cadre de luttes pour la séparation de l'Église et de l'État, à une époque où l'éducation est largement prise en charge par l'Église catholique.
Les liens sont souvent forts avec les pratiques scolaires et la tradition républicaine.
On y trouve les MJC, la Ligue de l'enseignement et la FOL, par exemple.

La famille ouvriériste et révolutionnaire

La priorité est de permettre aux classes ouvrières de s'éduquer pour pouvoir gagner en autonomie et en pouvoir face aux pouvoirs de l'argent et du patronat. On peut parler de tendance anti-capitaliste si on force un peu le trait (mais pas forcément beaucoup).
Le syndicalisme est souvent un élément central des pratiques de cette famille. Les liens sont souvent forts avec les milieux et postures militantes socialistes et communistes, voire anarchistes.
On y trouve par exemple les Ceméa, les Faucons rouges, les Bourses du Travail et Attac.

J'ai tendance à renommer les priorités des trois grandes familles de la manière suivante : s'émanciper du poids de la pauvreté et des inégalités sociales, s'émanciper du poids de la religion et de la culture religieuse, s'émanciper du poids du salariat et du capitalisme.
Avec donc un point commun : l'émancipation.
Vue depuis des perspectives différentes, travaillée avec des grilles de lecture différentes, des outils différents et une radicalité variable, mais émancipation quand même. D'où le fait que je défende l'émancipation comme clé de voûte de l'éducation populaire. ↝ 15

Il était une fois une éducation populaire animée par des bénévoles politisé·es, et financé·es juste pour exister, sans devoir se justifier...
Il était une fois... mais c'était il y a longtemps, et il s'est passé quelques trucs depuis... ça n'a pas changé que en bien, et je crois que c'est important de comprendre comment ça a changé et comment l'éducation populaire s'est retrouvée en partie piégée. Même si c'est d'une manière très sommaire et résumée.

Professionnalisation

À partir des années 70, l'éducation populaire se professionnalise. Des diplômes reconnus, notamment des diplômes d'État. Donc des métiers. Des compétences. Des postes adaptés et des fonctions qui sont prises en charge de plus en plus par des salarié·es, et pas par des bénévoles.
En soi, ce n'est pas une mauvaise nouvelle. Parce que plus de compétences, c'est une bonne chose, vraiment.
Mais : ça a retiré de la place, et du pouvoir aux bénévoles (parce que ce n'est pas possible de suivre tout ce qui est fait sur une structure à partir du moment où des salarié·es font des choses toute la journée, toute la semaine, ni d'avoir des compétences techniques au niveau de toutes ces personnes professionnalisées).
Et ces bénévoles sont les militant·es, celles et ceux qui portent en premier lieu les intentions politiques.
Donc les structures ont eu tendance, progressivement, à se dépolitiser, à faire plus de place au technique et moins au politique. Mécaniquement, en conséquence de qui y passe le plus de temps.
La professionnalisation, ce sont des salarié·es. Ce qui veut dire aussi que les structures ont une obligation bien plus importante de maintenir le même niveau d'activité, et de trouver des financements. Parce que sinon, on est obligé·es de licencier, et ça ne s'envisage pas de gaieté de cœur. C'est une forme de dépendance, simplement. Aux financements

publics principalement, parce que pour financer des postes permanents, quand on est une association, il n'y a pas forcément d'autres solutions faciles à trouver.

Mise en concurrence

L'autre grand changement culturel commence en 1983. Jusque-là, les structures d'éducation populaire touchaient des subventions de financement. En d'autres termes : tu en es, on te donne des sous, et tu l'utilises pour faire le boulot, sans qu'on te dise comment, parce que ça c'est justement ton boulot.

En 1983, pour occuper les jeunes de banlieue, on voit apparaître les premiers financements par dispositifs. Ceux où on commence à dire aux structures : vous aurez des sous si vous faites telle activité pour tel public à tel endroit. Donc, ce n'est plus toi qui choisis ce que tu fais mais ton financeur.

Et ça va s'amplifier. Avec les appels d'offres ensuite, où il va falloir en plus de rentrer dans le cadre prévu (public/activité/territoire) montrer que tu es capable, voire que tu es meilleur que les collègues et que c'est toi qui mérite d'avoir l'argent.

Ce qui met donc dans une position de devoir se justifier sur des critères qui n'ont rien à voir bien souvent avec nos valeurs et intentions (parce qu'on doit le faire sur ceux de nos financeurs).

Ce qui met aussi en concurrence avec les autres structures et réseaux d'éducation populaire, ainsi qu'avec les structures lucratives. Autant dire que pour ce qui est de saboter la solidarité, et donc la capacité à revendiquer ensemble, à être solidaires et à établir des rapports de force avec les financeurs... oui, ça a un impact, surtout sur la longueur.

Et pour finir : les années passant, les dispositifs d'appels d'offre deviennent de plus en plus complexes, et leurs évaluations aussi. Il faut donc de plus en plus de temps de travail pour les gérer, et un temps de travail de plus en plus technique et pointu. Donc plus de temps salarié dédié à des fonctions techniques, et une plus grosse part de l'activité difficile à maîtriser, voire à comprendre, pour des bénévoles.

Domestication

Mises bout à bout, prenant de l'ampleur, ces deux évolutions ont un effet sur le fonctionnement et la nature des structures d'éducation populaire qui peut se résumer en un mot : une domestication de l'éducation populaire. C'est un mot choquant, mais je crois qu'il résume assez bien ce que vivent beaucoup de structures au quotidien.
Une dépolitisation et un sentiment de se trouver pris·es au piège de contraintes financières et administratives. Une perte de sens, et donc de motivation, voire de conviction. Un travail qui est de plus en plus lié à de la prestation de service, à des interventions correctrices d'urgence, à du maintien de paix sociale, et de moins en moins à de l'éducation politique ou à un travail sur les rapports sociaux.

Je ne jette la pierre à personne de se retrouver dans cette situation. Je la regrette profondément. Et j'essaie de ne pas m'arrêter à des regrets. J'essaie de réfléchir aux manières de résister, de trouver des espaces de liberté, et de retrouver du sens.
En commençant par se rappeler, et par rappeler autour de nous le sens
↝ 13 de l'éducation populaire, et sa dimension radicale.
En transmettant ce que j'ai appris des valeurs et des grilles de lecture qui la structurent également. Pour espérer ensuite les faire vivre, même dans le cadre contraint d'aujourd'hui. En gardant l'espoir de contribuer aussi, à plus long terme, plus collectivement, à faire évoluer ce cadre dans une direction qui nous soit plus favorable.

Aujourd'hui, plus que jamais ! 87.3

Le fascisme commence quand une classe dirigeante, craignant que le peuple utilise la démocratie politique pour obtenir une démocratie économique, commence à détruire la démocratie politique pour son pouvoir d'exploitation et ses privilèges. Tommy Douglas.

Le fascisme redresse la tête. Assez franchement, d'ailleurs, même s'il tente, comme toujours, de se donner d'autres noms.

La catastrophe écologique est bien engagée. Elle n'est plus ni dans le futur ni discutable.

C'est la merde, donc. On pourrait en rajouter, mais juste avec ces deux points, on peut dire : c'est la merde, collectivement.

En tant que société, on est dans la merde.

De quoi avons-nous besoin pour en sortir ?

De se parler dans des conditions qui permettent de se reconnaitre, d'échanger, de se dire ce qu'il y a à se dire. Des conditions qui garantissent que ça se fasse en sécurité et en s'écoutant, en faisant ensemble.

De réfléchir à ce qu'on se dit, de voir ce qui est vrai, d'en juger selon des priorités et des valeurs à débattre. De comprendre, avec la complexité et les doutes, avec les savoirs et le rapport à la vérité aussi. Avec de l'esprit critique et de la réflexion de fond, ensemble.

De faire des choix et de se mettre en action ensemble. Ensemble pour de vrai, pas selon des directives abstraites et autoritaires, à partir de nous et de nos choix, de nos intentions et de nos besoins.

Et t'sais quoi ? Voir, juger, agir : c'est le boulot de l'éduc pop, c'est la base, c'est la méthode et la mission.

Nous avons un besoin urgent et vital d'éducation populaire. D'une éducation populaire qui se colle aux problèmes de maintenant, qui mette les mains dans la merde et qui retrouve ses racines et ses méthodes. Forgées pour une partie dans la résistance armée au fascisme, elles devraient être assez solides pour servir de fondations à des pratiques d'aujourd'hui.

RESSOURCES ESSENTIELLES 89

Une histoire inattendue, essentielle et questionnante sur les origines de la démocratie, ses enjeux, et surtout le pourquoi de l'opposition, notamment républicaine, aux fondamentaux de la démocratie.
La haine de la démocratie. Jacques Rancière. La fabrique.

Les institutions, les mécanismes, les grands courants : une approche illustrée pour tous les âges histoire d'avoir tout sous la main et de manière compréhensible :
La politique pour les débutants.

n° 98

Age

A while ago someone asked me
if I was less angry about things now I was old,
if I had *mellowed* with age.
They asked in that fake cheery way
people have if they're nervous,
and it was obvious that
they didn't really want to know the answer
in case I told the truth, or said something serious
that they wouldn't know how to cope with.

Normally, I try hard to be kind to people
who are frightened by little things, as I often am myself.
But that day – oh – I'd made the mistake of reading a newspaper,
or watching the television, or walking round town,
and some scorched images from another breathtaking
act of human savagery capered in my mind
like dead things dancing on the Ship of Fools.

Now, I realise patience is a virtue, but I don't have it.
So, I said that in my case at any rate
time just serves to concentrate anger and outrage
until it's thick and strong like boiled-down blood
and reeks like a dry iron pot heating on the stove.
Because you can try to stand still
and hope to be passed over in many ways,
and in many ways you will succeed;
but time proceeds against your will
and makes all the world's bare bones of cruelty rattle in your face.
So you can either stick your fingers
in your ears and chatter as loud as you can to try and
cover up that stony clatter; or understand that fury,
in its infinite variety, does not wither or grow stale
and time is the bolting horse we none of us can dismount.

POUR ALLER PLUS LOIN 9

Les gars, au lieu de prendre un joint, plongez plutôt dans un bouquin
Les gars lisez, les gars lisez, les gars lisez.
Frédéric Fromet - Les gars lisez

Il se trouve que j'aime lire. Vraiment. Beaucoup. Et je considère que c'est une chance autant qu'un plaisir. Parce que les livres sont des univers d'idées qui ont alimenté ma réflexion en général, ma construction politique et donc aussi ma pratique en éducation populaire.
Je ne peux donc qu'encourager à lire, et c'est pour ça que je propose une bibliographie.

Mais je ne peux pas ignorer que ce goût pour la lecture n'est pas partagé par toustes (ni qu'il est lié en partie à une appartenance de classe). En particulier dès qu'il s'agit d'essais et de textes de théorie. Et je peux le comprendre, entre une approche dans le cadre scolaire qui peut créer de légitimes blocages et une écriture savante qui joue souvent à se réserver à celles et ceux qui en ont les codes. Pas facile de dépasser ces freins pour beaucoup. C'est triste.
Mais ce n'est pas sans issue.

↝ 71.6 D'une part, j'ai commenté la bibliographie pour donner envie et permettre de se repérer, de savoir un peu mieux dans quelles directions explorer.
D'autre part, il me semble utile de rappeler qu'on a le droit de se saisir de tout livre à sa manière : en ne lisant que le dos de couverture, en piochant des extraits ou en allant chercher des synthèses ou notes de lecture en ligne (et il y en a de très bien).
Enfin, il existe bien d'autres formats que les livres traditionnels pour raconter tout autant : des BD, des vidéos, des podcasts. De plus en plus et de mieux en mieux. J'ai inclus certain·es que j'ai appréciées, mais il en existe beaucoup d'autres.

Alors peu importe que ce soit avec de vrais livres lus en entier, du piratage d'extraits ou des formats différents : nourrissez-vous, trouvez les idées qui vous feront questionner et ré-inventer votre pratique. Nous sommes dans une période riche à la fois en production de connaissances et en moyens de les diffuser et de les partager, profitons·en.

Le site où je mets à disposition librement tous les outils que je fabrique pour animer de l'éducation populaire : piochez, bricolez, et adaptez. Vous y trouverez aussi une présentation de ce que je propose en animation et en formation, si vous voulez voir mieux ce sur quoi j'interviens.
https://sebformation.fr/
Et le site où je chronique l'essentiel de ce que je lis, regarde et découvre :
http://sebchro.wordpress.com

Un site plein de ressources militantes réjouissantes : autocollants, chants de manif, textes, etc.
https://chomeusegoon.org/
Et la petite BD que vous pouvez y trouver (ou acheter dans certaines librairies) qui parlent de manière très drôle et rapide de méthodes de lutte :
Les colibris pyromanes, de The Chômeuse Go On

Pour les moments où vous avez besoin d'un petit remontant politique plein d'absurdité et de références militantes :
Koko n'aime pas le capitalisme, de tienstiens

Victoire Tuaillon lit Catherine Dorion et c'est beau et motivant :
https://www.binge.audio/podcast/le-coeur-sur-la-table/les-luttes-fecondes

Pour toutes vos questions, le Guichet du savoir de la Bibliothèque Municipale de Lyon :
https://www.bm-lyon.fr/16-bibliotheques-et-un-bibliobus/a-propos-de-la-bibliotheque-municipale-de-lyon/actualite/article/le-guichet-du-savoir
Pour toutes vos questions, sans assistance :
https://fr.wikipedia.org/

Le site à consulter pour penser et parler éducation populaire :
http://www.education-populaire.fr/

Une introduction facile à aborder des enjeux et de l'histoire de l'éducation populaire politique. Sous forme de one-man-show engagé et vivant. Incultures 1 "L'éducation populaire, monsieur, ils n'en ont pas voulu", de Franck Lepage
En vidéo : http://www.scoplepave.org/l-education-populaire-monsieur-ils-n-en-ont-pas
Le texte existe aussi en petit livre, aux éditions du cerisier.

Une livre pas trop long, pas trop dense, mais qui balaie largement l'histoire et les tendances politiques de l'Educ Pop, avec des illustrations agréables :
L'éducation populaire, un phénix toujours renaissant. De Paul Masson.

De bons résumés, courts et efficaces, de l'histoire et des enjeux contemporains de l'Éducation Populaire :
Silence ! Numéro spécial Education populaire.

Pour réfléchir aux intentions de fond de l'Education Populaire, à la manière dont on les fait vivre, et aux liens et différences avec les mouvements du Community Organizing :
Organisons-nous ! - Adeline de Lépinay

Un petit manuel d'éducationpopulaire conscientisante, par une autrice, Irène Pereira, dont toute la production mérite d'être lue :
https://pedaradicale.hypotheses.org/files/2021/07/Petit-manuel-deducation-populaire-conscientisante.pdf

Un gros ouvrage synthétique et plutôt sérieux dans la forme :
Education populaire et puissance d'agir - Christian Maurel

Un gros travail de synthèse critique de l'histoire de l'Éducation Populaire, avec des perspectives contemporaines. C'est un travail de thèse donc c'est un gros morceau, mais c'est très complet et éclairant.
Pour une éducation populaire politique. Alexia Morvan. Thèse.
http://la-trouvaille.org/pour-une-education-populaire-politique-these-dalexia-morvan/

Parce qu'être professionnel·les de l'Éducation Populaire, c'est aussi être confronté·e à des conditions de salariat pas toujours faciles ni cohérentes avec nos valeurs, un essai rentre-dedans sur ces questions :
Te plains pas, c'est pas l'usine ! L'exploitation en milieu associatif. Lily Zabett et Stella Finn.

Et en complément du précédent, une belle analyse très abordable du monde associatif et de ses tensions et travers, aussi bien pour les salarié·es, les administrateurices ou les financeureuses :
C'est pour la bonne cause. De Simon Cottin-Marx.

Parce qu'il faut fondamentalement croire que le monde peut devenir meilleur, et que ça fait du bien de lire que c'est possible et que ça a déjà expérimenté avec succès sur de nombreux sujets :
Utopies réalistes - Rutger Bregman

Un magazine, à publication épisodique, réalisé par de vrais collectifs d'Éduc Pop, d'une qualité et d'une variété réjouissante (à commander en financement participatif) :
Contre-jour 1 : Ecoute les murs tomber. Du collectif La Friche.

L'éducation populaire est une praxis, et quand elle l'est pendant de longues années, elle produit une réflexion de fond très riche tout en restant ancrée dans une pratique de terrain. Un livre précieux et passionnant :
Le défi pédagogique - Francis Tilman et Dominique Grootaers

Quand une pédagogue ayant vécu un parcours d'émancipation se saisit des idées de Paulo Freire pour changer sa pratique universitaire, elle a de quoi raconter en termes d'interrogations, de pratiques et de posture :
Apprendre à transgresser - bell hooks
(Le reste des livres de bell hooks mérite aussi largement le détour, en particulier quand elle parle d'amour et/ou de féminisme).

Pour s'armer soi sur les questions de pensée critique et d'outillage intellectuel avant de les transmettre à d'autres :
Petit cours d'autodéfense intellectuelle - Normand Baillargeon

Un livre très éclairant sur les tensions entre radicalité et stratégies pragmatiques, avec un éclairage historique.
Peut-on être radical et pragmatique ? Irène Pereira. Textuel.

Une approche qui mêle poésie, politique et amour pour penser le désir de s'engager et de faire, aussi bien dans un cadre militant qu'amoureux. Si vous avez envie d'un texte inattendu, décalé et joyeux, mais très politique :
Les luttes fécondes. De Catherine Dorion.

Pour avoir rapidement une méthode de prise en compte des émotions
Accueillir sans recueillir. Yann Le Bossé.

Un universitaire ayant travaillé toute sa carrière sur des questions de pouvoir d'agir et capable de transmettre ses idées de manière compréhensible par toustes dans un format très court, c'est rare et précieux : Soutenir sans prescrire - Yann Le Bossé

Pour découvrir Paulo Freire, un petit ouvrage synthétique et très abordable qui fait un point d'entrée parfait, et qui donne même le contexte actuel de la pédagogie critique. Avant de passer aux ouvrages de Paulo Freire lui-même.
Paulo Freire, pédagogue des opprimé·es. De Irene Pereira

Pédagogie de l'autonomie. Paolo Freire. Ereis.
Un des grands penseurs de la pédagogie et de l'émancipation, dans un texte court et issu de sa pratique éducative.

Saul Alinsky est un penseur fondateur du métier de l'animation sociale, et capable de penser des modes d'action drôles et efficaces.
Présenté de manière fluide et abordable :
L'art de la guérilla sociale. Fakir presse.

L'éducation en question. Philippe Mérieux. 6 DVD. ADAV / CNDP.
Une série de vidéos de 26 minutes, chacune présentant le parcours et les questionnements de grandes figures de la pédagogie.

Pour aller dans le détail des réflexions et des méthodes développées par Yann Le Bossé, avec des ouvrages complets mais toujours faciles à lire : Sortir de l'impuissance, Tomes 1 et 2. Yann Le Bossé.

Aequitaz, un site avec plein de ressources, de réflexions et d'inspiration
https://www.aequitaz.org/

Les couilles sur la table, un podacst incontournable sur le féminisme, la masculinité et plein plein de choses passionnantes, par Victoire Tuaillon :
https://www.binge.audio/podcast/les-couilles-sur-la-table
La suite du prédédent, mais autour des questions de relations, de vie amoureuse et de modèles, le coeur sur la table :
https://www.binge.audio/podcast/le-coeur-sur-la-table
(Les deux existent en livre, pour celleux qui aiment, et il existe une collection de petits livres «Sur la table» qui sont tous intéressants).

Parce que la pédagogie critique est sans doute le champ de recherche et de pédagogie le plus à même d'éclairer et d'informer nos pratiques d'éducation populaire, ça vaut le coup de découvrir ce dont il s'agit de manière lisible et claire :
Les pédagogies critiques. Laurence de Cock et Irène Pereira.

Pour découvrir la manière dont différents courants progressistes et révolutionnaires se sont questionnés et ont expérimenté des formes de pédagogie et d'éducation :
Pédagogie et révolution. Grégory Chambat.

Un site rempli de réflexions de fond, de textes simples et clairs sur les pédagogies critiques et de ressources d'animation :
https://iresmo.jimdofree.com/

Un réseau pour se former à l'Entraînement Mental, avec plein d'autres ressources et idées :
https://reseaucrefad.org/

La fédération nationale des Centres Sociaux, un réseau que j'aime beaucoup mais surtout un site plein de ressources :
https://www.centres-sociaux.fr/

Pour avoir plus de détails et de finesses sur la débat caca, et sur la méthode générale des intelligences citoyennes de Majo Hansotte :
https://www.mondefemmes.org/product/les-intelligences-citoyennes-une-methodologie-de-majo-hansotte/
https://www.espace-ressources.org/wp-content/uploads/2021/02/Juste-Injuste_Majo-Hansotte.pdf

Pour aborder de manière ludique la question des biais et sophismes dans les temps de discussion :
https://www.penser-critique.be/points-biais-et-sophismes/

Pour penser la manière et les outils pour animer des temps de débat et de discussions sur des sujets de fond, avec des fiches rôles bien faites :
Petit manuel de discussions politiques. Gaëlle Jeanmart, Cédric Leterme et Thierry Müller.

Pour comprendre comment notre contexte politique libéral nous fait fuir toute perspective de conflit et nous piège dans des injonctions au consensus, en particulier dans le champ politique :
L'illusion de consensus. Chantal Mouffe.

Pour s'interroger en détail sur nos relations au conflit, nos peurs et toutes les stratégies d'évitement et de déni, en particulier celles qui requalifient tout conflit en violence.
Le conflit n'est pas une agression. Sarah Schulman.

Si vous voulez plonger en détail dans les mythologies et les questions de narration :
Le héros aux mille visages. Joseph Campbell.

Si vous vous posez des questions sur l'inutilité de certains métiers et fonctions, et que vous avez envie d'une réflexion politique autour de cette question :
Bullshit Jobs, de David Graeber

Pour retrouver directement les contenus structurés par la recherche-action de l'URACS :
https://ain.centres-sociaux.fr/files/2013/05/Les-Gestes-professionnels-de-lanimation-gloable.pdf

Un ouvrage foisonnant appuyé sur une expérience de terrain, passant en revues des outils et questionnements sur le fonctionnement de collectifs militants :
Micropolitique des groupes. David Vercauteren. Les prairies ordinaires.

Pour rire des réunions mal animées et de nos mauvaises habitudes, et du coup s'interroger sur les manières de faire autrement :
Petit dico à l'épreuve de nos réunions. Nouveaux mots pour rire de nos pratiques - Charlotte Dementhon et Claire Ichou

Pour s'alimenter en réflexion et en outils sur la participation, la place des animateurices et les mandats :
Les Cahiers du Pavé - La participation. SCOP Le pavé.

Intervenir dans l'espace public : un guide fin et très bien documenté, sur les enjeux de posture, de dispositifs, de rapports sociaux...
Petit manuel de travail dans l'espace public, de Jérôme Guillet

Parce que les mots sont importants, un site pour réfléchir nos mots et nos enjeux politiques :
https://lmsi.net/

Quitte à avoir un catalogue d'outils, autant qu'il soit bien fait, clair et organisé de manière intelligente. Celui-ci est de loin celui que je trouve le meilleur, bravo :
Boîte à outils d'éducation active. CEMEA Pays de Loire. Éditions Cafard
https://editions-cafard.org/books/boite-a-outils-deducation-active-version-numerique/

Pour penser l'usage éducatif du jeu de manière large et très maline :
https://www.ted.com/talks/jane_mcgonigal_gaming_can_make_a_better_world?language=fr&subtitle=fr

Les éditions Minus, avec leurs supers jeux de question pour les temps d'inclusion :
https://www.minus-editions.fr/14-jeux-pour-discuter

Peuple et culture, un réseau historique à ne pas oublier :
https://peuple-et-culture.org/

Si vous cherchez un endroit sympa pour essayer des jeux, le éseau des cafés ludiques répertorie les cafés jeux :
https://cafes-ludiques.org/

Pour découvrir l'actualité des jeux de société, trouver des idées et des conseils :
https://ludovox.fr/
https://www.jedisjeux.net/

Le bureau des méthodes du CNAJEP propose tout une série de petites vidéos, avec des intervenant-es e qualité, sur des méthodes d'Educ Pop :
https://www.cnajep.asso.fr/non-classe/decouvrez-le-bureau-des-me-

thodes/

Pour approfondir les questions de définition du jeu et surtout de sa place en temps qu'objet culturel :
Le jeu - Maison d'ailleurs

Des outils militants, des outils un peu fous, mais aussi des grilles de lecture essentielles, tout ça présenté de manière vivante et provocatrice parfois :
Joyeux bordel - Andrew Boyd et Dave Oswald Mitchell

Des outils concrets, entre management et animation, pour penser ensemble, analyser et prendre des décisions. Une compilation simple et efficace :
Le livre des décisions.

Des outils d'animation ludiques sur les questions d'égalité et de sexualité :
Les collections Sexploration et The Moon Project, chez Jeux Topla

Une analyse théorique qui balaie large sur les manières de prendre des décisions, et une série de méthodes et de manières de s'y prendre, sur un registre universitaire mais compréhensible :
Décider à plusieurs. Christian Thuderoz. Presses Universitaires de France.

Pour comprendre tout en rigolant ce que sont des classes sociales, une BD incontournable :
Riche ! Pourquoi pas toi ? De Marion Montaigne, Monique Pinçon-Charlot et Michel Pinçon.

Un plaidoyer documenté, facile à lire et énervé contre les très riches et celleux qui sont à leur service :
Parasites. De Nicolas Framont.

Les inégalités de sexe, comment ça se construit, comment ça nous impacte, comment faire bouger ? En une série de petites BD efficaces et très pédagogiques :
Sea, sexisme and sun. Marlene Spaak.

Les discriminations et inégalités raciales, abordées en discutant et en mélangeant témoignages vécus et éclairages théoriques, un podcast de référence :
https://www.binge.audio/podcast/kiffetarace

La controverse de Valladolid expliquée par des chaussettes, c'est aussi drôle que pertinent :
https://www.youtube.com/watch?v=uftZFnDn8cY

Pour comprendre la manière dont le racisme se construit et se perpétue, avec une approche très claire mais profonde :
Pierre Tévanian, La mécanique raciste

Un panorama de recherche et des théories universitaires sur la race, en France en particulier, en version documentée, solide, mais raisonnablement lisible.
Sociologie de la race. De Solène Brun et Claire Cosquer.

Un petit format illustré pour entrer facilement et clairement dans les questions de racisme :
Le petit manuel antiraciste pour les enfants (mais pas que !!!). Rachid Sguini, éditions Lapin, 2021.

Une introduction aux questions d'inégalités de richesse et de classes, illustrée en BD, accessible dès 10 ans.
Pourquoi les riches sont-ils de plus en plus riches et les pauvres de plus en plus pauvres ? Monique Pinçon-Charlot et Michel Pinçon, Etienne Lécroart. La ville brûle.

Le titre est explicite, et le livre est efficace :
Pour en finir avec les idées fausses sur les pauvres et la pauvreté. ATD Quart-Monde.

Sexisme, charge mentale et mécanismes, sous forme de BD limpides et virales : Un autre regard, Emma (BD)

Donner à comprendre le sexisme et ses mécanismes avec un humour décalé et un éclairage détaillé sur les questions d'orientations professionnelles :
Seximsme man contre le sexisme, d'Isabelle Collet et Phiip

Si vous voulez pouvoir défendre le pourquoi et le comment du langage inclusif, c'est rapide et agréable à lire, et très efficace :
Le langage inclusif, pourquoi, comment ? d'Eliane Vienot

Le rôle et la place des hommes dans le système sexiste, abordées de manière franche et directe, et non sans finesse :
Le sexisme, une affaire d'hommes. De Valérie Rey-Robert.

Pour celleux qui ne sont plus jeunes et qui sont prêts à faire un effort

pour comprendre mieux ce qui vit la jeunesse d'aujourd'hui et les endroits où il faudrait faire alliance :
Sois jeune et tais-toi. Salomé Saqué.

Une réflexion ambitieuse et accessible sur la manière de réconcilier classes populaires racisées et enjeux d'écologie, en particulier en termes de perspectives de luttes émancipées :
Pour une écologie pirate. De Fatima Ouassak

Une réflexion précieuse et perturbante sur les difficultés et les perspectives d'alliances entre les classes populaires racisées des quartiers et les petits blancs des classes populaires rurales en particulier. Sans s'épargner les questions difficiles.
Beaufs et barbares, de Houria Bouteldja

Un petit livre passionnant et très vivant de sociologie, si vous voulez saisir mieux ce qui se joue pour les jeunes en milieu rural aujourd'hui.
Ceux qui restent. De Benoit Coquard.

Se questionner sur la place des alliés dans les luttes féministes, et de ceux qui ne font que le prétendre, comme de ceux qui se piègent tous seuls. Avec des idées transposables aux autres enjeux de lutte.
Les hommes et le féminisme. Faux amis, poseurs ou alliés ? De François Dupuis-Déri.

Un ouvrage de référence sur les masculinités et les différents modèles de domination :
Masculinités. Raewyn Connell.

Des vidéos d'interventions universitaires sur les dominations, proposés par l'Université de Nantes :

https://mediaserver.univ-nantes.fr/search/?text=domination

Une histoire inattendue, essentielle et questionnante sur les origines de la démocratie, ses enjeux, et surtout le pourquoi de l'opposition, notamment républicaine, aux fondamentaux de la démocratie :
La haine de la démocratie. Jacques Rancière. La fabrique.

Un des humoristes politiques les plus brillants de notre époque :
https://www.walydia.fr/

Pour se faire une culture d'histoire politique de manière facile et détendue (ou lancer des ciné-débats riches), les documentaires de Gilles Perret : sur le Conseil National de la Résistance (et son programme si important) et sur la mise en place de la Sécurité Sociale :
Les jours heureux. La Sociale.

Pour mesurer à quel point les rapports sociaux sont nécessairement une question politique, et à quel point le glissement des petites moqueries aux conséquences dramatiques est direct, les supports et notamment le film du Camp des Mille :
http://www.campdesmilles.org/pour-resister-le-livre-film.html

Pour une lecture politique de l'actualité, avec de l'humour et un prisme marxiste, socialiste (au sens historique) voire communiste, les vidéos d'Usul et Ostpolitik intitulées : Ouvrez les guillemets (chez Mediapart). Par exemple sur la lutte des classes : https://www.youtube.com/watch?v=BZRWF8C6DEc

Défendre l'égalité, ce n'est pas seulement une question de conviction, mais bien une question de société qui marche mieux, pour toustes, même les riches. Un travail de recherche incontournable :
Pourquoi l'égalité est meilleure pour toustes. De Kate Pickett et Richard Wilkinson

Une réflexion philosophique et sociale sur la place du conflit dans la société, très éclairante et importante :
Éloge du conflit. Michel Benasayag et Angélique del Rey.

Chantal Mouffe en interview, donc de manière rapide (ce qui ne vous empêche pas ensuite de lire son excellent «L'illusion du consensus») :
https://fakirpresse.info/la-democratie-c-est-du-conflit-entretien-avec-chantal-mouffe

Les acquis sociaux sont en fait des conquis sociaux, et les moments révolutionnaires sont des points-clés des luttes et des victoires de l'égalité. Deux livres passionnants, beaux et accessibles :
Il était une fois les révolutions. On s'est battu pour les gagner. Mathilde Larrère

Quelle place pour l'égalité dans notre société aujourd'hui ? Ce serait quoi une société réellement égalitaire ? Une réflexion profonde et passionnante, tout en restant accessible :
L'égalité sans conditions. Réjane Sénac.

Les institutions, les mécanismes, les grands courants : une approche illustrée pour tous les âges histoire d'avoir tout sous la main et de manière compréhensible : La politique pour les débutants.

Pour comprendre en détail comment s'est construit le capitalisme contemporain et comment il a colonisé nos manières de penser. Un très gros ouvrage, mais dont on trouve des notes de lecture efficaces et claires pour saisir l'essentiel.
Le Nouvel Esprit du Capitalisme, de Luc Boltanski et Claire Thévenot.

Pour découvrir sous formes d'enquête vivante et illustrée l'histoire de l'Internationale (la chanson) et s'enrichir en culture politique :
Les fantomes de l'Internationale, de Elise Thiébault et Baudouin

Pour faire le tri dans une galaxie dangereuse et nombreuse : une cartographie des mouvements d'extrême-droite, pédagogique et mise à jour régulièrement :
https://lahorde.info/Schema-de-l-extreme-droite-maj-12-2022

Comme son nom l'indique, de manière claire, rapide et par un auteur qui a vécu ces questions de suffisamment près pour être très pertinent : Reconnaître le fascisme, de Umberto Eco

Une explication ultra-accessible de ce qu'est le communisme, pour sortir des clichés et de la propagande anti-communiste primaire :
Dix questions sur le communisme. Julien Chuzeville. Libertalia.

Un tout petit ouvrage qui a presque un siècle mais qui présente d'une manière réjouissante certains fondamentaux de l'anarchisme :
L'anarchie expliquée aux enfants. De José Antonio Emmanuel.

Un magazine (en ligne et parfois en papier) pour celleux qui ont envie d'une perspective marxiste contemporaine intelligente et engagée :
https://www.frustrationmagazine.fr/
Avec par exemple une interview de Monique Pinçon-Charlot.

Pour découvrir comment se passe la solidarité et les luttes du côté des riches, et la violence qu'ils et elles exercent :
La violence des riches, de Monique Pinçon-Charlot et Michel Pinçon

Les trois piliers de la transformation sociale, l'article d'origine :
Timult, numéro 10 : https://timult.poivron.org/10/timult-10-201803.pdf

Une présentation synthétique et tout à fait utile de la théorie des valeurs de Shalom Schwartz, de sa méthodologie à ses applications malgré un site web au design un peu ancien :
http://valeurs.universelles.free.fr/index.html

Pour comprendre les batailles culturelles, l'histoire et les enjeux autour de certains grands mots récurrents :
La collection «Le mot est faible» des éditions Anamosa.

Décrypter les malhonnêtetés de la rhétorique de manière amusant et efficace :
https://cortecs.org/

Découvrir le livre fondateur du marketing et de la communication politique actuelle :
Propaganda, de Leonard Bernstein

Pour avoir un panorama, et des stratégies de défense du monde associatif et des libertés associatives :
https://lemouvementassociatif.org/

J'ai envie de recommander tous les livres de David Graeber, mais je me retiens, avec seulement un livre court sur la démocratie, profond, efficace et accessible ; et un très gros livre d'anthropologie pour se redonner de l'espoir sur le fait que les êtres humains sont capables de formes de société très variées, et justes, et ne sont pas condamné·es aux dominations et aux hiérarchies :
La démocratie aux marges. David Graeber.
Au comment était... David Graeber et David Wengrow.

Et des champs entiers à explorer, qui semblent féconds

- Les communs
- L'histoire populaire (en commençant par exemple par la mise en BD d'Howard Zinn ou de Bernard Noiriel)
- Les économistes hétérodoxes et la déconstruction du mythe de la croissance

Quand tout le monde aura oublié à quoi elle sert, l'éducation populaire pourra disparaître sans bruit. Supprimée par celles et ceux qui l'ont toujours trouvée dangereuse, ou réduite à force de domestication à une prestation de service de loisir ou de paix sociale. On le sent bien, en ce moment, comme un lendemain possible.
Mais on n'y est pas encore, pas aujourd'hui.
Aujourd'hui, je crois que le besoin d'une éducation populaire politique est on ne peut plus grand. Une éducation populaire qui oserait être en lutte, s'affirmer et rappeler en quoi elle répond à un besoin de démocratie et de justice sociale.
Je crois que cette éducation populaire trouvera des allié·es qui alimenteront ce réveil.
Je crois qu'elle contribuera à changer le monde, si nous sommes assez nombreu·ses à oser la faire vivre et la ré-inventer pour qu'elle soit toujours là où elle a besoin d'être : aux côtés de celles et ceux qui luttent pour une société plus juste et plus égalitaire.

Remerciements : les rencontres, les coups de main, les soutiens qui m'ont amené là 999

C'est pas la fin, c'est une pause
J'ai toujours eu envie des autres
De sourire à celui qui ose
De fou rire au moindre des nôtres

C'est juste casser la gueule au monde
Je sais on fait jamais assez
Je sais on en a bouffé de l'immonde
Et puis après ça va passer

Laissez vos lumières allumées
J'ai besoin de vous souvenir
Et si ce soir je vais pleurer
Ben demain je va revenir.

Loïc Lantoine – La nouvelle

Pauline pour l'amour, le soutien et l'engagement
Olympe pour la joie et la colère
Lucille pour l'amour et la confiance
Marie-Hélène et Dominique pour l'amour, le départ de Versailles et les valeurs transmises.

Mélanie pour m'avoir permis et pour être ma binôme idéale
Nabila pour m'avoir fait rencontrer l'éducation populaire telle que je l'aime aujourd'hui
Gérard pour m'avoir ouvert la porte et m'avoir permis de commencer

Hugo, pour me redire souvent où sont les enjeux politiques
Elise, pour la découverte, vitale, de la psychologie sociale, puis Cynthia et Hélène pour m'avoir alimenté
Franck, pour avoir mis dans ma tête des questions essentielles
Nadia pour les stratégies et colères partagées
Jérôme, Manu, Fabrice et toustes les autres pour les PLJ

Alizée, Edith et Sahra pour la Bataille Culturelle Team
Emilie, Marie, Adeline , Manu, Isabelle et Cynthia pour les premières relectures et de précieuses idées de compléments.
Marie-Laure pour l'ultime relecture attentive et précieue.

Alice, Esther, Régis, Estelle pour l'envie de me lire ou relire.
Samuelle, Ghislain, Rodolphe, Mourad, Karim, Géraldine, Lothman, Julie, Hakim, Evelyne, Vanessa, Sylvie, Sophie, Fabrice, Clara, Sophie, Elsa, Alain, Angeles, Caroline, Claire, Lila, Sarah, Laure, Zahia, Noémie et tant d'autres stagiaires et commanditaires qui m'ont appris mon métier, qui me permettent la joie de le pratiquer et qui me nourrissent en permanence

Marie pour m'aider à mieux tenir debout tout seul. Et pour les émotions.

TABLE DES MATIÈRES

Mis en page par Sébastien Hovart, dont les illustrations de têtes de chapitres et les badges (avec l'aide de Pauline et Olympe).

Typographies : X Company et Cormorant Garamond

C'est fini, il faut partir maintenant ;)